21世纪高职高专汽车类专业核心课规划教材

汽车底盘结构与拆装

主　编　许子阳

副主编　张和亭　刘媛媛　张　坤

东北大学出版社

·沈　阳·

图书在版编目（CIP）数据

汽车底盘结构与拆装 / 许子阳主编. — 沈阳：东北大学出版社，2011. 12
ISBN 978-7-5517-0098-6

Ⅰ. ①汽… Ⅱ. ①许… Ⅲ. ①汽车—底盘—结构 ②汽车—底盘—装配（机械） Ⅳ. ①U463. 1

中国版本图书馆 CIP 数据核字（2011）第 280660 号

出 版 者：东北大学出版社
地址：沈阳市和平区文化路 3 号巷 11 号
邮编：110004
电话：024—83687331（市场部） 83680267（社务室）
传真：024—83680180（市场部） 83680265（社务室）
E-mail：neuph @ neupress. com
http：//www. neupress. com
印 刷 者：沈阳市奇兴彩色广告印刷有限公司
发 行 者：东北大学出版社
幅面尺寸：185mm × 260mm
印　　张：19. 75
字　　数：506 千字
出版时间：2011 年 12 月第 1 版
印刷时间：2011 年 12 月第 1 次印刷
策划编辑：石玉玲
责任编辑：郎　坤
责任校对：一　方
封面设计：刘江旸
责任出版：唐敏志

ISBN 978-7-5517-0098-6　　定　　价：39. 00 元

前言

为深入贯彻落实国务院《关于大力推进职业教育改革与发展的决定》和教育部《关于全面提高高等职业教育教学质量的若干意见》等文件精神，深化职业教育教学改革，积极推进课程改革和教材建设，紧密结合当前汽车维修行业的实际需求，我们编写了本系列教材，供高等职业院校汽车类相关专业使用。

在本系列教材的编写过程中，我们认真总结了多年来全国高职院校汽车专业的教学经验，并深入汽车维修企业调研，使得教材具有以下特色。

1. 推行工学结合的人才培养模式，积极体现工学结合的本质特征，采用基于工作过程的情境教学方法，提高学生的学习积极性。

2. 充分体现任务驱动的课程设计理念，确定理论与实践一体化的学习任务，按照工作过程组织学生的学习过程。每项学习任务既有知识学习，又有技能训练与考核，同时又增加了拓展知识的学习，扩大学生的知识面。

3. 遵循职业教育规律，充分考虑汽车服务行业、企业的职业岗位能力需求，采用任务引领方式，贯彻理论与实践一体化教学模式，突出以能力为本、以学生为中心的原则，理论与实践结合紧密，突出技能培养。

4. 教材图文并茂，格式新颖，深入浅出，通俗易懂，便于学生学习和理解，提高职业技能。

本专业的核心课程主要有“汽车发动机结构与拆装”“汽车发动机检修”“汽车底盘结构与拆装”“汽车底盘检修”“汽车电气设备结构与拆装”“汽车电气系统检修”“汽车检测技术”“汽车专业英语”。

《汽车底盘结构与拆装》系统介绍了汽车底盘各系统的结构、

工作原理及拆装工艺，全书共分为8个学习任务：离合器结构与拆装、手动变速器结构与拆装、自动变速器结构与拆装、万向传动装置结构与拆装、驱动桥结构与拆装、转向系统结构与拆装、行驶系统结构与拆装、制动系统结构与拆装。

参加本教材编写工作的有：山东交通职业学院许子阳（编写学习任务1，2，3，4，5），刘媛媛（编写学习任务6），张和亭（编写学习任务7），张坤（编写学习任务8）。全书由山东交通职业学院许子阳担任主编，张和亭、刘媛媛、张坤任副主编。

本教材在编写过程中参阅了许多国内外公开出版与发表的教材和文献，同时借鉴和参阅了大量国内外汽车厂家的技术资料，在此一并表示感谢。本系列教材采用东风雪铁龙爱丽舍轿车作为教学用车，特此致谢。限于作者经历及水平，内容难以覆盖全国各地的实际情况，也难免有不妥和错误之处，恳请读者提出宝贵意见。

编　者

2011年8月

目　录

学习任务1

离合器结构与拆装

工作情境描述

某辆汽车行驶6.5万公里，车辆行驶过程中出现挂挡困难、加速无力现象。车主已将车开到4S店，请解决本车故障。

学习目标

- 能够描述离合器的工作原理及各种离合器的结构特点。
- 根据维修手册，正确选用维修工具和专用设备，在100分钟内安全规范地进行离合器的部件更换。操作过程中严格执行“5S”。
- 向客户解释拆装作业的结果。

一、知识准备

(一) 底盘概述

汽车由发动机、底盘、车身和电气设备组成，而汽车底盘又由传动系、行驶系、转向系和制动系四大系统组成，如果说汽车发动机是汽车的“心脏”，是汽车的动力源，那么底盘就是汽车的“骨骼”，它承载、连接着其他系统，使汽车成为一个整体。汽车底盘各系统的作用如下所述。

① 传动系：它的功能是将发动机的动力传递到驱动轮。普通汽车采用的机械式传动系由离合器、变速器、万向传动装置、驱动桥等组成；现代汽车越来越多地采用液力机械式传动系，以液力机械变速器取代了机械式传动系中的离合器和变速器。

② 行驶系：它的功能是安装部件、支撑汽车、缓和冲击、吸收振动、传递和承受发动机与地面传来的各种力与力矩，并保证汽车正常行驶。行驶系由车架、车桥、车轮、悬架等组成。

③ 转向系：它的功能是控制汽车的行驶方向。由转向操纵机构、转向器、转向传动机构等组成。现代汽车越来越普遍地采用了动力转向装置。

④ 制动系：它的功能是使汽车减速、停车或驻车。一般汽车制动系至少应设行车制动和驻车制动两套相互独立的制动装置，每一套制动装置由制动器和制动传动装置组成。现代汽车行车制动装置还装设了制动防抱死系统（ABS）、电子制动力分配系统（EBD）、驱动防滑转控制系统（ASR）和电控汽车稳定行驶系统（ESP）等电控系统，增加了汽车制动的安全性和操纵稳定性。

(二) 传动系

1. 组　成

汽车传动系是从发动机到驱动车轮之间所有动力传递装置的总称。机械传动系的基本组成包括离合器、变速器、万向传动装置（万向节和传动轴）和驱动桥（主减速器、差速器、半轴、桥壳），如图 1-1 所示。液力机械传动系用液力耦合器或液力变矩器代替了离合器，详见学习任务 3。

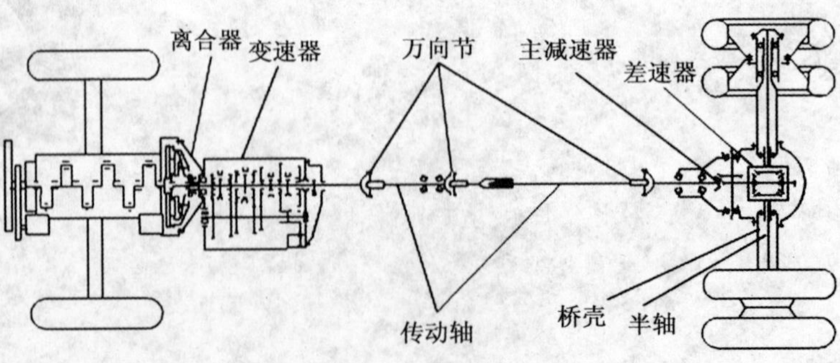

图 1-1　货车底盘结构

2. 作　用

传动系的基本作用是将发动机的动力传给驱动车轮，因为车用发动机作为汽车的动力源明显存在着一些不足之处，例如输出转矩太小、输出转速太高、转矩变化范围太窄、转矩变化趋势不好等，无法适应汽车复杂的使用条件要求。而设置传动系的目的就是克服上述缺陷，适应道路状况，提高运输生产率，其各部分作用如下。

① 离合器：切断或接通动力传递；

② 手动变速器：变速、变扭、变向，切断动力传递；

③ 万向传动装置：实现有夹角和相对位置经常发生变化的两轴之间的动力传递；

④ 主减速器：减速增扭，改变动力传递方向（90°）；

⑤ 差速器：满足两驱动轮行驶中差速的需要；

⑥ 半轴：将动力传给驱动轮。

3. 布置形式

传动系的布置形式与发动机的安装位置及汽车的驱动方式有关，一般有发动机前置后轮驱动（FR）、发动机前置前轮驱动（FF）、发动机后置后轮驱动（RR）、发动机中置后轮驱动（MR）、发动机前置全轮驱动（nWD）等，如图1-2所示。

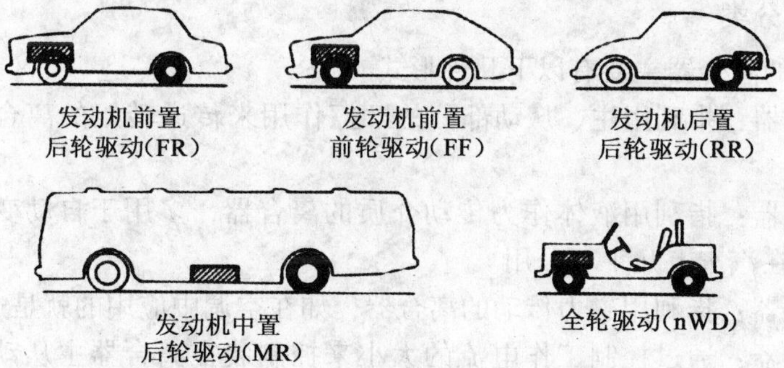

图1-2　传动系的布置形式

（三）离合器

离合器在机械传动系中是联系发动机与变速器的部件，用来分离或接合二者之间的动力联系。如果离合器失效或工作不良，会使汽车出现起步发抖、加速无力、挂不上挡等故障。

1. 作　用

（1）使发动机与传动系逐渐接合，保证汽车平稳起步

汽车起步时，驾驶员缓慢抬起离合器踏板，使离合器的主、从动部分逐渐接合，与此同时，逐渐踩下加速踏板，以缓慢增加发动机的输出转矩，使发动机的转矩由小到大传给传动系。当牵引力足以克服汽车起步时的行驶阻力时，汽车便由静止开始缓慢加速，实现平稳起步。

（2）暂时切断发动机的动力传递，保证变速器换挡平顺

汽车在行驶过程中，由于行驶条件的变换，需要不断变换挡位。对于普通齿轮变速

器，换挡时需要不同的齿轮副退出或进入啮合。如果没有离合器或离合器分离不彻底使动力不能完全中断，原有齿轮副之间会因压力大而难以脱开，而待啮合齿轮副之间会因圆周速度不同而难以进入啮合，勉强啮合也会产生很大的冲击和噪声，甚至会打齿。

(3) 限制传递的转矩，防止传动系过载

当车速急剧改变（如紧急制动）时，与传动系两端相连的发动机曲轴和车轮从协调转动到相互扭转，传动系内各转动件也将产生很大的惯性力矩，其受到的负荷可能大大超出发动机正常工作时的负荷，将导致其变形甚至损坏。由于离合器所能传递的转矩有限，当出现过大转矩时，其主动部分与从动部分之间相互打滑，从而避免了传动系内过大负荷的出现，保护了系统内机件。

2. 要　求

① 既能可靠地传递发动机的最大转矩，又能防止传动系过载；

② 接合平顺柔和，保证汽车平稳起步，减少冲击；

③ 分离时迅速彻底，保证变速器换挡平顺、发动机顺利起动；

④ 尽量减小从动部分的转动惯量，保证其动平衡性；

⑤ 良好的通风散热能力，防止离合器温度过高；

⑥ 操纵轻便，避免驾驶员疲劳。

3. 离合器的分类

汽车上应用的离合器主要有以下几种形式。

① 摩擦离合器：指利用主、从动部分的摩擦作用来传递转矩的离合器，目前在汽车上广泛采用。

② 液力离合器：指利用液体作为传动介质的离合器，多用于自动变速器或工程机械变速器中，目前在汽车上几乎不采用。

③ 电磁离合器：指利用磁力传动的离合器，如在空调中应用的就是这种离合器。

④ 磁粉离合器：通过控制工作电流的大小来控制装在离合器主从动部分之间的磁粉形成的磁链的强弱，从而达到控制离合器传递转矩的大小。

⑤ 双离合器：通过两个离合器分别连接变速器的两根输入轴，保证动力传递的连续性和汽车的高速性。

下面只介绍在汽车传动系中应用最广泛的摩擦离合器。

4. 摩擦离合器的基本组成和工作原理

(1) 基本组成

如图 1-3 所示，摩擦离合器由主动部分、从动部分、压紧机构、分离机构和操纵机构五部分组成。

主动部分包括飞轮、离合器盖和压盘。离合器盖通过螺栓固定在飞轮上，压盘与离合器盖通过螺钉或传动片连接。当发动机转动时，动力便经飞轮、离合器盖传到压盘，并一起转动。

从动部分包括从动盘和从动轴。从动盘通过花键毂装在从动轴的花键上，从动轴是变速器的动力输入轴，其前端通过轴承支撑在曲轴后端的中心孔中，后端通过轴承支撑在变速器壳体上。从动盘带有双面摩擦衬片，离合器接合时分别与飞轮和压盘相接触。

压紧机构由若干根沿圆周均匀布置的压紧弹簧组成，它们装在压盘与离合器盖之间，用来将压盘和从动盘压向飞轮，使飞轮、从动盘和压盘三者压紧在一起。

分离机构由分离叉、分离轴承、分离套筒、分离杠杆组成。

操纵机构包括离合器踏板、分离拉杆、调节叉、回位弹簧等。

（2）工作原理

① 接合状态。离合器在接合状态下，操纵机构各部件在回位弹簧的作用下回到初始位置（见图1-4），分离杠杆内端与分离轴承之间保持一定的间隙，压紧弹簧将飞轮、从动盘和压盘三者压紧在一起，发动机的转矩经过飞轮及压盘通过从动盘两摩擦面的摩擦作用传给从动盘，再由从动轴输入变速器。

② 分离过程。离合器分离时，驾驶员踩下离合器踏板，分离轴承在分离叉的推动下，先消除分离轴承与分离杠杆内端之间的间隙，然后推动分离杠杆内端前移，使分离杠杆外端带动压盘克服压紧弹簧的弹力后移，摩擦作用消失，离合器的主、从动部分分离，动力传递中断（见图1-5）。

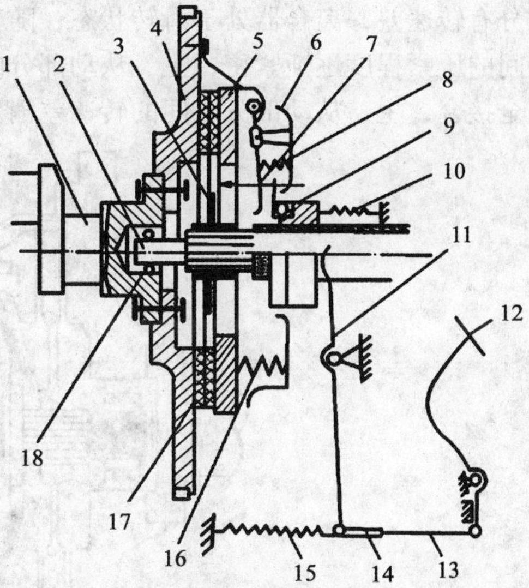

图1-3　摩擦离合器的基本组成

1—曲轴；2—从动轴（变速器一轴）；3—从动盘；4—飞轮；5—压盘；6—离合器盖；7—分离杠杆；8，10，15—回位弹簧；9—分离轴承和分离套筒；11—分离叉；12—离合器踏板；13—分离拉杆；14—分离拉杆调节叉；16—压紧弹簧；17—从动盘摩擦片；18—轴承

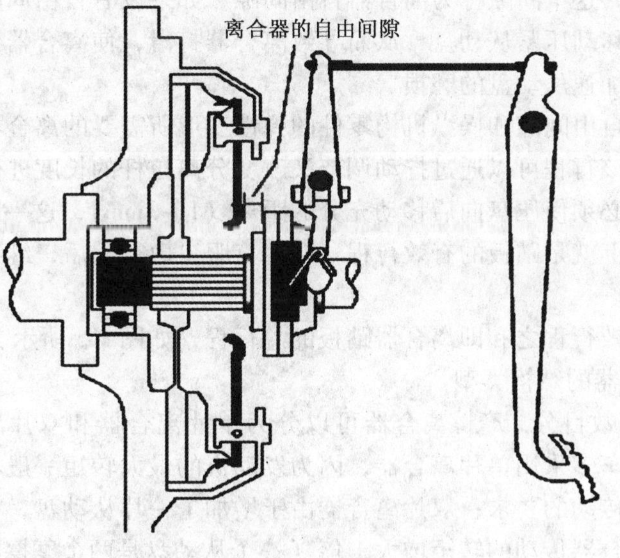

图1-4　离合器接合状态

③ 接合过程。离合器接合时，驾驶员缓慢抬起离合器踏板，在压紧弹簧的作用下，压盘向前移动并逐渐压紧从动盘，使接触面间的压力逐渐增加，摩擦力矩也逐渐增加。当飞轮、压盘和从动盘之间接合不紧密时，所能传递的摩擦力矩较小，离合器的主、从动部

分有转速差，离合器处于滑转状态；随着离合器踏板的逐渐抬起，飞轮、压盘和从动盘之间的压紧程度逐渐紧密，主、从动部分的转速也渐趋相等，直到踏板完全抬起，离合器完全接合，主、从动部分之间的转速差消失，接合过程结束。

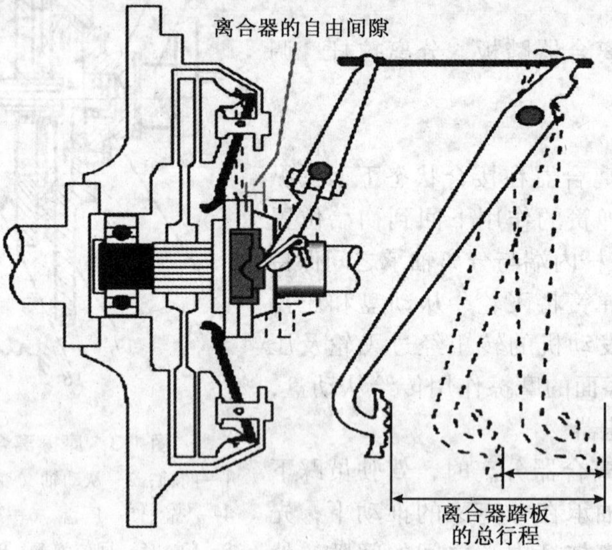

图 1-5　离合器分离状态

(3) 离合器自由间隙和离合器踏板自由行程

离合器在正常接合状态下，分离杠杆内端与分离轴承之间应留一个间隙，如图 1-4 所示，一般为几毫米，这个间隙称为离合器自由间隙。如果没有自由间隙，从动盘磨损变薄后压盘将不能向前移动压紧从动盘，从而导致离合器打滑，使离合器传递转矩下降，车辆行驶无力，而且会加速从动盘的磨损。

消除离合器的自由间隙和操纵机构零件的弹性变形所需要的离合器踏板行程称为离合器踏板自由行程。该行程可以通过拧动调节叉改变分离拉杆的长度进行调整。

离合器分离时必须使压盘向后移动充分的距离（1～3mm），这一距离通过一系列杠杆放大，反映到踏板上就是踏板的有效行程。即在克服自由行程后，继续踩踏板直至触到车辆底板的踏板行程。

自由行程与有效行程之和即离合器踏板的总行程，如图 1-5 所示。

(4) 摩擦离合器的结构类型

① 按从动盘的数目分，摩擦离合器可以分为单片离合器和双片离合器。轿车、客车和部分中、小型货车多采用单片离合器，因为发动机的最大转矩一般不是很大，单片从动盘就可以满足动力传动的要求；双片离合器由于增加了一片从动盘，在其他条件不变的情况下，将比单片离合器传动的转矩增大 1 倍（一个从动盘是两个摩擦面传递动力，而两个从动盘则是四个摩擦面传递动力），多用于重型车辆上。

② 按压紧弹簧的形式分，摩擦离合器可以分为周布弹簧离合器、中央弹簧离合器和膜片弹簧离合器。周布弹簧离合器和中央弹簧离合器采用螺旋弹簧，分别沿压盘的圆周和中央布置；膜片弹簧离合器采用膜片弹簧，目前应用最广泛。

膜片弹簧离合器因其具有鲜明的优点，目前在各种类型的汽车上应用广泛，其构造如

图 1-6 和图 1-7 所示。

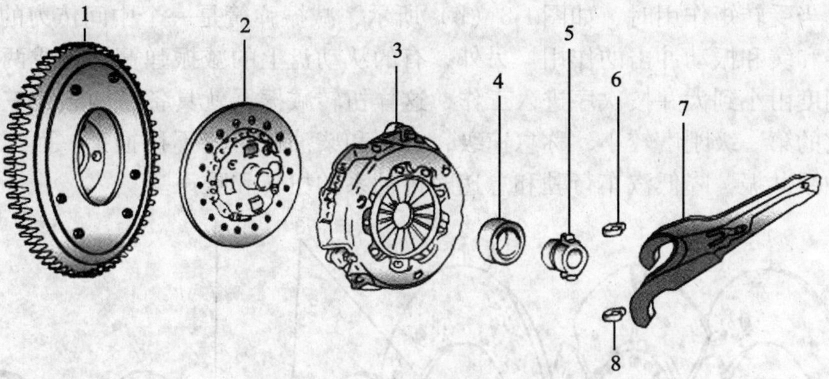

图 1-6 膜片弹簧离合器的构造

1—飞轮；2—离合器从动盘；3—离合器压盘及盖总成；4—分离轴承；5—分离轴承套；6，8—分离轴承套夹；7—分离叉

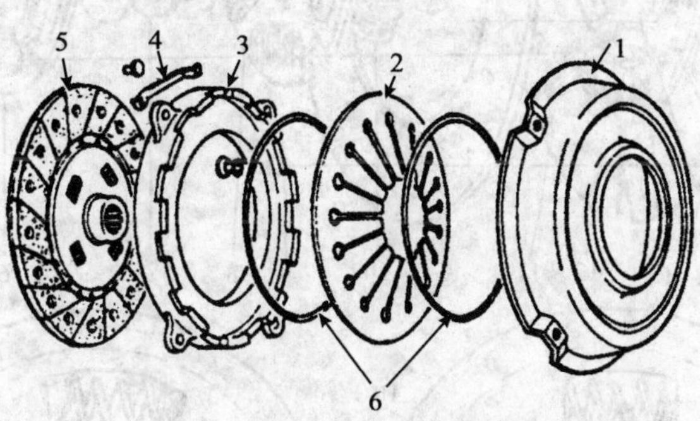

图 1-7 膜片弹簧离合器盖和压盘分解图

1—离合器盖；2—膜片弹簧；3—压盘；4—传动片；5—从动盘；6—支撑环

（5）膜片弹簧离合器

① 组成。膜片弹簧离合器由主动部分、从动部分、压紧机构、分离机构和操纵机构组成。

主动部分由飞轮、离合器盖和压盘组成。离合器盖外沿通过定位销定位，用螺栓固定在飞轮上，压盘与离合器盖之间通过周向均布的 3 组或 4 组传动片来传递转矩。传动片用弹簧钢片制成，每组两片，一端用铆钉铆在离合器盖上，另一端用螺钉连接在压盘上，在离合器分离和接合过程中，依靠传动片的弯曲变形使压盘前后移动。压盘的驱动除采用传动片外，有的还采用离合器盖与压盘上的窗孔和凸台、传动销、键等，但后面几种驱动方式连接处存在间隙，传动时有冲击和噪声，使用中会由于磨损导致间隙进一步增大，冲击进一步增强，严重时会导致零件出现裂纹损坏。

从动部分包括从动盘和从动轴，从动盘一般都带有扭转减振器。发动机传到传动系的转速和转矩是周期性变化的，汽车行驶在不平道路上也会出现传动系角速度的突然变化，这些都会使传动系产生扭转振动，这将使传动系的零部件受到冲击性载荷，轻则使寿命减少，重则使零件损坏。采用扭转减振器可以有效地防止传动系的扭转振动。带扭转减振器的从动盘的结构和原理如图 1-8 所示。

当从动盘不受转矩作用时，如图1-8（a）所示，从动盘毂、钢片及减振器盘上的窗孔重合对齐。当受转矩作用时，如图1-8（b）所示，减振弹簧是一个中间传力的环节，因此起到了减轻和缓和振动冲击的作用。另外，有的从动盘上的减振弹簧设计成两种或三种规格，且其刚度由小到大并按次序进入工作，这样扭转减振器就具备了两级或三级非线性弹性特性。它的第一级刚度较小，称怠速级，可缓和柴油机怠速不稳损害，而二、三级刚度可避免传动系共振，降低汽车行驶和怠速时传动系的扭转和噪声。

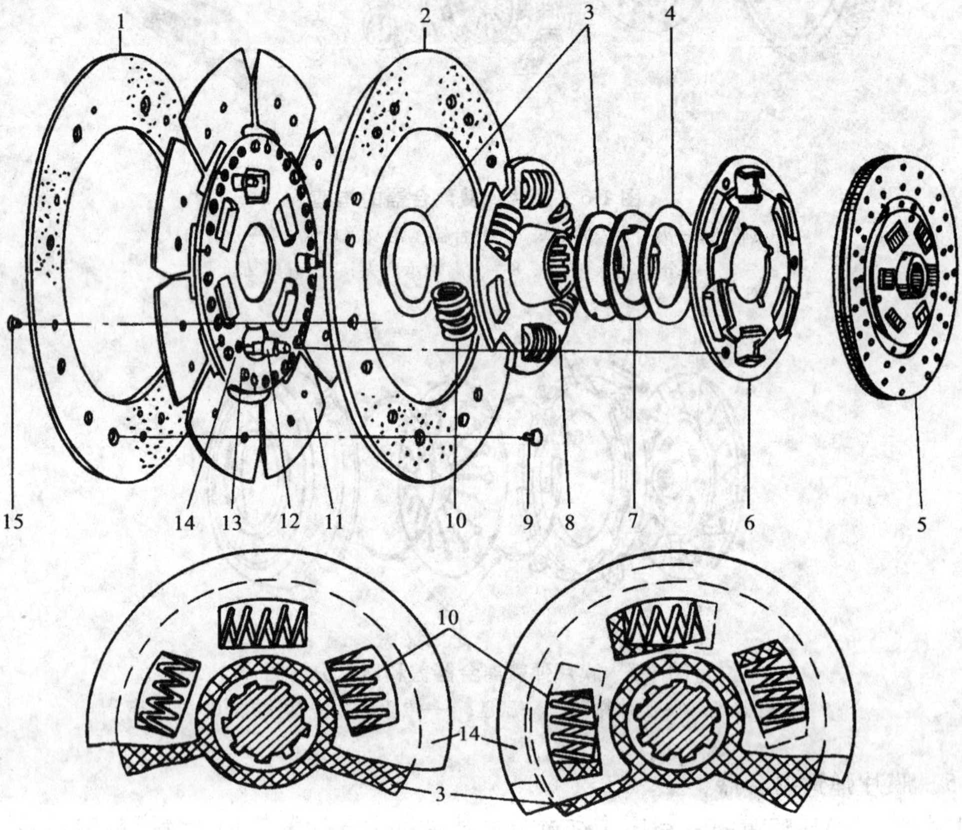

（a）不工作时　　（b）工作时

图1-8　带扭转减振器的从动盘

1，2—摩擦衬片；3—摩擦垫圈；4—碟形垫圈；5—装合后的从动盘总成；6—减振器盘；7—摩擦板；8—从动盘毂；9，13，15—铆钉；10—减振弹簧；11—波浪形弹簧钢片；12—止动销；14—从动盘钢片

压紧机构是膜片弹簧，其径向开有若干切槽，形成弹性杠杆。切槽末端有圆孔，固定铆钉穿过圆孔，并固定在离合器盖上。膜片弹簧两侧装有钢丝支撑环，这两个钢丝支撑环是膜片弹簧工作时的支点。膜片弹簧的外缘通过分离钩与压盘连接起来。

分离机构包括分离拨叉、分离套筒、分离轴承、分离杠杆（膜片弹簧）。

操纵机构包括离合器踏板、分离拉线或拉杆、摇臂等。

② 膜片弹簧离合器的工作原理。当离合器盖安装到飞轮上但紧固螺栓未拧紧时，离合器盖与飞轮之间有一距离 S，如图1-9（a）所示，此时膜片弹簧不受力而处于自由状态。当离合器盖通过螺栓固定在飞轮上时，如图1-9（b）所示，膜片弹簧在支撑环处受压产生弹性变形，此时膜片弹簧的外圆周对压盘产生压紧力使离合器处于接合状态。当踩下

离合器踏板时，分离轴承推动膜片弹簧，使膜片弹簧以支撑环为支点外圆周向后翘起，通过分离钩拉动压盘后移使离合器分离，如图 1-9（c）所示。

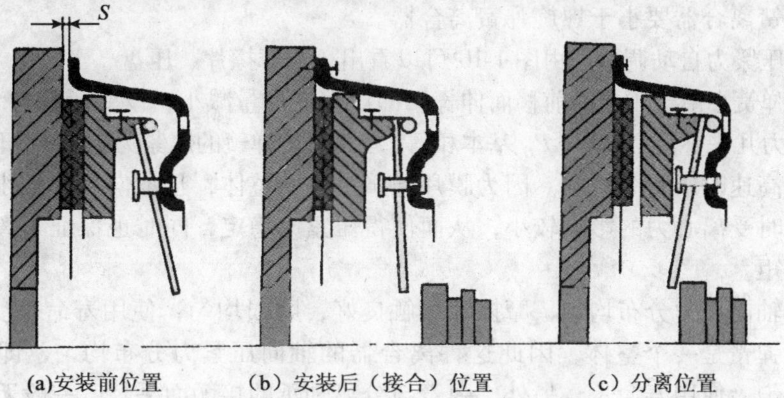

图 1-9　膜片弹簧离合器的工作原理

③ 膜片弹簧离合器的特点。

第一，膜片弹簧具有压紧弹簧和分离杠杆的双重功能，可使膜片弹簧离合器的结构简单、轴向尺寸小、质量轻、转动惯量小。

第二，操纵轻便，操作运转时冲击小、噪声小。如图 1-10 所示，曲线 1 为膜片弹簧特性曲线，呈非线性特性。曲线 2 为螺旋弹簧特性曲线，呈线性特性。关键点 A 为离合器接合时，C 为从动盘及压盘磨损时，B 为离合器完全分离时，ΔL_1 为离合器分离时弹簧压缩量，ΔL_2 为从动盘及压盘磨损后弹簧伸长量。

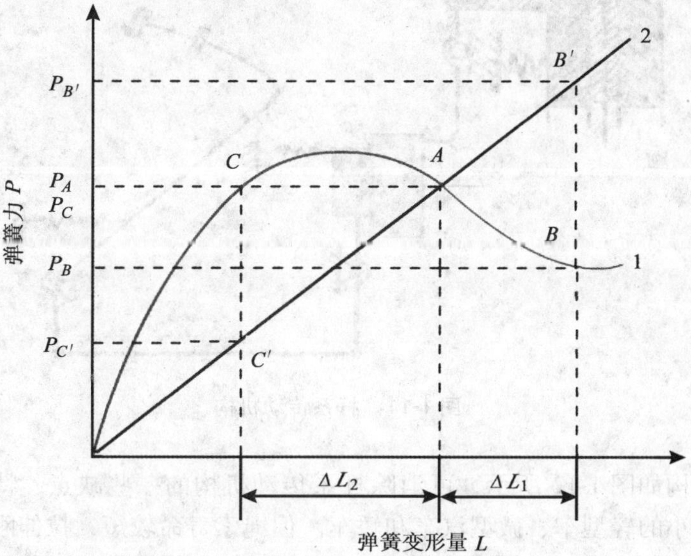

图 1-10　两种压紧弹簧的特性曲线

1—膜片弹簧；2—螺旋弹簧

由图 1-10 可知，当离合器接合时（图中 A 点），两种弹簧的变形量相等，压紧力相等（均为 P_A）。而当离合器完全分离时，弹簧进一步压缩，压缩量达最大值且相等（均为

ΔL_1），但此时膜片弹簧的压力（P_B）明显小于螺旋弹簧的压力（$P_{B'}$），且膜片弹簧分离时的压力 P_B 小于接合时的压力 P_A。即在离合器分离时，通过踏板反作用到驾驶员脚上的力，膜片弹簧离合器要小于螺旋弹簧离合器。

第三，压紧力自动调节。由图 1-10 可以看出，当摩擦片、压盘、飞轮由于磨损或修理变薄后，压紧弹簧会由于压盘的前移而伸长，即压缩变形量减小，设变形量为 ΔL_2，此时膜片弹簧的压紧力几乎不变（P_A 与 P_C 基本相等），而螺旋弹簧的压紧力则由 P_A 下降为 $P_{C'}$。

第四，高速时压紧力稳定。因为膜片弹簧是一个整体，且轴向尺寸较小，所以当离合器高速旋转时受离心力的影响较小，从而使得压紧力稳定，同时也保证了离合器可靠地传递发动机转矩。

第五，轴向压力分布均匀，摩擦片接触良好，磨损均匀，使用寿命长。由图 1-7 可以看出，膜片弹簧是一个整体，因此这种离合器的轴向压紧力分布均匀，即摩擦片受力均匀，摩擦均匀，使用寿命长。另外，弹簧与分离轴承的接触面平整，一般无须调整。

（6）离合器操纵机构

离合器的操纵机构是驾驶员借以使离合器分离，又使之柔和接合的一套机构，离合器操纵机构分为机械式、液压式、气压式和自动操纵式。另外，为了减小操纵离合器踏板的力，在前两种操纵机构中可以增加助力装置，助力装置又可以分为气压助力和弹簧助力两种。

下面主要介绍在轿车中应用较多的机械式操纵机构和液压式操纵机构。

① 机械式操纵机构。机械式操纵机构有杆系传动和绳索传动两种形式。

杆系传动机构如图 1-11 所示，其结构简单，工作可靠，广泛应用于各类汽车上。但杆系传动中杆件间铰接多，摩擦损失大，车架或车身变形以及发动机位移时会影响其正常工作。

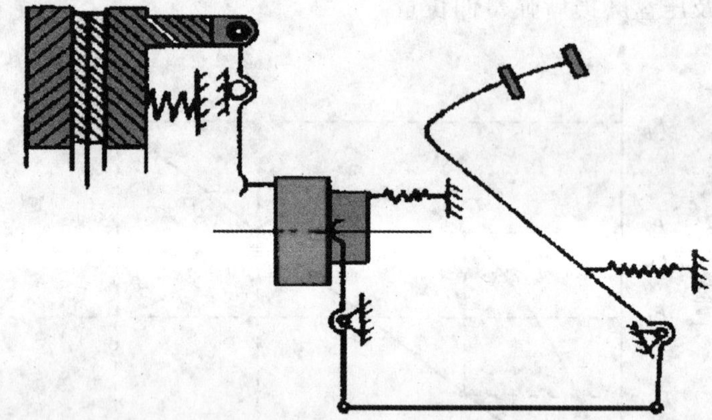

图 1-11 杆系传动机构

绳索传动机构如图 1-12 所示，可消除杆系传动机构的一些缺点，特别适合结构较紧凑，安装空间狭小的轻型车、微型汽车和轿车。但绳索寿命较短，拉伸刚度较小。

② 液压式操纵机构。液压式操纵机构以油液作为工作介质，如图 1-13 所示，主要由踏板臂 2、储液室 6、主缸、工作缸和管路系统等组成。目前，液压式操纵机构在各类汽车上应用广泛。

液压式操纵机械的构造为：主缸与储液室间通过进油孔 5、补偿孔 7 相通。离合器主缸由主缸推杆 3、主缸活塞 4、活塞复位弹簧 8、工作缸壳体 13 和皮碗等组成。主缸活塞 4 两端装有皮碗，中部与壳体间形成环形油腔，活塞左端轴向小孔与皮碗形成单向阀。当踏板处于自由状态时，活塞左端皮碗位于补偿孔与进油孔之间，两孔均开放。工作缸由工作缸活塞12、皮碗、工作缸推杆14和壳体等组成。

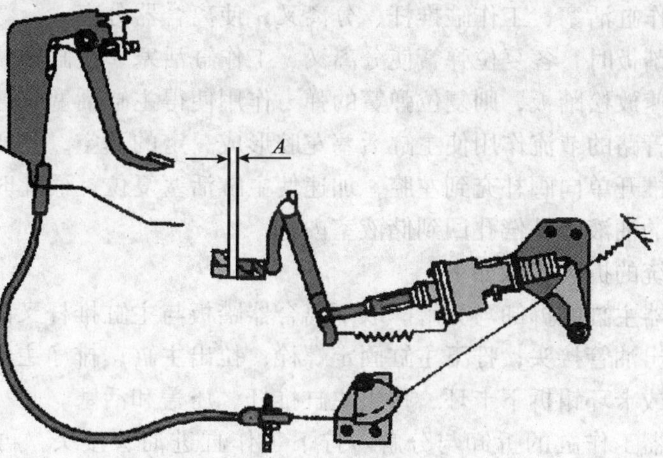

图1-12　绳索传动机构

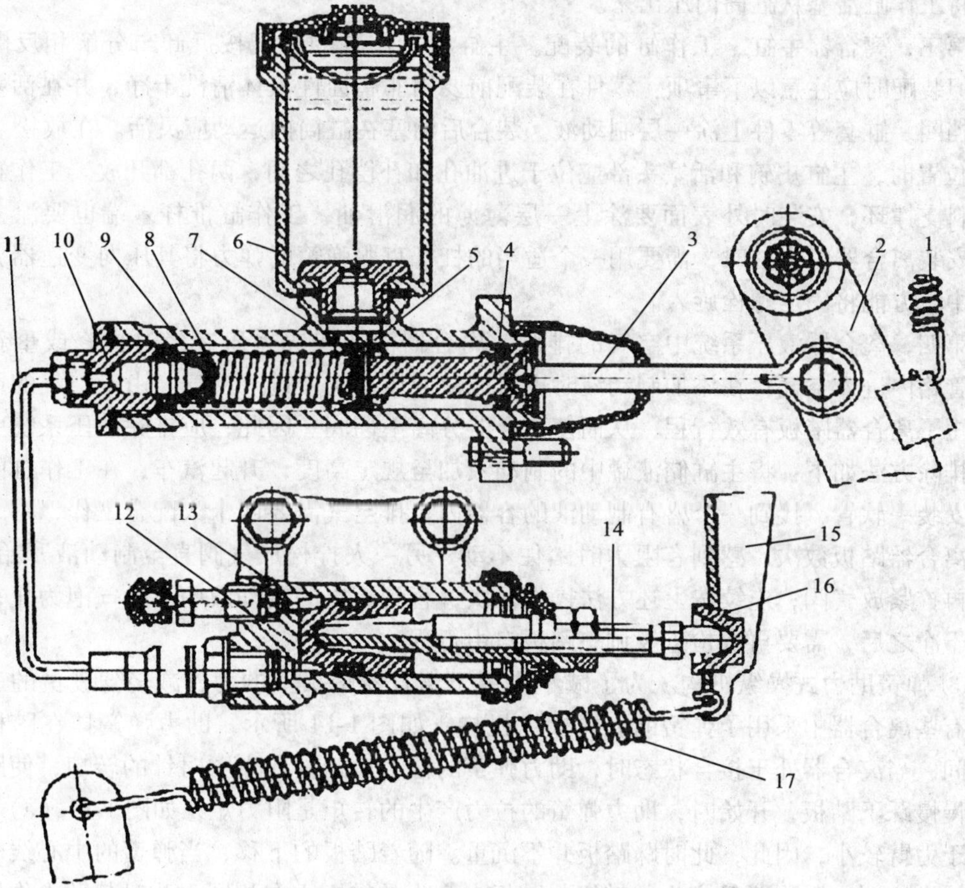

图1-13　液压式操纵机构示意图

1—踏板复位弹簧；2—踏板臂；3—主缸推杆；4—主缸活塞；5—进油孔；6—储液室；7—补偿孔；8—活塞复位弹簧；9—弹簧座；10—油管接头；11—油管；12—工作缸活塞；13—工作缸壳体；14—工作缸推杆；15—分离拨叉；16—分离拨叉球形支座；17—分离拨叉复位弹簧

液压式操纵机构的工作原理为：踏下离合器踏板，主缸推杆推动主缸活塞左移，当皮碗将补偿孔关闭后，主缸活塞继续左移，主缸工作腔的油压上升，压力油经油管进入工作缸，向右推动工作缸活塞、工作缸推杆、分离叉，使离合器分离。

当缓慢释放踏板时，各复位弹簧使分离叉、工作缸活塞、主缸活塞逐渐复位，离合器逐渐接合。若快速放松踏板，则复位弹簧的弹力作用使得主缸活塞快速复位，而油液回流时间上的滞后及管路的节流作用使主缸活塞左腔形成一定的真空，在压力差的作用下，环形油室中的油液推开单向阀补充到左腔，加速使主缸活塞复位，而此时随着工作缸活塞的继续左移，多余的油液经补偿孔回到储液室内。

液压操纵系统的拆装步骤如下。

第一，离合器主缸的拆卸与分解。取下离合器踏板与主缸推杆叉的连接销轴；从主缸上拧下进油管和出油管接头；拧下主缸固定螺栓，拉出主缸；排净主缸中的制动液，取下防尘罩，用旋具或卡环钳拆下卡环，拉出主缸推杆、压盖和活塞。

第二，离合器工作缸的拆卸与分解。拧下工作缸进油管接头，再拆下工作缸固定螺栓，即可拉出工作缸。工作缸的分解过程是：拉出工作缸推杆，拆下防尘罩，然后用压缩空气将工作缸活塞从缸筒内压出来。

第三，离合器主缸、工作缸的装配。主缸和工作缸的装配按拆卸与分解相反顺序进行，但装配时应注意以下事项：零件在装配前要用非腐蚀性液体清洗干净，并在活塞、皮碗、挡圈、缸套等零件上涂一层制动液。装合后活塞在缸筒内运动应灵活。在放松（不工作）位置时，主缸皮碗和活塞头部应位于进油孔和补偿孔之间，两孔都开放。工作缸上带有塑料支撑环，安装时外表面要涂上一层薄薄的润滑油，工作缸推杆末端也要涂上润滑脂。安装离合器工作缸时，需要用一个适当的杠杆克服弹簧的弹力将其压向变速器壳相应的孔中，方能将固定螺栓旋入。

第四，离合器液压系统中空气的排出。离合器液压操纵系统在经过检修或重新装配后，管路内进入空气；在添加制动液时也可能使液压系统中进入空气。由于空气的可压缩性缩短了离合器踏板有效行程，从而使离合器分离不彻底。因此，应排除液压系统中的空气。排除方法如下：将主缸储液罐中的制动液加至规定高度，升起汽车；在工作缸的放气阀上安装一软管，接到一个盛有制动液的容器内；排空气需要两个人配合工作，一人慢慢地踏离合器踏板数次，感到有阻力时踏住不动，另一人拧松放气阀直至制动液开始流出，然后再拧紧放气阀；连续按上述方法操作几次，直到流出的制动液中不见气泡为止；空气排除干净之后，需要再次检查及调整踏板自由行程。

③ 弹簧助力式操纵机构。为了减小作用于离合器踏板上的力，减轻驾驶员的工作强度，有些离合器中采用了弹簧助力式操纵机构。如图 1-14 所示，助力弹簧挂在踏板和车架之间，当离合器处于接合状态时，助力弹簧的拉力对踏板产生顺时针的转矩，使踏板复位。慢慢踩下踏板，开始时，助力弹簧的拉力产生的转矩是阻力矩，如图 1-14（a）所示，但由于力臂较小，因此，此时踩踏板并不沉重。随着踏板的下移，当弹簧的中心线转到踏板铰接点 A 时，助力弹簧产生的转矩与踏板力产生的转矩方向相同，此时起助力作用，且随踏板行程的增大，力臂 L 越长助力效果越好，如图 1-14（b）所示。

弹簧助力操纵机构结构简单、工作可靠，但一般只能降低踏板力 25% ~30%，且在踏板的后段行程时助力作用明显。

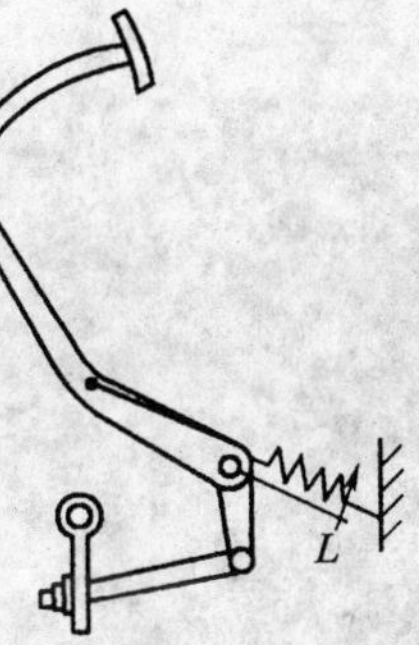

（a）离合器接合状态

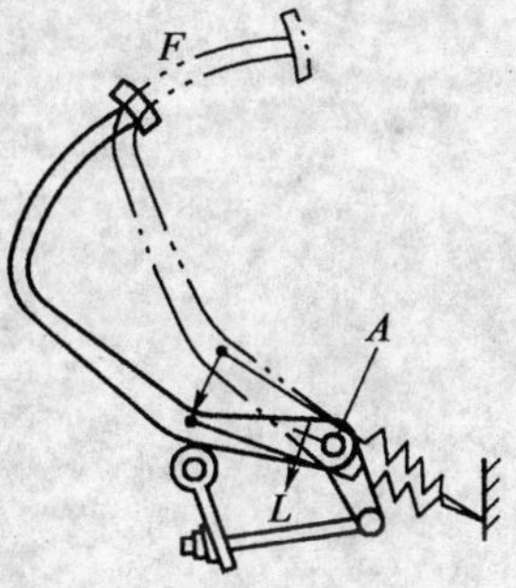

（b）离合器分离状态

图1-14　弹簧助力式操纵机构

二、任务实施

项目（一）汽车底盘认识

1. 项目说明

进行汽车底盘构造及拆装学习需要对汽车底盘的组成及各系统在车上的具体安装位置、特点等有一个全面、直观的了解，了解它们的形状、连接关系及布置形式，进一步提高学员学习本门课的兴趣，为学好本门课打下良好的基础。

2. 技术要求与标准

① 每组学员能在45分钟内完成此项目；

② 完成工单及学材要求项目；

③ 注意人身及设备安全。

3. 设备器材

① 爱丽舍轿车；

② 中通客车；

③ 座椅套、地板垫、方向盘套、翼子板布及前格栅布一套；

④ 举升器。

4. 作业准备

① 检查举升机	□ 任务完成
② 车辆开进工位	□ 任务完成
③ 停车，打开发动机盖	□ 任务完成
④ 铺上护套	□ 任务完成
⑤ 顶好车位置	□ 任务完成
⑥ 稍微举升车辆	□ 任务完成
⑦ 检查车辆是否平稳	□ 任务完成

5. 操作步骤

（1）车辆准备

图 1-15　轿车总成

图 1-16　客车底盘

（2）汽车组成认识（发动机、底盘、车身、电气设备）

（3）底盘系统部件认识

① 传动系组成部件安装位置及作用简介（思考：汽车上为何安装该系统?）;

② 行驶系组成部件安装位置及作用简介；

③ 转向系组成部件安装位置及作用简介；

④ 制动系组成部件安装位置及作用简介；

⑤ 轿车、货车两种汽车底盘结构比较分析。

6. 记录与分析

基本信息	班级		姓名		日期	
	车型		设备名称		项目	汽车底盘的认识
底盘认识记录与分析	汽车的组成：					
	汽车底盘的组成及各部分作用：					
	所认识底盘的传动系的布置形式及优点：					

项目（二）东风雪铁龙新爱丽舍轿车离合器的更换

1. 项目说明

对于装有手动变速器的汽车，发动机的动力需要通过离合器由小到大地传递给变速器，以便于平稳起步和变速器换挡。但由于长期使用和频繁换挡，不可避免地会造成离合器各元件的磨损、性能减弱以致失效，造成汽车起步发抖、换挡困难、发响、加速无力等故障。新爱丽舍轿车装配的是具有单片摩擦片的膜片弹簧离合器，且使用中无须调整，因此，若出现本任务故障情境中的换挡困难现象，又经检查确认为离合器故障后，则需拆卸离合器进行检修或更换。

2. 技术要求与标准

① 两个学员配合能在100分钟内完成此项目；

② 技术标准见表1-1。

表1-1　离合器装配的有关螺栓、螺母的拧紧力矩

序号	名　称	拧紧力矩/(N·m)
1	离合器盖与飞轮连接螺栓	20±2
2	离合器压盘保持架紧固螺栓	20
3	离合器踏板主销螺母	25
4	离合器拉索末端锁紧螺母	6
5	变速器总成与发动机连接螺栓	35

3. 设备器材

① 新爱丽舍轿车；

② 支架4090-T、定位心轴7011-T等专用工具；

③ 座椅套、地板垫、方向盘套、翼子板布及前格栅布一套；

④ 举升器；

⑤ 常用工具一套。

4. 作业准备

① 检查举升机　□ 任务完成

② 车辆开进工位　□ 任务完成

③ 停车，打开发动机盖　□ 任务完成

④ 铺上护套　□ 任务完成

⑤ 顶好车位置　□ 任务完成

⑥ 稍微举升车辆　□ 任务完成

⑦ 检查车辆是否平稳　□ 任务完成

5. 操作步骤

(1) 拆　卸

① 拆下变速器总成，露出离合器，如图1-17所示。

因为拆卸离合器需先拆下变速器，变速器的拆卸方法、工具、步骤及具体方法见学习任务2，在此重点描述离合器的拆装步骤、工具及注意事项。

② 为便于再装配时保持原来的旋转平衡，用粉笔或记号笔标明压盘总成与飞轮的接合位，如图 1-18 所示。

图 1-17　新爱丽舍轿车离合器

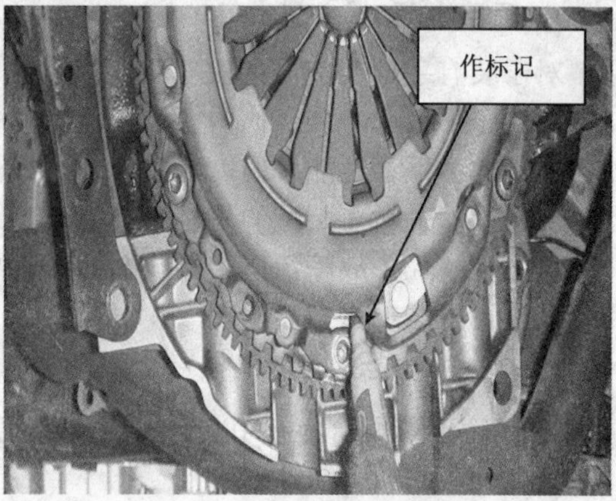

图 1-18　作标记

③ 将专用的定心轴（见图 1-19）插入离合器从动盘花键孔，托住离合器从动盘，以免拆离合器时从动盘坠地而损坏。

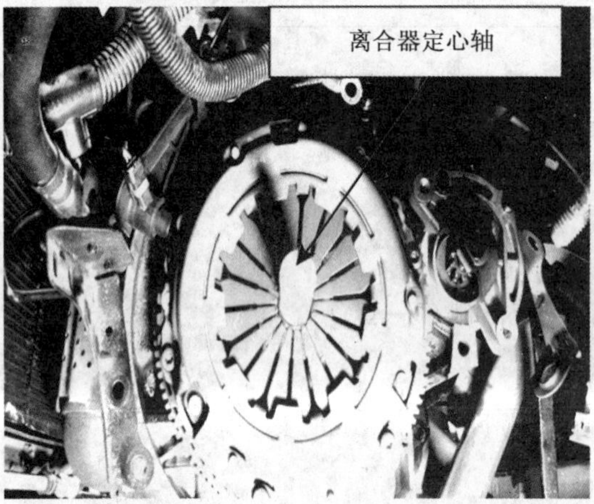

图 1-19　插入定心轴图

图 1-20　拆卸离合器总成

④ 按对角线方向，采取每次拧松半圈的方式拆下压盘总成与发动机飞轮的连接螺栓，拆下离合器总成，如图 1-20 所示。

(2) 安　装

离合器的装配是在离合器各机件全部修复后进行的重要程序，它直接影响着离合器的正常工作，因此应注意离合器的装配问题。按与拆卸相反的顺序装离合器，但应注意下列问题。

① 从动盘上凸出的减振弹簧面应与压盘相对。

② 用专用工具定位心轴 7011- T 装摩擦片和离合器总成，对准拆时压盘总成与飞轮的标记和定位销孔，按对角逐渐拧紧飞轮与压盘总成的 6 个固定螺栓，其紧固力矩为 15N · m。

③ 变速器总成装入发动机壳体时，应注意检查是否装上两个定位环，应确保定位环

在发动机与变速器总成之间的定位作用，使变速器总成正确就位。

④ 安装时，应在分离轴承导向套、从动盘花键、变速器第一轴承盖、分离拨叉轴承、踏板轴与衬套、分离操纵钢索等处涂以 2 号锂基脂，使之运动灵活，工作可靠。

⑤ 装配离合器时，应按表 1-1 规定的力矩拧紧有关的螺栓、螺母。

6. 记录与分析

<table>
<tr><td rowspan="2">基本信息</td><td>班级</td><td></td><td>姓名</td><td></td><td>日期</td><td></td></tr>
<tr><td>车型</td><td></td><td>设备名称</td><td></td><td>项目</td><td>离合器的拆装</td></tr>
<tr><td rowspan="4">拆装记录与分析</td><td colspan="6">故障情境描述：</td></tr>
<tr><td colspan="6">初步检查分析：</td></tr>
<tr><td colspan="6">举升器使用的注意事项：</td></tr>
<tr><td colspan="6">拆装过程记录：</td></tr>
</table>

项目（三）东风雪铁龙新爱丽舍轿车离合器拉索的更换

1. 项目说明

操纵机构是拉索的离合器，润滑不及时和长期使用，不可避免地会造成离合器拉索的卡滞或断开，若卡滞则会造成离合器接合不平顺或无法接合，导致汽车无法起步。因此，若出现汽车无法起步，且经检查确定为离合器拉索故障时，应对其进行更换。

2. 技术要求与标准

① 单个学员能在 20 分钟内完成此项目；

② 技术标准：离合器拉索末端锁紧螺母拧紧力矩为 6N · m。

3. 设备器材

① 新爱丽舍轿车；

② 座椅套、地板垫、方向盘套、翼子板布及前格栅布一套；

③ 常用工具一套。

4. 作业准备

① 车辆开进工位 □ 任务完成

② 停车，打开发动机盖 □ 任务完成

③ 铺上护套 □ 任务完成

④ 检查车辆是否平稳 □ 任务完成

5. 操作步骤

（1）拆　卸

① 确保车辆安全，安装维修三件套，脱开电瓶正负极电缆，拆卸电瓶、电控单元盒、电瓶框架，如图 1-21 所示。离合器拉线总成如图 1-22 所示。

图 1-21　拆卸电瓶、电脑等附件

图 1-22　离合器拉线总成

② 如图 1-23 所示，从离合器分离杆 1 上拆下离合器软轴前端，将离合器软轴从支架 2 上脱开。

③ 如图 1-24 所示，拆下离合器踏板支架上端的软轴叉形接头固定卡簧 3，拆下拉线叉形接头 4，将软轴从车身前围的软轴固定孔中卸下，如图 1-25 所示。

（2）安　装

如图 1-26 所示，按相反顺序装复，注意连接部位的润滑。

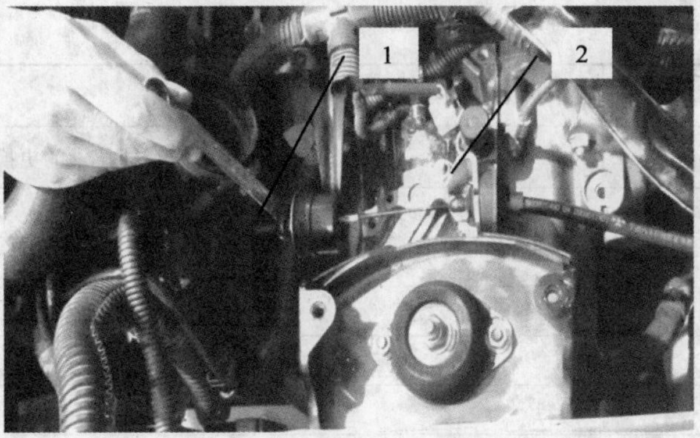

图 1-23　拆卸离合器前端拉线

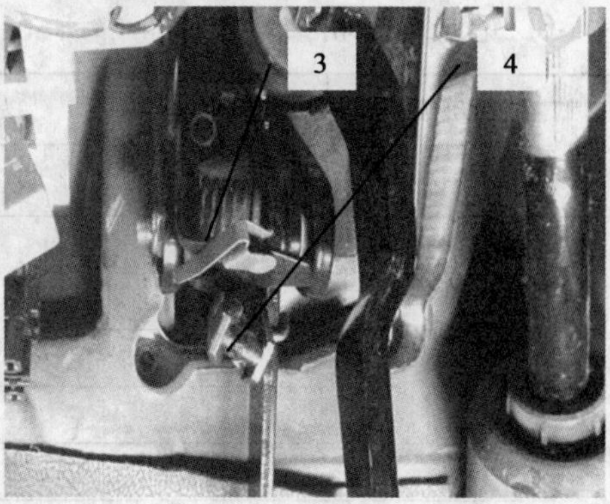

图 1-24　拆卸离合器踏板端拉线

图 1-25　拆下离合器拉线

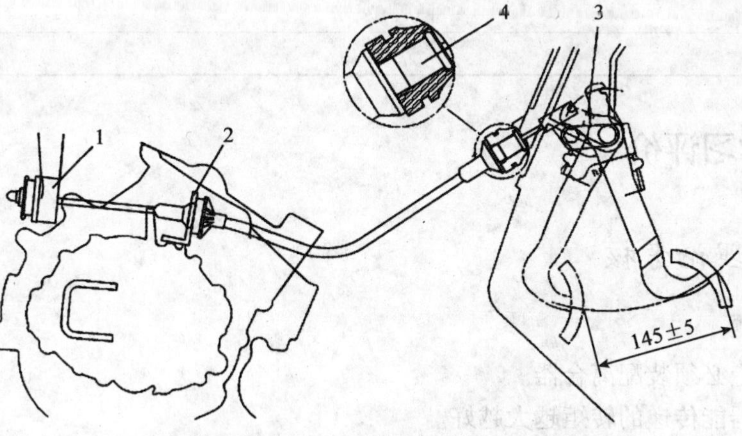

图 1-26　离合器软轴的安装

1—离合器分离杆；2—支架；3—卡簧；4—套头

6. 记录与分析

基本信息	班级		姓名		日期	
	车型		设备名称		项目	离合器拉索的更换
拆装记录与分析	故障情境描述：					
	初步检查分析：					
	举升器的使用注意事项：					
	拆装过程记录：					

三、学习评价

（一）理论考核

1. 判断题

① 汽车上必须装配离合器。（　）

② 离合器能传递的转矩越大越好。（　）

③ 离合器在拆卸时应作标记，以保证装配后符合动平衡要求。（　）

④ 离合器压盘在分解时无须作标记。（　）

⑤ 离合器装配时用定心轴是为了防止从动盘掉下来。（　）

⑥ 若膜片弹簧离合器的分离指不平，只能更换。（　　）

⑦ 离合器从动部分的转动惯量应尽可能大。（　　）

2. 选择题

① 离合器的主动部分包括（　　）。

A. 飞轮　B. 离合器盖　C. 压盘　D. 摩擦片

② 离合器的从动部分包括（　　）。

A. 离合器盖　B. 压盘　C. 从动盘　D. 压紧弹簧

③ 东风 EQ1090E 型汽车离合器的分离杠杆支点采用浮动销的主要目的是（　　）。

A. 避免运动干涉　B. 利于拆装　C. 提高强度　D. 节省材料

④ 离合器分离轴承与分离杠杆之间的间隙是为了（　　）。

A. 实现离合器踏板的自由行程

B. 减轻从动盘磨损

C. 防止热膨胀失效

D. 保证摩擦片正常磨损后离合器不失效

⑤ 膜片弹簧离合器的膜片弹簧起到（　　）的作用。

A. 压紧弹簧　B. 分离杠杆　C. 从动盘　D. 主动盘

⑥ 离合器的从动盘主要由（　　）构成。

A. 从动盘本体　B. 从动盘毂　C. 压盘　D. 摩擦片

⑦ 关于离合器的作用，下列说法错误的是（　　）。

A. 使发动机与传动系逐渐接合，保证汽车平稳起步

B. 暂时切断发动机的动力传动，保证变速器换挡平顺

C. 限制所传递的转矩，防止传动系过载

D. 降速增扭

⑧ 关于离合器打滑的原因，下列说法错误的是（　　）。

A. 离合器踏板没有自由行程，使分离轴承压在分离杠杆上

B. 离合器踏板自由行程过大

C. 从动盘摩擦片、压盘或飞轮工作面磨损严重，离合器盖与飞轮的连接松动

D. 从动盘摩擦片油污、烧蚀、表面硬化、铆钉外露、表面不平，使摩擦系数下降

⑨ 关于离合器分离不彻底的原因，下列说法错误的是（　　）。

A. 离合器踏板自由行程过大

B. 分离杠杆调整不当，其内端不在同一平面内或内端高度太低

C. 新换的摩擦片太厚或从动盘正反装错

D. 压力弹簧疲劳或折断，膜片弹簧疲劳或开裂，使压紧力下降

⑩ 起步发抖的原因是（　　）。

A. 分离轴承套筒与导管油污、尘腻严重，使分离轴承不能回位

B. 从动盘或压盘翘曲变形，飞轮工作端面的端面圆跳动严重

C. 分离轴承缺少润滑剂，造成干磨或轴承损坏

D. 新换的摩擦片太厚或从动盘正反装错

⑪ 离合器分离或接合时发出不正常的响声，原因是（　　）。

A. 分离轴承缺少润滑剂，造成干磨或轴承损坏

B. 从动盘或压盘翘曲变形，飞轮工作端面的端面圆跳动严重

C. 膜片弹簧弹力减弱

D. 分离杠杆弯曲变形，出现运动干涉，不能回位

3. 简答题

① 汽车传动系中为什么要装离合器？

② 离合器踏板的自由行程如何定义？其过大或过小对离合器的性能有什么影响？

③ 简述膜片弹簧离合器的优点。

④ 离合器从动盘上扭转减振器的作用是什么？

⑤ 离合器的操纵机构有哪几种？各有何特点？

（二）技能考核

项目 1　　离合器的拆装

<table>
<tr><td rowspan="2">基本信息</td><td>姓名</td><td></td><td>学号</td><td></td><td>班级</td><td></td><td>组别</td><td></td></tr>
<tr><td>规定时间</td><td></td><td>完成时间</td><td></td><td>考核日期</td><td></td><td>总评成绩</td><td></td></tr>
<tr><td rowspan="12">任务工单</td><td rowspan="2">序号</td><td rowspan="2" colspan="2">步　骤</td><td colspan="2">完成情况</td><td rowspan="2">标准分</td><td rowspan="2" colspan="2">评　分</td></tr>
<tr><td>完　成</td><td>未完成</td></tr>
<tr><td>1</td><td colspan="2">考核准备：
材料：
工具：
设备：</td><td></td><td></td><td>10</td><td colspan="2"></td></tr>
<tr><td>2</td><td colspan="2">车辆的举升、防护及发动机的固定</td><td></td><td></td><td>5</td><td colspan="2"></td></tr>
<tr><td>3</td><td colspan="2">拆卸传动轴</td><td></td><td></td><td>5</td><td colspan="2"></td></tr>
<tr><td>4</td><td colspan="2">拆卸变速器总成</td><td></td><td></td><td>10</td><td colspan="2"></td></tr>
<tr><td>5</td><td colspan="2">拆卸离合器总成</td><td></td><td></td><td>5</td><td colspan="2"></td></tr>
<tr><td>6</td><td colspan="2">离合器组件检查</td><td></td><td></td><td>10</td><td colspan="2"></td></tr>
<tr><td>7</td><td colspan="2">安装离合器</td><td></td><td></td><td>10</td><td colspan="2"></td></tr>
<tr><td>8</td><td colspan="2">安装变速器及传动轴</td><td></td><td></td><td>10</td><td colspan="2"></td></tr>
<tr><td>9</td><td colspan="2">最后检查试车</td><td></td><td></td><td>5</td><td colspan="2"></td></tr>
<tr><td>10</td><td colspan="2">清洁及整理</td><td></td><td></td><td>5</td><td colspan="2"></td></tr>
<tr><td colspan="2">安全</td><td colspan="4"></td><td>5</td><td colspan="2"></td></tr>
<tr><td colspan="2">5S</td><td colspan="4"></td><td>5</td><td colspan="2"></td></tr>
<tr><td colspan="2">团队协作</td><td colspan="4"></td><td>5</td><td colspan="2"></td></tr>
<tr><td colspan="2">沟通表达</td><td colspan="4"></td><td>5</td><td colspan="2"></td></tr>
<tr><td colspan="2">工单填写</td><td colspan="4"></td><td>5</td><td colspan="2"></td></tr>
</table>

项目2　　　　　　　　　　　　离合器拉索的更换

基本信息	姓名		学号		班级		组别	
	规定时间		完成时间		考核日期		总评成绩	

	序号	步　骤	完成情况 完　成	完成情况 未完成	标准分	评　分
任务工单	1	考核准备： 材料： 工具： 设备：			10	
	2	车辆的安全、防护			5	
	3	拆卸电瓶正负极连接线			5	
	4	拆卸电瓶及其支架			5	
	5	拆卸软轴离合器连接端			5	
	6	拆卸软轴离合器踏板连接端			5	
	7	安装软轴离合器踏板连接端			10	
	8	安装软轴离合器连接端			10	
	9	踏板行程检查及调整			10	
	10	清洁及整理			5	
安全					5	
5S					10	
团队协作					5	
沟通表达					5	
工单填写					5	

四、拓展学习

前面主要介绍了在汽车上广泛应用的摩擦式离合器，下面介绍两种应用前景及性能较优越的离合器。

（一）磁粉式电磁离合器

磁粉式电磁离合器主、从动部分之间的转矩传递靠磁性电解质本身来完成，即通过给电磁线圈通电，从而将存储在离合器主、从动部分之间的铁粉磁化，磁化后的铁粉将主、从动盘“凝固”在一起传递转矩。

1. 组　成

如图1-27所示，磁粉式电磁离合器由输入端、输出端、铁粉室、励磁线圈、离合器控制单元（ECU）、离合器C/SW开关、离合器继电器和蓄电池等组成。离合器的控制开关C/SW安装在手动变速器的手柄上，便于进行远程操纵。

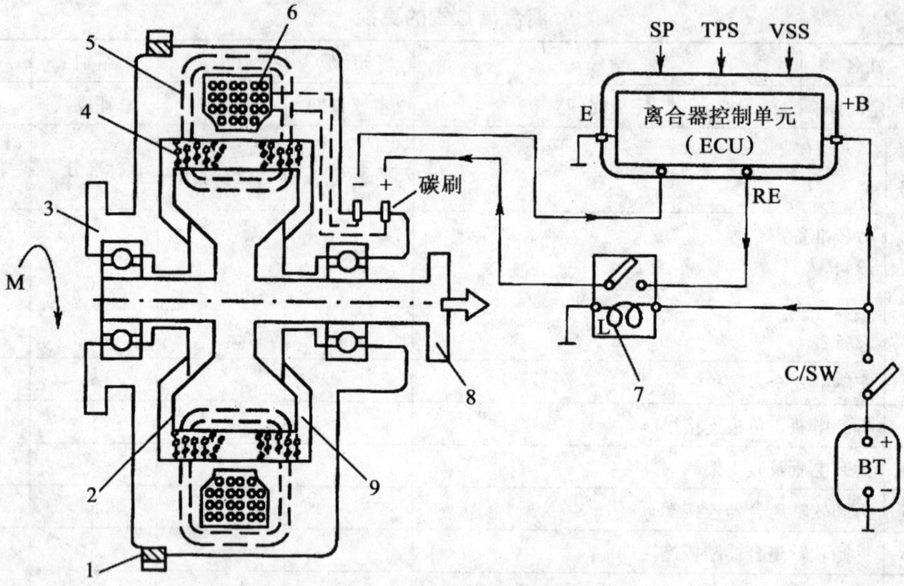

图 1-27　磁粉离合器

1—起动齿圈；2—导磁盘；3—输入端；4—磁粉；5—磁通；
6—励磁线圈；7—离合器继电器；8—输出端；9—磁粉室

① 主动部分即输入端，它连接发动机的曲轴，代替了飞轮的作用。内置式励磁线圈用碳刷和固定部位的滑环接触，可与蓄电池相通。

② 从动部分即输出端，它连接变速器的输入轴。主、从动部分通过轴承连接，可相对转动。

③ 磁粉室处于主、从动部分之间，内装物理性能稳定、可磁化、定量 30 ~ 50μm 的铁微粒末，即磁粉。磁粉通电磁化后形成“磁链”，连接主、从动部分，从而传递发动机转矩。

2. 控制原理

（1）励磁电流的控制

利用离合器开关 C/SW 的闭合，使继电器 7 的线圈磁化而导通触点，离合器控制单元（ECU）向 RE 端子提供可变的工作电流，通过继电器来操控励磁线圈通电电流的大小。

（2）工作过程

发动机运转，当励磁线圈不通电时，铁粉室中的磁粉在离心力的作用下松散地贴合于铁粉室的外侧，此时主、从动部分分离，离合器处于分离状态；当励磁线圈通电时，铁粉被磁化，流动的铁粉在磁场中开始“凝固”起来，铁粉形成磁链，把离合器的主、从动部分联系在一起。通过的电流越大，则形成的磁链越多，传递的转矩也就越大。当通过的电流达到某一定值时，磁粉将离合器的主、从动部分牢固地连接在一起，离合器停止打滑，处于完全接合状态。当电流消失即磁场消失时，铁粉成为流动体，离合器重新分离。

（3）接合时间及接合力的控制

在汽车行驶过程中，离合器控制单元（ECU）的电流调节电路随时根据各种传感器（节气门开度位置传感器信号、转速信号、车速信号、制动信号、轮速信号、起步及换挡等行驶状态信息）传来的信息，自动调节通过励磁线圈的电流的大小和导通时间的长短，自动进行通断和量化控制。

3. 优　点

① 无磨损，无须调整；

② 故障内容纳入自诊断系统，使维修方便、成本降低、寿命延长；

③ 传递转矩增长、平滑，离合器接合平顺，性能更为可靠。

(二) 双离合器

汽车行驶中通过离合器的分离与接合实现动力的传递，但在分离与接合之间有动力传递暂时中断的现象，这会影响到汽车的行驶速度及燃油的经济性，同时，造成发动机功率的损失。而双离合器的出现则使换挡时间缩短为0.2s，基本上在动力传递不间断的情况下实现换挡，因此，双离合器在当今汽车上，特别是强调速度的赛车和跑车上应用广泛。

双离合器根据其结构形式的不同分为双面离合器和双重离合器。其中双面离合器是对单面离合器的改进，它将发动机传来的转矩以串联的形式传给变速器的第一或第二输入轴。双重离合器则采用两个单独的离合器分别传递动力，将发动机的功率以并联的方式从两路传递到变速器。另外，双离合器又有湿式和干式两种类型。

学习任务2

手动变速器结构与拆装

工作情境描述

某辆教练车行驶5万公里，车辆行驶过程中出现3~4挡换挡困难，且手动变速器有异响。车主将车开到4S店，维修技师经诊断，决定拆检变速器。

学习目标

- 叙述手动变速器的工作原理及结构特点。
- 分析拆装步骤及内容，明确进行拆装作业的目的。
- 根据维修手册，正确选用维修工具和专用设备，在180分钟内安全规范地进行变速器的部件更换。操作过程中严格执行“5S”。
- 向客户解释拆装作业的结果。

一、知识准备

汽车在实际使用中要起步、怠速停车、低速或高速行驶、加速、减速、爬坡、倒车等，这就要求汽车的驱动力和车速能在相当大的范围内变化，而目前广泛采用的汽车发动机的输出转矩和转速变化范围较小。为了解决这一矛盾，在传动系中设置了变速器及后面要讲的主减速器。

（一）变速器的作用

1. 实现变速、变矩

下面通过汽车驱动轮的驱动转矩公式来说明一下变速器的变速、变矩作用。

$$T_t = T_{tq} I_g I_o \eta_t \quad (2\text{-}1)$$

式中：T_t——驱动轮获得的转矩；

T_{tq}——发动机输出的转矩；

I_g——变速器的传动比；

I_o——减速器的传动比；

η_t——传动系的机械效率。

由式（2-1）可知，一辆车发动机的输出转矩及传动系的机械效率在一定的时间段内可认为是一定值，那么当该车辆在行驶中需要加速或爬坡时，即需要车轮输出大的驱动转矩时，仅靠发动机效果有限，如果在车辆上安装变速器后就可以通过不同齿轮组的啮合传动获得几个可变的传动比，即通过增大 I_g 来增大驱动轮输出的转矩 T_t。当然，也可以通过增大 I_o 来增大驱动轮输出的转矩 T_t，前提是减速器的传动比可以改变。同理，当车辆在良好的路面上行驶时，需要的是高车速，而非高输出转矩，因为此时的道路阻力较小，可通过减小 I_g 或 I_o 来获得高车速，同时输出转矩会同步减小。

2. 实现倒车

发动机的旋转方向是不能改变的，为了实现汽车的倒向行驶，变速器中设置了倒挡，甚至在一些工程机械变速器中设置 1 ~ 2 个倒挡，增加了车辆的工作效率及使用的方便性。

3. 实现动力传递中断

在发动机起动和怠速运转、变速器换挡、汽车滑行和暂时停车等情况下，都需要中断发动机的动力传动，在变速器中设置空挡实现了此功能。

（二）变速器的类型

现代汽车上所采用的变速器有多种结构形式，一般可以按照传动比和操纵方式进行分类。

1. 按传动比分类

变速器按传动比的级数可分为有级式、无级式和综合式三种。

（1）有级式变速器

有级式变速器采用齿轮传动，具有若干个定值传动比。轿车和轻、中型货车变速器多采用 3 ~ 5 个前进挡和一个倒挡，每个挡位对应一个传动比。重型汽车行驶的路况复杂，变速器的挡位较多，可有 8 ~ 20 个挡位。所谓变速器的挡数都是指前进挡位数。

齿轮式变速器具有结构简单、易于制造、工作可靠、传动效率高等优点。

这种齿轮式的有级变速器按照结构不同又可以分为二轴式和三轴式变速器。二轴式变速器广泛用于发动机前置前轮驱动的轿车，而三轴式变速器可应用于其他各类型车辆。

（2）无级式变速器（CVT）

无级式变速器的传动比可在一定的数值范围内实现无限多级变化。常见的有电力式、液力式和金属带式。目前的无级变速器一般采用金属带传递动力，通过主、从动带轮直径的变化实现无级变速。这种变速器在中、高级轿车中的应用越来越多。

（3）综合式变速器（AT）

综合式变速器是由液力变矩器和有级齿轮式变速器组成的，一般由电脑来自动实现换挡，所以多把这种变速器称为自动变速器。这种变速器的传动比可在最大值与最小值之间的几个间断的范围内作无级变化，目前应用较多。

2. 按变速器操纵方式分类

变速器按操纵方式可分为手动变速器、自动变速器和手动自动一体变速器三种。

（1）手动变速器

手动变速器（manual transmission，MT）通过驾驶员用手操纵变速杆来选定挡位，并直接操纵变速器的换挡机构进行挡位变换。齿轮式有级变速器大多数采用这种换挡方式。

（2）自动变速器

自动变速器（automatic transmission，AT）的自动控制系统根据发动机的负荷和车速的变化情况自动地选定挡位，并进行挡位变换，即自动地改变传动比。驾驶员只需要操纵加速踏板控制车速。

（3）手动自动一体变速器

这种变速器可以自动换挡，也可以手动换挡，比较典型的如奥迪 A6 的 Tiptronic，上海帕萨特 1.8T 也装有手动自动一体变速器。

（三）普通齿轮传动的基本原理

普通齿轮变速器也叫定轴式变速器，它由外壳、轴线固定的几根轴和若干齿轮组成，利用不同齿数齿轮的啮合传动来实现变速、变矩，利用偶数对齿轮外啮合改变旋转方向。

齿轮传动的基本原理如图 2-1 所示，一对齿数不同的齿轮啮合传动时可以实现变速，而且两齿轮的转速与其齿数成反比。设主动齿轮转速为 n_1，齿数为 z_1，从动齿轮转速为 n_2，齿数为 z_2。主动齿轮（即输入轴）转速与从动齿轮（即输出轴）转速的比值称为传动比，用字母 i_{12} 表示。即 $i_{12} = n_1/n_2 = z_2/z_1$。

如图 2-1（a）所示，当小齿轮为主动齿轮，带动大齿轮转动时，输出转速降低，即 $n_2 < n_1$，称为减速传动，此时传动比 $i > 1$；如图 2-1（b）所示，当大齿轮驱动小齿轮时，输出转速升高，即 $n_2 > n_1$，称为增速传动，此时传动比 $i < 1$。这就是齿轮传动的变速原理。汽车变速器就是根据这一原理利用若干大小不同的齿轮副传动而实现变速的。

图 2-2 所示为两级齿轮传动示意图，齿轮 1 为主动齿轮，驱动齿轮 2 转动，齿轮 3 与齿轮 2 固连在一起，再驱动齿轮 4 转动并输出动力，此时由 1 传到 4 的传动比为

$$i_{14} = n_1/n_4 = (z_2z_4)/(z_1z_3) = i_{12}i_{34}$$

因此，得出多级齿轮传动的传动比为

i = 所有从动齿轮齿数的乘积/所有主动齿轮齿数的乘积 = 各级齿轮传动比的乘积

对于变速器，各挡的传动比 i 就是变速器输入轴转速与输出轴转速之比。即

$$i = n_{输入}/n_{输出} = T_{输出}/T_{输入}$$

当 $i > 1$ 时，$n_{输出} < n_{输入}$，$T_{输出} > T_{输入}$，此时实现降速增矩，为变速器的降速位，且 i 越大，挡位越低；当 $i = 1$ 时，$n_{输出} = n_{输入}$，$T_{输出} = T_{输入}$，为变速器的直接挡；当 $i < 1$ 时，$n_{输出} > n_{输入}$，$T_{输出} < T_{输入}$，此时实现升速降矩，为变速器的超速挡。

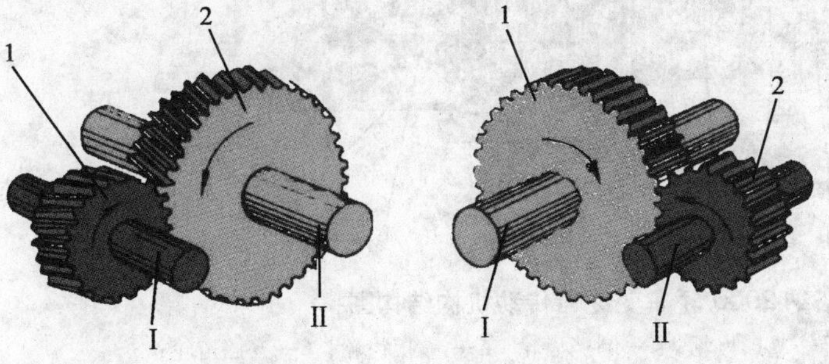

（a）减速传动　（b）增速传动

图 2-1　齿轮传动的基本原理

Ⅰ—输入轴；Ⅱ—输出轴；1—主动齿轮；2—从动齿轮

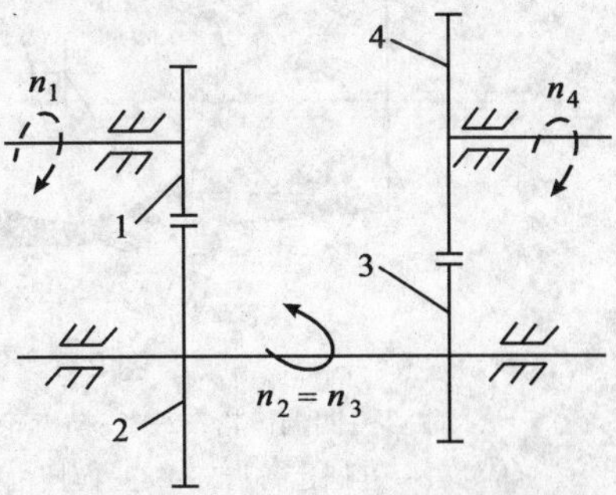

图 2-2　两级齿轮传动示意图

1，3—主动齿轮；2，4—从动齿轮

例如，桑塔纳 2000 五挡手动变速器各挡的传动比见表 2-1。其一至三挡为降速挡，四挡为直接挡，五挡为超速挡。

表 2-1　桑塔纳 2000 变速器各挡的传动比

挡位	传动比
Ⅰ	3.455
Ⅱ	1.944
Ⅲ	1.286
Ⅳ	0.969
Ⅴ	0.800

（四）手动变速器的变速传动机构

手动变速器包括变速传动机构和操纵机构两大部分。变速传动机构的主要作用是改变速比和旋转方向；操纵机构的作用是实现换挡。

变速传动机构是变速器的主体，按工作轴的数量（不包括倒挡轴）可分为两轴式变速器和三轴式变速器。

1. 两轴式变速器的变速传动机构

两轴式变速器用于发动机前置前轮驱动的轿车或发动机后置后轮驱动的客车上，一般与驱动桥合称为变速驱动桥。前置发动机有纵向布置和横向布置两种形式，与其配用的两轴式变速器也有两种不同的结构形式。发动机纵置时，主减速器为一对圆锥齿轮，发动机横置时，主减速器采用一对圆柱齿轮。

（1）发动机纵向布置的两轴式变速器

图 2-3、图 2-4 所示分别为桑塔纳 2000 轿车两轴式变速器传动机构的结构图和示意图。

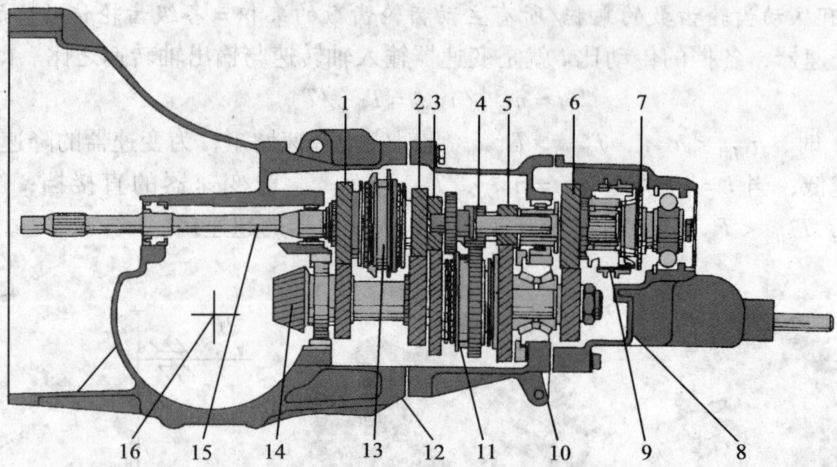

图 2-3　桑塔纳 2000 轿车变速器传动机构结构图

1—四挡齿轮；2—三挡齿轮；3—二挡齿轮；4—倒挡齿轮；5— 一挡齿轮；6—五挡齿轮；7—五挡运行齿环；8—换挡机构壳体；9—五挡同步器；10—齿轮箱体；11— 一、二挡同步器；12—变速器壳体；13—三、四挡同步器；14—输出轴；15—输入轴；16—差速器

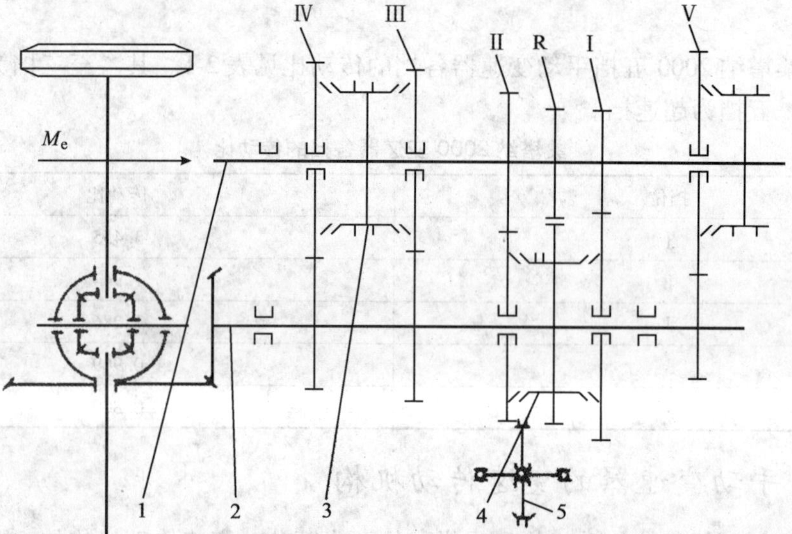

图 2-4　桑塔纳 2000 轿车两轴式变速器传动机构示意图

1—输入轴；2—输出轴；3—三、四挡同步器；4— 一、二挡同步器；5—倒挡中间齿轮；Ⅰ— 一挡齿轮；Ⅱ—二挡齿轮；Ⅲ—三挡齿轮；Ⅳ—四挡齿轮；Ⅴ—五挡齿轮；R—倒挡齿轮

① 结构。该变速器的变速传动机构有输入轴和输出轴，两轴平行布置，输入轴也是离合器的从动轴，输出轴也是主减速器的主动锥齿轮轴。该变速器具有 5 个前进挡和 1 个倒挡，全部采用锁环式惯性同步器换挡。输入轴上有一至五挡主动齿轮，其中一、二挡主动齿轮与轴制成一体，三、四、五挡主动齿轮通过滚针轴承空套在轴上。输入轴上还有倒挡主动齿轮，它与轴制成一体。三、四挡同步器和五挡同步器也装在输入轴上。输出轴上有一至五挡从动齿轮，其中一、二挡从动齿轮通过滚针轴承空套在轴上，三、四、五挡齿轮通过花键套装在轴上。一、二挡同步器也装在输出轴上。在变速器壳体的右端还装有倒

挡轴，上面通过滚针轴承套装有倒挡中间齿轮。

② 各挡动力传递路线（参考图2-4）如表2-2所列。

表2-2　桑塔纳2000轿车变速器动力传递路线

挡位	动力传递路线
一	变速杆从空挡向左、向前移动，实现一挡： 动力→输入轴→输入轴一挡齿轮→输出轴一挡齿轮→输出轴上一、二挡同步器→输出轴→动力输出
二	变速杆从空挡向左、向后移动，实现二挡： 动力→输入轴→输入轴二挡齿轮→输出轴二挡齿轮→输出轴上一、二挡同步器→输出轴→动力输出
三	变速杆从空挡向前移动，实现三挡： 动力→输入轴→输入轴三、四挡同步器→输入轴三挡齿轮→输出轴三挡齿轮→输出轴→动力输出
四	变速杆从空挡向后移动，实现四挡： 动力→输入轴→输入轴三、四挡同步器→输入轴四挡齿轮→输出轴四挡齿轮→输出轴→动力输出
五	变速杆从空挡向右、向前移动，实现五挡： 动力→输入轴→输入轴五挡同步器→输入轴五挡齿轮→输出轴五挡齿轮→输出轴→动力输出
倒	变速杆从空挡向右、向后移动，实现倒挡： 动力→输入轴→输入轴倒挡齿轮→倒挡轴倒挡齿轮→输出轴倒挡齿轮→输出轴→动力反向输出

（2）发动机横向布置的两轴式变速器

① 结构如图2-5所示。所有前进挡齿轮和倒挡齿轮都采用常啮合斜齿轮，并采用锁环式同步器换挡。

② 动力传递路线有如下几种。

一挡：一、二挡同步器使一挡齿轮与主减速器主动齿轮轴接合，将变速齿轮锁定到主减速器主动齿轮轴上。输入轴齿轮的一挡主动齿轮顺时针转动，逆时针地驱动一挡从动齿轮和主减速器主动齿轮轴，顺时针驱动主减速器从动齿轮，实现一挡。

二挡：同理，当需换二挡时，一、二挡同步器与一挡从动齿轮分离，并接合二挡从动齿轮，动力经主减速器从动齿轮输出，实现二挡。

三挡：当二挡同步器接合套返回空挡后，将三、四挡同步器锁定到主减速器主动齿轮轴上的三挡齿轮上。动力输出，实现三挡。

四挡：将三、四挡同步器接合套从三挡齿轮移开，移向四挡齿轮，将其锁定在主减速器主动齿轮轴上。动力输出，实现四挡。

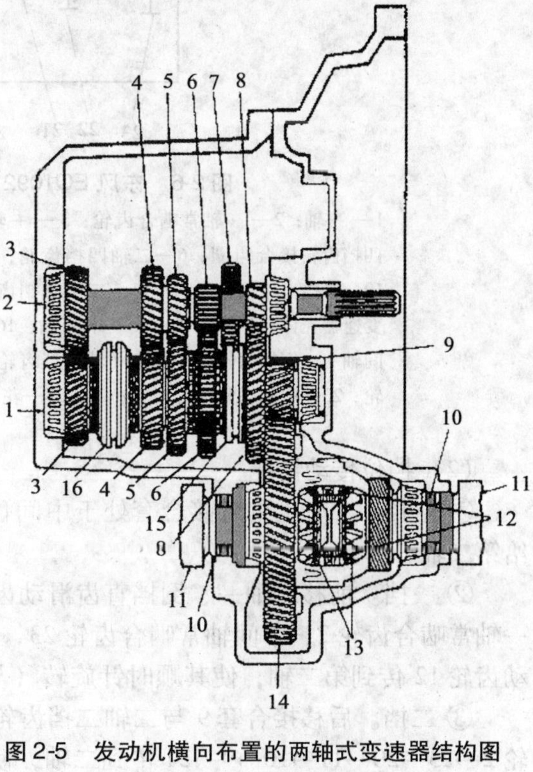

图2-5　发动机横向布置的两轴式变速器结构图

1—输出轴；2—输入轴；3—四挡齿轮；4—三挡齿轮；5—二挡齿轮；6—倒挡齿轮；7—倒挡惰轮；8—一挡齿轮；9—主减速器主动齿轮；10—差速器油封；11—等速万向节轴；12—差速行星齿轮；13—差速半轴齿轮；14—主减速器从动齿轮；15—一、二挡同步器；16—三、四挡同步器

倒挡：变速杆位于倒挡时，拨动倒挡惰轮与倒挡主动齿轮和倒挡从动齿轮啮合。倒挡从动齿轮同时又是一、二挡同步器接合套，同步器接合套带有沿其外缘加工的直齿。倒挡惰轮改变变速齿轮的转动方向，汽车可以倒车。

2. 三轴式变速器的变速传动机构

三轴式变速器用于发动机前置后轮驱动的汽车。输入轴与输出轴在同一轴线上，有利于万向传动装置的设计安装。下面以东风 EQ1092 中型货车的变速器为例进行介绍，其结构简图如图 2-6 所示，有三根主要的传动轴——一轴、二轴和中间轴，所以称为三轴式变速器，另外还有倒挡轴。

（1）结　构

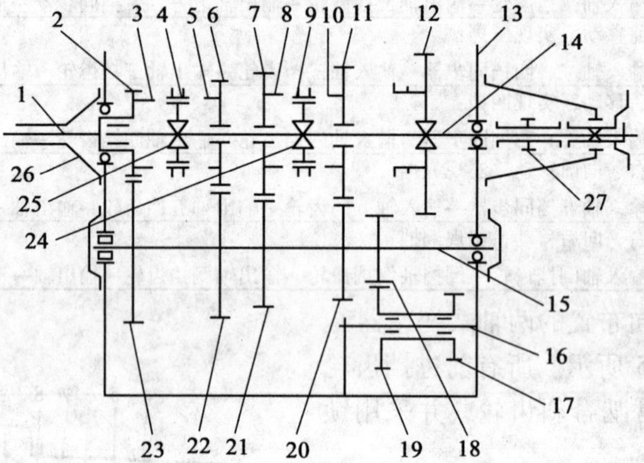

图 2-6　东风 EQ1092 中型货车的三轴式变速器

1——轴；2——轴常啮合齿轮；3——轴常啮合齿轮接合齿圈；4，9—接合套；5—四挡齿轮接合齿圈；6—二轴四挡齿轮；7—二轴三挡齿轮；8—三挡齿轮接合齿圈；10—二挡齿轮接合齿圈；11—二轴二挡齿轮；12—二轴一、倒挡直齿滑动齿轮；13—变速器壳体；14—二轴；15—中间轴；16—倒挡轴；17，19—倒挡中间齿轮；18—中间轴一、倒挡齿轮；20—中间轴二挡齿轮；21—中间轴三挡齿轮；22—中间轴四挡齿轮；23—中间轴常啮合齿轮；24，25—花键毂；26——轴轴承盖；27—回油螺纹

（2）挡位传动情况

① 空挡。二轴上的各接合套处于中间位置、传动齿轮均处于空转的位置，动力不传给第二轴。

② 一挡。前移二轴一、倒挡直齿滑动齿轮 12 与中间轴一、倒挡齿轮 18 啮合。动力经一轴常啮合齿轮 2，中间轴常啮合齿轮 23，中间轴一、倒挡齿轮 18，二轴一、倒挡直齿滑动齿轮 12 传到第二轴，使其顺时针旋转（与第一轴同向）。

③ 二挡。后移接合套 9 与二轴二挡齿轮 11 的接合齿圈 10 啮合。动力经一轴常啮合齿轮 2→23→20→11→10→9→24 传到二轴，使其顺时针旋转。

④ 三挡。前移接合套 9 与二轴三挡齿轮 7 的接合齿圈 8 啮合。动力经一轴常啮合齿轮 2→23→21→7→8→9→24 传到二轴，使其顺时针旋转。

⑤ 四挡。后移接合套 4 与二轴四挡齿轮 6 的接合齿圈 5 啮合。动力经一轴常啮合齿轮 2→23→22→6→5→4→25 传到二轴，使其顺时针旋转。

⑥ 五挡。前移接合套 4 与一轴常啮合齿轮 2 的接合齿圈 3 啮合。动力直接由一轴→2→3→4→25 传到二轴，传动比为 1。由于二轴的转速与一轴相同，故此挡称为直接挡。

⑦ 倒挡。后移二轴一、倒挡直齿滑动齿轮 12 与倒挡中间齿轮 17 啮合。动力经一轴常啮合齿轮 2→23→18→19→17→12 传给二轴，使其逆时针旋转，汽车倒向行驶。倒挡传动

路线与其他挡位相比较，由于多了倒挡中间齿轮的传动，所以改变了二轴的旋转方向。

3. 防止自动脱挡的结构

自动脱挡是手动变速器的常见故障之一，尤其是直接挡，所以有些变速器在齿轮上采取了防止自动脱挡的结构。

（1）减薄齿式

在东风 EQ1090E 型汽车使用的五挡变速器中，采用了减薄齿的结构来防止自动脱挡（如图 2-7 所示）。在花键毂的两端，齿厚各减薄 0.3～0.4mm，使牙齿中部形成一凸台。当同步器的接合套左移与接合齿圈接合时（图示位置），接合齿圈将转矩传到接合套齿的一侧，再由接合套的另一侧传给花键毂。由于接合套齿的后端被花键毂的凸台顶住，在接触面上有一个作用力 F_N，其轴向分力 F_Q 即防止跳挡的阻力。要摘挡时，驾驶员放松加速踏板，踩下离合器踏板，此时动力传递被切断，接合齿圈的转速降低，接合齿相对于花键毂向后转，不会妨碍接合套后移摘挡。

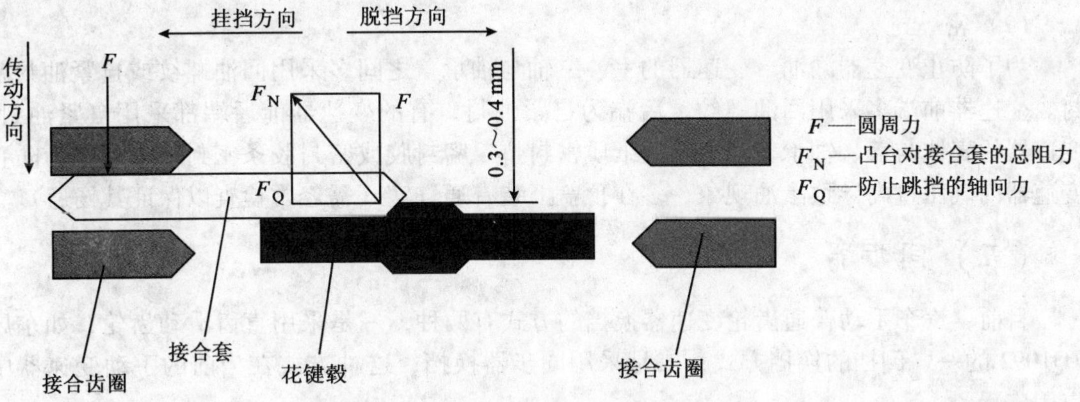

图 2-7　减薄齿防止跳挡结构示意图

（2）斜面齿式

CA1091 型汽车的六速变速器采用齿端斜面的结构（见图 2-8）。该变速器的所有接合齿圈及同步器接合套齿的端部两侧都制有倒斜面。当同步器的接合套左移与接合齿圈接合时（图示位置），接合齿圈将转矩传到接合套齿的一侧，再由接合套的另一侧传给花键毂。由于齿圈与接合套端部为斜面接触，便产生了垂直于斜面的正压力 F_N，其分力分别为 F 和 F_Q，其中向左的分力 F_Q 即为防止跳挡的轴向力。

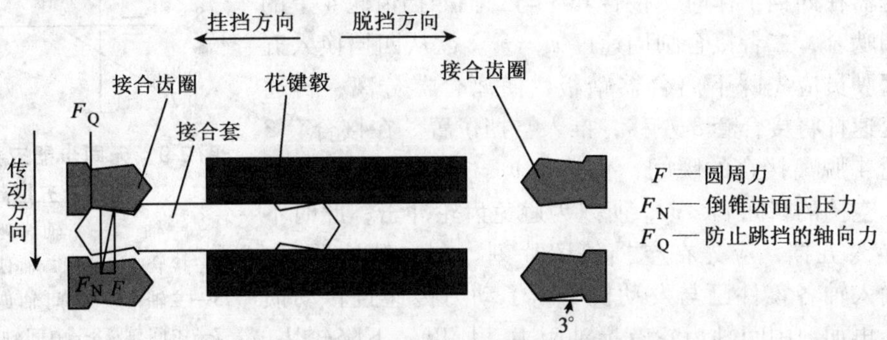

图 2-8　斜面齿防止跳挡结构示意图

4. 齿轮的轴向限位

手动变速器的常啮合齿轮多用斜齿轮，斜齿轮在传力时会产生轴向力，因此应采用轴向限位装置，多用止推环。需要说明的是，在轴上空转的斜齿轮必须要有适当的轴向间隙，此间隙的大小根据止推环的厚度来调整，有的变速器由衬套长度来调整。

5. 变速器的润滑和密封

（1）润　滑

变速器的传动机构为机械传动，为减少内摩擦引起的零件磨损和功率损失，必须保证传动机构的可靠润滑。其中齿轮副、外露轴承采用飞溅润滑，而装在轴与齿轮之间的衬套和轴承采用压力润滑方式，即在第二轴上有关齿轮的齿间底部均匀分布几个径向通孔，这样在齿轮啮合过程中，随着齿顶与齿底间隙逐渐减小，使飞溅到其中的润滑油液产生油压而通过齿底通孔进入轴承或衬套，以保证其得到可靠润滑。需要说明的是，变速器内的油液高度需符合维修手册要求，不能过多也不能过少。

（2）密　封

为了防止变速器漏油，变速器的一、二轴与轴承盖之间多采用回油螺纹或自紧油封密封。变速器前端多采用回油螺纹，后端为自紧油封，有的变速器前后端都采用自紧油封。变速器的壳体与盖、轴承盖间一般用纸质密封垫、密封胶或密封胶条密封。另外，为防止变速器内气压过高导致渗油现象，多在顶盖上装有通气塞（需经常检查以保证其畅通）。

（五）同步器

目前，汽车手动普通齿轮变速器换挡的方式有两种，一是采用直齿滑动齿轮，如东风EQ1092 的一、倒挡的换挡方式；二是采用同步器换挡，这种方式在当前的手动变速器中应用广泛。

同步器的作用是使接合套与待啮合的齿圈迅速同步，缩短换挡时间并且可以防止在同步前啮合而产生换挡冲击。

1. 无同步器的换挡过程

以无同步器五挡变速器的四、五挡换挡过程为例说明其工作过程，图 2-9 所示为其结构简图，采用接合套进行换挡。

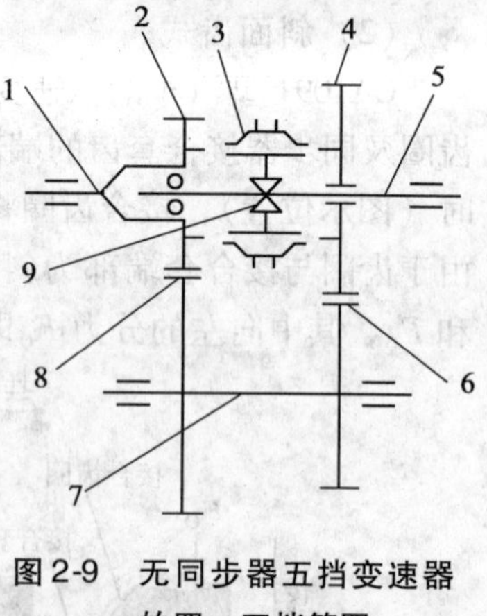

图 2-9　无同步器五挡变速器的四、五挡简图

1—一轴；2—一轴常啮合齿轮；3—接合套；4—二轴四挡齿轮；5—二轴；6—中间轴四挡齿轮；7—中间轴；8—中间轴常啮合齿轮；9—花键毂

（1）低挡换高挡（四挡换五挡）

变速器在四挡工作时，接合套 3 与二轴四挡齿轮 4 上的接合齿圈啮合，二者接合圆周速度 $v_3 = v_4$。欲从四挡换入五挡时，驾驶员应先踩下离合器踏板，使离合器分离，再通过操纵变速杆将接合套 3 左移，推入空挡位置。在接合套 3 刚与齿轮 4 脱离接合的瞬间，仍然是 $v_3 = v_4$，又因 $v_4 < v_2$，即在换入空挡的瞬间 $v_3 < v_2$，所以为避免齿轮冲击，此时不应立即换入五挡，应先在空挡停留片刻。在空挡位置时，变速器输入轴各零件已与发动机中断了动力传递且转动惯量较小，再加上中间轴齿轮有搅油阻力，所以 v_2 下降较快，如图 2-10（a）所示；而整个汽车的转动惯性大，导致接合

套3（与第二轴转速相同）的圆周速度 v_3 下降慢，图2-10（a）中两直线 v_3，v_2 因倾斜度不同而相交，交点即同步状态（$v_3=v_2$）。此时将接合套左移与齿轮2上的齿圈啮合挂入五挡，不会产生冲击。但自然减速同步时刻出现得太晚，应在摘下四挡后，立即抬起离合器踏板，利用发动机怠速工况迫使一轴更快地减速，使 v_2 下降变快，如图2-10（a）中虚线所示，这样同步点出现得早，缩短了换挡时间。

（2）高挡换低挡（五挡换四挡）

变速器在五挡工作时以及由五挡换入空挡的瞬间，接合套3与齿轮2接合齿圈的圆周速度相同，即 $v_3=v_2$，因 $v_2>v_4$，故 $v_3>v_4$，如图2-10（b）所示。但在空挡时 v_4 下降得比 v_3 快，即 v_4 与 v_3 不会出现相交点，不可能达到自然同步状态。所以驾驶员应在变速器退回空挡后，立即抬起离合器踏板，同时踩下加速踏板，使变速器一轴带动 v_4 从 B 点开始升速，让 $v_4>v_3$，如图2-10（b）中虚线所示，稍等片刻，待 $v_3=v_4$，即出现同步点 A 时，即可换入四挡。

由图2-10（b）可以看出，v_3，v_4 还有一次同步时刻 A'，利用这一点也可以缩短换挡时间，但由于此点是在踩加速踏板过程中出现的，因此要求有熟练的操作技能。

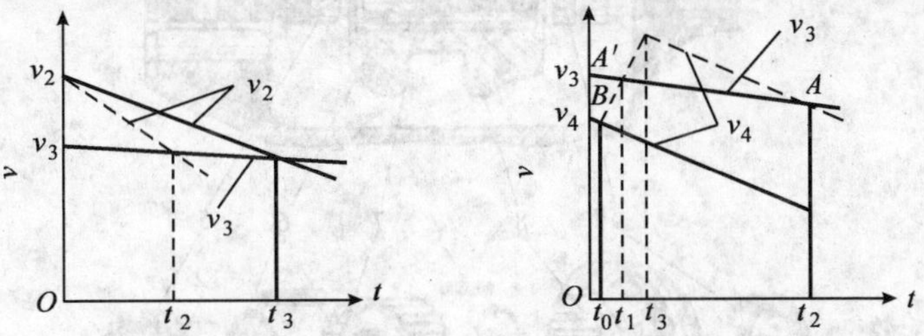

（a）低挡换高挡　　（b）高挡换低挡

图2-10　无同步器的换挡过程

由此可见，要使无同步器变速器换挡时不产生轮齿或花键齿间的冲击，需采取较复杂的操作，并且要求必须要在短时间内迅速准确地完成，这样不仅易使驾驶员产生疲劳，且降低齿轮的使用寿命。因此，要求在变速器结构上采取措施，既保证换挡平顺，又使操作简化，同步器就是在这样的要求下产生的。

2. 同步器的构造及工作原理

目前所采用的同步器几乎都是摩擦式惯性同步器，都由同步装置（包括推动件、摩擦件）、锁止装置和接合装置三部分组成，按锁止装置不同，可分为锁环式惯性同步器和锁销式惯性同步器。

（1）锁环式惯性同步器

① 构造。轿车、轻中型货车的变速器广泛采用锁环式同步器，其结构如图2-11所示，花键毂7用内花键套装在二轴外花键上，用垫圈、卡环轴向定位。花键毂7两端与一轴常啮合齿轮的接合齿圈1和二轴齿轮4之间各有一个青铜制成的锁环（即同步环）5和9。锁环上有短花键齿圈，其花键的尺寸和齿数与花键毂7、一轴常啮合齿轮的接合齿圈1和二轴齿轮4的外花键齿相同。齿轮和锁环上的花键齿靠近接合套8的一端都有倒角（即锁止角），与接合套齿端的倒角相同。锁环有内锥面，与一轴常啮合齿轮的接合齿圈1和二轴齿轮4的外锥面锥角相同。在锁环内锥面上制有细密的螺纹（或直槽），当锥面压紧接触后，它能及

时破坏油膜，增加锥面间的摩擦力。锁环内锥面摩擦副称为摩擦件，外沿带倒角的齿圈是锁止件，锁环上还有三个均布的缺口 12。三个滑块分别装在花键毂 7 上三个均布的轴向槽 11 内，沿槽可以轴向移动。滑块被两个弹簧圈 6 的径向力压向接合套，滑块中部的凸起部位压嵌在接合套中部的环槽 10 内。滑块和弹簧是推动件。滑块两端伸入锁环 5 的缺口 12 中，滑块窄缺口宽，两者之差等于锁环的花键齿宽。锁环相对滑块顺转和逆转都只能转动半个齿宽，且只有当滑块位于锁环缺口的中央时，接合套与锁环才能接合。

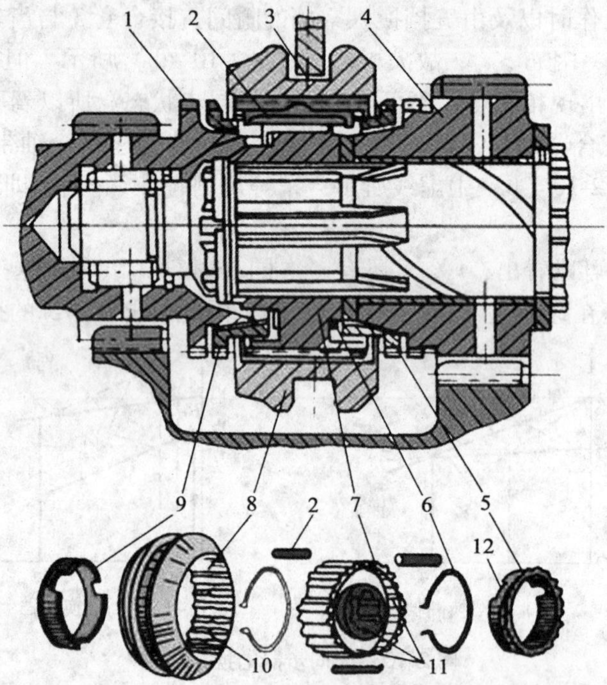

图 2-11　锁环式惯性同步器

1— 一轴常啮合齿轮的接合齿圈；2—滑块；3—拨叉；4—二轴齿轮；5，9—锁环（同步环）；6—弹簧圈；7—花键毂；8—接合套；10—环槽；11—三个轴向槽；12—缺口

② 工作原理。以二挡换三挡为例，说明锁环式同步器的工作原理，如图 2-12 所示。

空挡位置。接合套 3 刚从二挡退入空挡时，如图 2-12（a）所示，三挡齿轮、接合套 3、锁环 4 以及与其有关联的运动件，因惯性作用仍然沿原方向继续旋转（图示箭头方向）。假设齿轮、接合套 3、锁环 4 的转速分别为 N_1，N_3，N_4。因接合套通过滑块推动锁环一起转动，所以 $N_3=N_4$，因 $N_1>N_3$，所以 $N_1>N_4$。此时锁环是轴向自由的，其内锥面与齿轮的外锥面没有摩擦。

摩擦力矩的形成与锁止过程：

欲换入三挡时，驾驶员通过变速杆使拨叉推动接合套 3 连同滑块 2 一起向左移动，如图 2-12（b）所示，滑块又推动锁环移向齿轮，使锥面接触。驾驶员作用在接合套上的轴向推力使两锥面间有正压力 N，又因两者有转速差，所以产生摩擦力矩。通过摩擦作用，齿轮带动锁环相对于接合套向前转动一个角度，使锁环缺口靠在滑块的另一侧（上侧）为止，此时接合套的内齿与锁环上错开了约半个齿宽，接合套的齿端倒角面与锁环的齿端倒角面互相抵住，锁止作用开始，接合套暂不能前移进入啮合。驾驶员的轴向推力使接合套的齿端倒角面与锁环的齿端倒角面之间产生正压力，形成一个企图拨动锁环相对于接合套反转的力矩，称为拨环力矩。这样，在锁环上就同时作用着方向相反的摩擦力矩和拨环力矩，同步器的结构参数可以保证在同步前（存在摩擦力矩时）拨环力矩始终小于摩擦力矩，所以，在同步之前无论驾驶员施加多大的操纵力，都不会挂上挡，即产生锁止作用，如图2-12（c）所示。

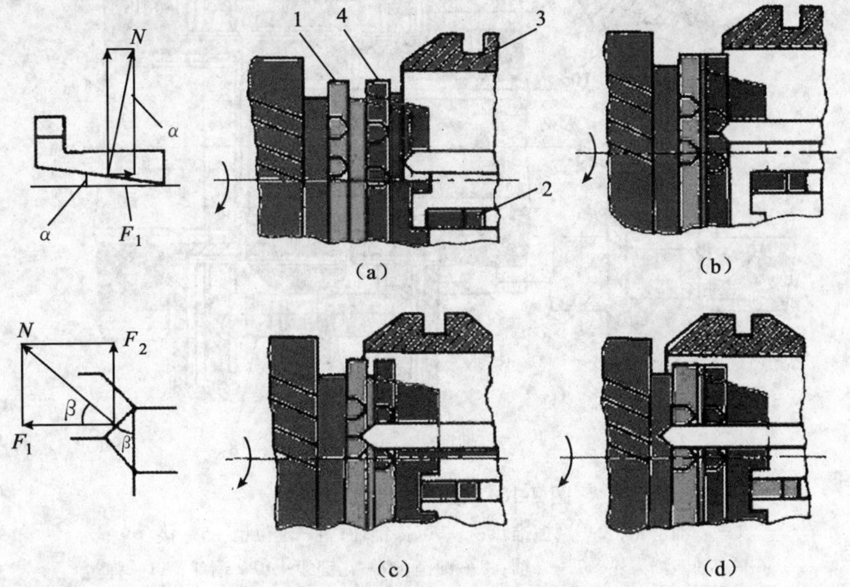

图2-12　锁环式惯性同步器工作原理

1—待啮合齿轮的接合齿圈；2—滑块；3—接合套；4—锁环（同步环）

同步啮合。随着驾驶员施加于接合套上推力的加大，摩擦力矩不断增加，使齿轮的转速迅速降低。当齿轮、接合套3和锁环4达到同步（转速一致）时，作用在锁环上的摩擦力矩消失。此时在拨环力矩的作用下，锁环4、齿轮以及与之相连的各零件都相对于接合套反转一角度，当滑块2处于锁环缺口的中央时，如图2-12（c）所示，键齿不再抵触，锁环的锁止作用消除。接合套压下弹簧圈继续左移（滑块脱离接合套的内环槽而不能左移），与锁环的花键齿圈讲入啮合，进而再与齿轮进入啮合，如图2-12（d）所示，换入三挡。

锁环式同步器尺寸小、结构紧凑、摩擦力矩小，所以多用于轿车和轻型车辆。

（2）锁销式惯性同步器

图2-13所示为锁销式惯性同步器。

① 构造。两个带有内锥面的摩擦锥盘2，以其内花键分别固装在带有接合齿圈的齿轮1和6上随齿轮一起转动。2个有外锥面的摩擦锥环3，其上有圆周均布的3个锁销8，3个定位销4与接合套5装在一起。定位销与接合套的相应孔是滑动配合，定位销中部切有一小段环槽，接合套钻有斜孔，内装弹簧11，把钢球10顶向定位销中部的环槽，使接合套处于空挡位置，定位销能随接合套轴向移动。定位销两端伸入两锥环3内侧面的弧线形浅坑中，定位销与浅坑有周向间隙，锥环相对接合套在一定范围内作周向摆动。锁销中部环槽的两端和接合套相应孔两端切有相同的倒角（锁止角），当锁销与孔对中时，接合套才能沿锁销轴向移动；锁销两端铆接在锥环相应的孔中。2个锥环、3个锁销、3个定位销和接合套构成一个部件，套在花键毂9的齿圈上。

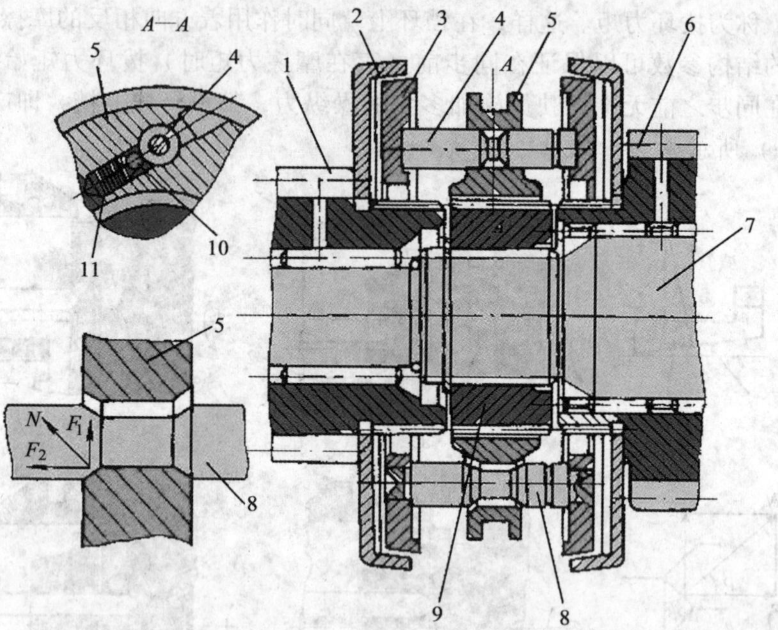

图 2-13　锁销式惯性同步器

1——轴齿轮；2—摩擦锥盘；3—摩擦锥环；4—定位销；5—接合套；
6—二轴四挡齿轮；7—二轴；8—锁销；9—花键毂；10—钢球；11—弹簧

② 工作原理。锁销式惯性同步器的工作原理与锁环式惯性同步器类似。换挡时接合套受到拨叉的轴向推力作用，通过钢球 10、定位销 4 推动摩擦锥环 3 向前移动，即欲换入五挡。因摩擦锥环与锥盘有转速差，故接触后的摩擦作用使锥环和锁销相对于接合套转过一个角度，锁销与接合套上相应孔的中心线不再同心，锁销中部倒角与接合套孔端的锥面相抵触，在同步前，作用在摩擦面的摩擦力矩总大于拨销力矩，接合套被锁止不能前移，防止在同步前接合套与齿圈进入啮合。同步后摩擦力矩消失，拨销力矩使锁销、摩擦锥盘和相应的齿轮相对于接合套转过一个角度，锁销与接合套的相应孔对中，接合套克服弹簧 11 的张力压下钢球并沿锁销向前移动，完成换挡。由于锥环与锥盘的摩擦力矩较大，所以此同步器多用于中型和重型汽车上。

（六）手动变速器的操纵机构

1. 操纵机构的类型

变速器操纵机构多为机械式，按变速操纵杆（变速杆）位置的不同，可分为直接操纵式和远距离操纵式两种类型。

（1）直接操纵式

图 2-14 所示为六挡变速器操纵机构。变速杆由驾驶室底板伸出，驾驶员可以直接操纵。它一般由变速杆、拨块、拨叉、拨叉轴及锁止装置等组成。多装于变速器上盖或侧盖内，结构简单，操纵简便。

拨叉轴 7，8，9，10 的两端均支撑于变速器盖的相应孔中，可以轴向滑动。所有的拨叉和拨块都以弹性销固定于相应的拨叉轴上。三、四挡拨叉 2 的上端具有拨块，拨叉 2 和拨块 3，4，14 的顶部制有凹槽。变速器处于空挡时，各凹槽横向对齐，叉形拨杆 13 下端

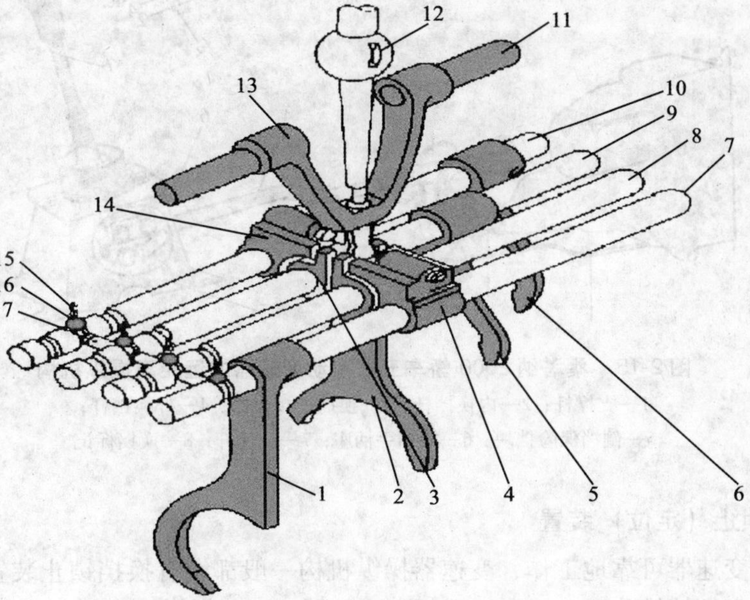

图 2-14　六挡变速器直接操纵式操纵机构

1—五、六挡拨叉；2—三、四挡拨叉；3—一、二挡拨块；4—五、六挡拨块；5—一、二挡拨叉；6—倒挡拨叉；7—五、六挡拨叉轴；8—三、四挡拨叉轴；9—一、二挡拨叉轴；10—倒挡拨叉轴；11—换挡轴；12—变速杆；13—叉形拨杆；14—倒挡拨块；15—自锁弹簧；16—自锁钢球；17—互锁销

的球头即伸入这些凹槽中。选挡时可使变速杆绕其中部球形支点横向摆动，则其下端推动叉形拨杆 13 绕换挡轴 11 的轴线摆动，从而使叉形拨杆下端球头对准与所选挡位对应的拨块凹槽，然后使变速杆纵向摆动，带动拨叉轴及拨叉向前或向后移动，即可实现挂挡。例如，横向摆动变速杆使叉形拨杆下端球头深入拨块 3 顶部凹槽中，拨块 3 连同拨叉轴 9 和拨叉 5 沿纵向向前移动一定距离，便可挂入二挡；若向后移动一段距离，则挂入一挡。当使叉形拨杆下端球头深入拨块 14 的凹槽中，并使其向前移动一段距离时，便挂入倒挡。

各种变速器由于挡位数及挡位排列位置不同，其拨叉和拨叉轴的数量及排列位置也不相同。例如，上述的六挡变速器的六个前进挡用了三根拨叉轴，倒挡独立使用了一根拨叉轴，共有四根拨叉轴；而五挡变速器则有三根拨叉轴，其中二、三挡和四、五挡各用一根拨叉轴，一挡和倒挡共用一根拨叉轴。因此，一般在驾驶室仪表板或换挡手柄上标有该车变速器的挡位排列图。

（2）远距离操纵式

在有些汽车上，由于变速器离驾驶员座位较远，则需要在变速杆与拨叉之间加装一些辅助杠杆或一套传动机构，构成远距离操纵。这种操纵机构称为间接式操纵机构。图 2-15 所示为桑塔纳 2000 轿车的五挡手动变速器，由于其变速器安装在前驱动桥处，远离驾驶员座椅，需要采用这种操纵方式。

远距离操纵机构应有一定的刚度，各部连接处间隙不能过大，否则会引起换挡“手感”不良或换挡不到位而引发脱挡故障。

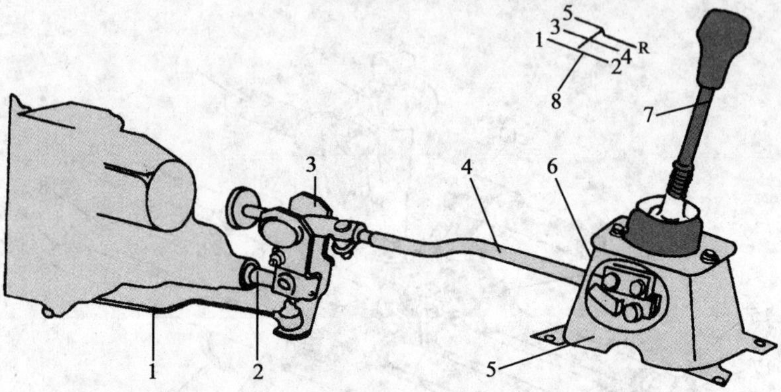

图 2-15　桑塔纳 2000 轿车五挡手动变速器的远距离操纵机构

1—支撑杆；2—内换挡杆；3—换挡杆接合器；4—外换挡杆；

5—倒挡保险挡块；6—换挡手柄座；7—变速杆；8—换挡标记

2. 换挡锁止（定位）装置

为了保证变速器可靠地工作，变速器操纵机构一般都设有换挡锁止装置，包括自锁装置、互锁装置和倒挡锁装置。

（1）自锁装置

变速器的自锁装置一般采用自锁钢球对拨叉轴进行轴向定位锁止。如图 2-16 所示，在变速器盖中钻有三个深孔，孔中装入自锁钢球和自锁弹簧，其位置正处于拨叉轴的正上方，每根拨叉轴对着钢球的表面沿轴向设有三个凹槽，中间的凹槽对正钢球时为空挡位置，前边或后边的凹槽对正钢球时则处于某一工作挡位置，相邻凹槽之间的距离即等于为保证在全齿长啮合或完全退出啮合所必需的拨叉及其轴的移动距离。凹槽对正钢球时，钢球便在自锁弹簧的压力作用下嵌入该凹槽内，拨叉轴的轴向位置便被固定，不能自行挂挡或自行脱挡。当需要换挡时，驾驶员通过变速杆对拨叉轴施加一定的轴向力，克服自锁弹簧的压力而将自锁钢球从拨叉轴凹槽中挤出并推回孔中，拨叉轴方可进行轴向移动，并带动拨叉及相应的接合套或滑动齿轮轴向移动，当拨叉轴移至其另一凹槽与钢球相对正时，钢球又被压入凹槽，此时拨叉所带动的接合套或滑动齿轮便被拨入空挡或被拨入另一工作挡位，整个换挡过程驾驶员具有很强的手感。

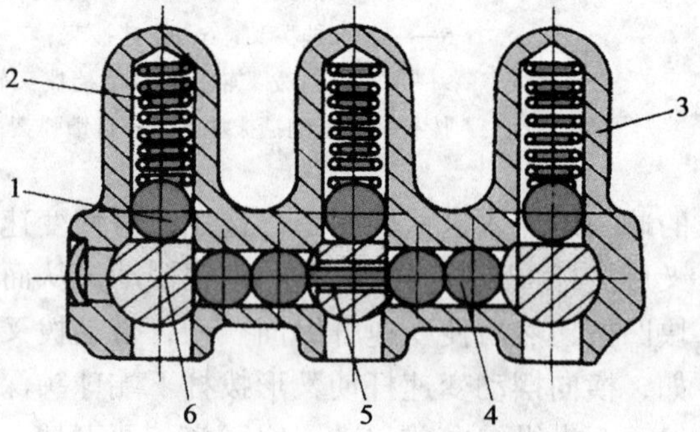

图 2-16　自锁和互锁装置

1—自锁钢球；2—自锁弹簧；3—变速器盖；

4—互锁钢球；5—互锁销；6—拨叉轴

（2）互锁装置

互锁装置的类型较多，常见的有锁球（销）式和转动钳口式，其作用是防止同时挂上两个挡位，造成变速器严重损坏。下面就以锁球（销）式为例说明其构造及工作原理。图 2-17 所示的互锁装置由互锁钢球和互锁销组成。每根拨叉轴朝向互锁球的侧面上均制有一个深度相等的凹槽，任一拨叉轴处于空挡位置时，其侧面凹槽都正好对准互锁球。两个互锁钢球直径之和正好等于相邻两轴之间的距离加上一个凹槽的深度。中间拨叉轴上两个侧面凹槽之间有通孔，孔中有一根可以移动的互锁销，销的长度等于拨叉轴的直径减去一个凹槽的深度。

当变速器处于空挡时，所有拨叉轴的侧面凹槽同互锁钢球、互锁销都在一条直线上。当移动中间拨叉轴3时，如图2-17（a）所示，轴3两侧的内钢球从其侧凹槽中被挤出，而两外钢球2和4则分别嵌入拨叉轴1和轴5的侧面凹槽中，将轴1和轴5刚性地锁止在其空挡位置。若欲移动拨叉轴5，则应先将拨叉轴3退回到空挡位置。于是在移动拨叉轴5时，钢球4便从轴5的凹槽中被挤出，同时通过互锁销6和其他钢球将轴3和轴1均锁止在空挡位置，如图2-17（b）所示。同理，当移动拨叉轴1时，则轴3和轴5被锁止在空挡位置，如图2-17（c）所示。由此可知，互锁装置工作的机理是当驾驶员用变速杆推动某一拨叉轴时，自动锁止其余拨叉轴，从而防止同时挂上两个挡位。

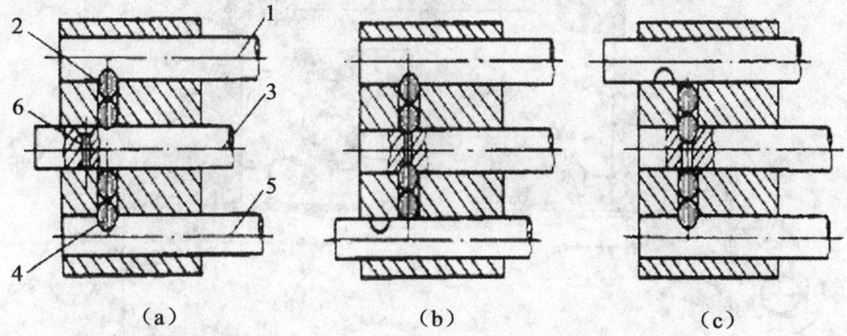

图2-17　互锁装置工作示意图

1，3，5—拨叉轴；2，4—互锁钢球；6—互锁销

有的三挡变速器将自锁和互锁装置合而为一，如图2-18所示，其中 $a = b$。由图可以看出，不能同时拨动两根轴，其中自锁弹簧2的预压力和锁销1对拨叉轴起到自锁作用。

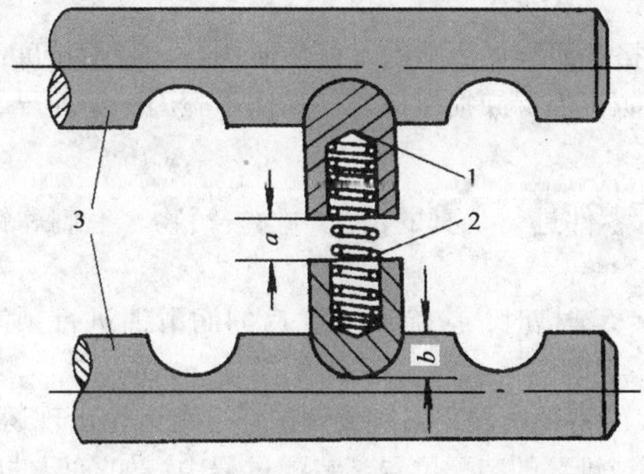

图2-18　同时起自锁和互锁作用的锁止装置

1—锁销；2—自锁弹簧；3—拨叉轴

（3）倒挡锁装置

图2-19所示为常见的锁销式倒挡锁装置。当驾驶员想挂倒挡时，必须用较大的力使变速杆4下端压缩弹簧2，将锁销推入锁销孔内，才能使变速杆下端进入拨块3的凹槽中进行换挡。由此可见，倒挡锁的作用是使驾驶员必须对变速杆施加更大的力，才能挂入倒挡，起到警示注意作用，以防误挂倒挡，保证行车安全。

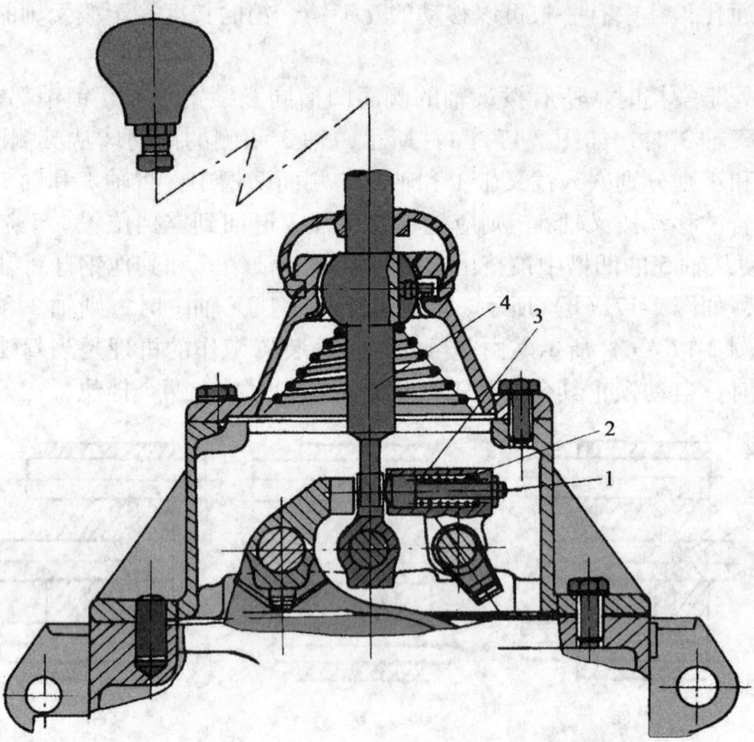

图2-19 锁销式倒挡锁装置

1—倒挡锁销；2—倒挡锁弹簧；3—倒挡拨块；4—变速杆

（七）变速器拆装要点

1. 拆 卸

变速器的拆卸应严格参照具体车型的维修手册执行，装配精度高的零件还应按要求使用专用工具实施拆卸，防止因拆卸损坏机件。具体步骤因车型而异，在此不再赘述。

2. 装 配

① 装配前，必须对零件进行认真的清洗，除去污物、毛刺和铁屑等，尤其要注意各润滑油孔的畅通。

② 装配各部分轴承及键槽时，应涂质量优良的润滑油进行预润滑。总成修理时，应更换所有的滚针轴承。

③ 对零件的工作表面不得用硬金属直接锤击，避免齿轮出现运转噪声。

④ 注意同步器锁环或锥环的装配位置。装配过程中，如有旧件时应原位装复，以保证两元件的接触面积。因此，在变速器解体时，应对同步器各元件作好装配记号，以免装错。

⑤ 组装中间轴和第二轴时，应注意各挡齿轮、同步器花键毂、推力垫圈的方向及位置，以保证齿轮的正确啮合位置。

⑥ 安装第一轴、第二轴及中间轴的轴承时，只许用压套垂直压在内圈上，禁止施加冲击载荷，轴承内圈圆角较大的一侧必须朝向齿轮。

⑦ 装入油封前，需在油封的刃口涂少量润滑脂，要垂直压入，并注意安装方向。

⑧ 变速器装配后，要检查各齿轮的轴向间隙和各齿轮副的啮合间隙及啮合印痕。

⑨ 装配密封衬垫时，应在密封衬垫的两侧涂以密封胶，确保密封效果。

⑩ 安装变速器盖时，各齿轮和拨叉均应处于空挡位置。必要时，可分别检查各个常用挡的齿轮副是否处于全齿长接合位置。按规定的力矩拧紧全部螺栓。

（八）爱丽舍轿车 MA5 手动变速器

1. 结构特点

爱丽舍轿车 MA5 手动变速器主要由一轴总成、二轴总成、主减速器、拨叉、壳体等组成，结构如图 2-20 所示，其特点如下。

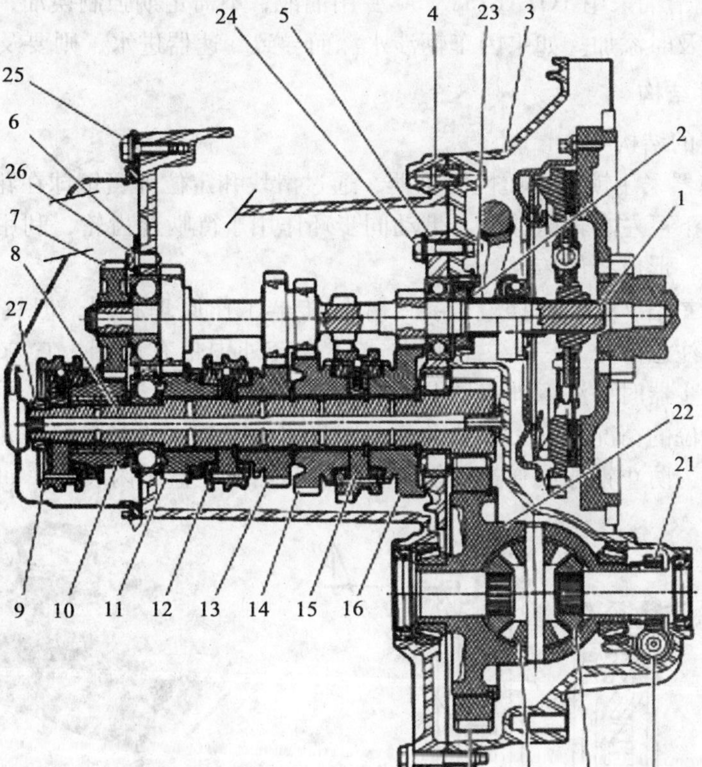

图 2-20　MA5 手动变速器

1—第一轴；2—分离轴承导向套总成；3—离合器壳；4—变速箱壳体；5—中间板；6—锁止卡环；7—主动齿轮；8—第二轴；9—五挡同步器；10—五挡从动齿轮；11—四挡从动齿轮；12—三、四挡同步器；13—三挡从动齿轮；14—二挡从动齿轮；15——、二挡同步器；16——挡从动齿轮；17—差速器齿圈；18—行星齿轮组；19—半轴齿轮组；20—里程表从动齿轮；21—里程表主动齿轮；22—差速器壳体；23—分离轴承导向套螺栓；24—中间螺栓；25—后盖螺栓；26—锁止卡环螺栓；27—第二轴紧固螺栓；28—变速箱壳体螺栓

① 爱丽舍轿车采用前置前驱动方式，变速器与发动机横向放置，包括了变速机构和主减速器，采用两轴结构，布置紧凑，传动效率高。

② 变速器前进挡皆带有锁齿式惯性同步器，工作可靠。

③ 变速器挡位速比选择设计合理，保证了整车行驶的经济性和动力性能。

④ 变速器第五挡为“超速”挡，其速比选择采用“低速设计”原则，即车辆在五挡以最高车速行驶时，对应发动机的转速低于发动机最大功率转速，降低了发动机高速行驶时的负荷，油耗相对降低；结合第四挡的“高速设计”，即车辆在四挡以最高车速运行，对应发动机的转速高于发动机最大功率转速，保证了车辆在高速行驶时有较大的后备功率，加速、逆风和爬坡行驶性能较好。

⑤ 变速器润滑方式以飞溅润滑为主，第二轴上轴与齿轮配合面则采用类似压力润滑方式；由壳体上集油槽收集的润滑油进入第二轴中间油道，借第二轴旋转离心力形成一定压力进入轴、齿轮配合面以保证润滑。

⑥ 变速器润滑油采用 TOTAL75W/80 专用油液，不需定期强制换油，但要注意检查油面，如缺少则要及时添加。如果因车辆涉水深而导致变速器进水，则要及时更换油液。

2. 主要零件结构

（1）同步器的结构

MA5 型变速器采用锁齿式惯性同步器，通过滑块和定位弹簧钢球在花键毂上定位。接合套在拨叉作用下可左右轴向移动，带动同步环作用于待啮合齿轮，利用摩擦力作用，使之同步进入啮合，形成挡位传递。

注意：一、二挡，三、四挡及五挡 3 个同步器工作原理相同，但具体结构上略有差异，在安装时要注意区分。一、二挡同步器接合套外围带有齿圈，它与倒挡啮合形成倒挡，在组装该同步器时要注意外齿圈与定位卡环槽的方向，如图 2-21 所示，如果反向则会出现空挡不到位的情况。三、四挡及五挡同步器也应该注意安装的正确方向。同步器重复安装组合时，为防止钢球或弹簧飞散，可将同步器放在盒子内装配，如图 2-22 所示。

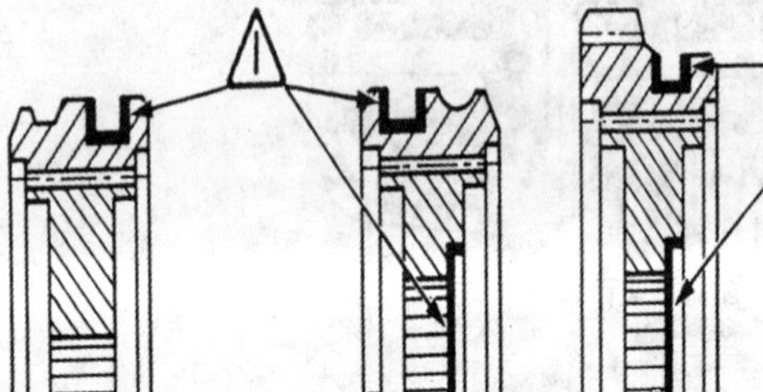

图 2-21　同步器安装方向

图 2-22　同步器组装

（2）第一、二轴结构

整个第一轴除了五挡齿轮外，成为一个整体，两端以轴承和卡环定位，前端为花键齿，与离合器摩擦片花键毂相结合。

第二轴结构如图 2-23 所示，装有 5 个挡位的从动齿轮，在动力传递过程中，齿轮与轴之间通过对应的同步器花键毂连接，传递动力。倒挡时由倒挡拨叉直接拨动齿轮进入啮合。由于空挡时各齿轮绕轴自由转动，因此，在该配合表面需要保证润滑，端部为主减速器常啮合齿轮。图 2-24 为各挡传动图。

（3）变速器操纵装置

变速器换挡杆位置和变速器操纵装置见 2-25 图。操纵机构不可调节，在球杆两球形关节处应涂抹润滑脂“G6”。

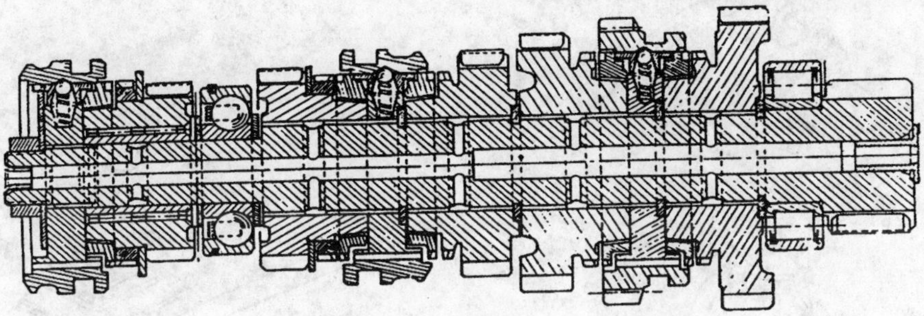

图2-23　五挡变速箱第二轴

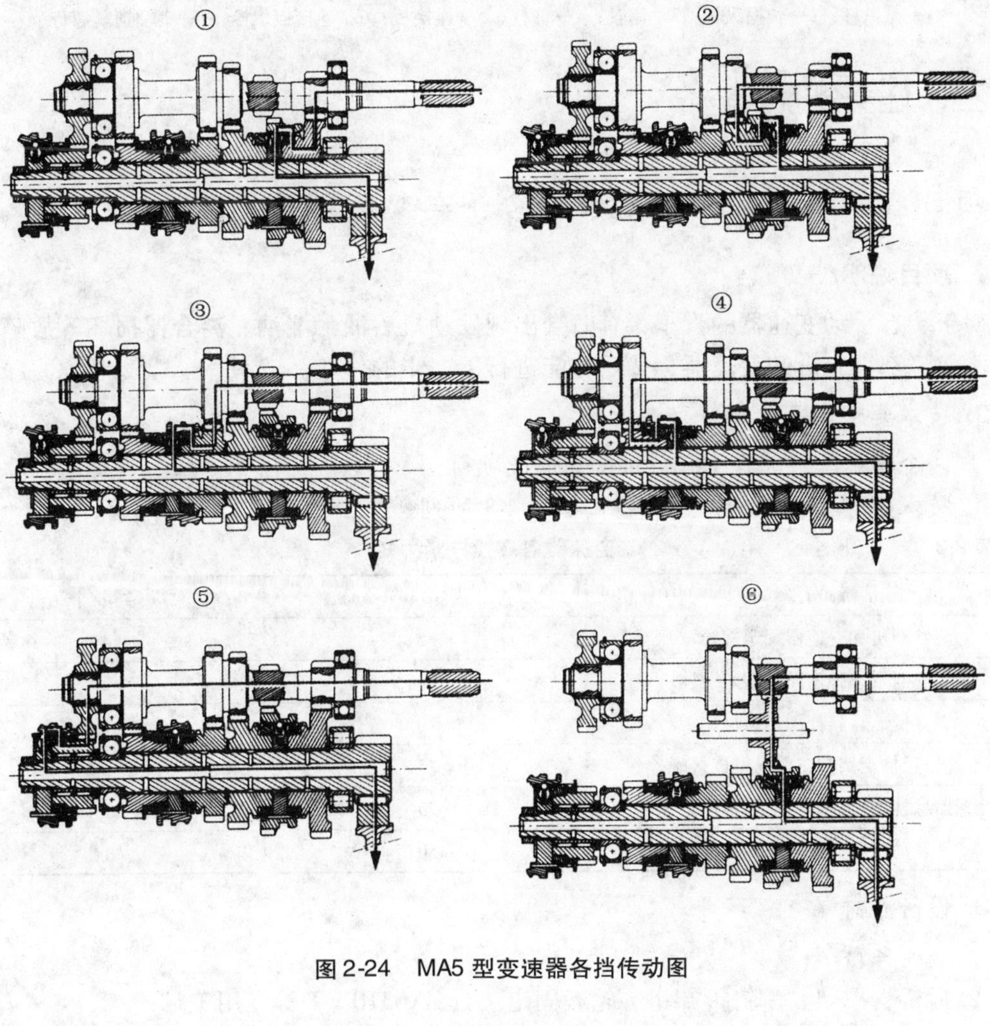

图2-24　MA5型变速器各挡传动图

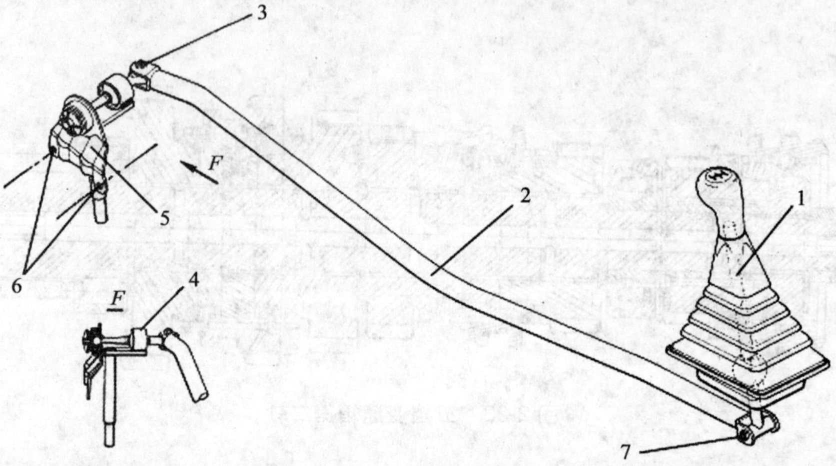

图 2-25　变速杆操纵装置

1—操纵杆；2—长操纵杆；3—销轴；4—球杆；5—连接板；6—连接板螺栓；7—销轴锁紧螺母

二、任务实施

项目（一）东风雪铁龙爱丽舍轿车变速器的就车拆装

1. 项目说明

对于装有手动变速器的汽车，有时会出现发动机后油封漏油、离合器损坏等故障，出现此类故障都需先拆卸变速器，然后才能进行下一步的作业。

2. 技术要求与标准

① 两个学员配合能在 180 分钟内完成此项目；

② 技术标准（各螺栓拧紧力矩）如表 2-3 所列。

表 2-3　　变速器各螺栓拧紧力矩

螺栓类型	拧紧力矩/(N·m)	数量/个
发动机和变速器固定螺栓	35	4
变速器悬挂弹性元件固定螺栓	25	2
变速器悬挂固定螺母	70	1
变速器悬挂支架与左前纵梁连接螺栓	25	2
变速器悬挂连接支架与变速器固定螺母	25	3
发动机后支架下吊耳螺栓	50	1

3. 设备器材

① 爱丽舍轿车；

② 后桥支撑架、铆钉拆卸钳、轮毂固定工具 ZX6310－T 等专用工具；

③ 座椅套、地板垫、方向盘套、翼子板布及前格栅布一套；

④ 车辆举升器、液压小吊车；

⑤ 常用工具一套。

4. 作业准备

① 检查举升机　□ 任务完成

② 车辆开进工位　□ 任务完成

③ 停车，打开发动机盖　□ 任务完成

④ 铺上护套　□ 任务完成

⑤ 顶好车位置　□ 任务完成

⑥ 稍微举升车辆　□ 任务完成

⑦ 检查车辆是否平稳　□ 任务完成

5. 操作步骤

（1）推荐工具

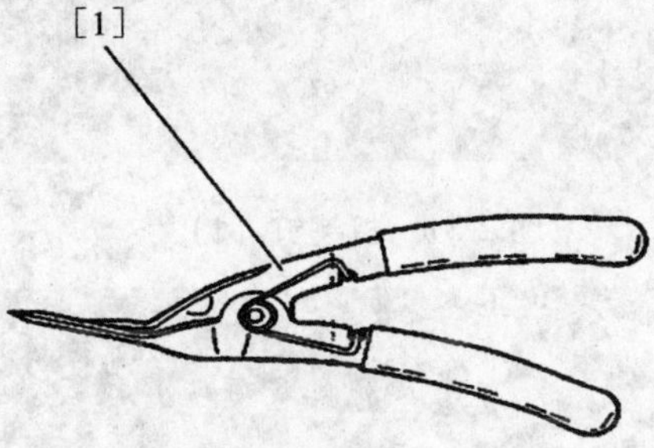

图2-26　塑料铆钉拆装钳 ZX7504-T

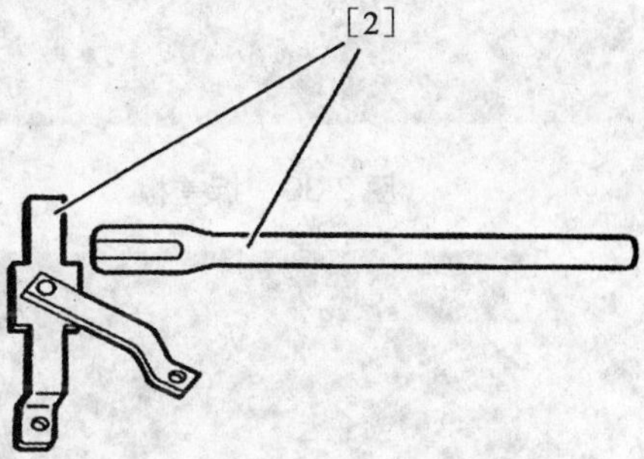

图2-27　轮毂固定工具 ZX6310-T

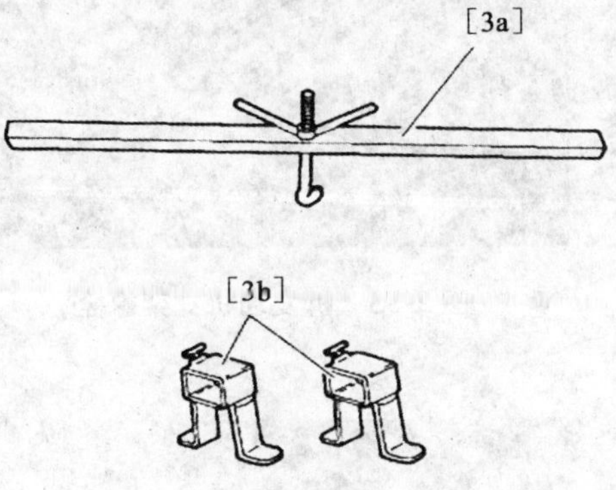

图2-28　发动机及后桥支撑架 ZX4090-T 横梁与 ZX4090-T 支架

图2-29　液压小吊车

（2）拆　卸

从车辆下面取出变速器。

注意：作业前拆下蓄电池负极，将车辆置于双柱举升机上，拆左右前车轮，举升车辆。

① 在车身下的拆卸。拆下发动机下护板，排空变速器油；拆下前保险杠左下盖板3个紧固螺钉1，取下盖板（见图2-30）；借助工具［1］拆下塑料铆钉2（见图2-31）；借助

工具［1］脱开塑料铆钉 3（见图 2-32）；拆卸挡泥板，借助工具［2］拆下左、右传动轴；拆发动机后支架螺栓 4，见图 2-33；拆排气管固定螺栓 5（见图 2-34）；拆真空助力油管支架螺栓 6，7，见图 2-35。

图 2-30　拆盖板

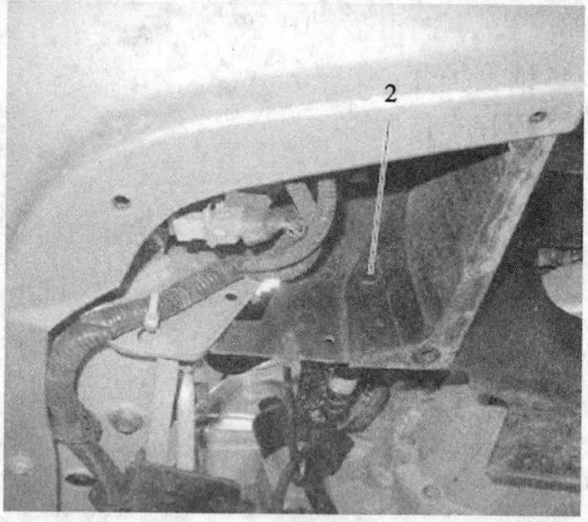

图 2-31　拆铆钉（1）

图 2-32　拆铆钉（2）

图 2-33　拆发动机支架螺栓

图 2-34　拆排气管连接螺栓

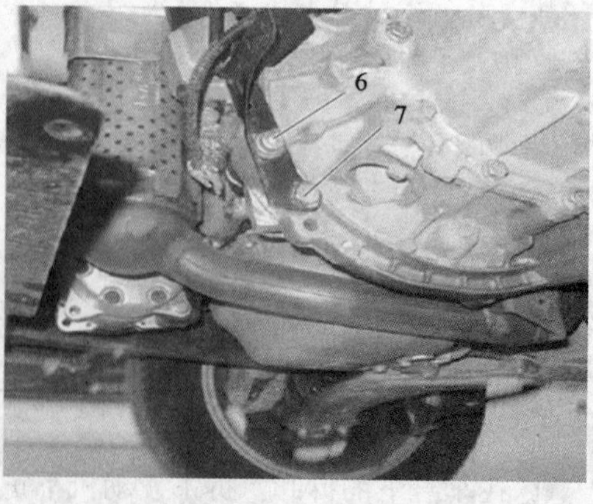

图 2-35　拆真空助力油管连接螺栓

② 在发动机舱内的拆卸。拧松管卡8、9，脱开曲轴管通气管10，拆下空气滤清器总成11（见图2-36）；拆下发动机电控单元插接件12，拆下蓄电池13，脱开固定在蓄电池盒周围的电线束，拆下蓄电池盒14（见图2-37）；拆下蓄电池支架的4个固定螺栓15，脱开蓄电池支架下的固定卡，取下蓄电池支架16（见图2-38）；脱开离合器的拉索17，拆下螺栓18，脱开换挡操纵连接杆，分离转速表传感器插头19、里程表传感器插头20、倒挡开关插头21、发动机总成搭铁线22、蓄电池接地线23（见图2-39）。将工具［3a］和［3b］安装到位（见图2-40）；拆下发动机电线束支架2个固定螺栓（见图2-41）；拆下起动机电缆，拆下起动机3个固定螺钉25，拆下起动机26。用工具［4］吊住变速器总成（见图2-42）；拆下变速器悬挂螺母27，拆下变速器悬挂弹性元件固定螺母28，拆下变速器悬挂弹性元件29，通过调节工具［4］上挂钩长度，使变速器悬挂端下降20mm（见图2-43）。拆下变速器悬挂支架与车身固定的2个螺栓，拆下变速器悬挂支架，拆下变速器悬挂连接支架上的3个固定螺母30，向外抽出变速器总成。慢慢松下工具［4］，使变速器总成安全降落到地面，脱开工具［4］与变速器总成的连接，升起车辆，取出变速器总成（见图2-44）。

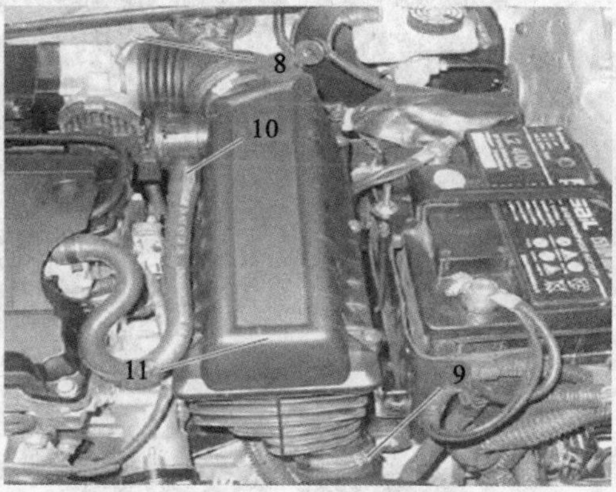

图2-36　拆空气滤清器

图2-37　拆蓄电池

图2-38　拆蓄电池支架

图 2-39　拆连接件

图 2-40　安装发动机固定工具

图 2-41　拆发动机线束支架螺栓

图 2-42　拆起动机固定螺栓

图 2-43　拆变速器悬挂固定螺栓

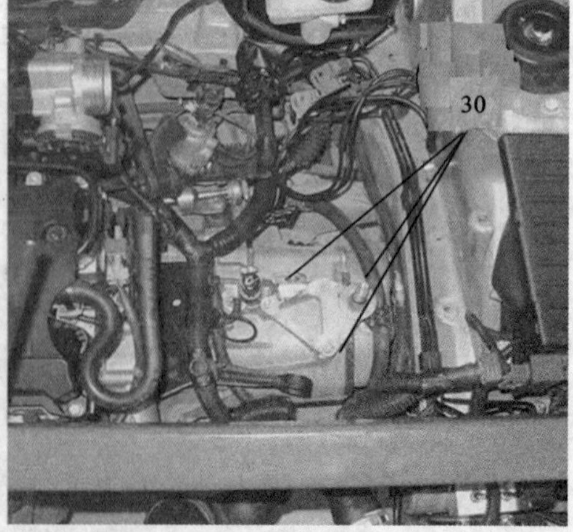

图 2-44　拆卸变速器固定架，抽出变速器

（3）安　装

确保变速器的定位销完全正确，进入发动机相应的定位孔内。分离拨叉应将分离轴承推到底。将变速器安装到位后装上发动机与变速器的连接螺栓，按拆卸的工序反向进行操作，最后加注变速器油，检查变速器油的液面，调整离合器拉索的长度。

6. 记录与分析

<table>
<tr><td rowspan="2">基本信息</td><td>班级</td><td></td><td>姓名</td><td></td><td>日期</td><td></td></tr>
<tr><td>车型</td><td></td><td>设备名称</td><td></td><td>项目</td><td>MA5 型手动变速器的拆装</td></tr>
<tr><td rowspan="4">拆装记录与分析</td><td colspan="6">故障情境描述：

</td></tr>
<tr><td colspan="6">初步检查分析：

</td></tr>
<tr><td colspan="6">举升器的使用注意事项：

</td></tr>
<tr><td colspan="6">拆装过程记录：

</td></tr>
</table>

项目（二）爱丽舍轿车 MA5 变速器齿轮机构的拆装

1. 项目说明

对于装有手动变速器的汽车，若变速器出现异响故障，无非缺油、轴承损坏、齿轮打齿或损坏、装配间隙出现松动等，出现此类故障一般需对变速器进行拆卸检查，通过更换零部件或重新按维修手册要求进行装配，方能彻底排除。

2. 技术要求与标准

① 一名学员能在 100 分钟内完成此项目。

② 技术标准见表 2-4。

表 2-4　变速器紧固螺栓拧紧力矩

标记	名　称	数量	拧紧力矩/(N·m)
6	连接板螺栓	2	17
7	销轴锁紧螺母	1	17
23	分离轴承导向套螺栓	3	6
24	中间螺栓	8-M10	50
		1-M8	25
25	后盖螺栓	3	18
26	锁止卡环螺栓	4	18
27	第二轴紧固螺母	1	140
28	变速箱壳体螺栓	15	18

3. 设备器材

① 装有 MA5 型变速器的爱丽舍轿车；
② 后桥支撑架、铆钉拆卸钳、轮毂固定工具 ZX6310-T 等专用工具；
③ 座椅套、地板垫、方向盘套、翼子板布及前格栅布一套；
④ 车辆举升器、液压小吊车；
⑤ 常用工具一套。

4. 作业准备

① 检查举升机　□ 任务完成
② 车辆开进工位　□ 任务完成
③ 停车，打开发动机盖　□ 任务完成
④ 铺上护套　□ 任务完成
⑤ 顶好车位置　□ 任务完成
⑥ 稍微举升车辆　□ 任务完成
⑦ 检查车辆是否平稳　□ 任务完成

5. 操作步骤

（1）推荐工具

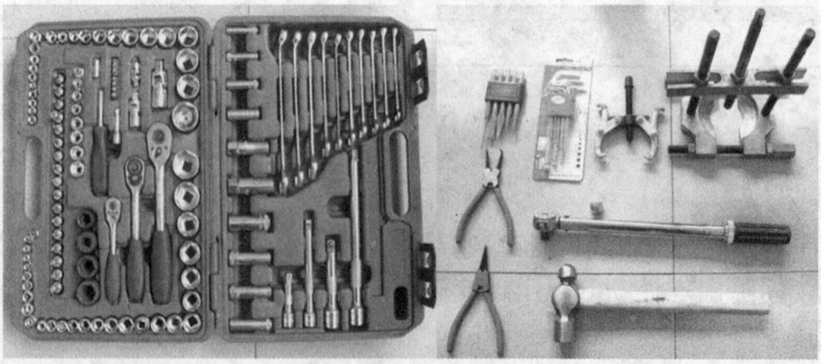

图 2-45　拆卸工具

（2）拆　卸

① 将变速器装到拆装架上，拆卸附件，拆卸后盖（见图2-46）。

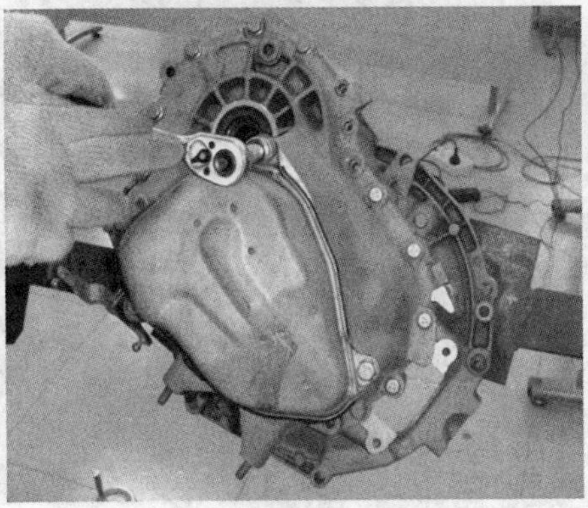

图2-46　拆卸后盖

图2-47　拆五挡拨叉定位销

② 拆卸五挡拨叉定位销（见图2-47）。

③ 拆卸五挡同步器齿毂卡簧（见图2-48），拆下五挡同步器，连同五挡拨叉一起拆下（见图2-49），拆下五挡从动齿轮。

图2-48　拆卸五挡同步器齿毂卡簧

图2-49　拆卸五挡同步器

④ 拆卸五挡主动齿轮（见图2-50、图2-51）。

图2-50　拆卡簧

图2-51　拆卸一轴五挡主动齿轮

⑤ 拆卸齿轮卡环（见图 2-52）。

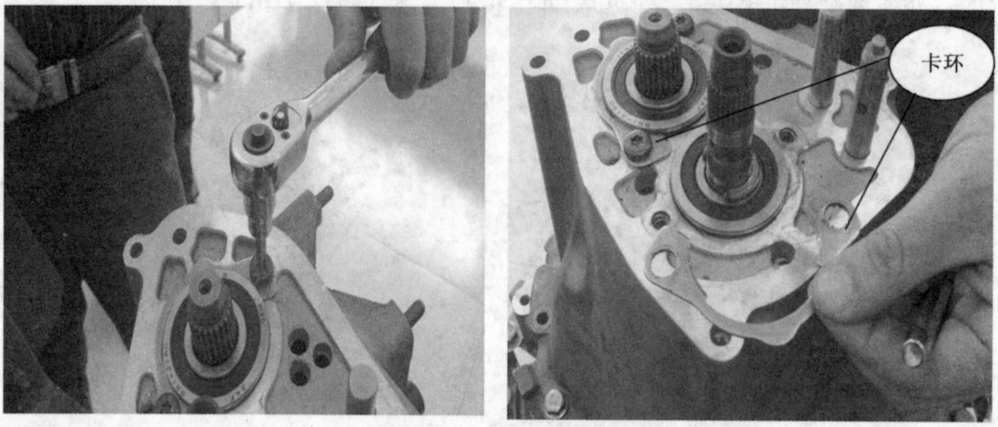

图 2-52　拆卸齿轮卡环

⑥ 拆卸一、二轴卡簧，拆卸变速器中部壳体（见图 2-53）。

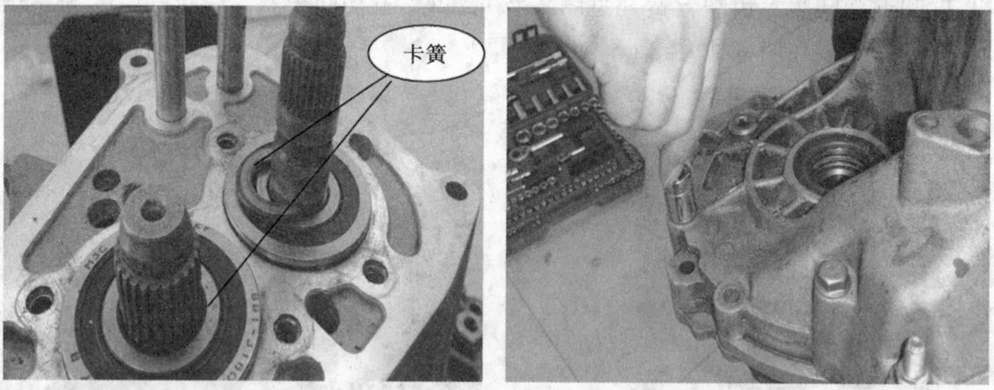

图 2-53　拆卸一、二轴卡簧和变速器壳体

⑦ 抽出倒挡轴，取下倒挡齿轮。拆下卡簧，取出倒挡拨叉支撑销，拆下倒挡拨叉（见图 2-54）。

图 2-54　拆卸倒挡齿轮、轴及倒挡拨叉

⑧ 啮合二挡齿轮，向变速箱外侧冲出齿轮接合固定销。拆卸齿轮结合轴、齿轮接合轴密封件、弹簧和止推环形垫圈（见图2-55、图2-56）。

图2-55　拆卸齿轮接合固定销

图2-56　拆卸齿轮接合轴、弹簧及其密封件

⑨ 拆下输入轴、输出轴、拨叉和拨叉轴总成（见图2-57）。

图2-57　整体拆下输入、输出轴及拨叉

⑩ 拆下中间盘固定螺栓，拆开并取下中间盘；拆下倒挡拨叉锁止销、弹簧及差速器（见图2-58）；用专用轴承拉器拆下一、二轴轴承（见图2-59）；分解二轴及同步器（见图2-60）。

注意：不要拆卸同步器环毂，以避免滚珠和弹簧弹出。若必须拆卸则需做好装配标记，且需在密闭容器中组装。

(3) 组　装

按相反顺序装配。

注意：拆下的轴承必须更换，安装时应对部件进行润滑；检查确认各轴的轴承状况良好，无磕碰或划伤痕迹；按照拆卸时所作的标记进行安装；确保使用的零件清洁且无损坏。

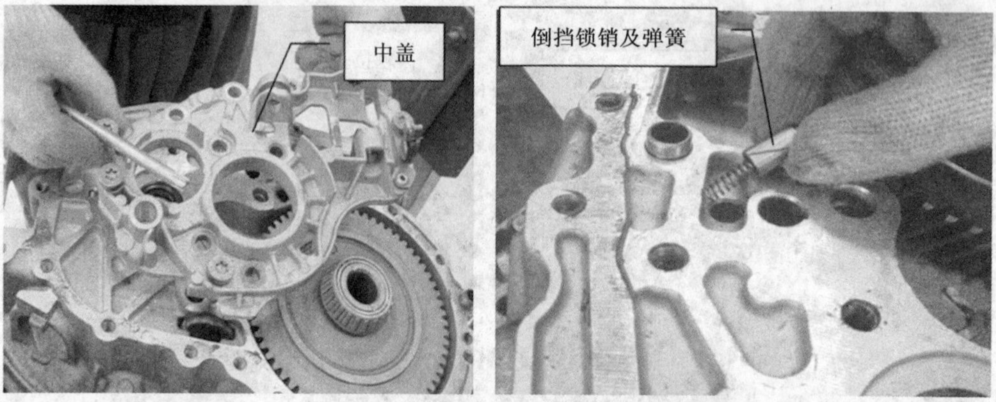

图 2-58　拆卸中盖及倒挡锁销

图 2-59　拆卸一、二轴轴承

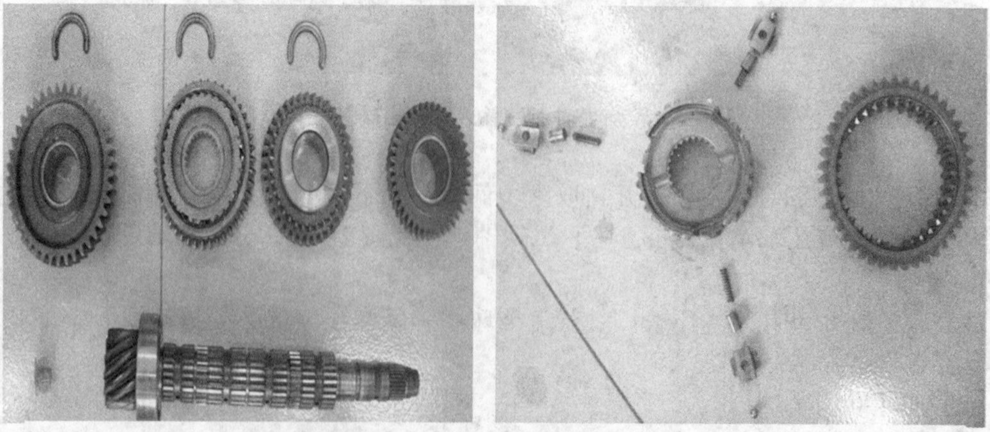

图 2-60　分解二轴及同步器

6. 记录与分析

<table>
<tr><td rowspan="2">基本信息</td><td>班级</td><td></td><td>姓名</td><td></td><td>日期</td><td></td></tr>
<tr><td>车型</td><td></td><td>设备名称</td><td></td><td>项目</td><td>MA5 型手动变速器齿轮机构的拆装</td></tr>
<tr><td rowspan="18">拆装记录与分析</td><td colspan="6">故障情境描述：</td></tr>
<tr><td colspan="6"></td></tr>
<tr><td colspan="6"></td></tr>
<tr><td colspan="6"></td></tr>
<tr><td colspan="6">初步检查分析：</td></tr>
<tr><td colspan="6"></td></tr>
<tr><td colspan="6"></td></tr>
<tr><td colspan="6"></td></tr>
<tr><td colspan="6">举升器的使用注意事项：</td></tr>
<tr><td colspan="6"></td></tr>
<tr><td colspan="6"></td></tr>
<tr><td colspan="6">拆装过程记录：</td></tr>
<tr><td colspan="6"></td></tr>
<tr><td colspan="6"></td></tr>
<tr><td colspan="6"></td></tr>
<tr><td colspan="6"></td></tr>
<tr><td colspan="6"></td></tr>
<tr><td colspan="6"></td></tr>
</table>

三、学习评价

（一）理论考核

1. 填空题

① 变速器由（　　）、（　　）和（　　）组成。

② 变速器按传动比变化方式可分为（　　）、（　　）和（　　）三种。

③ 惯性式同步器与常压式同步器一样，都是依靠（　　）作用实现同步的。

④ 变速器一轴的前端与离合器的（　　）相连，二轴的后端通过凸缘与（　　）相连。

⑤ 为减少变速器内摩擦引起零件磨损和功率损失，需在变速器的壳体内注入（　　），采用（　　）方式润滑各齿轮副、轴与轴承等零件的工作表面。

⑥ 为防止变速器工作时，由于油温升高、气压增大而造成润滑油渗漏现象，在变速器盖上装有（　　）。

2. 选择题

① 三轴式变速器包括（　　）等。

A. 输入轴　　B. 输出轴　　C. 中间轴　　D. 倒挡轴

② 两轴式变速器的特点是输入轴与输出轴（　　），且无中间轴。

A. 重合　B. 垂直　C. 平行　D. 斜交

③ 对于五挡变速器而言，传动比最大的前进挡是（　　）。

A. 一挡　B. 二挡　C. 四挡　D. 五挡

④ 某三挡变速器的各挡传动比中，最有可能是倒挡传动比的是（　　）。

A. $I=2.4$　B. $I=1$　C. $I=1.8$　D. $I=3.6$

⑤ 两轴式变速器适用于（　　）的布置形式。

A. 发动机前置前驱动　B. 发动机前置全轮驱动

C. 发动机后置后驱动　D. 发动机前置后轮驱动

⑥ 锁环式惯性同步器加速同步过程中主要受到（　　）。

A. 作用在锁环上的推力　B. 惯性力

C. 摩擦力　D. 以上各因素综合作用

⑦ 变速器保证工作齿轮在全齿宽上啮合的是（　　）。

A. 自锁装置　B. 互锁装置　C. 倒挡锁　D. 差速锁

⑧ 变速器的操纵机构由（　　）等构成。

A. 变速杆　B. 变速叉　C. 变速轴　D. 安全装置

⑨ 为增加传动系的最大传动比及挡数，绝大多数越野汽车都装有两挡分动器，使之兼起（　　）的作用。

A. 变速器　B. 副变速器　C. 安全装置　D. 主减速器

⑩ 下列哪个齿轮传动比表示超速传动？（　　）

A. 2.15∶1　B. 1∶1

C. 0.85∶1　D. 以上都不表示

⑪ 哪种齿轮高速有噪声？（　　）

A. 直齿轮　B. 斜齿轮　C. A 和 B

⑫ 惰轮位于主动齿轮和从动齿轮之间，使从动齿轮（　　）。

A. 转动方向与主动齿轮相同　B. 转动方向与主动齿轮相反

C. 保持静止　D. 转动加快

⑬ 确保将主轴和变速齿轮锁在一起同速转动的部件称为（　　）。

A. 同步器　B. 换挡杆系　C. 换挡拨叉　D. 分动器

⑭ 技师甲说，从动齿轮齿数除以主动齿轮齿数可以确定传动比；技师乙说，从动齿轮转速除以主动齿轮转速可以确定传动比。谁正确？（　　）

A. 甲正确　B. 乙正确

C. 两人均正确　D. 两人均不正确

⑮ 变速器工作时的“咔哒”噪声可能是（　　）。

A. 输入轴磨损　B. 同步器故障

C. 油封失效　D. 齿轮磨损、折断，齿面剥落

⑯ 使用比维修手册规定浓的润滑油可能导致（　　）。

A. 跳挡　B. 换挡困难　C. 齿轮锁止　D. 齿轮滑移

⑰ 换挡操纵机构调整不当可能造成（　　）故障。

A. 齿轮撞击　B. 换挡困难　C. 跳挡　D. 以上各项都是

⑱ 前进挡和倒挡有噪声，而空挡没有。故障可能是（　　）。

A. 输出轴损坏　　B. 输入轴轴承损坏　C. A 和 B　　D. 以上都不是

⑲ 汽车跳入空挡，特别是当减速或下坡时易出现此情况，技师甲说应检查换挡杆和内部杆系；技师乙说离合器导向轴承可能有故障。谁正确？（　　）

A. 甲正确　　B. 乙正确　　C. 两人均正确　　D. 两人均不正确

3. 判断改错题

① 变速器的挡位越低，传动比越小，汽车的行驶速度越低。（　　）

改正：

② 无同步器的变速器，在换挡时，无论从高速挡换到低速挡，还是从低速挡换到高速挡，其换挡过程完全一致。（　　）

改正：

③ 采用移动齿轮或接合套换挡时，一对待啮合齿轮圆周速度必须相等。（　　）

改正：

④ 同步器能够保证：变速器换挡时，待啮合齿轮圆周速度迅速达到一致，以减少冲击和磨损。（　　）

改正：

⑤ 超速挡主要用于汽车在良好路面上轻载或空载运行，以提高汽车的燃料经济性。（　　）

改正：

⑥ 换挡时，一般用两根拨叉轴同时工作。（　　）

改正：

⑦ 东风 EQ1090E 型汽车变速器的互锁装置中，两个互锁钢球的直径之和正好等于相邻两根拨叉轴间的距离。（　　）

改正：

⑧ 东风 EQ1090E 型汽车变速器的互锁装置中，互锁销的长度恰好等于拨叉轴的直径。（　　）

改正：

⑨ 变速器在换挡时，为避免同时挂入两挡，必须装设自锁装置。（　　）

改正：

⑩ 互锁装置的作用是当驾驶员用变速杆推动某一拨叉轴时，自动锁上其他所有拨叉轴。（　　）

改正：

⑪ 分动器的操纵机构必须保证：非先挂低速挡，不得接前桥；若必须先接前桥则不得摘低速挡。（　　）

改正：

4. 问答题

① 变速器的功能是什么？

② 驾驶员在操纵无同步器的变速器换挡时，怎样保证换挡平顺？并分析其原因。

③ 东风 EQ1090E 型汽车和解放 CA1091 型汽车变速器分别采取什么结构措施来防止行驶中变速器的自动跳挡？

（二）技能考核

项目 1　　变速器的拆装

基本信息	姓名		学号		班级		组别	
	规定时间		完成时间		考核日期		总评成绩	
任务工单	序号	步骤			完成情况		标准分	评分
					完成	未完成		
	1	考核准备： 材料： 工具： 设备：					10	
	2	车辆的举升、防护及发动机的固定					5	
	3	拆卸车轮					5	
	4	拆卸传动轴					10	
	5	拆卸变速器总成					15	
	6	安装变速器及传动轴					10	
	7	最后检查试车					10	
	8	清洁及整理					10	
安全							5	
5S							5	
团队协作							5	
沟通表达							5	
工单填写							5	

项目 2　　变速器齿轮机构的拆装

基本信息	姓名		学号		班级		组别	
	规定时间		完成时间		考核日期		总评成绩	
任务工单	序号	步骤			完成情况		标准分	评分
					完成	未完成		
	1	考核准备： 材料： 工具： 设备：					10	
	2	车辆的举升、防护及发动机的固定					5	
	3	变速器的分解					20	
	4	变速器组件检查					10	
	5	变速器装配					20	
	6	最后检查调试					10	
安全							5	
5S							5	
团队协作							5	
沟通表达							5	
工单填写							5	

四、拓展学习

关于手动变速器的应用，除了在上述普通车型中的基本应用外，针对不同的使用需求，人们还开发出了以下应用。一是在越野车等多轴驱动车上的应用，即分动器的应用。二是在重型载货汽车上应用，因为重型货车承载的质量大，需要的驱动力矩大，另外为提高工作效率，还需要较高的车速，这就需要变速器具备较宽泛的速比，即较多的挡位。此外，重型货车需要传递的力矩较大，因此其齿轮机构较笨重，操作较费力。鉴于此，在重型货车上广泛应用副变速器，即装有两个变速器。另外，为实现组合式变速器操纵的轻便性，副变速器多用气动换挡，常见的有“机械－气动”和“电控－气动”两种方式。具体结构原理可参考由冯晋祥主编的《汽车构造》（人民交通出版社）下册。

学习任务3

自动变速器结构与拆装

工作情境描述

一辆装有AL4自动变速器的轿车，驾驶员反映车辆行驶过程中出现换挡冲击，车主将车开到4S店，维修技师对此变速器进行了一系列检测诊断，最后确认是油温传感器出现故障，更换后试车正常。

学习目标

- 叙述自动变速器的工作原理及结构特点。
- 根据维修手册，正确选用维修工具和专用设备，在180分钟内安全规范地进行变速器的部件更换。操作过程中严格执行“5S”。
- 向客户解释拆装作业的结果。

一、知识准备

目前，自动变速器（Automatic Transmission，AT）的自动换挡等过程都是由自动变速器的电子控制单元控制的，因此，自动变速器又可简称为EAT，ECAT，ECT等。

（一）自动变速器的分类

自动变速器按控制方式不同可分为液控自动变速器和电液控自动变速器，目前生产的自动变速器几乎都是电液控自动变速器。

自动变速器按传动形式的不同又可分为行星齿轮自动变速器和非行星自动齿轮变速器，行星齿轮自动变速器应用最广泛，非行星自动齿轮变速器只在本田等个别车系应用。

（二）自动变速器的基本组成和工作原理

1. 基本组成

液力自动变速器主要由液力变矩器、行星齿轮变速器、液压控制系统、冷却滤油装置等组成。电控液力自动变速器除上述四部分外还有电子控制系统。

（1）液力变矩器

液力变矩器是一个通过液压油（自动变速器油）传递动力的装置，其功能如下。

① 在一定范围内自动、连续地改变转矩比，以适应不同行驶阻力的要求。

② 具有自动离合器的作用。在发动机不熄火、自动变速器位于行驶挡的情况下，汽车可以处于停车状态。驾驶员可通过控制节气门开度控制液力变矩器的输出转矩，实现动力的柔和传递。

（2）行星齿轮变速器

行星齿轮变速器由2～3排行星齿轮机构组成，不同的运动状态组合可得到2～5种速比，其主要功能如下。

① 在液力变矩器的基础上再将转矩增大2～4倍，以提高汽车的行驶适应能力；

② 实现倒挡传动。

（3）液压控制系统

液压控制系统由油泵、各种控制阀及与之相联通的液压换挡执行元件（如离合器、制动器、油缸）等组成。汽车行驶时根据驾驶员的要求和行驶条件的需要，通过控制液压离合器和制动器来实现变速器的自动换挡。

（4）电子控制系统

电子控制系统将自动变速器的各种控制信号输入电子控制单元（ECU），经ECU处理后发出指令控制液压系统中的各种电磁阀，实现自动换挡，并改善使用性能。

（5）冷却滤油装置

自动变速器油（ATF油）在自动变速器工作过程中会因冲击、摩擦产生的热量而温度升高。油温升高将导致ATF油黏度下降，传动效率降低，因此必须对ATF油进行冷却，保持油温在80～90℃。ATF油是通过油冷却器与冷却水或空气进行热量交换的。自动变速器工作中各部件磨损产生的机械杂质由滤油器从油中过滤分离出去，以减小机械磨损，防止堵塞液压油路和引发控制阀卡滞。

2. 工作原理

电控自动变速器通过各种传感器，将发动机的转速节气门开度、车速、发动机水温、自动变速器液压油温度等参数信号输入电控单元（ECU），ECU 根据这些信号，按照设定的换挡规律，向换挡电磁阀、油压电磁阀等发出动作控制信号，换挡电磁阀和油压电磁阀再将 ECU 的动作控制信号转变为液压控制信号，阀板中的各控制阀根据这些液压控制信号控制换挡执行元件的动作，从而实现自动换挡过程。

图 3-1 所示为电控自动变速器的组成和原理图。

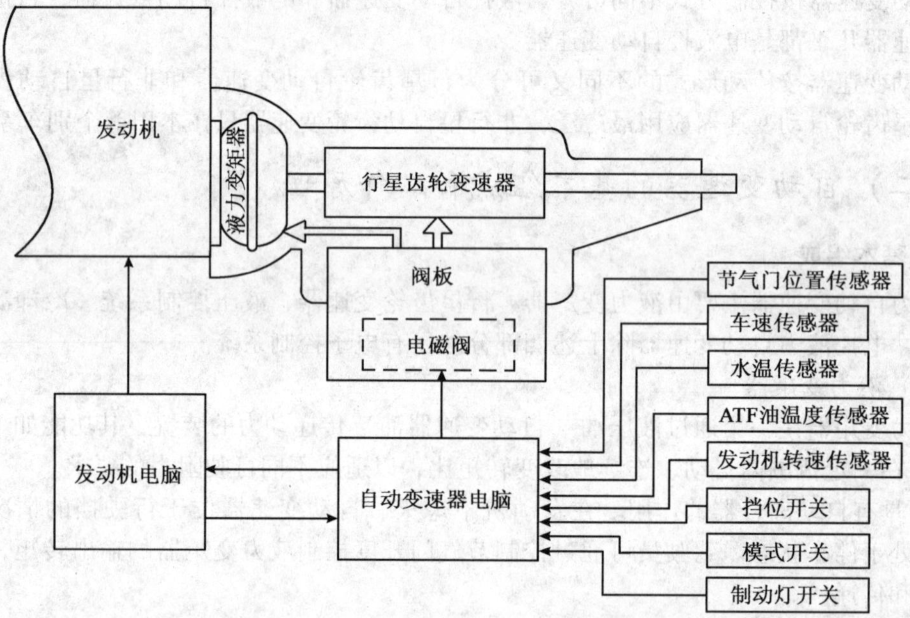

图 3-1　电控自动变速器的组成和原理图

（三）自动变速器的选挡杆

轿车自动变速器的选挡杆通常有 6 个位置，如图 3-2 所示。其功能如下。

① P 位（驻车挡）：选挡杆置于此位置时，驻车锁止机构将自动变速器输出轴锁止。

② R 位（倒挡）：选挡杆置于此位置时，液压系统倒挡油路被接通，实现倒向行驶。

③ N 位（空挡）：选挡杆置于此位置时，所有齿轮机构空转，不能输出动力。

④ D 位（前进挡）：选挡杆置于此位置时，控制装置根据节气门开度信号和车速信号自动接通相应的前进挡油路，变速器在换挡执行元件的控制下得到相应的传动比。随着行驶条件的变化，自动升降挡，实现自动变速功能。

⑤ 2 位（高速发动机制动挡）：选挡杆置于此

图 3-2　自动变速器选挡杆位置示意图

位置时，液压控制系统只能接通前进挡中的一、二挡油路，自动变速器只能在这两个挡位间自动换挡，无法升入更高的挡位，从而使汽车获得发动机制动效果。

⑥ L 位（低速发动机制动挡）：选挡杆置于此位置时，汽车被锁定在一挡，无法升入高挡，发动机制动效果更强。

利用发动机进行制动的这两个挡位多用于山区等路况的行驶，可避免频繁换挡，提高变速器的使用寿命。

发动机只有在选挡杆置于 N 或 P 位时，汽车才能起动，此功能靠空挡起动开关来实现。

（四）液力变矩器

1. 液力变矩器的功能

液力变矩器位于发动机和变速器之间，以自动变速器油（ATF 油）为工作介质，主要完成以下功能。

① 传递转矩。发动机的转矩通过液力变矩器的主动元件，再通过 ATF 油传给液力变矩器的从动元件，最后传给变速器。

② 无级变速。根据工况的不同，液力变矩器可以在一定范围内实现转速和转矩的无级变化。

③ 自动离合。液力变矩器由于采用 ATF 油传递动力，当踩下制动踏板时，发动机也不会熄火，此时相当于离合器分离；当抬起制动踏板时，汽车可以起步，此时相当于离合器接合。

④ 驱动油泵。ATF 油在工作的时候需要油泵提供一定的压力，而油泵是由液力变矩器壳体驱动的。

同时，由于采用 ATF 油传递动力，液力变矩器的动力传递柔和，且能防止传动系过载。

2. 液力变矩器的组成

如图 3-3 所示，液力变矩器通常由泵轮、涡轮和导轮三个元件组成，称为三元件液力变矩器。也有的采用两个导轮或两个涡轮，称为四元件液力变矩器。

液力变矩器总成封在钢制变矩器壳体中，内部充满 ATF 油。液力变矩器壳体通过螺栓与发动机的飞轮连接，与发动机曲轴一起旋转。泵轮位于液力变矩器的后部，与变矩器壳体连在一起。涡轮位于泵轮前，通过带花键的从动轴向后面的机械变速器输出动力。导轮位于泵轮与涡轮之间，通过单向离合器支撑在固定套管上，使得导轮只能单向旋转（顺时针旋转）。泵轮、涡轮和导轮上都带有叶片，液力变矩器装配好后形成环形内腔，其间充满 ATF 油。

3. 液力变矩器的工作原理

（1）动力的传递

液力变矩器工作时，由发动机带动壳体旋转，壳体带动泵轮旋转，泵轮的叶片将 ATF 油带动起来，并冲击到涡轮的叶片；如果作用在涡轮叶片上的冲击力大于作用在涡轮上的阻力，涡轮将开始转动，并驱动机械变速器的输入轴一起转动。由涡轮叶片流出的 ATF 油经过导轮后再流回到泵轮，形成如图 3-4 所示的循环流动。

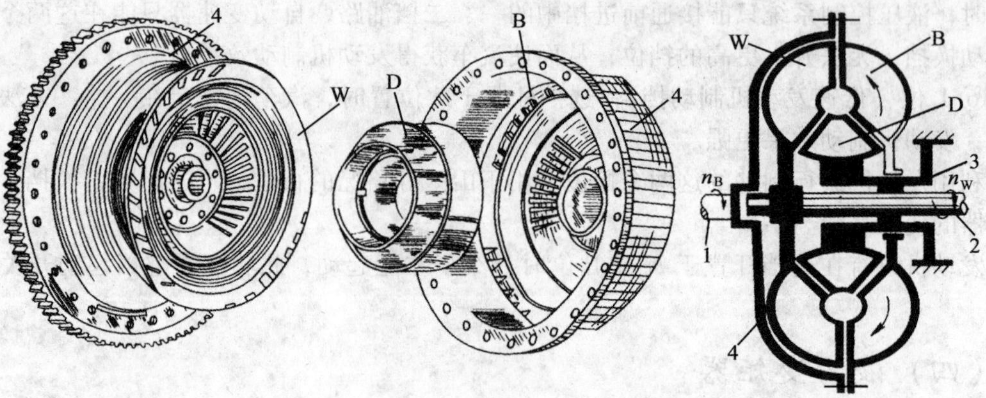

图 3-3　液力变矩器的组成

B—泵轮；W—涡轮；D—导轮；1—输入轴；2—输出轴；3—导轮轴；4—变矩器壳

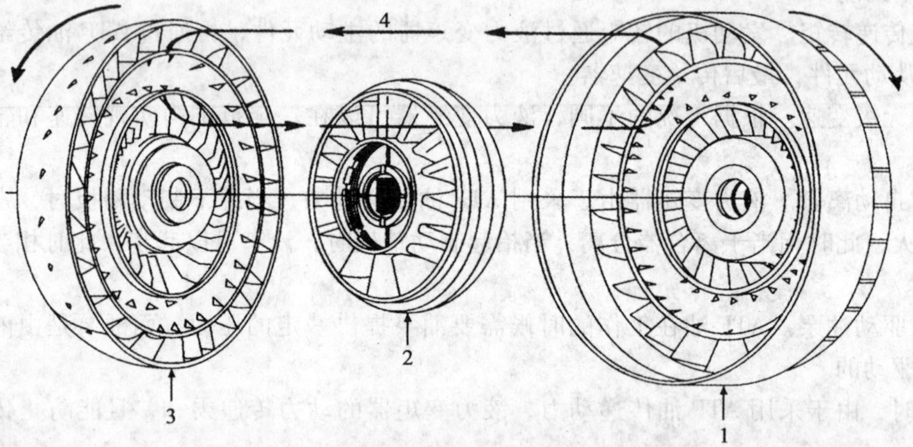

图 3-4　ATF 油在液力变矩器中的循环流动

1，4—泵轮；2—导轮；3—涡轮

ATF 油的循环流动是两种运动的合成运动。当泵轮旋转时，泵轮叶片带动 ATF 油也旋转起来，形成绕着泵轮轴线的圆周运动。旋转起来的 ATF 油在离心力的作用下，从内缘流向外缘。当泵轮转速大于涡轮转速时，泵轮叶片外缘的液压大于涡轮外缘的液压。因此，ATF 油在作圆周运动的同时，在上述压差的作用下由泵轮流向涡轮，再流向导轮，最后返回泵轮，形成在液力变矩器环形腔内的循环运动。即 ATF 油的循环流动是由涡流和周向流合成的螺旋流。

综上所述，液力变矩器传递转矩必须有 ATF 油冲击到涡轮的叶片，即泵轮与涡轮之间一定要有转速差（泵轮转速大于涡轮转速）。

（2）转矩的放大

在泵轮与涡轮的转速差较大的情况下，由涡轮甩出的 ATF 油以逆时针方向冲击导轮叶片，如图 3-5 所示，此时导轮是固定不动的，因为导轮上装有单向离合器，它可以防止导轮逆时针转动。导轮的叶片形状使得 ATF 油改变为顺时针方向流回泵轮，即与泵轮的旋转方向相同。泵轮将来自发动机和从涡轮回流的能量一起传递给涡轮，使涡轮输出转矩增大。液力变矩器的转矩放大倍数一般为 2.2 左右。

液力变矩器的变矩特性只有在泵轮与涡轮转速相差较大的情况下才成立。随着涡轮转速不断提高，从涡轮回流的 ATF 油会按顺时针方向冲击导轮。若导轮仍然固定不动，ATF 油将会产生涡流，阻碍其自身的运动。因此，绝大多数液力变矩器在导轮机构中增设了单向离合器，也称自由轮机构。当涡轮与泵轮转速相差较大时，单向离合器处于锁止状态，导轮不能转动。当涡轮转速达到泵轮转速的 85% ~90% 时，单向离合器导通，导轮空转，不起导流的作用，液力变矩器的输出转矩不能增加，只能等于泵轮的转矩，此时称为耦合状态。

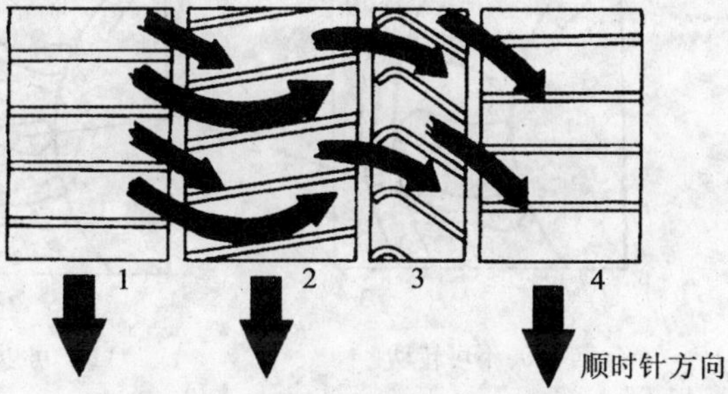

图 3-5　液力变矩器转矩放大原理

1，4—泵轮；2—涡轮；3—导轮

（3）无级变速

从上面的分析可以得出这样的结论：随着涡轮转速的逐渐提高，涡轮输出的转矩要逐渐下降，而且这种变化是连续的。同样，如果涡轮上的负荷增加了，其转速下降，那么涡轮输出的转矩就要增加，而涡轮增加的转矩正好适应负荷的增加。

液力变矩器的工作过程可以概括为两个工况，一个是变矩，另一个是耦合。当泵轮与涡轮转速相差较大，或者说在低速区时，液力变矩器实现变矩（增矩）；当涡轮转速达到泵轮转速的 85% ~90%，或者说在高速区时，液力变矩器实现耦合传动，即输出（涡轮）转矩等于输入（泵轮）转矩。

4. 典型液力变矩器

典型的液力变矩器指带有单向离合器和锁止离合器的液力变矩器。

（1）单向离合器

单向离合器又称为自由轮机构、超越离合器，其功能是实现导轮的单向锁止，即导轮只能顺时针转动而不能逆时针转动，使得液力变矩器在高速区实现耦合传动。另外，在自动变速器的行星齿轮机构中，单向离合器也有应用，常见的单向离合器有楔块式和滚柱式两种结构形式。

① 楔块式单向离合器。如图 3-6 所示，楔块式单向离合器由内座圈、外座圈、楔块、保持架等组成。导轮与外座圈连为一体，内座圈与固定套管刚性连接，不能转动。当导轮带动外座圈逆时针转动时，外座圈带动楔块逆时针转动，楔块的长径与内、外座圈接触（如图 3-6（a）所示），由于长径长度大于内、外座圈之间的距离，所以外座圈被卡住而不能转动。当导轮带动外座圈顺时针转动时，外座圈带动楔块顺时针转动，楔块的短径与内、外座圈接触（如图 3-6（b）所示），由于短径长度小于内、外座圈之间的距离，所以外座圈可以自由转动。

② 滚柱式单向离合器。如图 3-7 所示，滚柱式单向离合器由内座圈、外座圈、滚柱、叠片弹簧等组成。当导轮带动外座圈顺时针转动时，滚柱进入楔形槽的宽处，内、外座圈不能被滚柱楔紧，外座圈和导轮可以顺时针自由转动。当导轮带动外座圈逆时针转动时，滚柱进入楔形槽的窄处，内、外座圈被滚柱楔紧，外座圈和导轮固定不动。

③ 检修。单向离合器损坏失效后，液力变矩器就没有了转矩放大的功能，将出现如

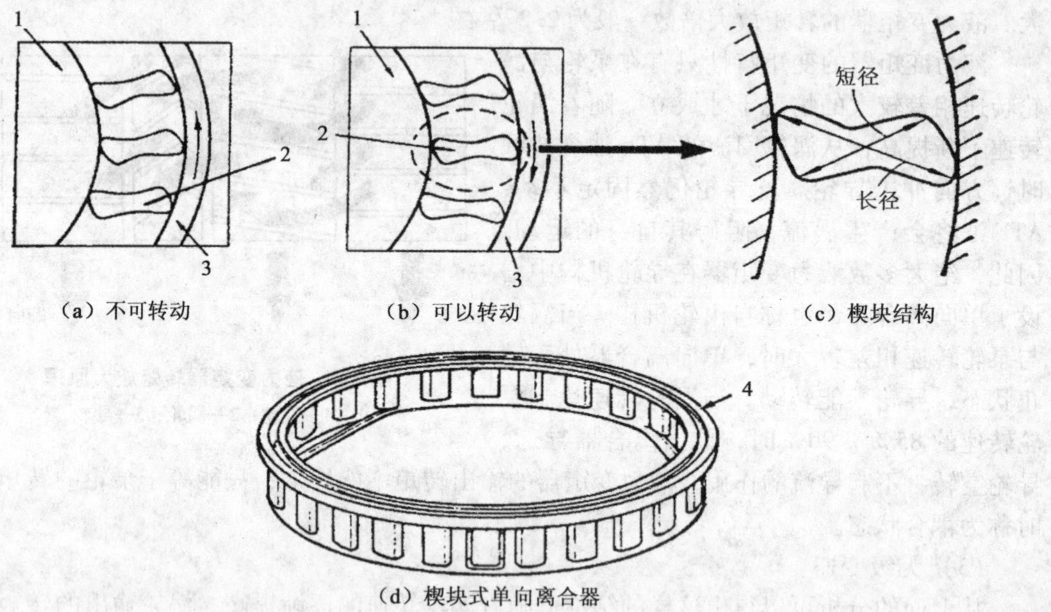

图 3-6　楔块式单向离合器

1—内座圈；2—楔块；3—外座圈；4—保持架

下故障现象：车辆加速起步无力，不踩加速踏板车辆不走，但车辆行驶起来之后换挡正常，发动机功率正常，如果作失速试验会发现失速转速比正常值低 400～800r/min。

（2）锁止离合器

锁止离合器（TCC）可以将泵轮和涡轮直接连接起来，即将发动机与机械变速器直接连接起来，提高了液力变矩器的传动效率，从而提高了汽车的燃油经济性。

锁止离合器的常见结构如图 3-8 所示。当车辆在良好路面行驶，车速、挡位、油温等满足锁止条件时，锁止离合器接合，此时进入液力变矩器的 ATF 油按图 3-8（a）所示的方向流动，使锁止活塞向前移动，压紧在液力变矩器壳体上，通过摩擦力矩使二者一起转动。此时发动机的动力经液力变矩器壳体、锁止活塞、扭转减振器、涡轮轮毂传给后面的机械变速器，相当于将泵轮和涡轮刚性连在一起，传动效率为 100%。

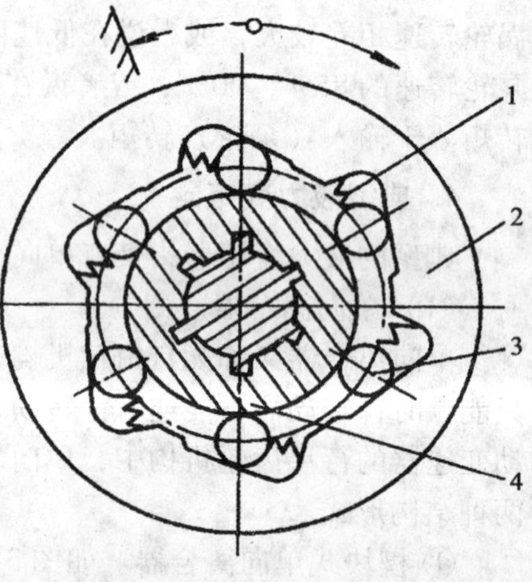

图 3-7　滚柱式单向离合器

1—叠片弹簧；2—外座圈；3—滚柱；4—内座圈

当车辆起步、低速或在路况不好的路面上行驶时，应将锁止离合器分离，使液力变矩器具有变矩作用。此时 ATF 油按图 3-8（b）所示的方向流动，将锁止活塞与液力变矩器壳体分离，解除液力变矩器壳体与涡轮的直接连接。

锁止离合器的常见故障有不锁止和常锁止两种。不锁止的现象是车辆的油耗高、发动机高速运转而车速不够快。具体检查时要相应检查电路部分、阀体部分以及锁止离合器本身。

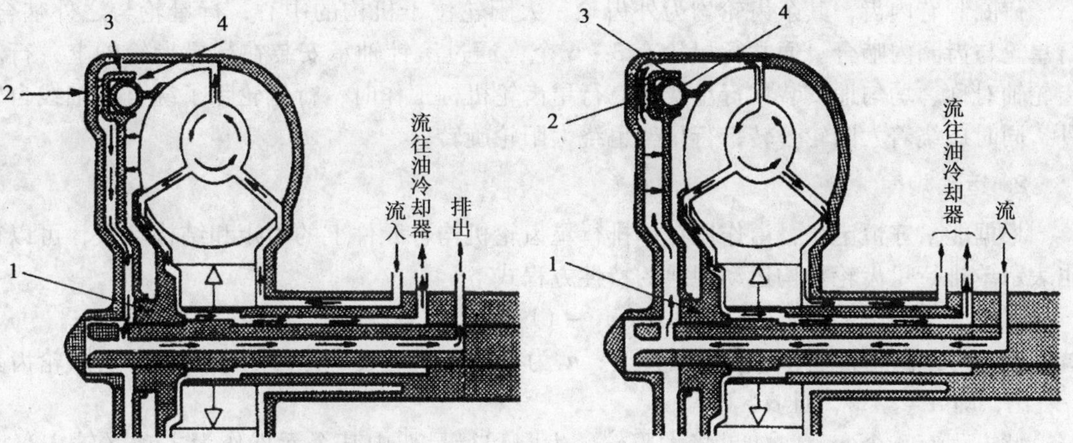

（a）锁止状态　　（b）分离状态

图 3-8　锁止离合器的结构、原理

1—涡轮轮毂；2—变矩器壳体；3—锁止活塞；4—扭转减振器

常锁止的现象是发动机怠速正常，但选挡杆置于动力挡（R，D，2，L）后发动机熄火。

锁止离合器的检查需要将液力变矩器切开后才能进行，因此必须由专业的自动变速器维修站来完成。

(五) 单排行星齿轮机构

行星齿轮变速器由一个或几个行星排齿轮机构和换挡执行机构等组成。

1. 组　成

如图 3-9 所示，单排行星齿轮机构主要由一个太阳轮、一个带有几个行星轮的行星架和一个齿圈组成。

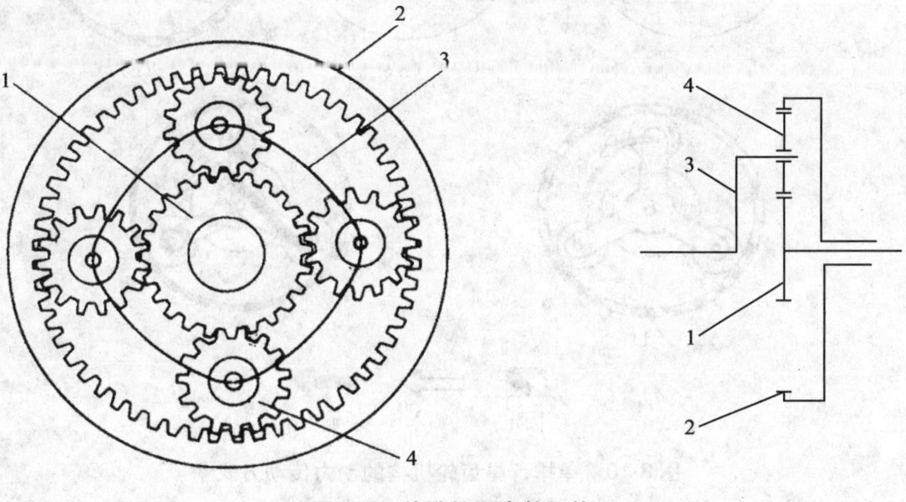

图 3-9　单排行星齿轮机构

1—太阳轮；2—齿圈；3—行星架；4—行星轮

齿圈制有内齿，其余齿轮均为外齿轮。太阳轮位于机构的中心，行星轮与之外啮合，行星轮与齿圈内啮合。通常行星轮有 3 ~ 6 个，通过滚针轴承安装在行星齿轮轴上，行星齿轮轴对称、均匀地安装在行星架上。行星齿轮机构工作时，行星轮除了绕自身轴线自转外，同时还绕着太阳轮公转，行星架也绕太阳轮旋转。

2. 运动规律

根据能量守恒定律，由作用在单排行星齿轮机构各元件上的力矩和结构参数，可以得出表示单排行星齿轮机构运动规律的特性方程式

$$n_1 + \alpha n_2 - (1 + \alpha) n_3 = 0$$

式中，n_1为太阳轮转速；n_2为齿圈转速；n_3为行星架转速；α 为齿圈齿数 z_2与太阳轮齿数 z_1之比，即 $\alpha = z_2/z_1$，且 $\alpha > 1$。

此方程有 3 个变量，如果将太阳轮、齿圈和行星架中某个元件作为主动（输入）部分，让另一个元件作为从动（输出）部分，第 3 个元件不受任何约束和限制，此时从动部分的运动是不确定的。因此，为了得到确定的运动，必须对太阳轮、齿圈和行星架三者中某个元件的运动进行约束和限制。

3. 传动方式

通过对不同的元件进行约束和限制，可以得到不同的动力传动方式，如图 3-10 所示。

① 齿圈为主动件（输入），行星架为从动件（输出），太阳轮固定，如图 3-10（a）所示。此时，$n_1 = 0$，则传动比 i_{23}为

$$i_{23} = n_2/n_3 = 1 + 1/\alpha > 1$$

由于传动比大于1，说明为减速传动，可以作为降速挡。

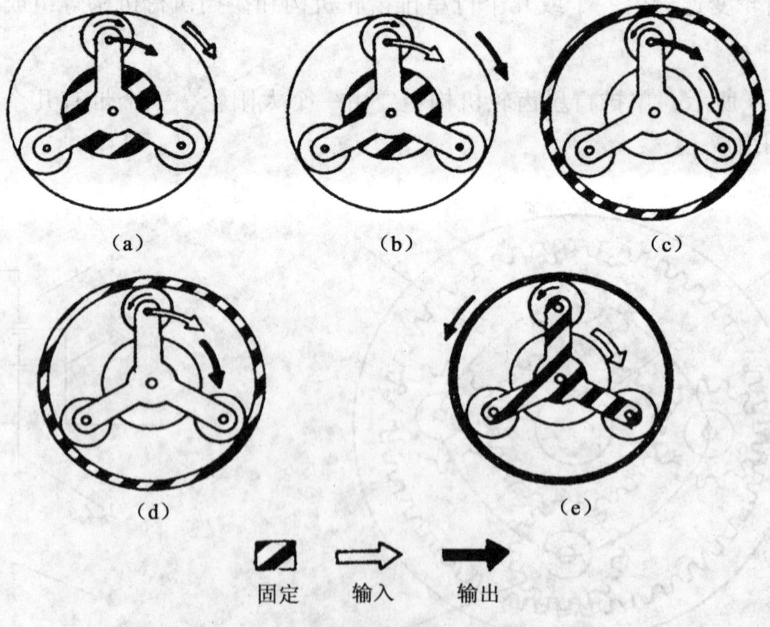

图 3-10 单排行星齿轮机构的动力传动方式

② 行星架为主动件（输入），齿圈为从动件（输出），太阳轮固定，如图 3-10（b）所示。此时，$n_1 = 0$，则传动比 i_{32}为

$$i_{32} = n_3/n_2 = \alpha/(1+\alpha) < 1$$

由于传动比小于1，说明为增速传动，可以作为超速挡。

③ 太阳轮为主动件（输入），行星架为从动件（输出），齿圈固定，如图3-10（c）所示。此时，$n_2=0$，则传动比 i_{13} 为

$$i_{13} = n_1/n_3 = 1+\alpha > 1$$

由于传动比大于1，说明为减速传动，可以作为降速挡。

④ 行星架为主动件（输入），太阳轮为从动件（输出），齿圈固定，如图3-10（d）所示。此时，$n_2=0$，则传动比 i_{31} 为

$$i_{31} = n_3/n_1 = 1/(1+\alpha) < 1$$

由于传动比小于1，说明为增速传动，可以作为超速挡。

⑤ 太阳轮为主动件（输入），齿圈为从动件（输出），行星架固定，如图3-10（e）所示。此时，$n_3=0$，则传动比 i_{12} 为

$$i_{12} = n_1/n_2 = -\alpha$$

由于传动比为负值，说明主从动件的旋转方向相反，又由于 $|i_{12}|>1$，说明为降速传动，可以作为倒挡。

⑥ 若使太阳轮、齿圈和行星架三个元件中的任何两个元件连为一体转动，则另一个元件必然与前两者等速同向转动，即行星齿轮机构中所有元件（包含行星轮）之间均无相对运动，传动比 $i=1$，这种传动方式用于变速器的直接挡传动。

⑦ 如果太阳轮、齿圈和行星架三个元件没有任何约束，则各元件的运动是不确定的，此时为空挡。

自动变速器中的行星齿轮变速器一般采用2~3排行星齿轮机构传动，其各挡传动比根据上述单排行星齿轮机构传动特点进行合理组合得到。常见的行星齿轮变速器有辛普森式和拉威挪式。

（六）辛普森式行星齿轮变速器

辛普森（Simpson）式行星齿轮变速器是在自动变速器中应用最广泛的一种行星齿轮变速器，它是由美国福特公司的工程师 H. W. 辛普森发明的，目前多采用的是四挡辛普森行星齿轮变速器。

1. 四挡辛普森行星齿轮变速器的结构

图3-11、图3-12所示为四挡辛普森行星齿轮变速器的结构简图和元件位置图。

四挡辛普森行星齿轮变速器由四挡辛普森行星齿轮机构和换挡执行元件两大部分组成。其中，四挡辛普森行星齿轮机构由三排行星齿轮机构组成，前面一排为超速行星排，中间一排为前行星排，后面一排为后行星排，之所以这样命名是由于四挡辛普森行星齿轮机构是在三挡辛普森行星齿轮机构的基础上发展起来的，沿用了三挡辛普森行星齿轮机构的命名。输入轴与超速行星排的行星架相连，超速行星排的齿圈与中间轴相连，中间轴通过前进挡离合器或直接挡、倒挡离合器与前、后行星排相连。前、后行星排的结构特点是共用一个太阳轮，前行星排的行星架与后行星排的齿圈相连并与输出轴相连。

换挡执行机构包括3个离合器、4个制动器和3个单向离合器共10个元件。具体的功能见表3-1。

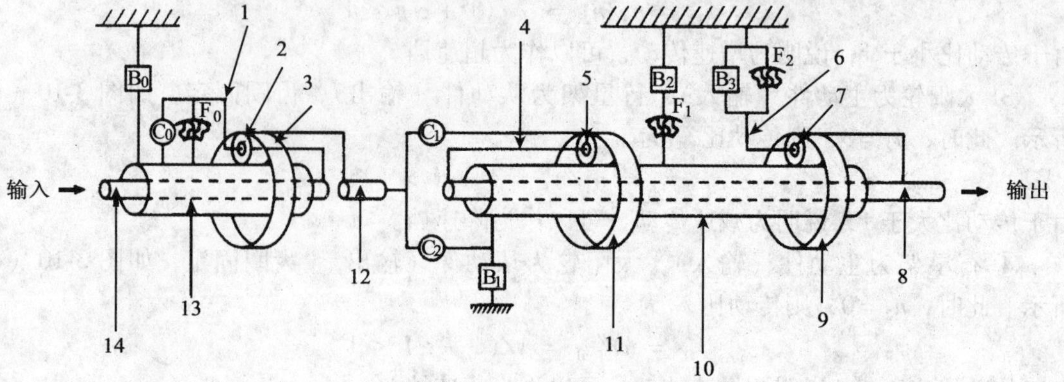

图 3-11　四挡辛普森行星齿轮变速器的结构简图

1—超速（OD）行星排行星架；2—超速（OD）行星排行星轮；3—超速（OD）行星排齿圈；4—前行星排行星架；5—前行星排行星轮；6—后行星排行星架；7—后行星排行星轮；8—输出轴；9—后行星排齿圈；10—前后行星排太阳轮；11—前行星排齿圈；12—中间轴；13—超速（OD）行星排太阳轮；14—输入轴；C_0—超速（OD）挡离合器；C_1—前进挡离合器；C_2—直接挡、倒挡离合器；B_0—超速（OD）挡制动器；B_1—二挡滑行制动器；B_2—二挡制动器；B_3—低、倒挡离合器；F_0—超速（OD）挡单向离合器；F_1—二挡（一号）单向离合器；F_2—低挡（二号）单向离合器

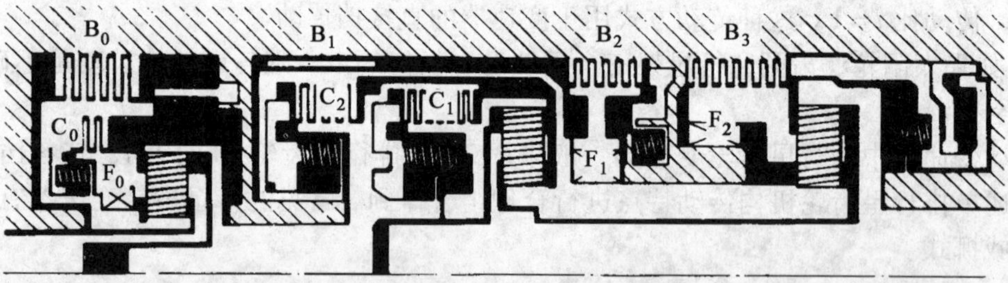

图 3-12　四挡辛普森行星齿轮变速器的元件位置图

表 3-1　换挡执行元件的功能

换挡执行元件		功　能
C_0	超速（OD）挡离合器	连接超速行星排太阳轮与超速行星排行星架
C_1	前进挡离合器	连接中间轴与前行星排齿圈
C_2	直接挡、倒挡离合器	连接中间轴与前后行星排太阳轮
B_0	超速（OD）挡制动器	制动超速行星排太阳轮
B_1	二挡滑行制动器	制动前后行星排太阳轮
B_2	二挡制动器	制动 F_1 外座圈，当 F_1 也起作用时，可以防止前后行星排太阳轮逆时针转动
B_3	低、倒挡离合器	制动后行星排行星架
F_0	超速（OD）挡单向离合器	连接超速行星排太阳轮与超速行星排行星架
F_1	二挡（一号）单向离合器	当 B_2 工作时，防止前后行星排太阳轮逆时针转动
F_2	低挡（二号）单向离合器	防止后行星排行星架逆时针转动

2. 四挡辛普森行星齿轮变速器各挡传动路线

变速器在各挡位时，换挡执行元件的动作情况见表3-2。

表3-2 各挡位换挡执行元件的动作情况

选挡杆位置	挡 位	换挡执行元件										发动机制动
		C_0	C_1	C_2	B_0	B_1	B_2	B_3	F_0	F_1	F_2	
P	驻车挡	○										
R	倒挡	○		○				○	○			
N	空挡	○										
D	一挡	○	○						○		○	
	二挡	○	○				○		○	○		
	三挡	○	○	○			○		○			
	四挡（OD挡）		○	○	○		○					
2	一挡	○	○						○		○	
	二挡	○	○			○	○		○	○		○
	三挡	○	○	○			○		○			○
L	一挡	○	○					○	○		○	○
	二挡	○	○			○	○		○	○		○

注：○表示有换挡元件工作或有发动机制动

（1）各挡位动力传递路线

① D_1挡（见图3-13）。D位一挡时，C_0，C_1，F_0，F_2工作。C_0和F_0工作将超速行星排的太阳轮和行星架相连，此时超速行星排成为一个刚性整体，以直接挡传递动力，输入轴的动力顺时针传到中间轴。C_1工作将中间轴与前行星排齿圈相连，前行星排齿圈顺时针转动，驱动前行星排行星轮既顺时针自转又顺时针公转，前行星排行星轮顺时针公转则输出轴也顺时针转动，这是一条动力传递路线。由于前行星排行星轮顺时针自转，则前后行星排太阳轮逆时针转动，再驱动后行星排行星轮顺时针自转，此时后行星排行星轮在前后行星排太阳轮的作用下有逆时针公转的趋势，但由于F_2的作用，使得后行星排行星架不动。这样顺时针转动的后行星排行星轮驱动齿圈顺时针转动，从输出轴输出动力，这是第二条动力传递路线。

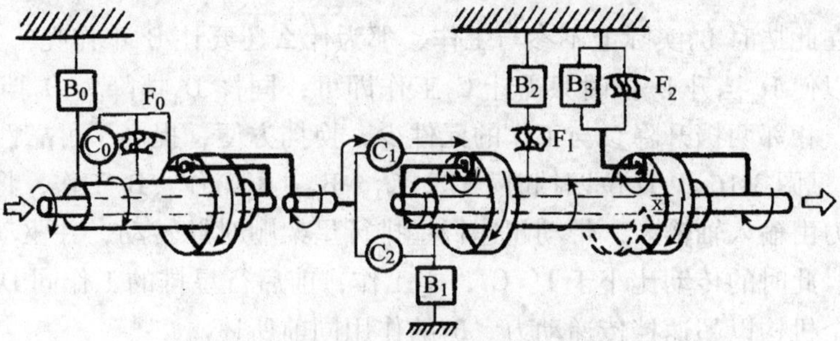

图3-13 D位一挡动力传递路线

② D_2挡（见图3-14）。D位二挡时，C_0，C_1，B_2，F_0，F_1工作。C_0和F_0工作，如前所

述直接将动力传给中间轴。C_1工作，动力顺时针传到前行星排齿圈，驱动前行星排行星轮顺时针转动，并使前后太阳轮有逆时针转动的趋势，由于B_2的作用，F_1将防止前后太阳轮逆时针转动，即前后太阳轮不动。此时前行星排行星轮将带动行星架顺时针转动，从输出轴输出动力。后行星排不参与动力的传动。

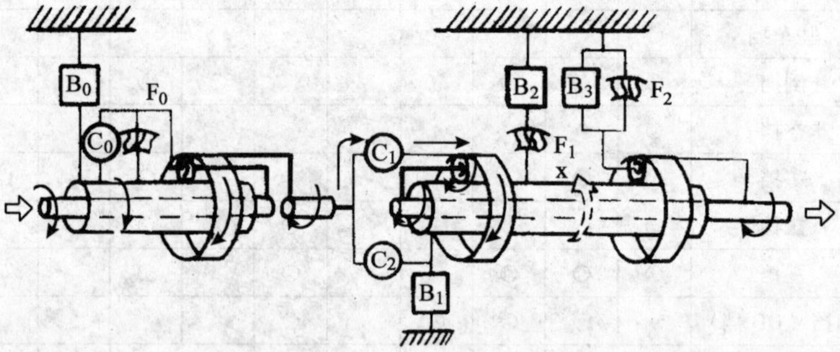

图 3-14　D 位二挡动力传递路线

③ D_3挡（见图 3-15）。D 位三挡时，C_0，C_1，C_2，B_2，F_0工作。C_0和F_0工作如前所述，直接将动力传给中间轴。C_1和C_2工作将中间轴与前行星排的齿圈和太阳轮同时连接起来，前行星排成为刚性整体，动力直接传给前行星排行星架，从输出轴输出动力。此挡为直接挡。

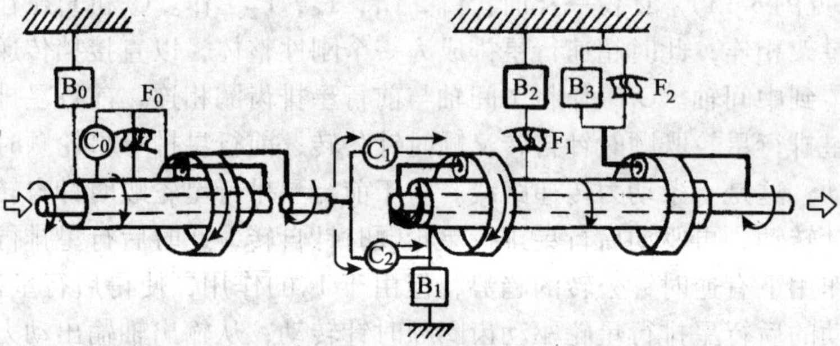

图 3-15　D 位三挡动力传递路线

想一想：在此挡时B_2实际上不参与工作，那为什么还要让B_2工作呢？

提示：可以使D_2挡升D_3挡时只需让C_2工作即可，同样D_3挡降为D_2挡时也只需让C_2停止工作即可，相邻两挡升降参与工作的元件少，换挡方便，提高了可靠性和平顺性。

④ D_4挡（见图 3-16）。D 位四挡时，C_1，C_2，B_0，B_2工作。B_0工作，将超速行星排太阳轮固定。动力由输入轴输入，带动超速行星排行星架顺时针转动，并驱动行星轮及齿圈都顺时针转动，此时的传动比小于 1。C_1，C_2工作，前后行星排的工作同D_3挡，即处于直接挡。所以整个机构以超速挡传递动力。B_2的作用同前所述。

⑤ 2_1挡。2 位一挡的工作与 D 位一挡相同。

⑥ 2_2挡（见图 3-17）。2 位二挡时，C_0，C_1，B_1，B_2，F_0，F_1工作，动力传递路线与 D 位二挡时相同。区别是由于B_1工作，2 位二挡有发动机制动，而 D 位二挡没有。此挡为

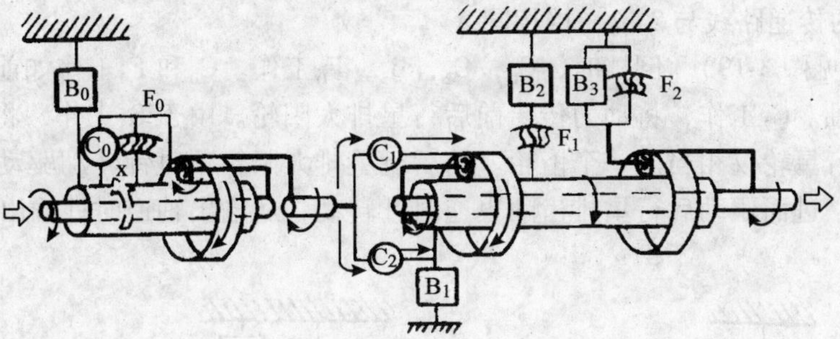

图 3-16　D 位四挡动力传递路线

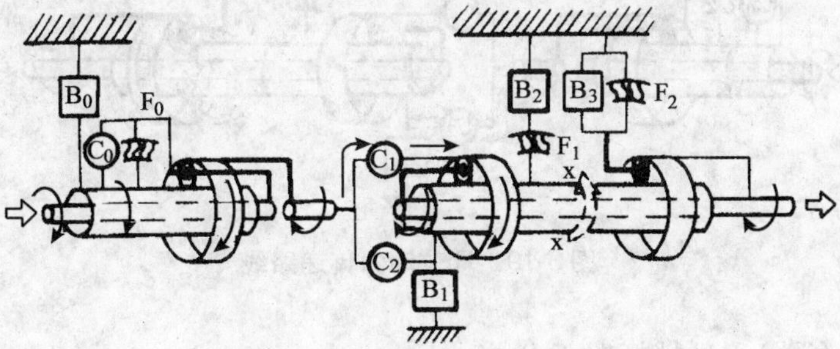

图 3-17　2 位二挡动力传递路线

高速发动机制动挡。

发动机制动是指利用发动机怠速时的较低转速以及变速器的较低挡位来使速度较快的车辆减速。D 位二挡时，如果驾驶员抬起加速踏板，发动机进入怠速工况，而汽车在原有的惯性作用下仍以较高的车速行驶。此时，驱动车轮将通过变速器的输出轴反向带动行星齿轮机构运转，各元件都将以相反的方向转动，即前后太阳轮将有顺时针转动的趋势，F_1不起作用，使反转的动力不能到达发动机，无法利用发动机进行制动。而在 2 位二挡时，B_1工作使前后太阳轮固定，既不能逆时针转动也不能顺时针转动，这样反转的动力就可以传到发动机，所以有发动机制动。

2 位三挡的传递路线与 D 位三挡相同。

⑦ L_1挡（见图 3-18）。L 位一挡时，C_0，C_1，B_3，F_0，F_2工作，动力传递路线与 D 位一挡时相同。区别是由于 B_3工作，使后行星排行星架固定，有发动机制动，原因同前所述。此挡为低速发动机制动挡。

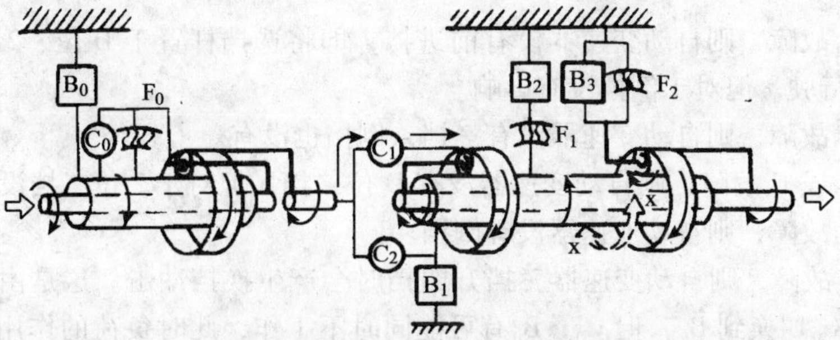

图 3-18　L 位一挡动力传递路线

L 位二挡的传递路线与 2 位二挡相同。

⑧ R 位（见图 3-19）。倒挡时，C_0，C_2，B_3，F_0工作。C_0和 F_0工作如前所述，直接将动力传给中间轴。C_2工作，将动力传给前后行星排太阳轮。由于 B_3工作，将后行星排行星架固定，使得行星轮仅相当于一个惰轮。前后行星排太阳轮顺时针转动驱动后行星排行星架逆时针转动，进而驱动后行星排齿圈也逆时针转动，从输出轴逆时针输出动力。

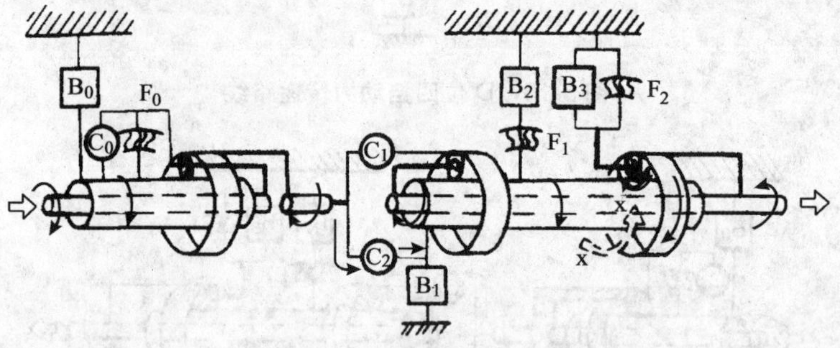

图 3-19　R 位动力传递路线

⑨ P 位（驻车挡）。选挡杆置于 P 位时，自动变速器一般通过驻车锁止机构将变速器输出轴锁止，实现驻车。如图 3-20 所示，驻车锁止机构由输出轴外齿圈、输出轴、锁止棘爪、锁止凸轮等组成。锁止棘爪与固定在变速器壳体上的枢轴相连。当选挡杆处于 P 位时，与选挡杆相连的手动阀通过锁止凸轮将锁止棘爪推向输出轴外齿圈，并嵌入齿中，使变速器输出轴与壳体相连而无法转动，如图 3-20（b）所示。当选挡杆处于其他位置时，锁止凸轮退回，锁止棘爪在回位弹簧的作用下离开输出轴外齿圈，锁止撤销，如图 3-20（a）所示。

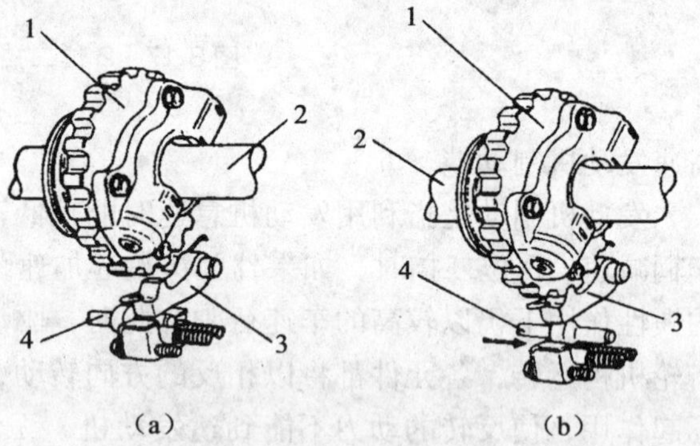

图 3-20　驻车锁止机构

1—输出轴外齿圈；2—输出轴；3—锁止棘爪；4—锁止凸轮

（2）几点说明

通过分析各挡位换挡执行元件的工作情况及各挡位的动力传递路线，可以得出以下结论。

① 如果 C_1故障，则自动变速器没有前进挡，即将选挡杆置于 D 位、2 位或 L 位时车辆都无法起步行驶。但对于倒挡没有影响。

② 如果 C_2故障，则自动变速器没有三挡，倒挡也没有。

③ 如果 B_2或 F_1故障，则自动变速器没有 D 位二挡，但对于 2 位二挡没有影响。

④ 如果 B_3故障，则自动变速器没有倒挡。

⑤ 如果 F_0故障，则自动变速器三挡升四挡时会产生换挡冲击。这是由于三挡升四挡时，相当于由 C_0切换到 B_0，但 C_0，B_0有可能同时不工作，此时负荷的作用将使超速行星排的齿圈不动，如果没有 F_0，在行星架的驱动下太阳轮将顺时针超速转动，当 B_0工作时

产生换挡冲击。

⑥ 如果 F_2 故障，则自动变速器没有 D 位一挡和 2 位一挡，但对于 L 位一挡没有影响。

⑦ 换挡时，单向离合器是自动参与工作的，所以只考虑离合器和制动器的工作即可。D_1挡升 D_2挡时 B_2工作，D_2挡升 D_3挡时 C_2工作，D_3和 D_4互换相当于 C_0和 B_0互换。

⑧ 如果某挡位的动力传递路线上有单向离合器工作，则该挡位没有发动机制动。

提示：有些挡位虽然标明有单向离合器工作，但有可能被其他元件取代而实际上不工作。如 2 位二挡的 B_1工作后，F_1实际上已不起作用，C_0也可以取代 F_0，因此有发动机转动。

3. 换挡执行元件

行星齿轮变速器的换挡执行元件包括离合器、制动器和单向离合器。单向离合器的结构、原理同导轮单向离合器。

（1）离合器

离合器的功能是连接轴和行星齿轮机构中的元件或连接行星齿轮机构中的不同元件。

① 结构组成。离合器主要由离合器毂、花键毂、活塞、主动摩擦片、从动钢片、回位弹簧等组成，如图 3-21 所示。

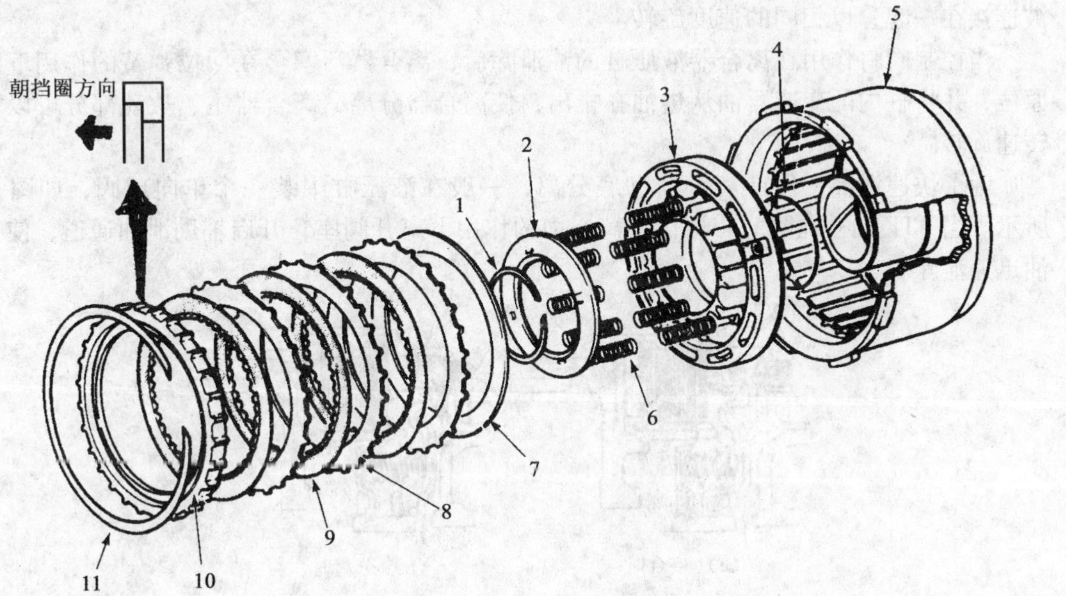

图 3-21　离合器零件分解图

1，11—卡环；2—弹簧座；3—活塞；4—O 形圈；5—离合器毂；6—回位弹簧；7—碟形弹簧；8—从动钢片；9—主动摩擦片；10—压盘

离合器毂是一个液压缸，毂内有内花键齿圈，内圆轴颈上有进油孔与控制油路相通。离合器活塞为环状，内外圆上有密封圈，安装在离合器毂内。从动钢片和主动摩擦片交错排列，二者统称为离合器片，均使用钢料制成，但摩擦片的两面烧结了铜基粉末冶金的摩擦材料。为保证离合器接合柔和及散热，离合器片浸泡在油液中工作，因而称为湿式离合器。钢片带有外花键齿，与离合器毂的内花键连接，并可轴向移动，摩擦片则以内花键齿与花键毂的外花键槽配合，也可作轴向移动。花键毂和离合器毂分别以一定的方式与变速

器输入轴或行星齿轮机构的元件相连接。碟形弹簧的作用是使离合器接合柔和，防止换挡冲击，可以通过调整卡环或压盘的厚度来调整离合器的间隙。

② 工作原理。离合器的工作原理如图 3-22 所示。

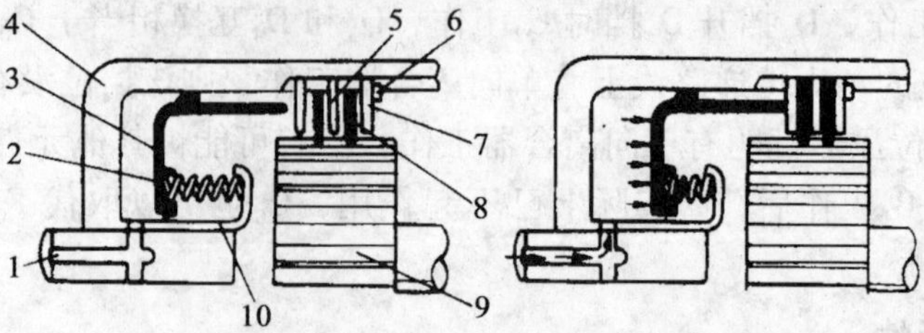

（a）分离状态　　（b）接合状态

图 3-22　离合器工作原理

1—控制油道；2—回位弹簧；3—活塞；4—离合器毂；5—主动片；
6—卡环；7—压盘；8—从动片；9—花键毂；10—弹簧座

当一定压力的 ATF 油经控制油道进入活塞左面的液压缸时，液压作用力便克服弹簧力使活塞右移，将所有离合器片压紧，即离合器接合，与离合器主、从动部分相连的元件也被连接在一起，以相同的速度旋转。

当控制阀将作用在离合器液压缸的油泄除后，离合器活塞会在回位弹簧的作用下回到原位，并将缸内的变速器油从进油孔排出，使离合器分离，离合器主、从动部分可以不同转速旋转。

为了快速泄油，保证离合器彻底分离，一般在液压缸中装一个单向球阀，如图 3-23 所示。当 ATF 油被泄除时，球体在离心力的作用下离开阀座，开启辅助泄油通道，使 ATF 油迅速泄除。

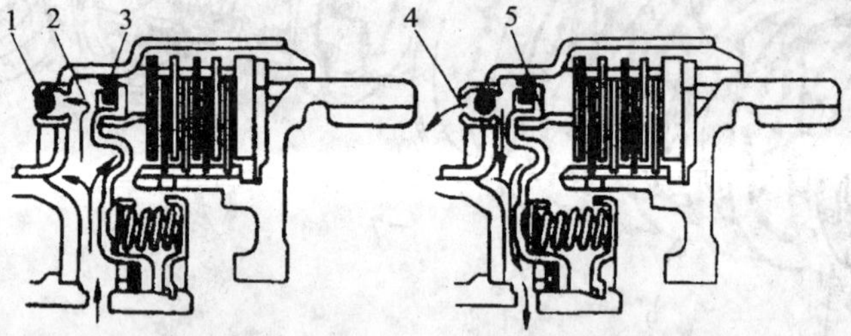

（a） 接合时　　（b） 分离时

图 3-23　带单向安全阀的离合器

1—单向球阀；2—液压缸；3—油封；4—辅助泄油通道；5—活塞

（2） 制动器

制动器的作用是固定行星齿轮机构中的某个元件，制动器有片式和带式两种形式。片式制动器与离合器的结构和原理相同，不同之处是离合器为传递动力起连接作用，而片式制动器通过连接而起制动作用。

① 带式制动器结构组成。带式制动器由制动带和控制油缸组成，图 3-24 所示为带式制动器的零件分解图。制动带是内表面带有镀层的开口式环形钢带，制动带的一端支撑在与变速器壳体固连的支座上，另一端与控制油缸的活塞杆相连。

② 带式制动器工作原理。制动器的工作原理如图 3-25 所示，制动带开口处的一端通

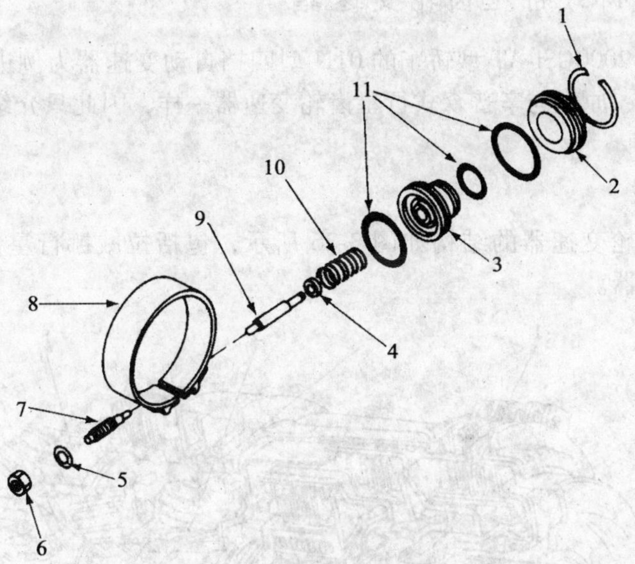

图3-24　带式制动器的零件分解图

1—卡环；2—活塞定位架；3—活塞；4—止推垫圈；5—垫圈；6—锁紧螺母；7—调整螺钉；8—制动带；9—活塞杆；10—回位弹簧；11—O形圈

过支柱支撑于固定在变速器壳体的调整螺钉上，另一端支撑于油缸活塞杆端部，活塞在回位弹簧和左腔油压作用下位于右极限位置，此时，制动带和制动毂之间存在一定间隙。

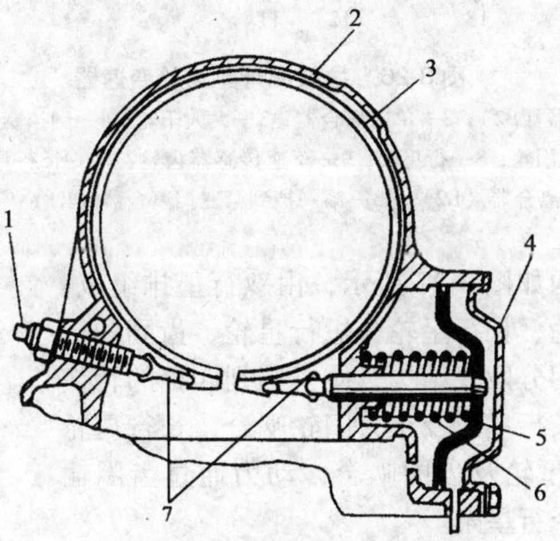

图3-25　制动器的工作原理

1—调整螺钉（固定支撑端）；2—制动带；3—制动毂；4—油缸盖；5—活塞；6—回位弹簧；7—支柱

制动时，压力油进入活塞右腔，克服左腔油压和回位弹簧的作用力推动活塞左移，制动带以固定支座为支点收紧。在制动力矩的作用下，制动毂停止旋转，行星齿轮机构某元件将被锁止。随着油压解除，活塞回位，制动解除。

（七）拉威挪式行星齿轮变速器

下面以桑塔纳2000GSi-AT型轿车的01N型四挡自动变速器为例进行介绍。由于其换挡执行机构的结构、原理与辛普森式行星齿轮变速器一样，因此只介绍其行星齿轮机构和液压系统。

1. 结构和组成

拉威挪行星齿轮变速器的结构如图3-26所示，包括拉威挪行星齿轮机构、离合器、制动器和单向离合器。

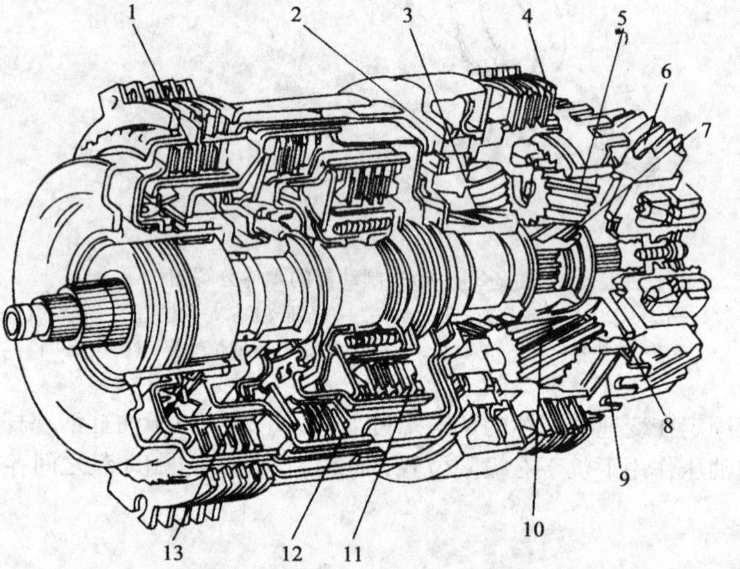

图3-26　拉威挪行星齿轮变速器

1—第二挡和第四挡制动器（B2）；2—单向离合器；3—大太阳轮；4—倒挡制动器（B1）；5—短行星轮；6—主动锥齿轮；7—小太阳轮；8—行星架；9—车速传感器齿轮；10—长行星轮；11—第三挡和第四挡离合器（K3）；12—倒挡离合器（K2）；13—第一挡到第三挡离合器（K1）

拉威挪行星齿轮机构如图3-27所示，由双行星排组成，包括大太阳轮、小太阳轮、长行星轮、短行星轮、齿圈和行星架。大、小太阳轮采用分段式结构，使三挡到四挡的转换更加平顺。短行星轮与长行星轮及小太阳轮啮合，长行星轮同时与大太阳轮、短行星轮及齿圈啮合，动力通过齿圈输出。两个行星轮共用一个行星架。

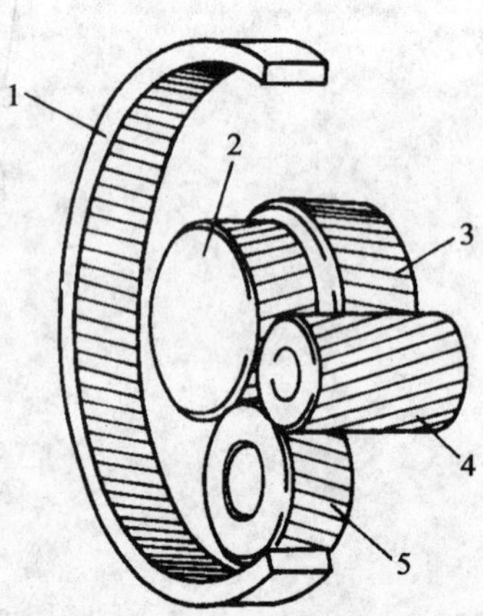

图3-27　拉威挪行星齿轮机构

1—齿圈；2—小太阳轮；3—大太阳轮；4—长行星轮；5—短行星轮

2. 各挡传动路线

拉威挪行星齿轮变速器的简图如图3-28所示，其中离合器 K_2 用于驱动大太阳轮，离合器 K_3 用于驱动行星齿轮架，制动器 B_1 用于制动行星齿轮架，制动器 B_2 用于制动大太阳轮，单向离合器F防止行星架逆时针转动，锁止离合器LC用于将变矩器的泵轮和涡轮刚性连接。

各挡位换挡元件的工作情况如表3-3所列。

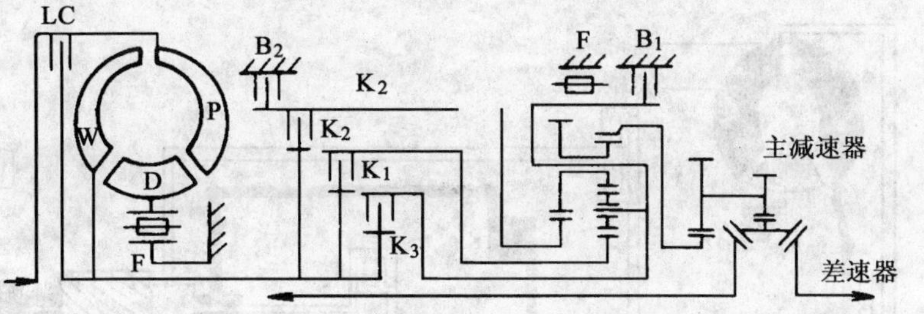

图 3-28　拉威挪行星齿轮变速器简图

表 3-3　　各挡位换挡元件的工作情况

部件 挡位	B_1	B_2	K_1	K_2	K_3	F	LC
R	×			×		×	
1H			×			×	
1M			×				×
2H		×	×				
2M		×	×				×
3H			×		×		
3M			×		×		×
4H		×			×		
4M		×			×		×

注：×表示离合器、制动器或单向离合器工作；H 表示液压；M 表示机械

① 一挡。液压一挡时，离合器 K_1 接合，单向离合器 F 工作。如图 3-29 所示，动力传动路线：泵轮→涡轮→涡轮轴→离合器 K_1→小太阳轮→短行星轮→长行星轮→齿圈。

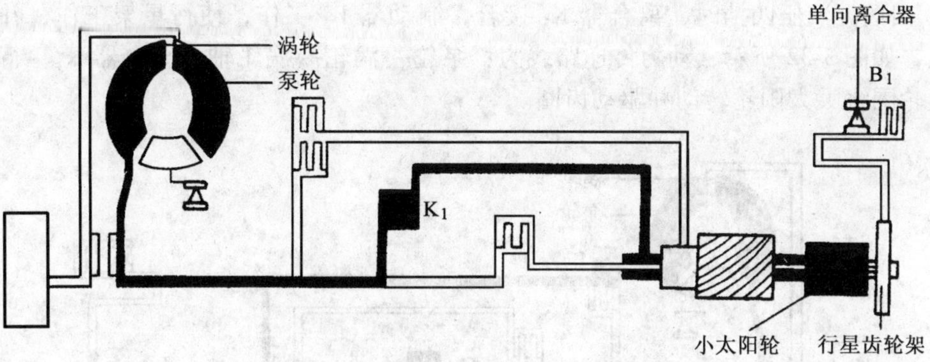

图 3-29　液压一挡动力传递路线

② 二挡。液压二挡时，离合器 K_1 接合，制动器 B_2 制动大太阳轮。如图 3-30 所示，动力传递路线为：泵轮→涡轮→涡轮轴→离合器 K_1→小太阳轮→短行星轮→长行星轮围绕大太阳轮转动并驱动齿圈。

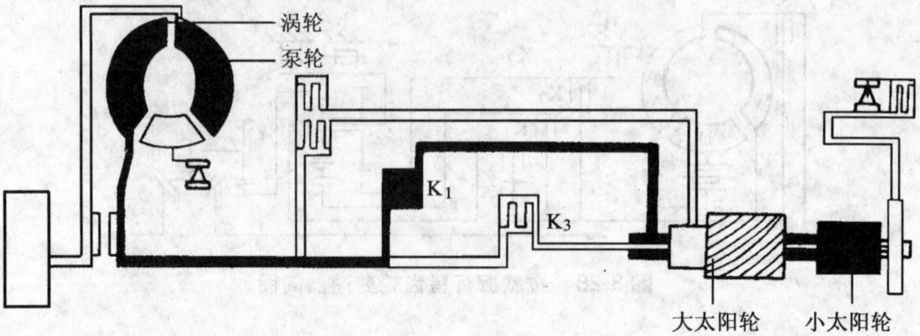

图 3-30　液压二挡动力传递路线

③ 三挡。液压三挡时，离合器 K_1 和 K_3 接合，驱动小太阳轮和行星架，使行星齿轮机构锁止并一同转动。如图 3-31 所示，动力传递路线：泵轮→涡轮→涡轮轴→离合器 K_1 和 K_3→整个行星齿轮机构转动。

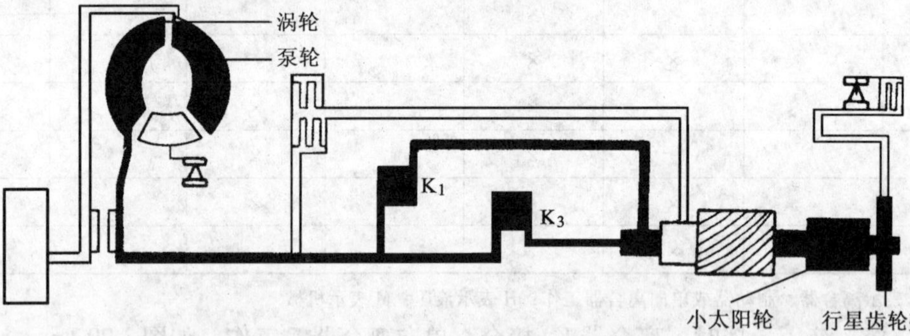

图 3-31　液压三挡动力传递路线

④ 四挡。液压四挡时，离合器 K_3 接合，制动器 B_2 工作，使行星架工作，并制动大太阳轮，如图 3-32 所示，动力传递路线为：泵轮→涡轮→涡轮轴→离合器 K_3→行星架→长行星轮围绕大太阳轮转动并驱动齿圈。

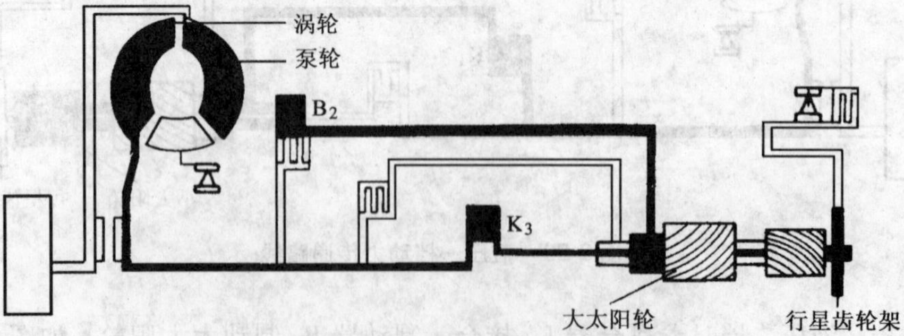

图 3-32　液压四挡动力传递路线

⑤ R 挡。“R” 位置时，离合器 K_2 接合，驱动大太阳轮；制动器 B_1 工作，使行星架制动。如图 3-33 所示，动力传递路线为：泵轮→涡轮→涡轮轴→离合器 K_2→大太阳轮→长行星轮反向驱动齿圈。

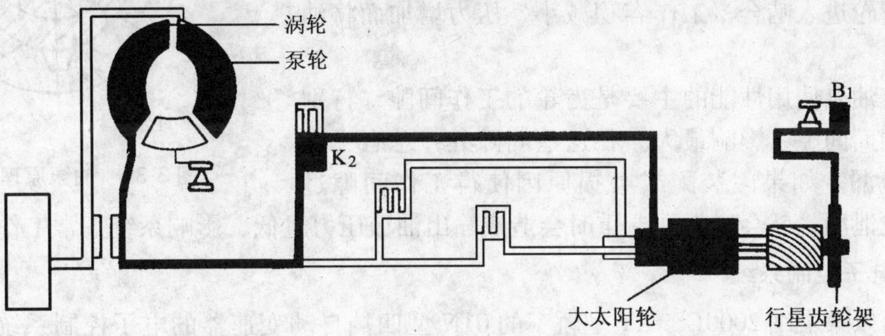

图 3-33　倒挡动力传递路线

3. 液压系统

液压系统主要由油泵、油道、滤清器、压力滑阀等组成，如图 3-34 所示。

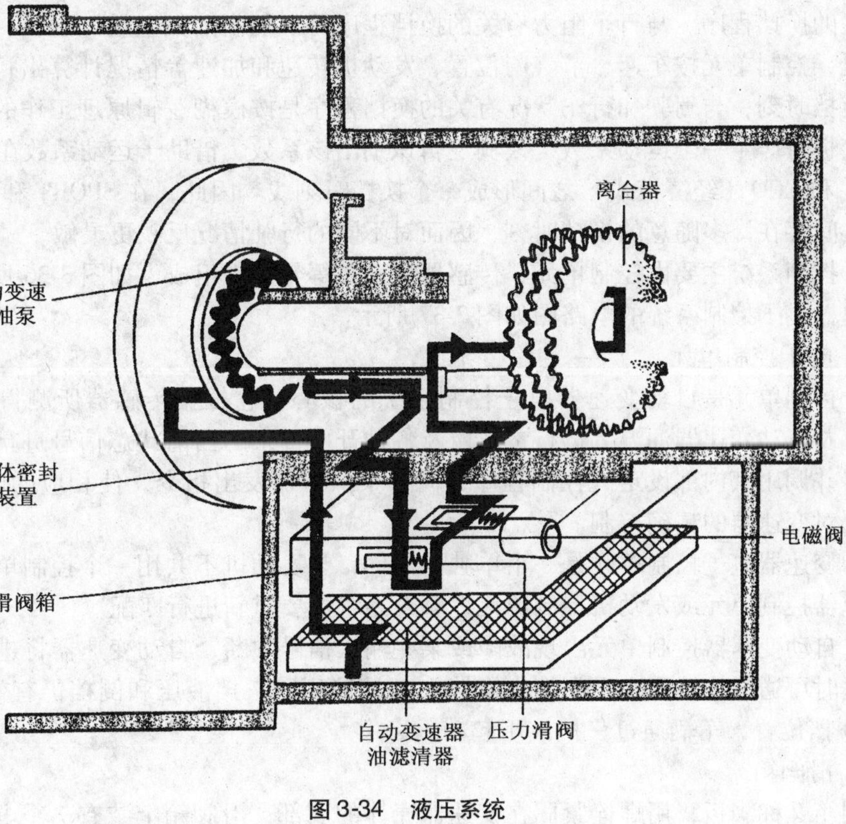

图 3-34　液压系统

液压泵为内啮合式齿轮泵，如图 3-35 所示，由变矩器的泵轮通过一轴套驱动。它主要由起主动作用的小齿轮、起从动作用的大齿轮、月牙板、泵壳、泵盖等组成。月牙板的作用是将小齿轮和大齿轮之间的工作腔分成吸油腔和压油腔，泵盖上有相应的进油口和排油口。当小齿轮被发动机带动作顺时针旋转时，与其相啮合的大齿轮也一起旋转。左端的吸油腔随着齿轮退出啮合，容积增大，形成局部真空，将液压油吸入，并由于齿轮的旋转，把齿间的油液带到右端压油腔；压油腔则由于齿轮进入啮合，工作容积减小、压力增加而将油液排出。

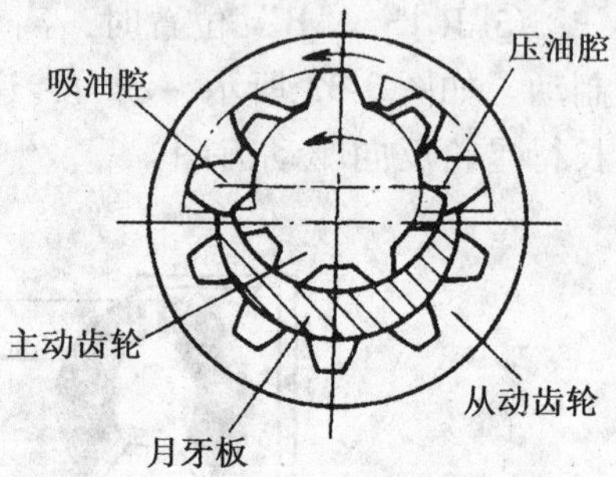

图 3-35　油泵原理图

决定油泵使用性能的主要是齿轮的工作间隙，特别是齿轮端面间隙，影响最大。在这些间隙处，总有一定的油液泄漏。如果因装配或磨损原因使得工作间隙过大，油液泄漏量就会增加，严重时会造成输出油液压力过低，影响系统正常工作。

4. 电子控制系统

下面以桑塔纳 2000GSi-AT 型轿车的 01N 型四挡自动变速器的电子控制系统为例进行介绍。

01N 型四挡自动变速器电子控制单元是根据加速踏板位置和车速并借助于换挡特性曲线来换挡的，每换一挡都有相应的换挡特性曲线。01N 型自动变速器电子控制单元（ECU）内有两个换挡程序：一个是与行车阻力有关的换挡程序，另一个是与驾驶和行车状况有关的换挡程序。与行车阻力有关的换挡程序可识别出诸如上坡、下坡、带挂车及顶风等情况，控制单元按车速、节气门位置、发动机转速和加速等情况计算出行车阻力，然后确定换挡时刻；与驾驶和行车状况有关的换挡程序是按模糊逻辑原理工作的。驾驶员踏下加速踏板时产生一个运动系数，模糊逻辑识别出该系数，借助于运动系数在 SPORT（动力模式）和 ECO（经济模式）之间形成一个换挡时刻线。因此，在 SPORT 和 ECO 换挡特性曲线之间存在许多随意的换挡时刻，因而对不同的行驶情况反映更灵敏。

电子控制系统主要由控制单元、传感器和开关等零部件组成，如图 3-36 所示。01N 型自动变速器电子控制系统的电路图如图 3-37 所示。

（1）电子控制单元

电子控制单元是自动变速器电子控制系统的核心，它根据传感器所测得的节气门开度、车速及自动变速器油温等运行参数以及各种开关传来的当前状态信号进行运算、比较和分析，并调用其内部设定的控制程序，向各个执行器发出指令，使相应的电磁阀动作，从而实现对变速器的精确控制。

自动变速器电子控制单元是一个单独的元件，与发动机不共用一个控制单元。若更换自动变速器控制单元或发动机控制单元，整个系统需要重新进行匹配。

如果自动变速器控制单元出现故障或某些输入信号中断，自动变速器将进入应急运行状态，这时可通过换挡杆在滑阀箱内换挡（一挡液压、三挡液压和倒挡仍有效）。如果换挡杆在 D 挡位置，车辆通过三挡液压起动。

（2）滑阀箱

滑阀箱又称阀板，用螺栓紧固在变速器壳体的底部，滑阀箱上装有 7 个电磁阀 N88 ~ N94，如图 3-38 所示，电磁阀由自动变速器控制单元控制，分为两种。

① 是非阀。电磁阀 N88，N89，N90，N92 和 N94，其作用是：控制单元通过电磁阀 N88，N89 和 N90 打开或关闭某一油道，使变速器换入确定的挡位；电磁阀 N92 和 N94 使换挡平顺。

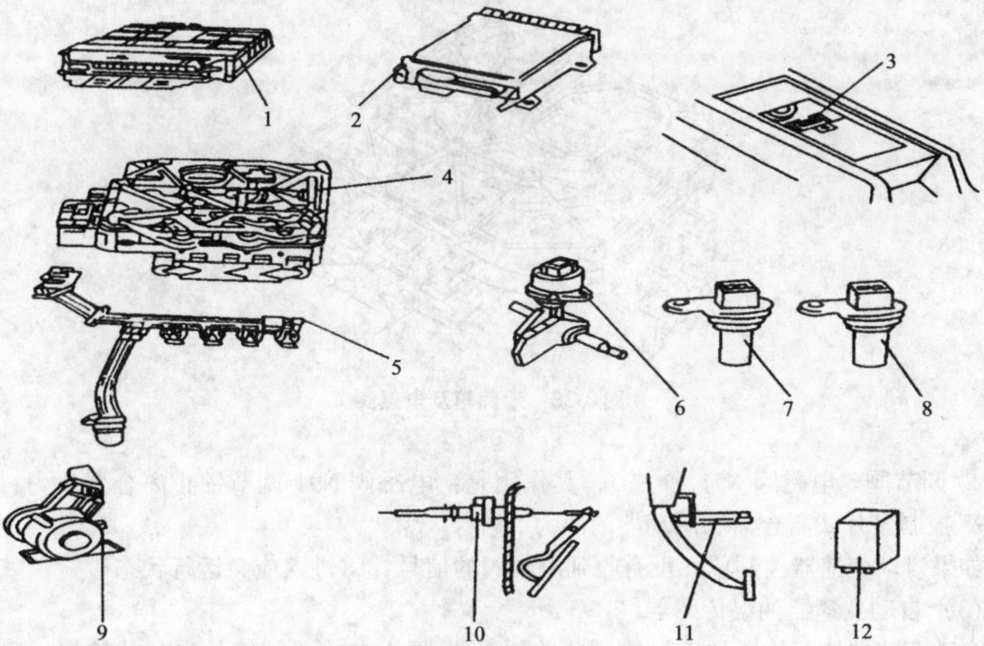

图 3-36　电子控制系统的组成

1—变速器控制单元（J127）；2—发动机控制单元；3—诊断接口；4—阀板；5—装有油温传感器的扁状传输线；6—多功能开关（F125）；7—转速传感器（G38）；8—车速传感器；9—换挡杆锁止电磁阀；10—换低挡开关；11—制动灯开关；12—起动闭锁器和倒车灯继电器

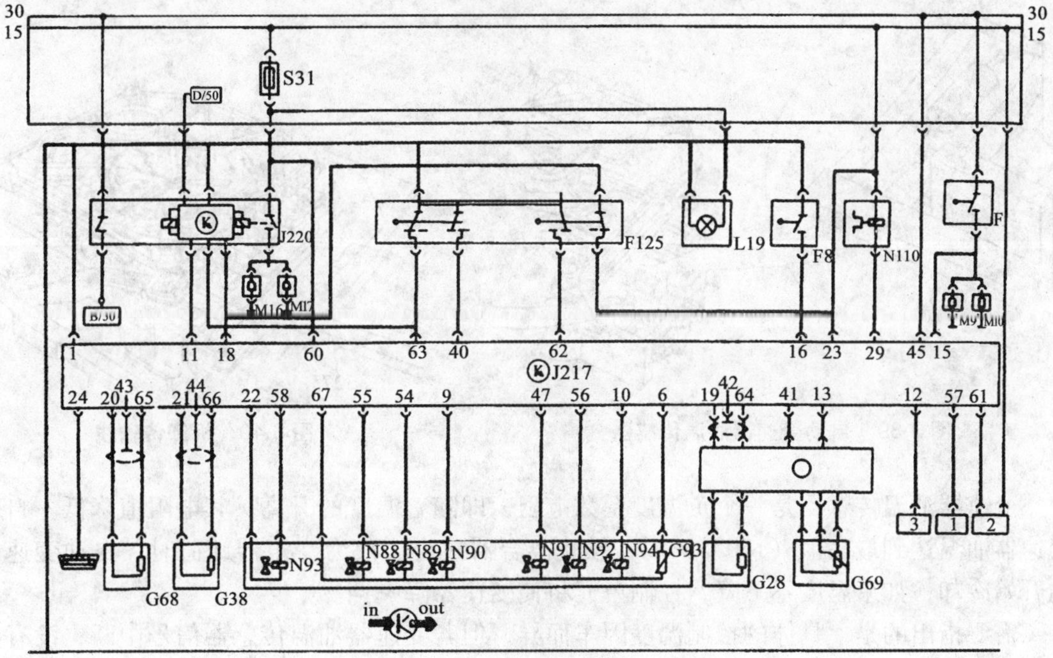

图 3-37　电子控制系统电路图

B/50—起动机接线柱；D/50—点火开关接线柱；F—制动灯开关；F8—换低挡开关；F125—多功能开关；G28—发动机转速传感器；G38—变速器转速传感器；G68—车速传感器；G69—节气门电位计；G93—变速器油温传感器；J224—起动闭锁器和倒车灯继电器；J220—发动机控制单元；J217—自动变速器控制单元；L19—挡位指示板照明灯；M16/M17—倒车灯；M9/M10—制动灯和尾灯；N88—电磁阀 1；N89—电磁阀 2；N90—电磁阀 3；N91—电磁阀 4；N92—电磁阀 5；N93—电磁阀 6；N94—电磁阀 7；N110—换挡杆锁止电磁阀；S31—熔丝

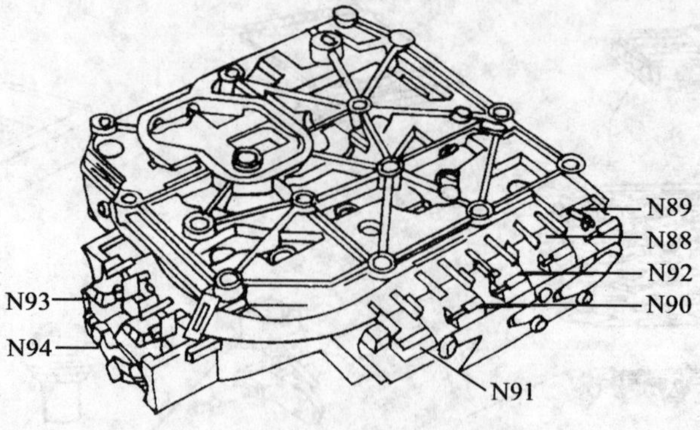

图 3-38　滑阀箱及电磁阀

② 调节阀。电磁阀 N91 和 N93，其作用是：电磁阀 N91 调节锁止离合器压力；电磁阀 N93 控制多片式离合器和制动器的压力。

如果自动变速器控制单元没有收到电磁阀的信号，将进入应急运行状态。

（3）自动变速器油温传感器（G93）

自动变速器油温传感器安装在浸入自动变速器油中的滑阀箱的扁状传输线上，如图 3-39 所示。可以在不拆卸滑阀箱的情况下拆下传输线：拔下线束插头并拧下线夹，排放自动变速器油并拆下油底壳，然后拧下电线绝缘套管，用专用工具 3373 从电磁阀上撬下传输线，如图 3-40 箭头所示，注意不要弯折或损坏传输线。

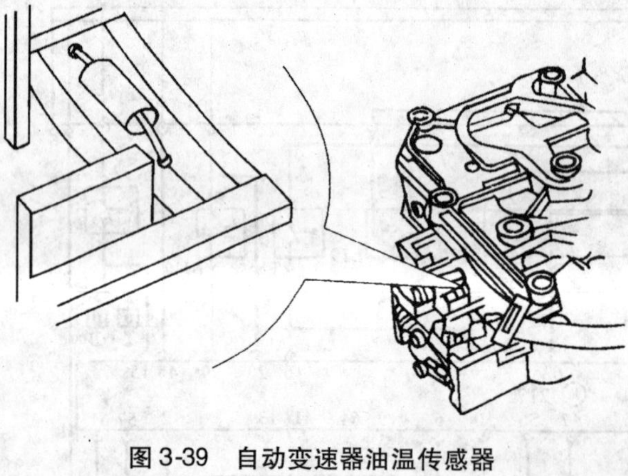

图 3-39　自动变速器油温传感器

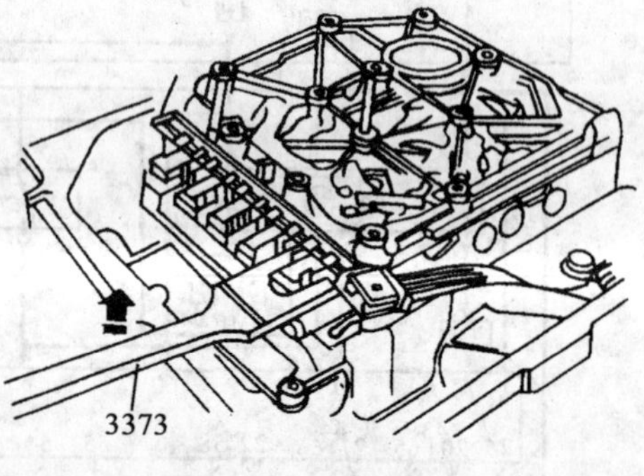

图 3-40　拆卸传输线

变速器油温传感器是一个负温度系数电阻，即随着温度的升高，其电阻值降低。自动变速器油温达到最高值（150℃）时，锁止离合器接合。液力变矩器卸荷时，自动变速器油开始冷却，如果温度不下降，控制单元将使变速器降一挡。

需要指出的是，具体的控制温度因车而异，但若变速器油温传感器信号中断，没有其他信号可以代替。

（4）多功能开关（F125）

多功能开关安装在变速器壳体的后部（见图 3-41），由换挡杆拉索控制。拆卸多功能开关后，必须更换 O 形密封圈，固定螺栓的拧紧力矩为 10N · m。

多功能开关的作用是：

① 将挡位信息传给自动变速器控制单元；

② 控制倒车灯的开启；

③ 防止起动机在行驶状态时啮合，并锁住换挡杆。

如果自动变速器控制单元没有收到多功能开关的信号，将进入应急运行状态。

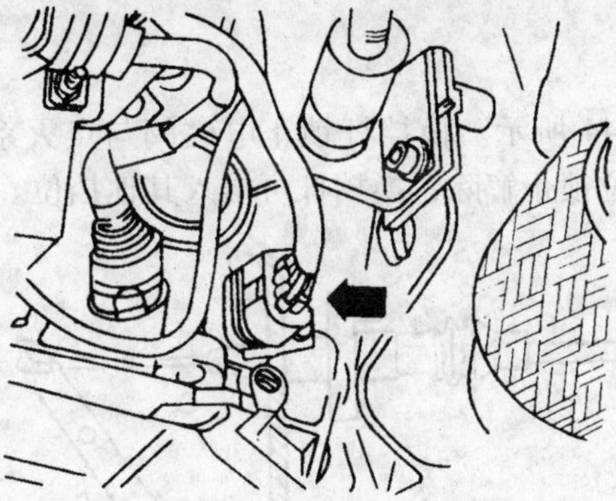

图3-41　多功能开关的安装位置

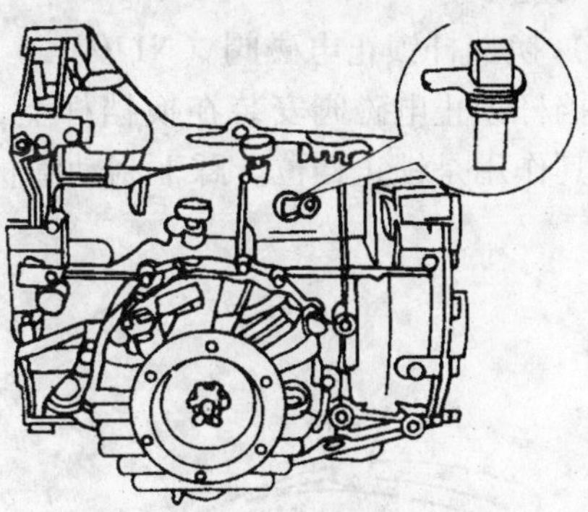

图3-42　变速器转速传感器的安装位置

（5）变速器转速传感器（G38）

变速器转速传感器安装在变速器壳体顶部的左侧（见图3-42）。感应式传感器接收行星齿轮机构中大太阳轮的转速。拆卸变速器转速传感器后，必须更换O形密封圈，固定螺栓的拧紧力矩为10N·m。

自动变速器控制单元利用大太阳轮的转速，准确判断换挡时刻，控制多片离合器工作。在换挡过程中，通过推迟点火提前角来减小发动机的输出转矩，以减小换挡冲击。

工作中如果自动变速器控制单元没有收到转速传感器的信号，控制单元将进入应急运行状态。

（6）车速传感器（G68）

车速传感器安装在变速器壳体顶部的右侧，通过主动锥齿轮上的脉冲轮接收车速信息（如图3-43所示）。拆卸车速传感器后，必须更换O形密封圈，固定螺栓的拧紧力矩为10N·m。

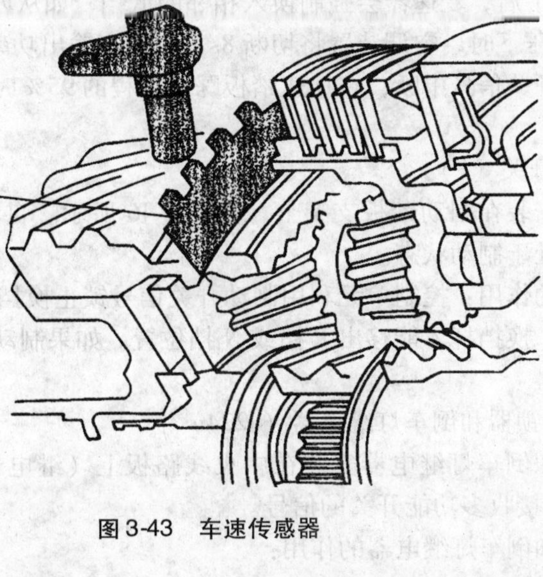

图3-43　车速传感器

车速传感器的作用：

① 提供换入某一挡位的参考信号；

② 控制液力变矩器的锁止离合器。

如果车速传感器信号中断，控制单元用发动机转速作为代替信号，同时锁止离合器失去锁止功能。

（7）换挡杆锁止电磁阀（N110）

换挡杆锁止电磁阀安装在换挡杆上，如图 3-44 所示。换挡杆锁止电磁阀与点火系统连接，其作用是锁止挡位。踩下制动踏板时，挡位锁止解除，换挡杆可推入其他挡位。

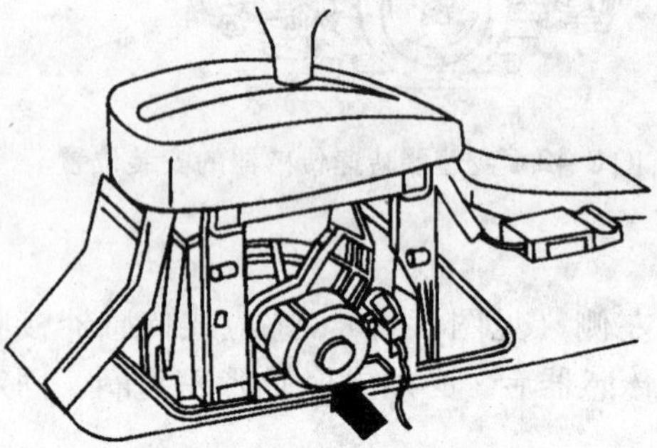

图 3-44　换挡杆锁止电磁阀的安装位置

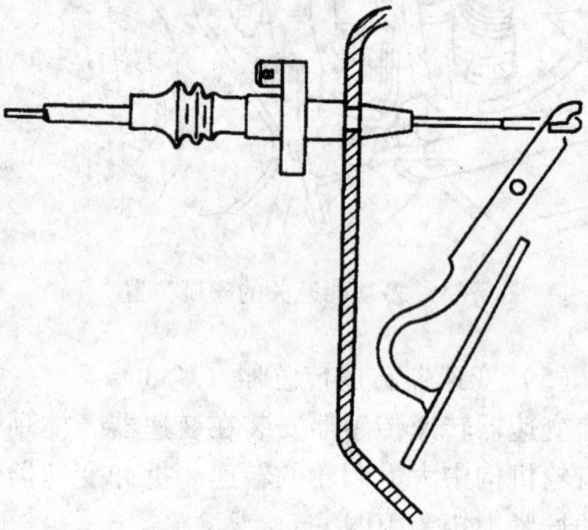

图 3-45　换低挡开关

（8）换低挡开关（F8）

换低挡开关与油门踏板拉索组合成一体，安装在发动机舱的横隔板上，如图 3-45 所示。当踩下踏板超过节气门全开位置时，换低挡开关开始工作。拆卸和安装换低挡开关须先拆下加速踏板拉索。

换低挡开关的作用是：

① 开关被压下后，变速器会强制换入相邻的低挡，如从四挡降到三挡；

② 此开关被压下时，空调装置将切断 8s，以提高输出功率。

如果换低挡开关信号中断，在加速踏板踩到行程的 95% 时，自动变速器控制单元使换低挡开关起动。

（9）制动灯开关（F）

制动灯开关安装在制动踏板支架上，如图 3-46 所示。自动变速器控制单元根据此信号判断车辆是否处于制动状态。

制动灯开关的作用：控制单元利用制动开关信号锁止换挡杆，因此在车辆静止时，只有踩下制动踏板，换挡杆才能移出 P 挡或 N 挡位置。如果制动灯开关信号中断，将失去换挡锁止功能。

（10）起动闭锁器和倒车灯继电器（J224）

起动闭锁器和倒车灯继电器安装在中央线路板上（继电器上标有编号“175”，如图 3-47 所示），用于接收多功能开关的信号。

起动闭锁器和倒车灯继电器的作用：

① 防止挂挡后起动机起动；

② 挂上倒挡后接通倒车灯。

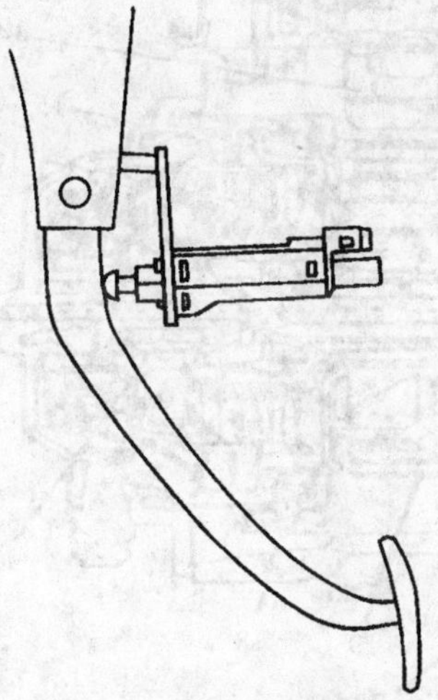

图3-46 制动灯开关的安装位置

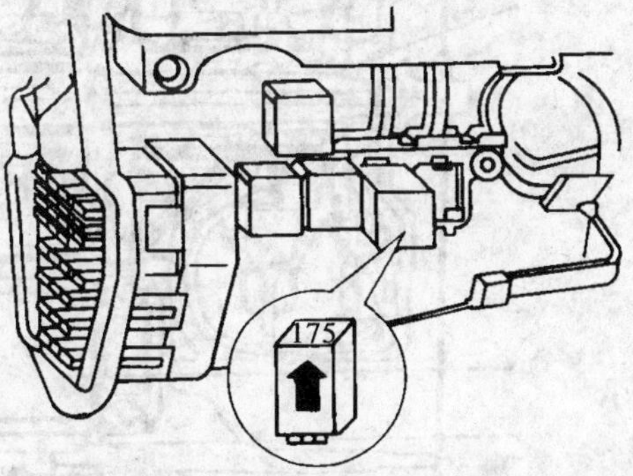

图3-47 起动闭锁器和倒车灯继电器的安装位置

(八) 爱丽舍AL4自动变速器简介

AL4自动变速器是由法国PSA集团与雷诺公司联合开发设计的全电子控制装置、全密封、少维护自动变速器。该自动变速器有4个前进挡和1个倒挡，输出转矩覆盖范围广。变速器计算机采用目前国际上最先进的模糊控制理论，可根据驾驶员的习惯、选择的程序、车辆的载荷和路况选择最佳的换挡规律，精确地控制升降挡、主油路油压、流量、变矩器的锁止与分离。变速器计算机与发动机计算机相互连接、传递信息，既减少了传感器数量，保证数据一致性，又提高了驾驶舒适性和操纵稳定性。变速器计算机故障自诊断系统随时监控自动变速器的运行，出现故障立即报警，并利用后备值的方式使车辆能够行驶到服务站维修。变速器计算机根据传感器信息可判断出驾驶员的错误操作动作，并根据专用的保护程序来控制电磁阀的工作，消除驾驶员误操作引起的不良后果，极大地提高了使用安全性。

1. 结 构

AL4自动变速器（见图3-48）由4部分组成。

① 液力传动部分：将发动机曲轴的动力传递给自动变速器的输入轴，并具有1~2倍的转矩连续放大作用。

② 机械传动部分：将自动变速器输入轴的动力经一、二、三、四、倒挡传给减速机构，减速机构经二级减速后传给左、右传动轴。

③ 液压控制部分：调节油压、供给润滑、改变油的流向，依次序给变矩器、离合器、制动器供油，并减缓换挡冲击。

④ 电子控制部分：根据传感器和发动机计算机的信息选择换挡规律，计算转矩和主油道参考压力，控制电磁阀和继电器工作。

2. 特 点

① 液力变矩器为锁止式变矩器；

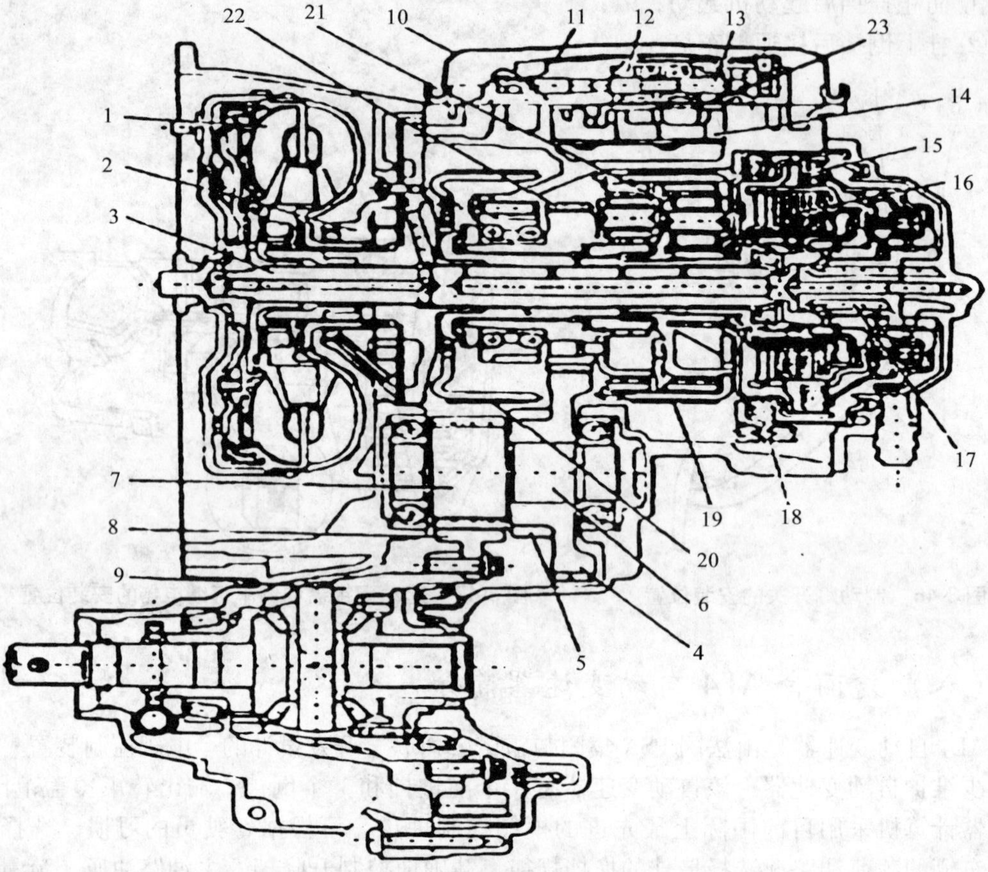

图 3-48　AL4 自动变速器结构图

1—液力变矩器；2—输入轴；3—油泵；4——级减速从动齿轮；5—停车轮；6—二轴；7—二级减速主动齿轮；8—差速器齿圈；9—差速器壳；10—液力控制盒罩；11—弹簧片；12—液力分配器；13—手动阀；14—辅助液力分配器；15—离合器 E_1（倒挡和一挡）；16—离合器 E_2（二、三、四挡）；17—供油管道；18—制动器（四挡）；19—制动器 F_2（倒挡）；20—制动器 F_3（一、二挡）；21—行星齿轮系统；22——级减速主动齿轮；23—液力控制盒

② 采用辛普森Ⅱ型行星齿轮系，结构紧凑；

③ 离合器为多片式，制动器为一个片式，两个带式，传递转矩大；

④ 行星齿轮系为压力润滑，双级主减速器系为飞溅润滑；

⑤ 变速器为全密封式，更换传动轴不需放油。

3. 行星齿轮机构

传统的辛普森行星齿轮系由两个简单行星排和一个公用的中心轮组成，只能组成三个前进挡和一个倒挡。如果想增加一个四挡（超速挡），在结构上还需增加一个行星排和相应的换挡执行机构及控制电路，使行星齿轮变速器体积庞大、布局困难。AL4 自动变速器采用辛普森Ⅱ型行星齿轮系，由两个行星排组成 4 个前进挡和一个倒挡，体积小、质量轻，适合与横置发动机匹配。

如图 3-49 所示，AL4 自动变速器行星齿轮系由两个简单行星排组成，第一行星排位于后端盖一侧，第二行星排位于液力变矩器一侧。第一组行星排的齿圈 C_1 与第二组行星排

的行星架 PS_2 和减速主动齿轮连在一起。第二行星排的齿圈 C_2 与第一行星排的行星架 PS_1 连在一起。换挡执行机构为两个多片式离合器 E_1，E_2，一个多片式制动器 F_1 和两个带式制动器 F_2，F_3。离合器 E_1 把动力传给 P_1；离合器 E_2 把动力传给 PS_1；制动器 F_1 用于限制 P_1 的旋转，制动器 F_2 用于限制 PS_1 的旋转，制动器 F_3 用于限制 P_2 的旋转。当只有一个离合器工作而没有制动器工作时就形成空挡，无动力输出。当 1 个离合器与 1 个制动器同时工作或两个离合器同时工作、无制动器工作就形成 4 个前进挡和 1 个倒挡，输出动力传给一级减速主动齿轮，经两级减速后传给左右传动轴。

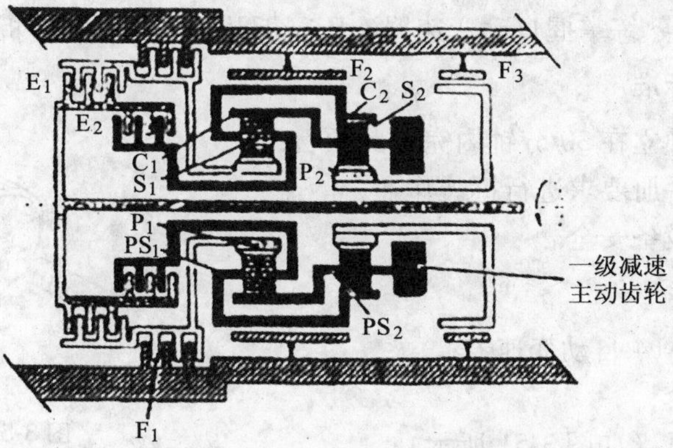

图 3-49　AL4 自动变速器行星齿轮系

E_1，E_2—片式离合器；F_1—片式制动器；F_2，F_3—带式制动器；S_1—第一组行星齿轮；S_2—第二组行星齿轮；PS_1—第一组行星齿轮架；PS_2—第二组行星齿轮架；C_1—第一行星排齿圈；C_2—第二行星排齿圈；P_1—第一组中心轮；P_2—第二组中心轮

各挡位传递情况如下（见图 3-50）。

① 当变速杆在 R 挡时，离合器 E_1 和制动器 F_2 工作，产生倒挡；

② 当变速杆在 P 或 N 挡时，只有离合器 E_1 工作，形成空挡，无动力输出；

③ 当变速杆在一挡时，离合器 E_1 和制动器 F_3 工作，动力输出；

④ 当变速杆在二挡时，离合器 E_2 和制动器 F_3 工作，动力输出；

⑤ 当变速杆在三挡时，离合器 E_1 和 E_2 工作，动力输出；

⑥ 当变速杆在四挡时，离合器 E_2 和制动器 F_1 工作，动力输出。

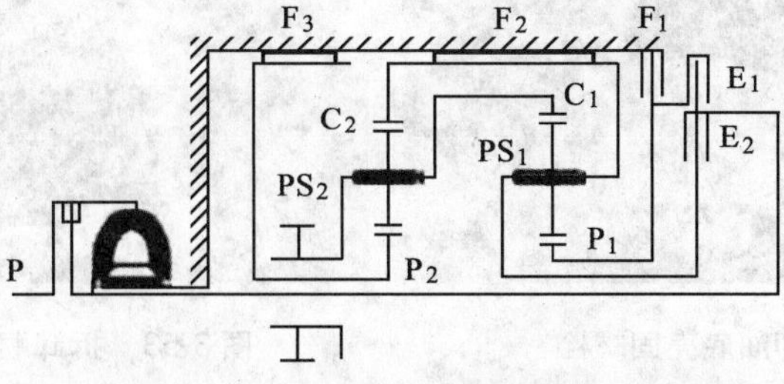

图 3-50　AL4 自动变速器各挡位动力传递路线

二、任务实施

项目（一） AL4 自动变速箱液压单元及电磁阀的拆装

1. 项目说明

自动变速器部件精密，控制系统先进，常规下很少出故障，但如果维护保养不及时，会导致油液变脏，引起液压阀板及电磁阀脏堵，使变速器出现不能换挡、动力不足或换挡冲击等故障。因此应熟练掌握自动变速器液压阀板及电磁阀的正确拆装。

2. 技术要求与标准

① 一名学员能独立在 30 分钟内完成此项目；
② 严格按维修手册要求进行拆装作业；
③ 保证人身及设备安全。

3. 设备器材

① 爱丽舍轿车 AL4 自动变速器；
② 世达工具一套；
③ 挡位调整工具（如图 3-51 所示）；
④ 拆装架。

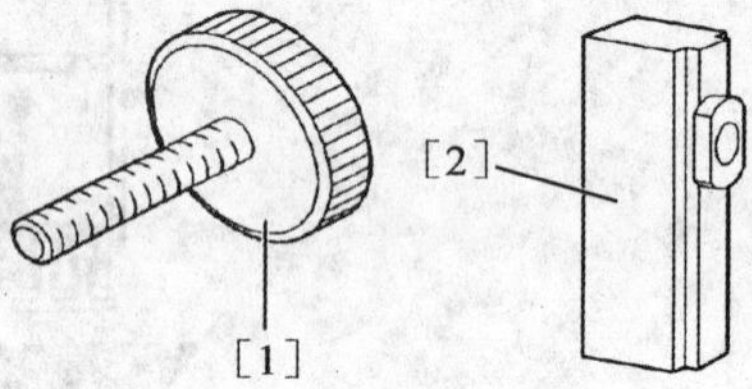

图 3-51　挡位调整工具

[1] —内部挡位选择调整螺栓 0338M1；
[2] —内部挡位选择调整块 0338M2

4. 作业准备

① 检查拆装架　□ 任务完成
② 放油并清洁油底壳周围　□ 任务完成
③ 工具、零件台准备　□ 任务完成

5. 操作步骤

(1) 拆　卸

① 拆卸油底壳紧固螺栓（见图 3-52）。

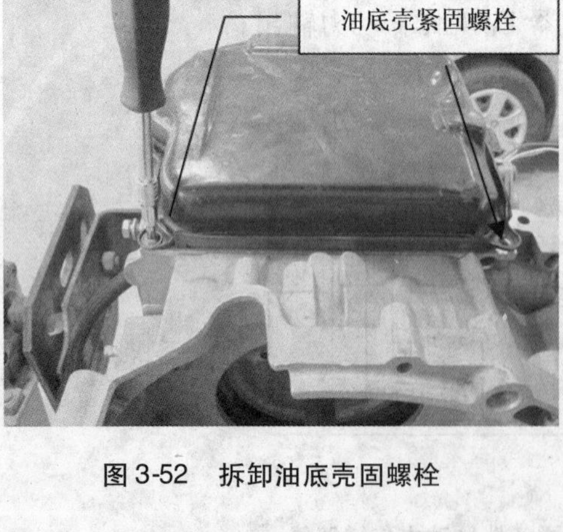

图 3-52　拆卸油底壳固螺栓

图 3-53　拆卸顺序电磁阀插接器

② 小心地用起子从顺序电磁阀上拔下插接器的卡子，断开 6 个顺序电磁阀（见图

3-53）。

③ 拆卸7个阀板紧固螺栓（见图3-54）；断开两个压力调节电磁阀，移开阀板（见图3-55）。

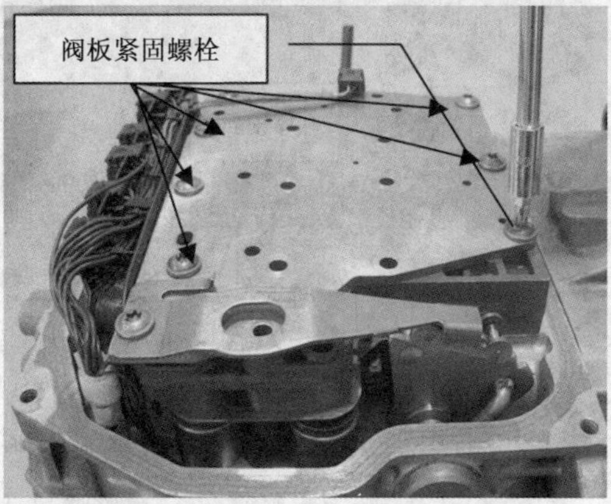

图3-54 拆卸阀板紧固螺栓

图3-55 断开两个电磁阀，移开阀板

④ 拆下电磁阀固定螺栓，取下电磁阀限位片1，拆下8个电磁阀，拆卸过程中，注意不要将手动阀10脱落（见图3-56）。

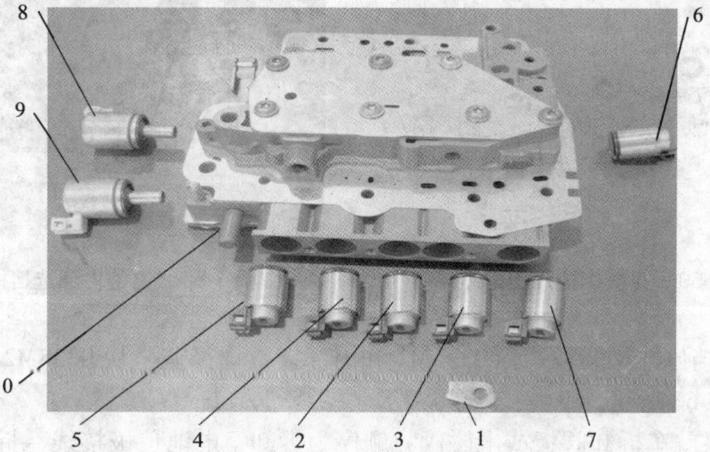

图3-56 拆卸阀板电磁阀

1—电磁阀限位片；2—EVS1顺序电磁阀；3—EVS2顺序电磁阀；
4—EVS3顺序电磁阀；5—EVS4顺序电磁阀；6—EVS5顺序电磁阀；
7—EVS6顺序电磁阀；8—主压力调节电磁阀EVM；
9—液力变扭器压力调节电磁阀（差动电磁阀）；10—手动阀（MV）

注意：不需拆下液力控制单元便可以拆下顺序电磁阀；将电磁阀6拆下后，应立即检查并确认液压滑阀依然受电磁阀控制，以避免其掉落；每次将电磁阀装回时均必须更换电磁阀密封圈；电磁阀固定螺栓拧紧力矩为10N·m。

(2) 装 复

① 首先检查是否安装了新油封（见图3-57），安装阀板时确认手动阀的凹槽卡入扇形齿板的耳轴a上，如图3-58所示。

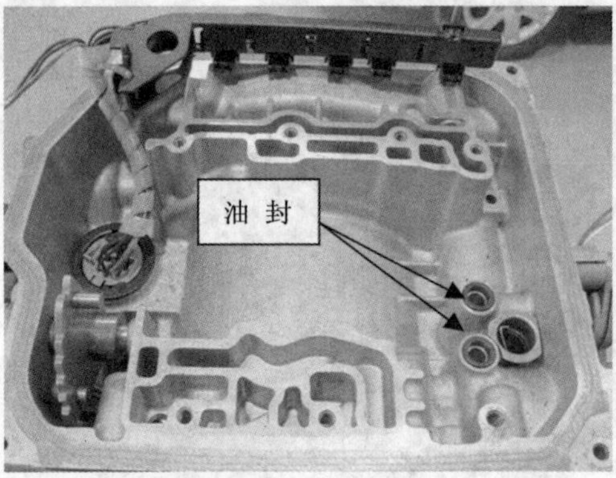

图 3-57 安装新油封

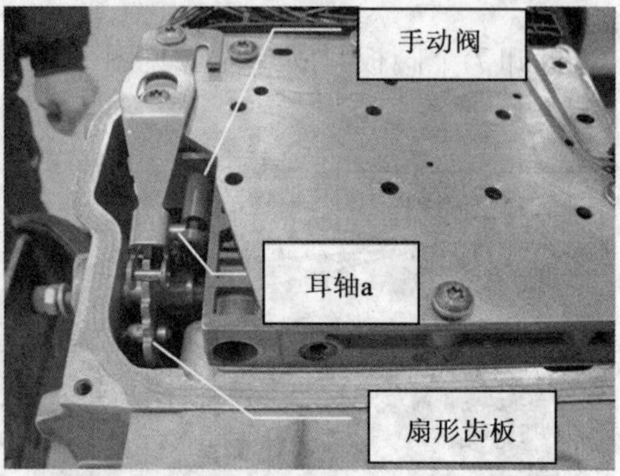

图 3-58 安装阀板

② 按顺序拧紧阀板紧固螺栓（见图 3-59），拧紧力矩为 7.5N · m，连接好 6 个顺序电磁阀的插头。

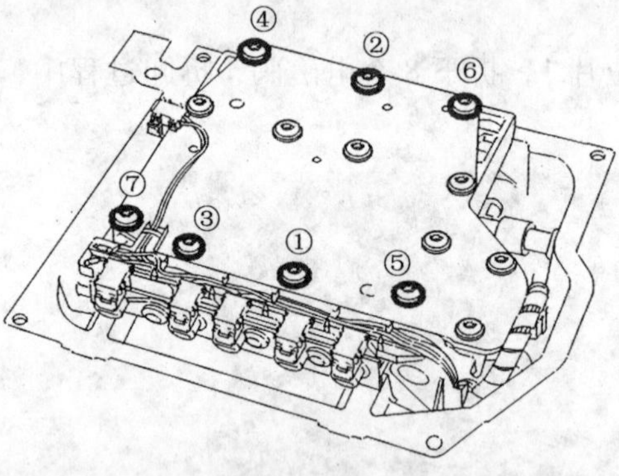

图 3-59 阀板螺栓紧固顺序

图 3-60 调整内部选挡控制机构

③ 用内部挡位选择调整螺栓 0338M1 和内部挡位选择调整块 0338M2 调整内部选挡控制机构，如图 3-60 所示。

说明：如果就车拆卸阀板或电磁阀，顺序为拆卸蓄电池负极接线→拆下空气滤清器→拆下发动机下护板→放变速器油→拆卸自动变速器油底壳→拆卸阀板。就车装复时，必须进行换挡机构调整，如图 3-61 所示。

将换挡臂 3（安装到车上后调整）推到最前边（车头方向），确保二挡挂到位并进行机械固定；拧松凸缘螺栓 4；将簧片 2 的滚柱放入齿扇的二挡凹槽 1 中；拆下螺栓 5；用工具［2］压紧簧片 2 使其与螺栓 5 在一个平面上；用凸缘调整螺栓工具［1］锁定簧片 2，螺栓拧紧力矩为 4 ~ 9N · m；拆下工具［1］和［2］，重新装配并拧紧螺栓，拧紧力矩为 5 ~ 7.5N · m。调整完毕后，应确保挡位控制在所有的挡位都工作良好，在二挡位置时，变速杆不应有超行程情况。

④ 安装油底壳，加注自动变速器油并检查油面高度，重新修改油液损耗计数器的数值。

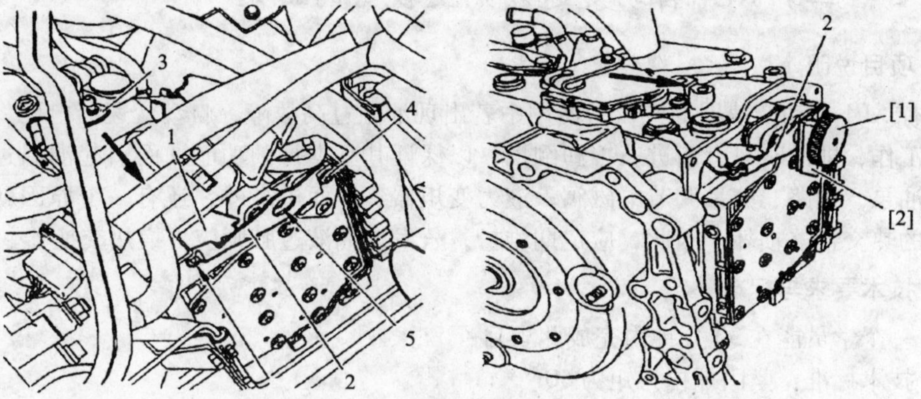

图 3-61　选挡控制机构调整

6. 记录与分析

基本信息	班级		姓名		日期	
	车型		设备名称		项目	AL4 自动变速箱液压单元及电磁阀的拆装
拆装记录与分析	故障情境描述：					
	初步检查分析：					
	拆装注意事项：					
	拆装过程记录：					

项目（二）AL4 自动变速箱热交换器的拆装

1. 项目说明

装有 AL4 自动变速器的汽车，使用中若出现油温过高故障，自动变速器电脑将采取应急模式工作，即此时只有前进三挡和倒挡，以保证其基本行驶功能。而引起油温过高的原因除了油泵、油路、流量调节电磁阀、液力变矩器、油面过高外，还有一个原因就是自动变速器的热交换器损坏。因此，应定期维护，若发现油液过脏则应更换热交换器。

2. 技术要求与标准

① 一个学员能在 30 分钟内完成此项目；

② 技术标准：紧固螺栓力矩为 50N · m。

3. 设备器材

① 爱丽舍轿车；

② 专用工具：胶皮管夹钳 4153- T 和保护塞 0338R，如图 3-62 所示；

③ 常用工具一套。

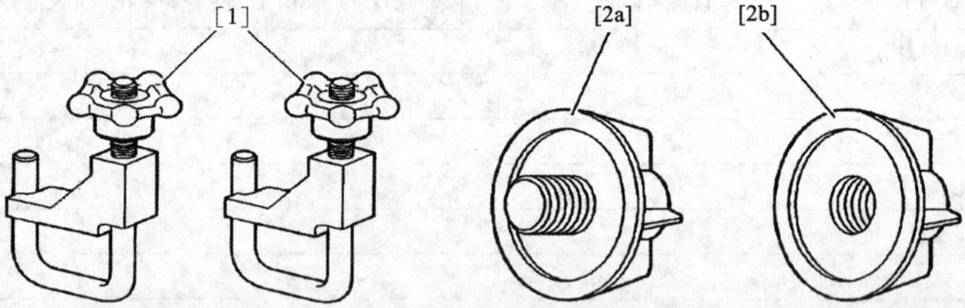

图 3-62　拆卸专用工具

[1] —胶皮管夹钳 4153- T；[2a] —变速器后壳体保护塞 0338R；[2b] —变速器热交换器保护塞

4. 作业准备

① 车辆开进工位　□ 任务完成

② 停车，打开发动机盖　□ 任务完成

③ 铺上护套　□ 任务完成

④ 检查车辆是否安全　□ 任务完成

5. 操作步骤

(1) 拆　卸

① 打开发动机仓盖后，断开蓄电池，拆下蓄电池 1 和蓄电池盒 2，拆下空气滤清器总成及其连接管 3，如图 3-63 所示；

② 拆卸蓄电池盒托板的 4 个固定螺栓 4，拆下托板，如图 3-64 所示；

③ 用工具 [1] 夹紧胶管 5 和 6，拆下连接管，如图 3-65 所示；

④ 拆卸热交换器，如图 3-66 所示；

⑤ 分解热交换器，如图 3-67 所示。

注意：若热交换器拆卸后不能立即安装上去，应在变速器后部壳体上和热交换器上装保护塞。

图3-63　拆卸蓄电池及空滤器

图3-64　拆卸蓄电池托板

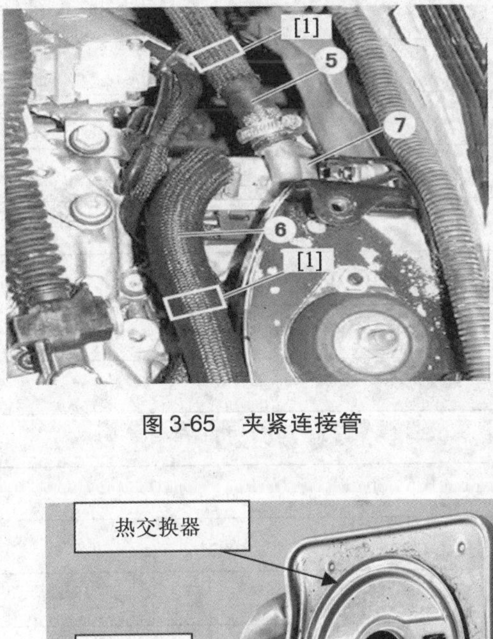

图3-65　夹紧连接管

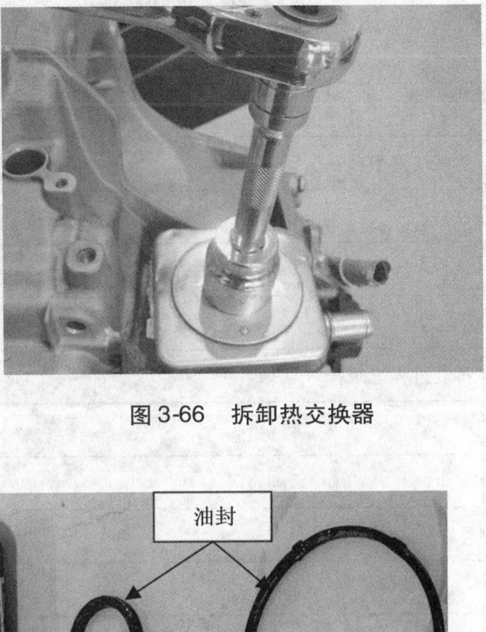

图3-66　拆卸热交换器

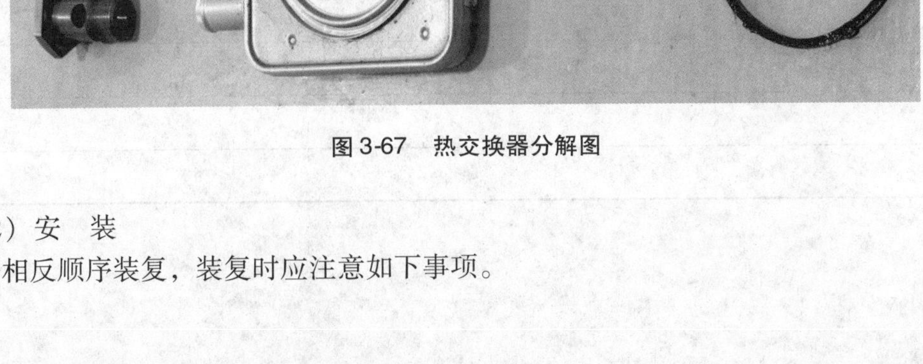

图3-67　热交换器分解图

（2）安　装

按相反顺序装复，装复时应注意如下事项。

① 若变速器油被污染，必须更换新的热交换器；

② 装复时应更换热交换器的油封及螺栓密封垫；

③ 热交换器螺栓的紧固力矩为 50N · m；

④ 连接完蓄电池、管路、空滤器及进气管后，应补充加注冷却液至规定液面高度。

6. 记录与分析

基本信息	班级		姓名		日期	
	车型		设备名称		项目	AL4 自动变速箱热交换器的拆装
拆装记录与分析	故障情境描述：					
	初步检查分析：					
	拆装注意事项：					
	拆装过程记录：					

三、学习评价

（一）理论考核

1. 填空题

① 液力机械变速器由（　　）、（　　）和（　　）组成。

② 液力传动有（　　）传动和（　　）传动两大类。

③ 液力耦合器的工作轮包括（　　）和（　　），其中（　　）是主动轮，（　　）是从动轮。

④ 液力变矩器的工作轮包括（　　）、（　　）和（　　）。

⑤ 一般来说，液力变矩器的传动比越大，其变矩系数（　　）。

⑥ 单排行星齿轮机构的三个基本元件是（　　）、（　　）和（　　）。

⑦ 行星齿轮变速器的换挡执行元件包括（　　）、（　　）和（　　）。

⑧ 液力机械变速器的总传动比是指变速器（　　）转矩与（　　）转矩之比，也等于液力变矩器的（　　）与齿轮变速器的（　　）的乘积。

⑨ 液压自动操纵系统通常由（　　）、（　　）、（　　）、（　　）和（　　）等部分组成。

⑩ 在液控液动自动变速器中，参数调节部分主要有（　　）和（　　）。

2. 判断题

① 液力耦合器和液力变矩器均属静液传动装置。（　　）

② 液力变矩器在一定范围内能自动地、无级地改变传动比和转矩比。（　　）

③ 液力耦合器在正常工作时，泵轮转速总是小于涡轮转速。（　　）

④ 只有当泵轮与涡轮的转速相等时，液力耦合器才能起传动作用。（　　）

⑤ 对于同一台液力耦合器来说，发动机的转速越高，则作用于涡轮上的力矩也越大。（　　）

⑥ 液力耦合器既可以传递转矩，又可以改变转矩。（　　）

⑦ 汽车在运行中，液力耦合器可以使发动机与传动系彻底分离。（　　）

⑧ 液力变速器的变矩作用主要是通过导轮实现的。（　　）

⑨ 一般来说，综合式液力变矩器比普通液力变矩器的传动效率低。（　　）

⑩ 四元件综合式液力变矩器的特性是两个变矩器特性与一个耦合器特性的综合。（　　）

3. 简答题

① 液力变矩器由哪几个工作轮组成？其工作特点是什么？

② 液力耦合器和液力变矩器各有何优点？

③ 简述单排行星齿轮机构的结构及其变速原理。

④ 液力变矩器为什么能起变矩作用？试述变矩原理。

（二）技能考核

项目 1　　自动变速器阀板及电磁阀的拆装

基本信息	姓名		学号		班级		组别	
	规定时间		完成时间		考核日期		总评成绩	

	序号	步骤	完成情况		标准分	评分
			完成	未完成		
任务工单	1	考核准备： 材料： 工具： 设备：			10	
	2	车辆的防护及举升			5	
	3	放油			5	
	4	拆卸自动变速器油底壳			10	
	5	拆卸顺序电磁阀			5	
	6	拆卸阀板			10	
	7	安装阀板			10	
	8	安装电磁阀			10	
	9	安装油底壳			5	
	10	加注自动变速器油			5	
安全					5	
5S					5	
团队协作					5	
沟通表达					5	
工单填写					5	

项目 2　　自动变速器热交换器的拆装

基本信息	姓名		学号		班级		组别	
	规定时间		完成时间		考核日期		总评成绩	

	序号	步骤	完成情况		标准分	评分
			完成	未完成		
任务工单	1	考核准备： 材料： 工具： 设备：			10	
	2	车辆的安全、防护			5	
	3	拆卸电瓶正负极连接线			5	
	4	拆卸电瓶及其支架			5	
	5	拆卸空气滤清器及进气管			5	
	6	连接管路的拆卸			5	
	7	拆卸热交换器			10	
	8	安装热交换器及管路			10	
	9	冷却液的补充检查			10	
	10	清洁及整理			5	
安全					5	
5S					10	
团队协作					5	
沟通表达					5	
工单填写					5	

四、拓展学习

下面介绍一下自动变速器中的无级变速器。

（一）概　述

无级变速器（continuously variable transmission，CVT）是传动比可以在一定范围内连续变化的变速器。它采用传动带和工作直径可变的主、从动轮相配合来传递动力，可以实现传动比的连续改变，从而得到传动系与发动机工况的最佳匹配，最大限度地利用发动机的特性，提高汽车的动力性和燃油经济性，目前在汽车上的应用越来越多。常见的无级变速器是金属带式无级变速器（VDT－CVT）。

图3-68所示为金属带式无级变速器。变速部分由主动带轮、金属传动带和从动带轮组成。每个带轮都由两个带有斜面的半个带轮组成，其中一个半轮是固定的，另一个半轮可以通过液压控制系统控制其轴向移动，两个带轮之间的中心矩是固定的，但由于两个带轮的直径可以连续无级变化，所以传动比也是连续无级变化的。

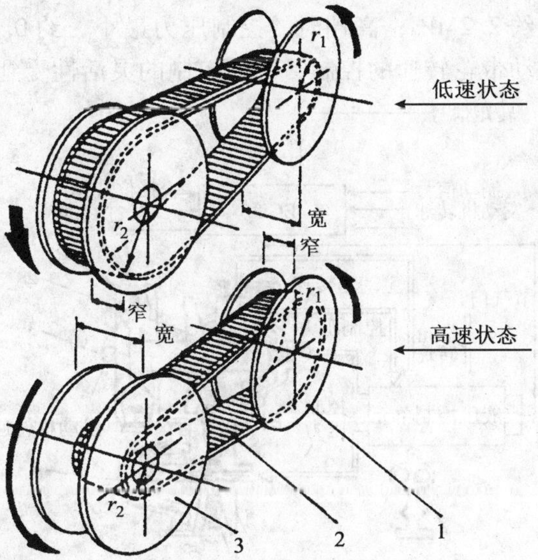

图3-68　金属带式无级变速器的变速原理图

1—主动带轮；2—金属传动带；3—从动带轮

（二）组成和工作原理

无级变速器主要由无级变速传动机构和液压及电子控制系统两部分组成。

1. 无级变速传动机构

一般无级变速机构的传动比为0.44～4.69，和其他自动变速器一样，其前端一般通过电磁离合器或带有锁止离合器的液力变矩器和发动机相连，其后则通过主减速器进一步降速增扭。图3-69所示是无级变速器的关键部件——金属带，它由许多层带有V形斜面的金属片通过柔性的钢带所组成，靠V形金属片传递动力，而柔性钢带则只起支撑与保持作用。和普通的带传动不一样，这种带在工作的时候相当于由主动轮通过钢带推着从动轮旋转来传递动力。一般钢带总长约600mm，由300块金属片组成，每片厚约2mm，宽约25mm，高约12mm。每条带包含柔性的钢带2～11条，每条钢带厚约0.18mm。生产出能够传递高转矩和高转速的V形钢带，是当前无级变速传动研究的主要问题之一。

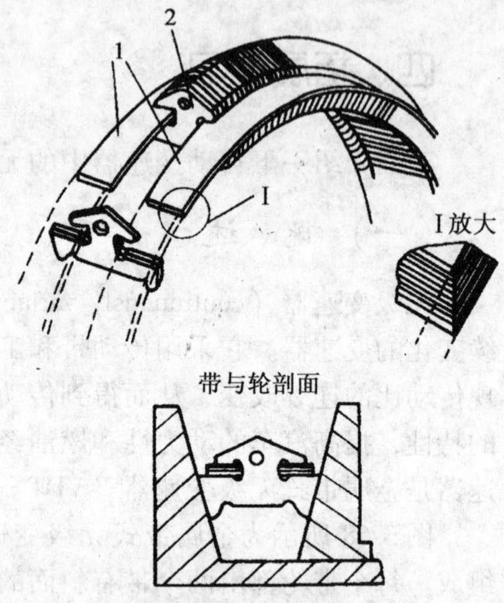

图3-69　金属带的结构

1—柔性钢带；2—金属块

2. 无级变速传动的控制系统

（1）控制系统的组成

电液控制的无级变速传动控制系统中包括电磁离合器的控制和金属带变速控制。图3-70所示是一种无级变速传动控制系统，其速比由发动机节气门信号和主动带轮转速决定，ECU根据发动机的转速、车速、节气门位置、换挡控制器信号控制电磁离合器和带轮上液压伺服缸的压力，从而实现无级变速。低挡时控制压力最大，约2.2MPa；高挡时的控制压力最小，约0.8MPa。由于传动比的改变仅受节气门开度和主动带轮转速的控制，因而控制的灵活性受到了限制。

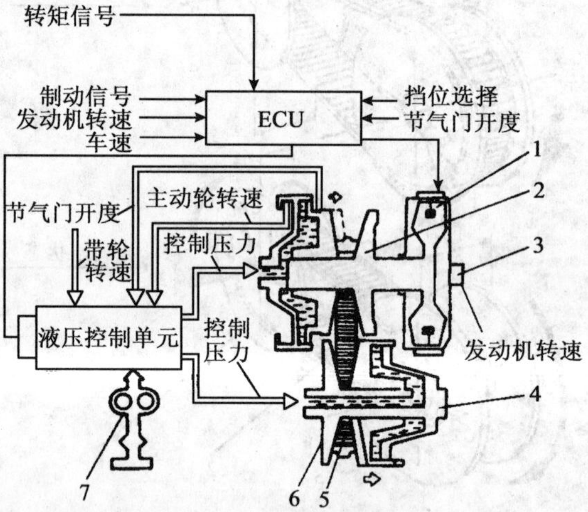

图3-70　无级变速传动控制系统

1—电磁离合器；2—主动带轮；3—输入轴；4—输出轴；5—钢带；6—从动带轮；7—液压泵

（2）控制方法

图3-71所示是一种以发动机的输入转速作为反馈信号，以节气门开度等作为控制输入信号来控制带轮的压力、调节变速传动比的闭环电控无级变速传动控制系统。这是一个输入和输出转速都能检测的闭环电子控制系统。驾驶员的意图可以通过节气门开度及换挡控制器输入到电子控制系统中，且可以选择动力型（S）或经济型（E）的最佳换挡规律。根据发动机的转速和转矩，确定施加到主、从动带轮上的压力，并由发动机转速（对应于主动带轮转速）构成转速反馈闭环控制，根据转速的偏差信号决定升挡或降挡，并输出控制信号到电液比例控制阀，控制作用在两个运转带轮上的液压伺服缸的压力。

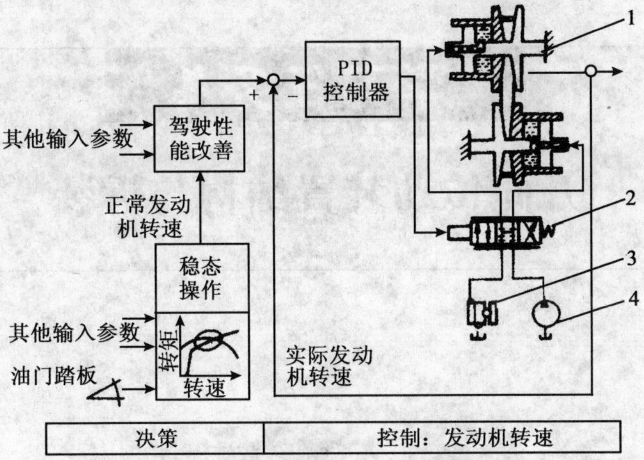

图 3-71　无级变速闭环控制系统

1—输入轴；2—控制阀；3—转矩传感器；4—液压泵

学习任务4

万向传动装置结构与拆装

工作情境描述

某轿车的车主反映车辆行驶过程中底部有异响，4S 店的维修技师经过检查后，确认是传动轴防尘套破损导致万向节中进入杂质而引发异响，经拆检、清洗、润滑后，装复试车，一切正常，故障被排除。

学习目标

- 叙述万向传动装置的组成、类型、安装位置及拆装注意事项。
- 根据维修手册，正确选用维修工具和专用设备，在 50 分钟内安全规范地完成传动轴的拆装作业。
- 操作过程中严格执行“5S”。

一、知识准备

万向传动装置在汽车上的应用很多，结构也略有不同，但其功能都是一样的，即在轴线相交且相互位置经常发生变化的两转轴之间传递动力。

（一）万向传动装置的组成及应用

在汽车上最常见的应用是位于变速器与驱动桥之间的万向传动装置，如图 4-1 所示。变速器输出轴和驱动桥的输入轴由于汽车布置、设计等原因不可能在同一轴线方向上传递动力。变速器安装在车架（车身）上，可以近似认为其位置不动，但驱动桥则会由于悬架的变形经常发生位置变化，所以，只有在变速器和驱动桥之间装万向传动装置，才可以满足这些使用、设计的要求。

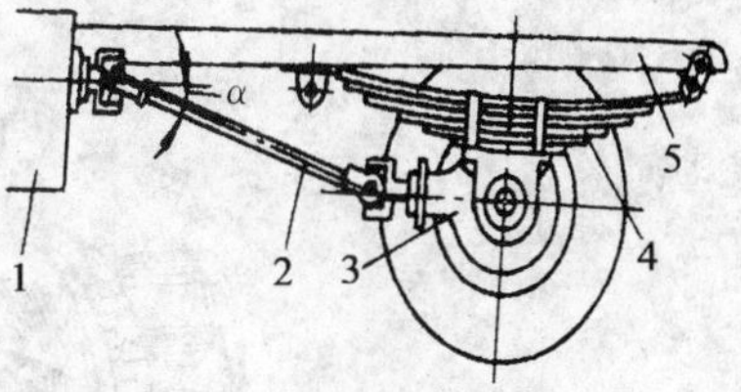

图 4-1　万向传动装置

1—变速器；2—万向传动装置；3—驱动桥；4—后悬架；5—车架

1. 组　成

万向传动装置主要包括万向节和传动轴，对于传动距离较远的分段式传动轴，为了提高传动轴的刚度，还设置了中间支撑，如图 4-2 所示。

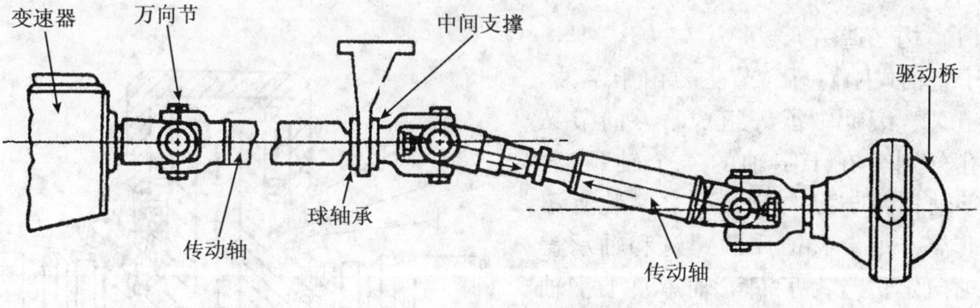

图 4-2　万向传动装置组成

2. 应　用

万向传动装置在汽车上的应用主要有以下几个方面。

① 变速器（或分动器）与驱动桥之间：如图 4-1 所示，当汽车的负荷变化或在不平路面行驶引起跳动时，万向传动装置则可以适应驱动桥输入轴与变速器输出轴之间的夹角和距离的变化；

② 越野汽车变速器与分动器之间；

③ 汽车转向驱动桥的内、外半轴之间；

④ 断开式驱动桥的半轴；

⑤ 转向机构的转向轴和转向器之间：有利于转向机构的总体布置。

（二）万向节

汽车上使用的万向节按其刚度大小，可分为刚性万向节和柔性万向节。刚性万向节按其速度特性又可分为不等速万向节（常用的为十字轴式）、准等角速万向节（双联式和三销轴式）和等角速万向节（包括球叉式和球笼式）。目前，在汽车上应用较多的是十字轴式刚性万向节和等角速万向节。十字轴式刚性万向节主要用于发动机前置后轮驱动的变速器与驱动桥之间，等角速万向节则主要用于发动机前置前轮驱动的内、外半轴之间。

1. 十字轴式刚性万向节

十字轴式刚性万向节如图 4-3 所示，它允许相邻两轴的最大交角为 15°～20°。

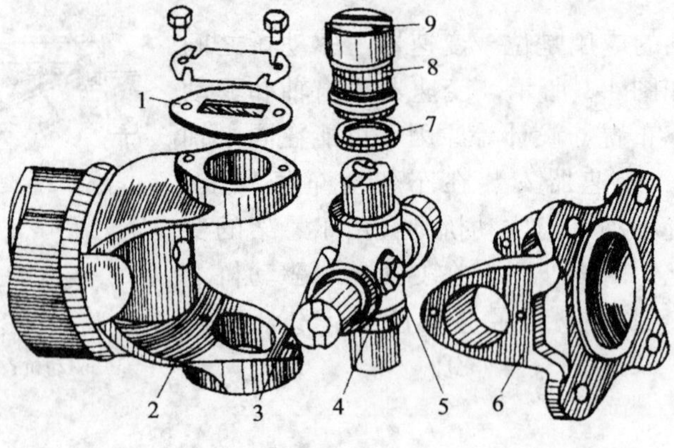

图 4-3　十字轴式刚性万向节

1—轴承盖；2，6—万向节叉；3—油嘴；4—十字轴；5—安全阀；7—油封；8—滚针；9—套筒

（1）构　造

十字轴式刚性万向节主要由十字轴、万向节叉、滚针轴承等组成。万向节叉上的孔分别套在十字轴的 4 个轴颈上。在十字轴轴颈与万向节叉孔之间装有滚针和套筒，用带有锁片的螺钉和轴承盖使之轴向定位。为了润滑轴承，十字轴内钻有油道，且与油嘴、安全阀相通，如图 4-4 所示。为避免润滑油流出及尘垢进入轴承，十字轴轴颈的内端套装有油封。现代汽车多采用橡胶油封，多余的润滑油从油封内圆表面与十字轴轴颈接触处溢出。

图 4-4　润滑油道及密封装置

1—油封挡盘；2—油封；3—油封座；4—油嘴

万向节轴承的常见定位方式除了用盖板定位外，还有用内、外弹性卡环进行定位。

（2）拆　卸

打开锁片的锁爪，拆下轴承盖固定螺栓，取下锁片和轴承盖，用手推出轴承套筒及滚针。

对于较紧的轴承，可用手握住传动轴或伸缩套，用锤子敲击万向节叉，使十字轴撞击轴承套筒，震出滚针。

（3）速度特性

单个十字轴式刚性万向节在主动轴和从动轴之间有夹角的情况下，当主动叉等角速转动时，从动叉是不等角速的，且两转轴之间的夹角 α 越大，不等速性就越大，如图 4-5 所示。

十字轴式刚性万向节的不等速特性，将使从动轴及与其相连的传动部件产生扭转振动，产生附加的交变载荷，从而影响部件寿命。

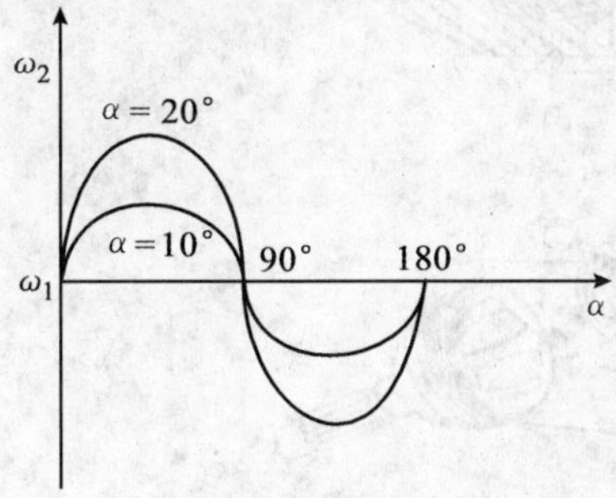

图 4-5　十字轴式刚性万向节的不等速特性

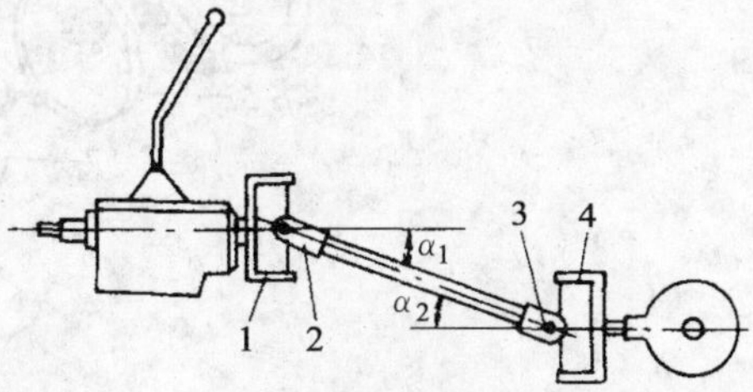

图 4-6　双十字轴刚性万向节等速传动布置图

1，3—主动叉；2，4—从动叉

若采用如图 4-6 所示的双十字轴刚性万向节传动，则第一万向节的不等速特性就可以与第二万向节的不等速特性相抵消，从而实现两轴间的等角速传动。具体条件如下：

① 第一万向节两轴间夹角 α_1 与第二万向节两轴间夹角 α_2 相等；

② 第一万向节的从动叉与第二万向节的主动叉处于同一平面。

由于悬架振动，不可能在任何时候都保证 $\alpha_1=\alpha_2$，因此这种双十字轴刚性万向节的传动只能近似地解决等速传动问题，且由于两轴夹角最大为 20°，因此使用上将受到限制。

2. 等速万向节

等速万向节的实质是传力点永远位于两轴交点的平分面上。图 4-7 所示为等速万向节的工作原理图。一对大小相同的锥齿轮的接触点 P 位于两齿轮轴线交角的平分面上，由 P 点到两轴的垂直距离都等于 r。P 点处两齿轮的圆周速度相等，两齿轮的角速度也相等。可见，若万向节的传力点在其交角变化时，始终位于两轴夹角的平分面上，就能保证等速传动。等速万向节的常见结构形式有球笼式和三枢轴-球面滚轮式。

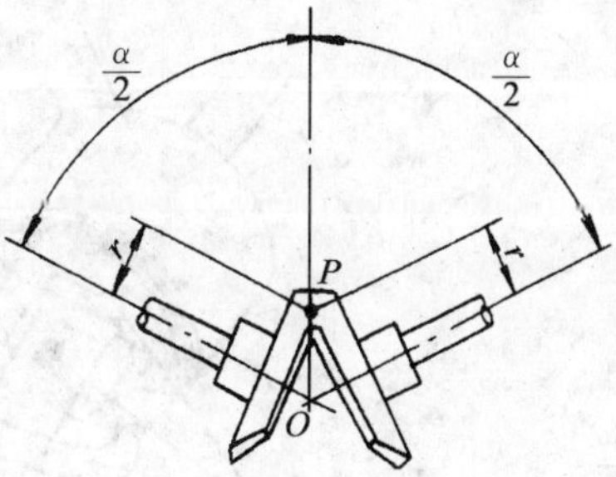

图 4-7　等速万向节的工作原理

（1）球笼式等速万向节

球笼式等速万向节又分为固定式球笼万向节和伸缩式球笼万向节。

球笼式万向节由 6 个钢球、星形套、球形壳和保持架等组成，如图 4-8 所示。万向节星形套与主动轴用花键固接在一起，星形套外表面有 6 条弧形凹槽滚道，球形壳的内表面有相应的 6 条凹槽，6 个钢球分别装在各条凹槽中，由球笼使其保持在同一平面内。动力由主动轴、钢球、球形壳输出。

球笼式万向节可在两轴间最大夹角为 42°的情况下传递转矩，且工作时 6 个钢球都参与传力，故承载能力强、磨损小、寿命长。它被广泛应用于各种型号的转向驱动桥和独立悬架的驱动桥。

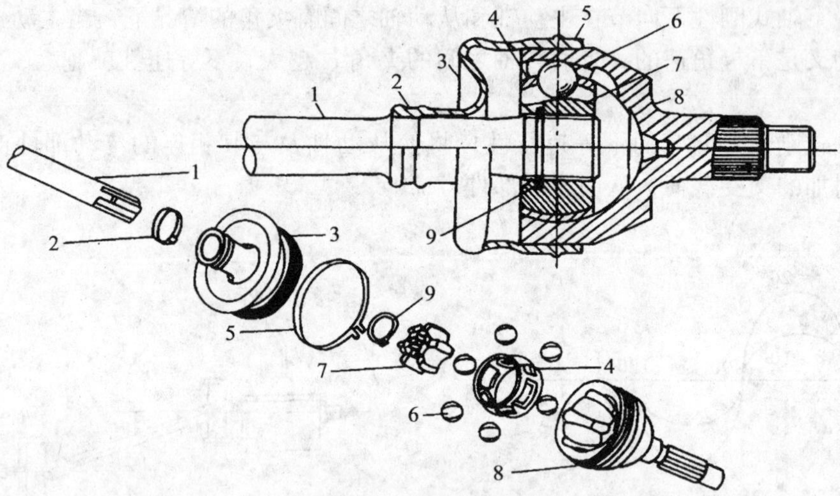

图 4-8　球笼式万向节

1—主动轴；2，5—钢带箍；3—外罩；4—保持架（球笼）；
6—钢球；7—星形套；8—球形壳（外滚道）；9—卡环

（2）三枢轴-球面滚轮式等速万向节

三枢轴-球面滚轮式等速万向节的结构如图 4-9 所示，与输入轴 1 制成一体的 3 个枢轴 2 上套着外表面为球面的滚子轴承 3。3 个枢轴位于一个平面内，且互成 120°角，它们的轴线相交于输入轴上一点，且垂直于输入轴。与输出轴制成一体的叉形元件 7 上加工出 3 条等距离的轴向槽形轨道 5。槽形轨道平行于输出轴，3 个球面滚子轴承分别装于 3 个槽形轨道中，3 个球面滚子轴承可沿槽形轨道滑动。

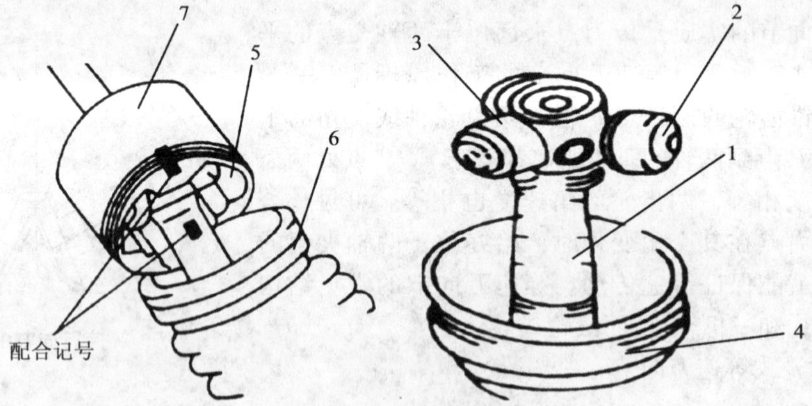

图 4-9　三枢轴-球面滚轮式等速万向节

1—输入轴；2—枢轴；3—滚子轴承；4—外座圈；5—轴向槽形轨道；6—防尘罩；7—叉形元件

三枢轴-球面滚轮式万向节也有固定型和伸缩型两种。我国生产的雪铁龙爱丽舍轿车即采用了具有一定伸缩量的三枢轴-球面滚轮式等速万向节。此万向节的夹角一般为 25°，伸缩量为 40～60mm。

（三）传动轴和中间支撑

1. 传动轴

（1）作　用

传动轴是万向传动装置中的主要传力部件，通常用来连接变速器（或分动器）和驱动桥，在转向驱动桥和断开式驱动桥中，则用来连接差速器和驱动车轮。

（2）构　造

传动轴有实心轴和空心轴之分。为了减轻传动轴的质量，节省材料，提高轴的强度和刚度，传动轴多为空心轴，一般用厚度为1.5～3.0mm的薄钢板卷焊而成，超重型货车则直接采用无缝钢管。

转向驱动桥、断开式驱动桥或微型汽车的传动轴通常制成实心轴。

图4-10所示为解放CA1092汽车的万向传动装置。传动轴过长时，自振频率降低，易产生共振，故将其分成两段并加中间支撑，中间传动轴前端焊有万向节叉，后端焊有花键轴，其上套装带内花键的凸缘盘；主传动曲前端焊有花键轴，其上套装滑动叉并在花键轴上可轴向滑动，适应变速器与驱动桥相对位置的变化，滑动部位用润滑脂润滑，并用橡胶伸缩套防漏、防水、防尘，滑动叉前端装有带小孔的堵盖，保证花键部位伸缩自由。

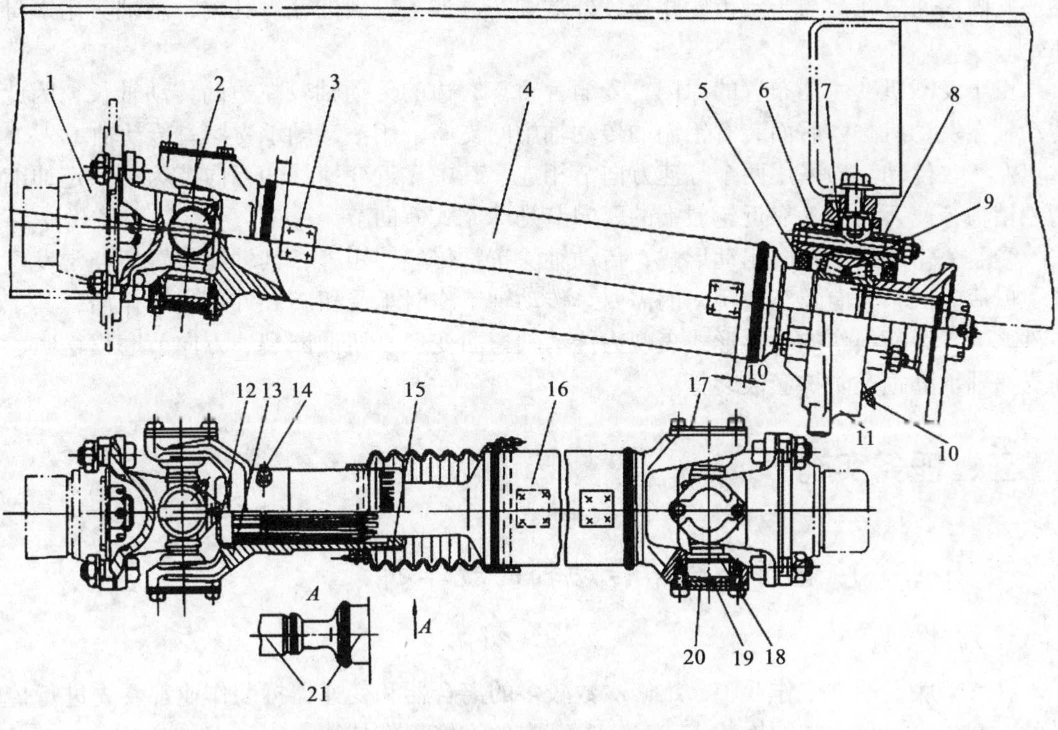

图4-10　解放CA1092汽车的万向传动装置

1—凸缘叉；2—万向节十字轴；3—平衡片；4—中间传动轴；5，15—中间支撑油封；6—中间支撑前盖；7—橡胶垫片；8—中间支撑后盖；9—双列圆锥滚子轴承；10，14—润滑油脂嘴；11—支架；12—堵盖；13—滑动叉；16—主传动轴；17—锁片；18—滚针轴承油封；19—万向节滚针轴承；20—滚针轴承轴承盖；21—装配位置标记

传动轴两端的连接件装好后，应进行动平衡试验。在质量轻的一侧补焊平衡片，使其

不平衡量不超过规定值。为防止装错位置、破坏平衡，滑动叉、轴管上都应刻有带箭头的记号。为保持平衡，油封 15 上两个带箍的开口销开口位置应间隔 180°安装，万向节的螺钉、垫片等零件不应随意改换规格。为加注润滑脂方便，万向传动装置的滑脂嘴应在一条直线上，且万向节上的滑脂嘴应朝向传动轴。

2. 中间支撑

(1) 功　能

传动轴分段时需加中间支撑，中间支撑通常装在车架横梁上，能补偿传动轴轴向和角度方向的安装误差，以及汽车行驶过程中因发动机窜动或车架变形等引起的位移。

(2) 结　构

中间支撑常用弹性元件来满足上述功能，如图 4-10 所示，中间支撑由支架和轴承等组成，双列圆锥滚子轴承固定在中间传动轴后部的轴颈上。带油封的支撑盖之间装有弹性元件——橡胶垫环，用三个螺栓紧固。紧固时，橡胶垫环会径向扩张，其外圆被挤紧于支架的内孔。

（四）爱丽舍轿车传动轴结构特点

爱丽舍轿车采用前轮驱动，其传动轴是指变速器差速器连接左、右转向驱动轮的半轴。其内端通过花键与半轴齿轮相连，外端细花键伸入轮毂的花键孔内，轴端头用螺母锁住。

由于发动机变速器布置的原因，爱丽舍轿车右边的传动轴较左边的传动轴长，因此右传动轴在发动机缸体后面装有铝制的传动轴中间支座，用滚动轴承支撑右传动轴。

左、右传动轴均采用两个等速万向节相连，其中靠近变速器的万向节为有一定伸缩量的三销轴等速万向节，靠近轮毂端的万向节是球笼式万向节。

爱丽舍轿车采用转向驱动形式，传动轴除正常传递转矩外，其轴线位置还经常发生改变，以适应汽车转向及车轮跳动的需要。传动轴工作时承受扭转和冲击力的作用，其工作条件恶劣，因而损伤的主要形式表现为传动轴弯曲变形、扭曲断裂、万向节磨损松旷、中间支撑轴承磨损及防护套破裂等。

二、任务实施

项目（一）爱丽舍轿车传动轴的就车拆装

1. 项目说明

在汽车底盘的维修作业中，维修次数较多的离合器和变速器拆装作业都要先进行传动轴的拆卸。汽车传动轴的拆装作业是一项基本的维修工作技能，应熟练掌握。

2. 技术要求与标准

① 两名学员能在 30 分钟内完成此项目；

② 螺栓紧固力矩如表 4-1 所列；

③ 注意人身及设备安全。

表4-1　传动轴安装的拧紧力矩

序号	名　　称	拧紧力矩/(N·m)
1	右传动轴中间轴承的两个固定螺母	10
2	三角臂球形接头的固定螺母	45
3	传动轴端头螺母	325
4	轮胎螺栓	90

3. 设备器材

① 爱丽舍轿车；

② 举升器；

③ 座椅套、地板垫、方向盘套、翼子板布及前格栅布一套；

④ 常用工具及拆卸专用工具，如图4-11所示。

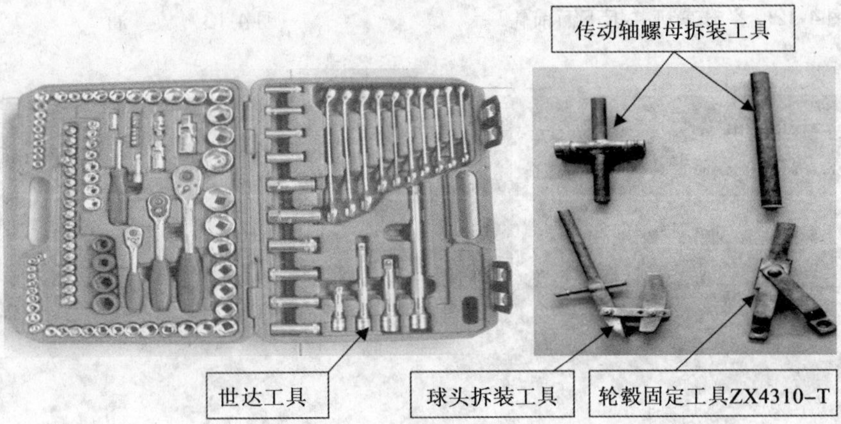

图4-11　传动轴拆卸工具

4. 作业准备

① 检查举升机　□ 任务完成

② 车辆开进工位　□ 任务完成

③ 铺上护套　□ 任务完成

④ 顶好车位置　□ 任务完成

⑤ 稍微举升车辆　□ 任务完成

⑥ 检查车辆是否平稳　□ 任务完成

5. 操作步骤

(1) 拆　卸

① 举升汽车，使车辆悬空，拆下两车轮（如图4-12所示），放空变速器内的润滑油，如图4-13所示。

② 拆卸传动轴端头螺母止动件1(如图4-14所示)，借助工具轮毂固定工具ZX4310-T和传动轴端头螺母拆卸工具拆下端头螺母，如图4-15所示。

③ 拆卸横拉杆球头螺母（如图4-16所示），借助球头拆卸工具拆卸横拉杆球头，如图4-17所示。

图 4-12　举升车辆并拆下两前轮

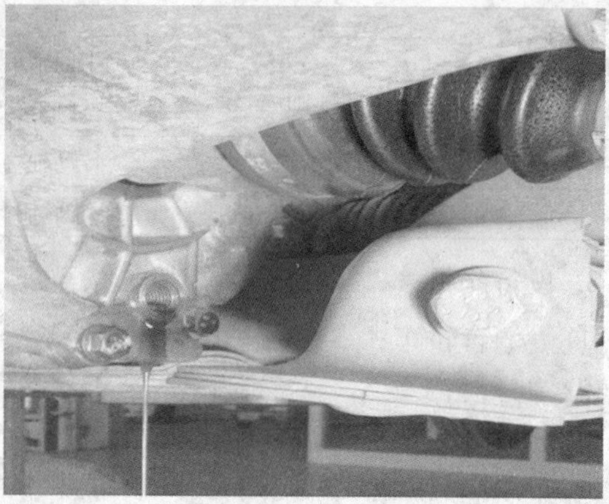

图 4-13　放　油

图 4-14　拆卸传动轴端头螺母止动件

图 4-15　拆卸传动轴端头螺母

图 4-16　拆卸横拉杆球头螺母

图 4-17　拆卸横拉杆球头

④ 拆下螺母，取下三角臂球销固定螺栓，将三角臂总成球头和轮毂分离（如图4-18所示），脱开三角臂总成球形接头，如图4-19所示。

图4-18　拆卸三角臂球头螺母

图4-19　脱开三角臂总成球形接头

⑤ 先用橡胶锤敲击一下传动轴螺母端部，然后两人配合拆下左传动轴，如图4-20所示。

⑥ 拧松右传动轴轴向限位螺母，将偏头螺栓向外推出少许，并顺时针旋转1/4圈，拆下右传动轴，拆下的传动轴如图4-21所示。

图4-20　拆卸左传动轴

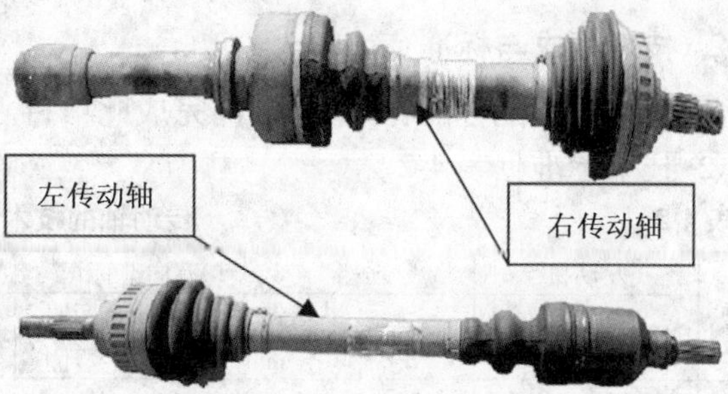

图4-21　拆下的左右传动轴

(2) 安　装

按相反顺序装复传动轴，安装时要注意螺栓的拧紧力矩和润滑部位。

注意：在安装传动轴之前，应用专用工具更换差速器油封，并在油封处涂润滑油，将右传动轴装入中间轴承的外保护架上时，在中间轴承外保护架上涂少量润滑脂“G6”。

6. 记录与分析

基本信息	班级		姓名		日期	
	车型		设备名称		项目	传动轴的就车拆装
记录与分析	故障情境描述：					
	拆装注意事项：					
	拆装步骤：					

项目（二）新爱丽舍轿车传动轴的分解

1. 项目说明

传动轴在使用中会出现一些故障，例如防护罩破损，万向节磨损松旷等，传动轴出现故障后需要进行传动轴的拆装作业，所以传动轴的拆装分解工作也应熟练掌握。

2. 技术要求与标准

① 两个学员配合能在30分钟内完成此项目。

② 技术标准见表4-2。

表4-2　传动轴的技术参数

车型	发动机		变速器		万向节标记		万向节直径/mm		轴直径/mm		防护罩	
	类型	标记	类型	差速器直径/mm	车轮侧	变速器侧	车轮侧	变速器侧	ϕ_A	ϕ_B	车轮侧	变速器侧
1.61	TC5JP	NF2	MA5	77	GE 86	G1 69	86	72	26	26	TP	C/C

注：所有防护罩内润滑脂类型 GL 245 MO，质量170g

3. 设备器材

① 爱丽舍轿车传动轴；

② 轴承提取器；

③ 卡箍钳；

④ 传动轴修复工具；

⑤ 万向节夹紧工具；

⑥ 扁铲、手锤、卡簧钳；

⑦ 工作平台；

⑧ 面纱及清洗用油。

4. 作业准备

① 工具准备　□ 任务完成

② 工作台整理　□ 任务完成

③ 传动轴万向节夹紧　□ 任务完成

5. 操作步骤

（1）推荐工具

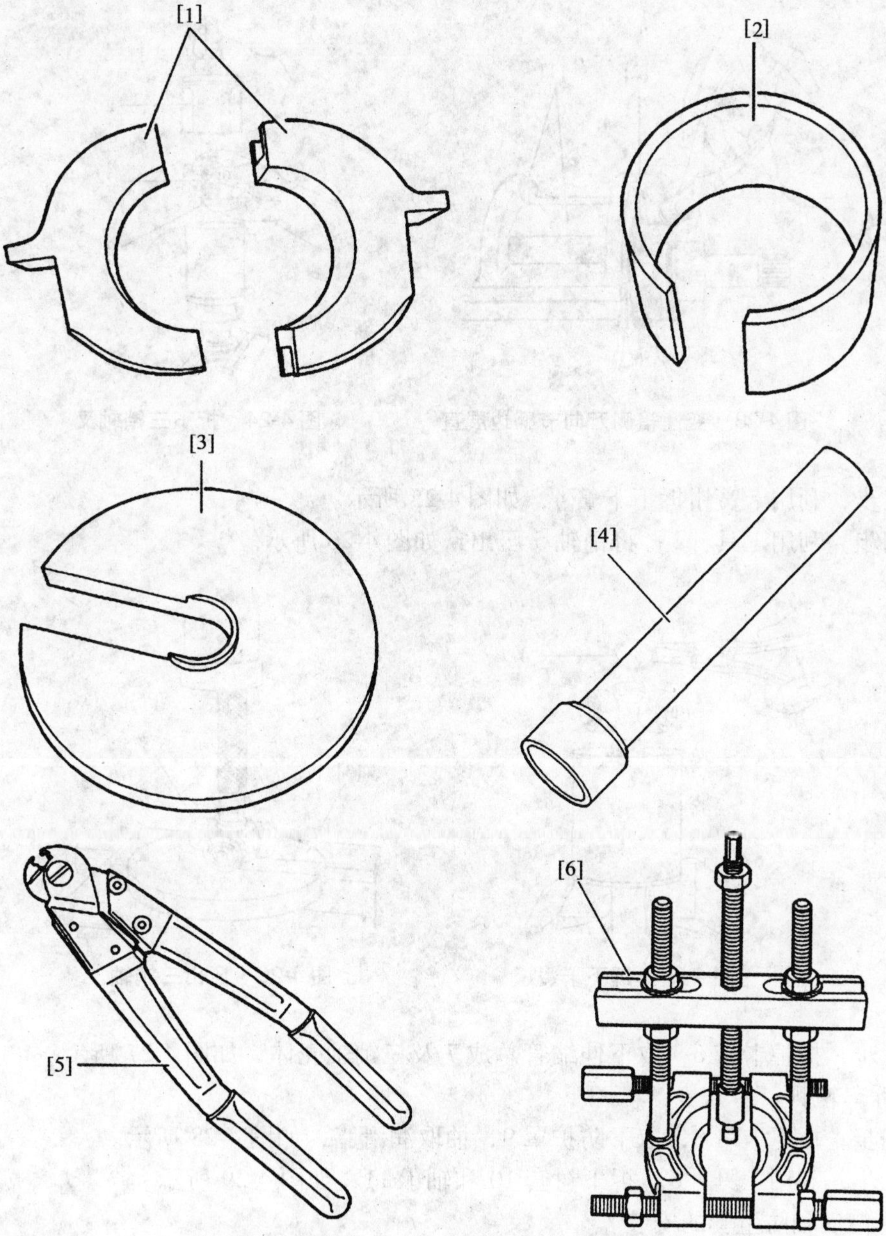

图 4-22　爱丽舍轿车传动轴分解专用工具

[1] —传动轴万向节夹具 ZX 80403R；[2] —传动轴修复工具 ZX 4101 T. D；[3] —传动轴修复工具 ZX 4101 T. E；[4] —传动轴修复工具 ZX 4101 T. C；[5] —卡箍钳 ZX 4178 T；[6] —轴承提取器 ZX 4108 T

（2）传动轴分解

注意：在更换车轮侧的传动轴防护罩之前，必须先拆掉变速器侧的万向节。

① 拆变速箱侧。

第一步，利用工具［1］和［2］将传动轴卡在虎钳中，利用钳子将壳体翻边处展直，如图 4-23 所示。

第二步，夹住传动轴，拆下三销轴叉 1、弹簧 2 和弹簧座 3，抽出润滑脂，如图 4-24 所示。

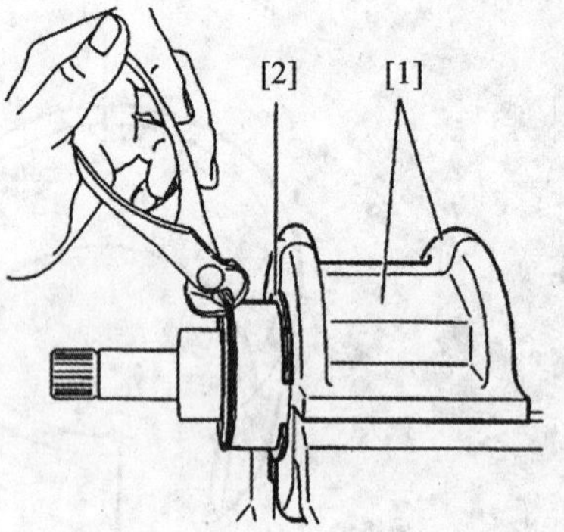

图 4-23　变速箱侧万向节翻边展直

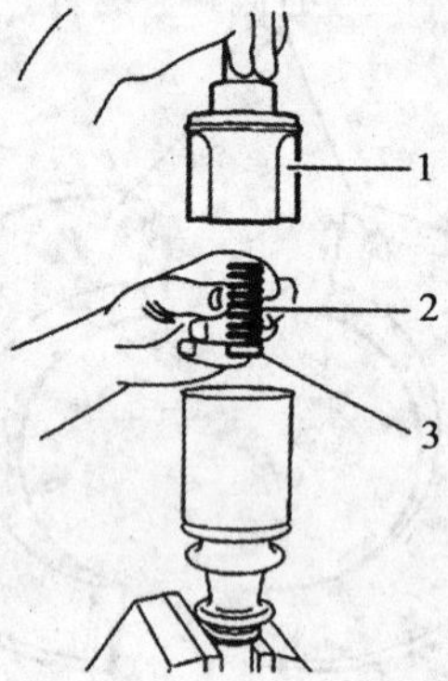

图 4-24　拆下三销轴叉

第三步，利用卡簧钳拆下卡簧 4，如图 4-25 所示。

第四步，利用工具［3］将销轴 5 压出，如图 4-26 所示。

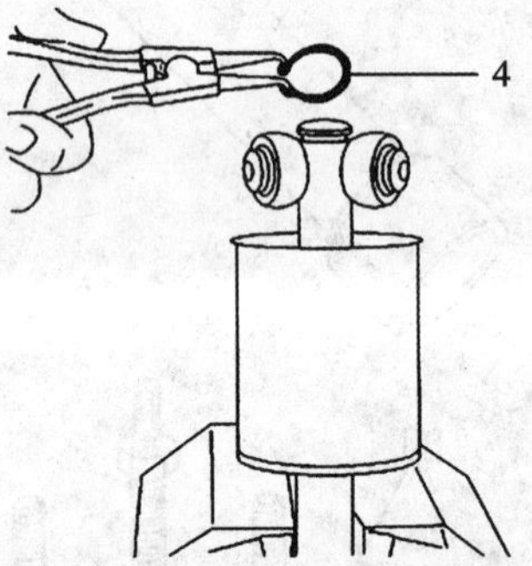

图 4-25　拆下卡簧

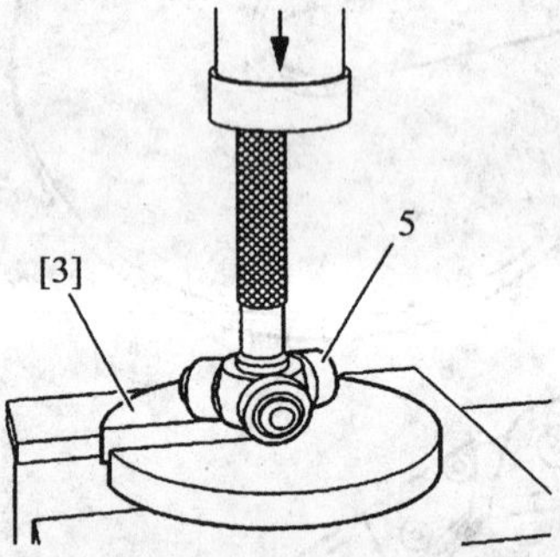

图 4-26　压出三销轴

第五步，拆掉卡带 6，取下伸缩管总成 7 及三销轴壳体，如图 4-27 所示。

② 拆车轮侧。

第一步，拆下卡带 8，取下防护罩 9，抽取润滑脂，如图 4-28 所示。

第二步，利用工具［6］拆下衬套 10 和轴承 11，如图 4-29 所示。

（3）传动轴防尘套的安装

① 车轮侧。在伸缩管内重新装入 170g 润滑脂“G1”，将防护罩套装到传动轴上，利用工具［5］装上卡带。

② 变速器侧。

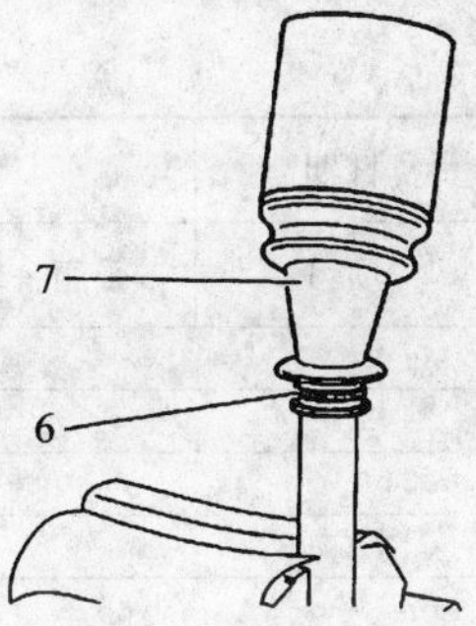

图4-27　拆下防护罩

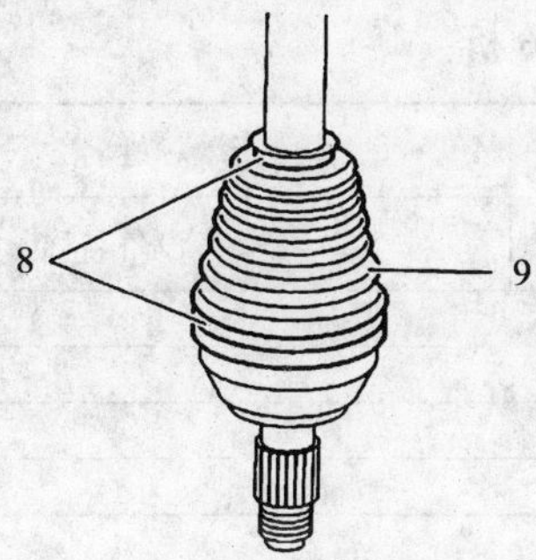

图4-28　拆下车轮侧防护罩

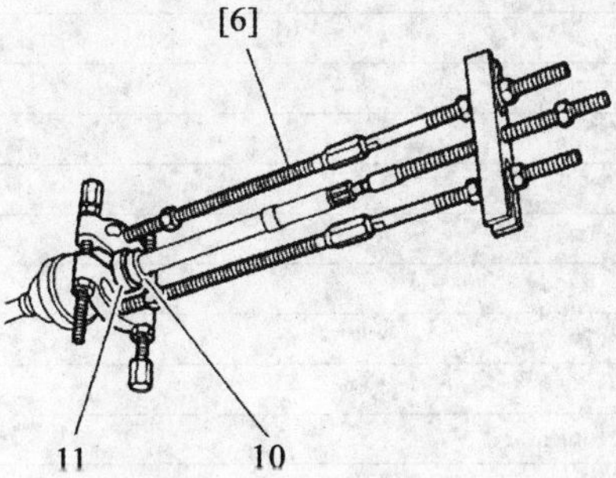

图4-29　拆下衬套和轴承

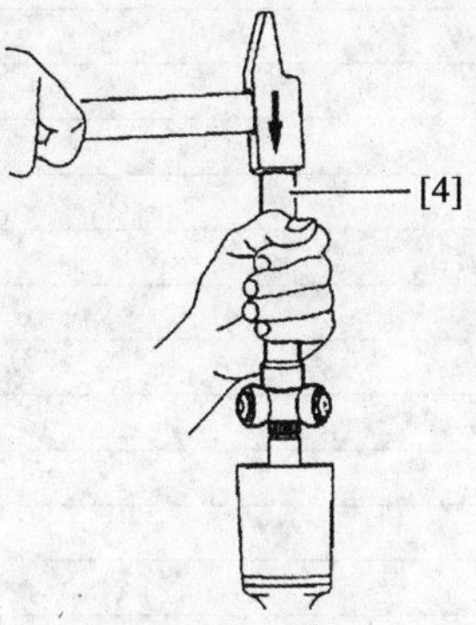

图4-30　安装三销轴

第一步，将伸缩管总成、三销轴装到传动轴上。注意零件安装方向，倒角应该在卡簧的相反端。

第二步，如图4-30所示，利用工具［4］及锤子将三销轴安装到位，装上卡簧。在传动轴及伸缩管之间放入一根焊条或其他杆子，将170g润滑脂“G1”装入伸缩管内，然后抽出焊条或杆子。

第三步，如图4-31所示，用锤子将三销轴壳体1翻边，包住三销轴叉；用工具［5］夹紧卡带。

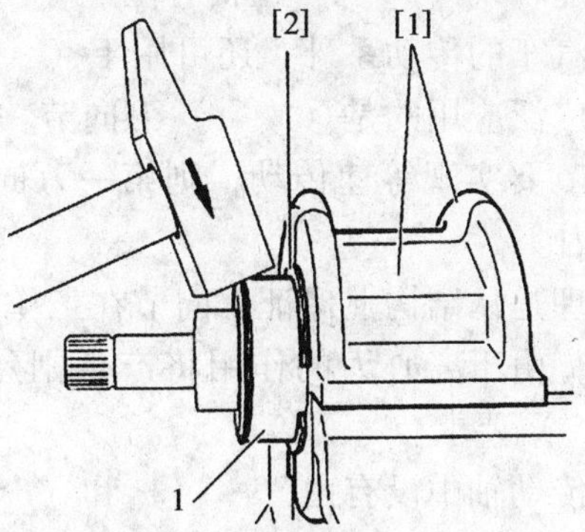

图4-31　三销轴壳体翻边

6. 记录与分析

<table>
<tr><td rowspan="2">基本信息</td><td>班级</td><td></td><td>姓名</td><td></td><td>日期</td><td></td></tr>
<tr><td>车型</td><td></td><td>设备名称</td><td></td><td>项目</td><td>爱丽舍轿车传动轴的分解</td></tr>
<tr><td rowspan="4">拆装记录与分析</td><td colspan="6">故障情境描述：</td></tr>
<tr><td colspan="6">初步检查分析：</td></tr>
<tr><td colspan="6">注意事项：</td></tr>
<tr><td colspan="6">拆装过程记录：</td></tr>
</table>

三、学习评价

（一）理论考核

1. 填空题

① 万向传动装置一般由（　　）和（　　）组成，有时还加装（　　）。

② 万向传动装置用来传递轴线（　　）且相对位置（　　）的转轴之间的动力。

③ 万向传动装置除用于汽车的传动系外，还可用于（　　）和（　　）。

④ 目前，汽车传动系中广泛应用的是（　　）万向节。

⑤ 如果双十字轴式万向节要实现等速传动，则第一万向节的（　　）必须与第二万向节的（　　）在同一平面内。

⑥ 等速万向节的基本原理是从结构上保证万向节在工作过程中（　　）。

⑦ 传动轴在高速旋转时，由于离心力的作用将产生剧烈振动。因此，当传动轴与万向节装配后，必须满足（　　）要求。

⑧ 为了避免运动干涉，传动轴中设有由（　　）和（　　）组成的滑动花键连接。

2. 判断题

① 刚性万向节是靠零件的铰链式连接来传递动力的，而挠性万向节则是靠弹性零件来传递动力的。（　　）

② 对于十字轴式万向节来说，主、从动轴的交角越大，则传动效率越高。 （ ）

③ 对于十字轴式万向节来说，主、从动轴之间只要存在交角，就存在摩擦损失。 （ ）

④ 只有驱动轮采用独立悬架时，才有实现第一万向节两轴间的夹角等于第二万向节两轴间的夹角的可能。 （ ）

⑤ 双联式万向节实际上是传动轴长度缩减至最小的双万向节等速传动装置。 （ ）

⑥ 球叉式万向节的传力钢球数比球笼式万向节多，所以承载能力强、耐磨、使用寿命长。 （ ）

⑦ 挠性万向节一般用于主、从动轴间夹角较大的万向传动场合。 （ ）

⑧ 传动轴两端的万向节叉安装时应在同一平面内。 （ ）

⑨ 汽车行驶过程中，传动轴的长度可以自由变化。 （ ）

⑩ 单个十字轴万向节在有夹角时传动的不等速性是指主、从动轴的平均转速不相等。 （ ）

3. 选择题

① 十字轴式刚性万向节的十字轴轴颈一般都是（ ）。

A. 中空的　B. 实心的　C. 无所谓　D. A，B，C 均不正确

② 十字轴式万向节的损坏是以（ ）的磨损为标志的。

A. 十字轴轴颈　B. 滚针轴承　C. 油封　D. 万向节叉

③ 十字轴式不等速万向节，当主动轴转过一周时，从动轴转过（ ）。

A. 一周　B. 小于一周　C. 大于一周　D. 不一定

④ 双十字轴式万向节实现准等速传动的前提条件之一是（ ）。（设 α_1 为第一万向节两轴间夹角，α_2 为第二万向节两轴间的夹角）

A. $\alpha_1=\alpha_2$　B. $\alpha_1>\alpha_2$　C. $\alpha_1<\alpha_2$　D. α_1 与 α_2 无关

⑤ 下列万向节中属于等速万向节的是（ ）。

A. 球笼式　B. 双联式　C. 球叉式　D. 三销轴式

⑥ 为了提高传动轴的强度和刚度，传动轴一般都做成（ ）。

A. 空心的　B. 实心的　C. 半空、半实的　D. 无所谓

⑦ 主、从动轴具有最大交角的万向节是（ ）。

A. 球笼式　B. 球叉式　C. 双联式　D. 三销轴式

4. 简答题

① 什么是单个刚性十字轴万向节的不等速性？

② 什么是准等速万向节？试举出两种准等速万向节。

③ 为什么传动轴采用滑动花键连接？

④ 为什么有些传动轴要做成分段式的？

⑤ 汽车传动系为什么要采用万向传动装置？

（二）技能考核

项目1　　传动轴的就车拆装

基本信息	姓名		学号		班级		组别	
	规定时间		完成时间		考核日期		总评成绩	
任务工单	序号	步骤			完成情况		标准分	评分
					完成	未完成		
	1	考核准备： 材料： 工具： 设备：					10	
	2	车辆的举升、防护					5	
	3	拆卸车轮					5	
	4	拆卸传动轴端头紧固螺母					5	
	5	拆卸三角臂球头					5	
	6	拆卸横拉杆球头					5	
	7	拆卸左传动轴					5	
	8	拆卸右传动轴					10	
	9	拆卸差速油封					5	
	10	装复并检查					20	
安全							5	
5S							5	
团队协作							5	
沟通表达							5	
工单填写							5	

项目2　　爱丽舍轿车传动轴的分解

基本信息	姓名		学号		班级		组别	
	规定时间		完成时间		考核日期		总评成绩	
任务工单	序号	步骤			完成情况		标准分	评分
					完成	未完成		
	1	考核准备： 材料： 工具： 设备：					10	
	2	安全、防护					5	
	3	传动轴的装夹					5	
	4	左传动轴分解					5	
	5	三销轴叉翻边展开					5	
	6	拆卸防护罩					5	
	7	压下三销轴					5	
	8	压出支撑轴承及套					5	
	9	装复检验					20	
	10	清洁及整理					5	
安全							5	
5S							10	
团队协作							5	
沟通表达							5	
工单填写							5	

四、拓展学习

现在轿车上大量采用球笼式等速万向节，下面就以桑塔纳 2000 轿车为例来介绍球笼式等速万向节的拆装。

（一）万向节的分解

1. 内等速万向节分解

（1）拆卸卡箍和防尘罩

用钢锯锯开原装卡箍，拆下防尘罩，如图 4-32 所示。

图 4-32　拆卸卡箍和防尘罩

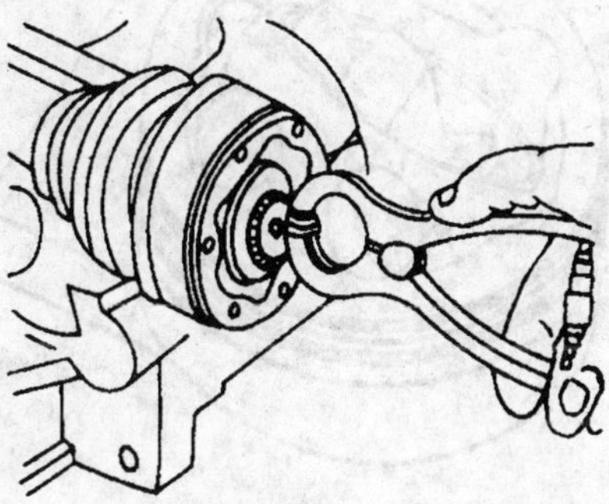

图 4-33　拆卸弹簧卡圈

（2）万向节内、外圈解体

① 拆卸弹簧卡圈，如图 4-33 所示；

② 用木锤敲打外万向节，将其从传动轴上卸下，然后用专用工具压出内万向节，如图 4-34 所示。

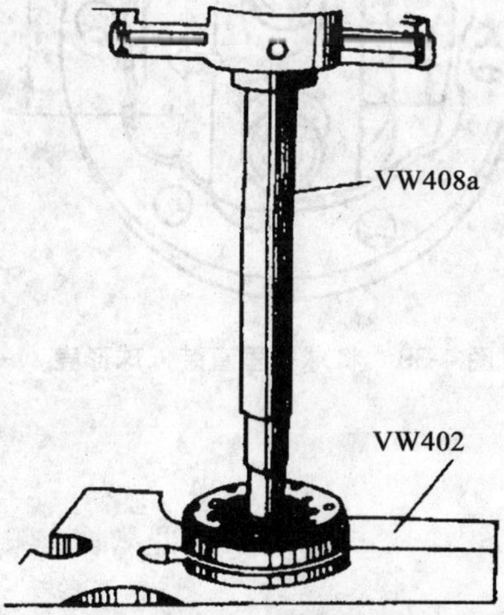

图 4-34　用专用工具压出内万向节

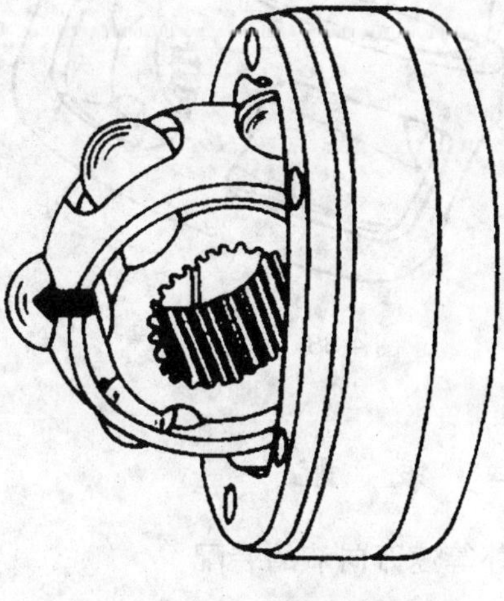

图 4-35　压出钢球

(3) 内等速万向节解体

转动球笼和星形套，按垂直向前的方向压出球笼里的钢球，如图 4-35 箭头所示。从球槽上面取出球笼里的星形套。

注意：因星形套与球形壳体是选配的，拆卸时注意将星形套与壳体成对放置，不允许互换。

2. 外等速万向节解体

① 分解前，在钢球球笼和球形壳上标出星形套位置，然后转动星形套与球笼，依次取出钢球，如图 4-36 所示。

② 用力转动球笼，使两个方孔与球形壳对上（如图4-37 所示），将星形套、球笼一起拆下。

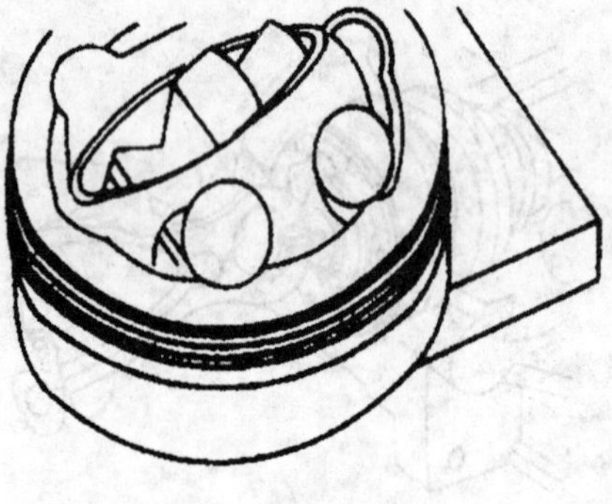

图 4-36　取出钢球

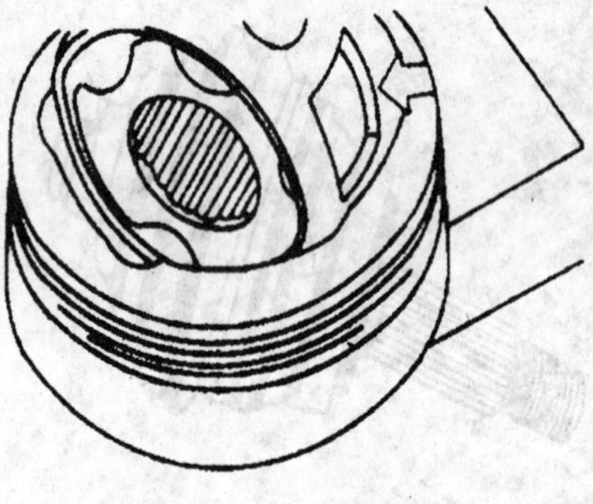

图 4-37　拆下球笼

③ 将星形套上扇形齿旋入球笼的方孔，然后从球笼中取出星形套，如图 4-38 所示。

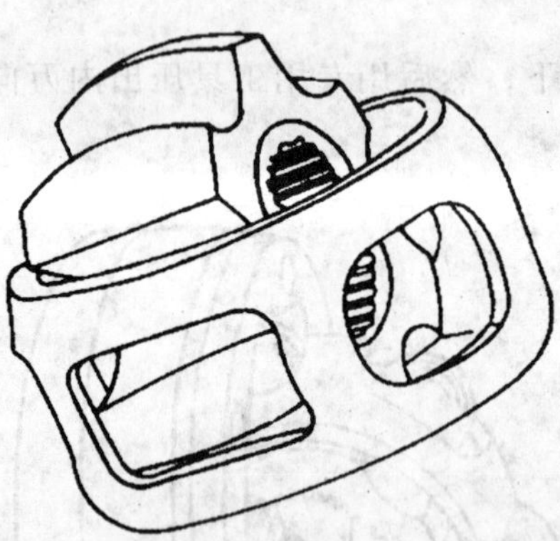

图 4-38　取出星形套

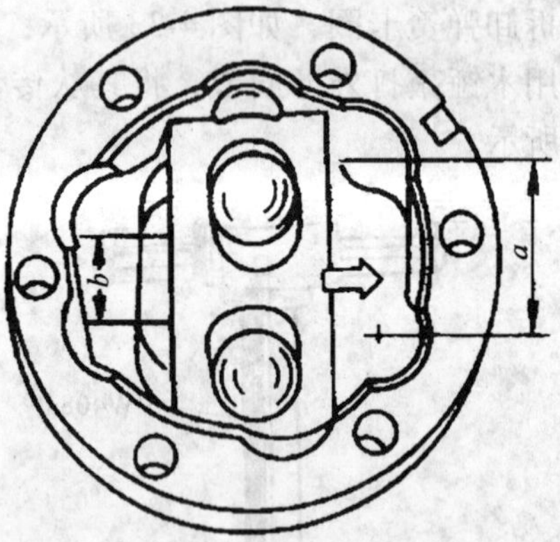

图 4-39　将球笼垂直装入球形壳

（二）装　配

1. 外等速万向节的装配

用汽油清洗各部件，将 G6 润滑脂总量的一半（45g）注入万向节内，将球笼连同星形套一起装入球形壳体。对角交替地压入钢球，必须保持星形套在球笼及球形壳的原位置。将弹簧挡圈装入星形套，并将剩余的润滑脂压入万向节。

2. 内等速万向节的装配

对准凹槽，将星形套嵌入球笼，再将钢球压入球笼，并注入 G6 润滑脂 90g。将带钢球的球笼垂直装入球形壳，如图 4-39 所示。

装配时，注意球形壳上的宽间隙 *a* 应对准星形套上的窄间隙 *b*，转动球笼以便嵌入到位；转动星形套，星形套就能转出球笼，如图 4-40 所示。安装时应保证球形壳体中的球槽有足够间隙。用力按压球笼（如图 4-41 所示），使装有钢球的球笼完全转入球形壳。最后检查，如果用手能将星形套在轴向范围内来回灵活推动，则表明装配正确。

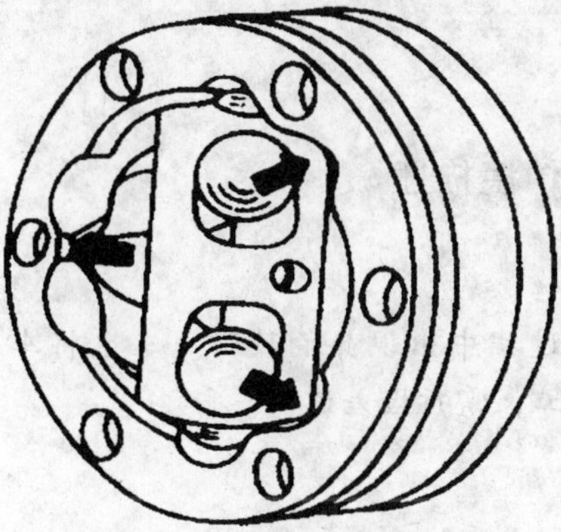

图 4-40　将星形套转出球笼

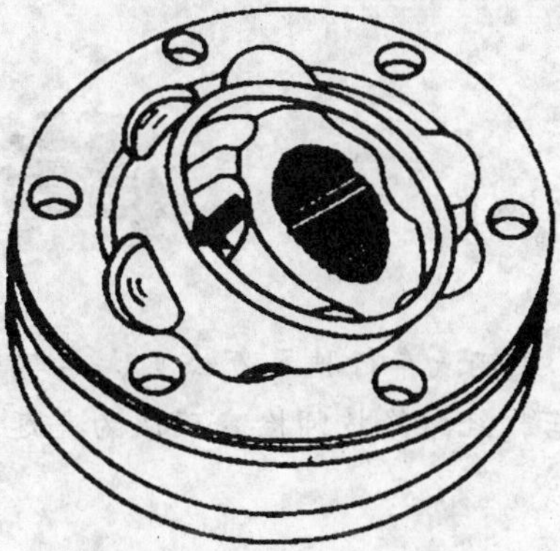

图 4-41　使球笼完全转入球形壳

3. 传动轴的组装

① 将碟形座圈装在传动轴带齿端配合位置上，其安装位置如图 4-42 所示。

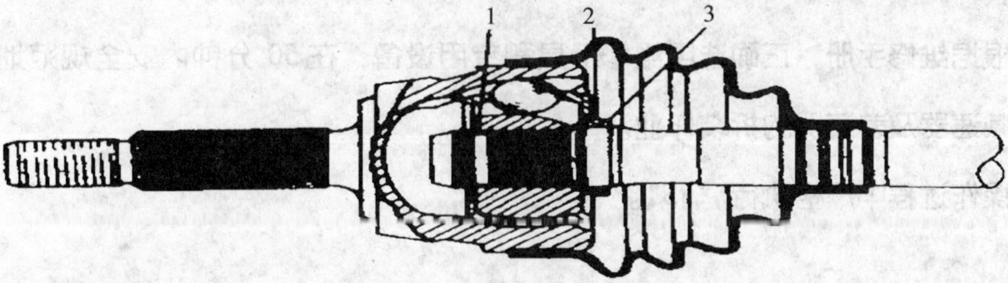

图 4-42　碟形座圈和弹簧卡圈的安装位置

1—弹簧卡圈；2—中间挡圈；3—碟形座圈

② 压入内万向节，安装弹簧卡圈，装上外万向节。

③ 安装防尘罩。万向节防尘罩受到挤压后内部将产生真空，所以安装防尘罩小口径后，应充点气，使其压力平衡，不产生皱褶。

学习任务5

驱动桥结构与拆装

工作情境描述

某辆汽车行驶7万公里，车辆转弯行驶过程中出现异响故障。车主将车开到4S店，经维修技师检查确认为差速器异响故障，需拆检差速器。

学习目标

- 描述驱动桥的结构、组成、作用及工作原理。
- 根据维修手册，正确选用维修工具和专用设备，在50分钟内安全规范地完成减速器及差速器的拆装作业。
- 操作过程中严格执行“5S”。

一、知识准备

驱动桥是传动系的最后一个总成，一般由主减速器、差速器、半轴、桥壳等组成，图5-1 所示为整体式驱动桥，与非独立悬架配用。另外，还有与独立悬架配用的断开式驱动桥，如图 5-2 所示。

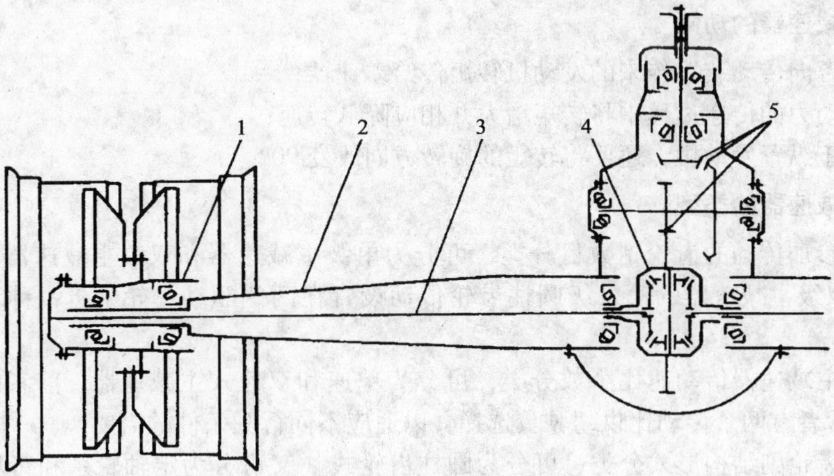

图 5-1 驱动桥的组成

1—轮毂；2—桥壳；3—半轴；4—差速器；5—主减速器

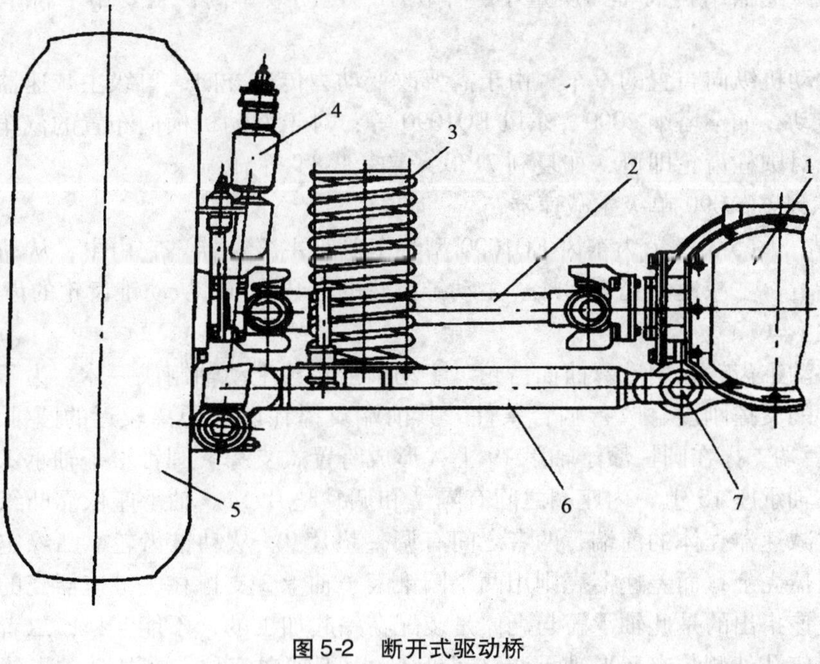

图 5-2 断开式驱动桥

1—主减速器；2—半轴；3—弹性元件；4—减振器；5—驱动车轮；6—摆臂；7—摆臂轴

发动机的动力传到驱动桥后，首先传到主减速器，在这里将转矩放大并降低转速后，再经差速器分配给左、右半轴，最后通过半轴外端的凸缘传到驱动车轮的轮毂。驱动桥的主要零部件都装在驱动桥的桥壳中。桥壳由主减速器壳和半轴套管组成。

驱动桥的具体作用：主减速器为降速增矩，改变动力传动方向；差速器为允许左右驱动车轮以不同的转速旋转；半轴为将动力由差速器传给驱动车轮。

（一）主减速器

1. 主减速器的功能

① 将万向传动装置传来的发动机转矩传给差速器；

② 在动力的传递过程中将转矩增大并相应降低转速；

③ 对于纵置发动机，还要将转矩的旋转方向改变 90°。

2. 主减速器的类型

① 按参加传动的齿轮副数目分类，可分为单级主减速器和双级主减速器。有些重型汽车又将双级主减速器的第二级圆柱齿轮传动设置在两侧驱动车轮附近，称为轮边减速器。

② 按主减速器传动速比个数分类，可分为单速和双速式主减速器。前者的传动比是固定的，后者有两个传动比供驾驶员选择，以适应不同行驶条件的需要。

③ 按齿轮副结构形式分类，可分为圆柱齿轮式（又可分为定轴轮系和行星轮系）主减速器和圆锥齿轮式（又可分为螺旋锥齿轮式和准双曲面锥齿轮式）主减速器。

3. 单级主减速器

单级主减速器结构简单、质量小、体积小、传动效率高，主要用于轿车及中型以下客、货车。

对于发动机纵向布置的汽车，由于需要改变动力传递方向，单级主减速器都采用一对圆锥齿轮传动，如桑塔纳 2000、东风 EQ1090 等；对于发动机横向布置的汽车，单级主减速器采用一对圆柱齿轮即可，如夏利 7130、宝来 1. 8T 等。

（1）东风 EQ1090 单级主减速器

① 构造。图 5-3 所示为东风 EQ1090 型汽车单级主减速器。它由主、从动锥齿轮及其支撑调整装置、主减速器壳等组成。主动锥齿轮的齿数为 6，从动锥齿轮的齿数为 38，因此其减速比 $i=6.33$。

主、从动锥齿轮采用准双曲面齿轮。主动锥齿轮与主动轴制成一体。为了保证主动锥齿轮有足够的支撑刚度，改善啮合条件，其前端支撑在两个距离较近的圆锥滚子轴承 13 和 17 上，后端支撑在圆柱滚子轴承 19 上，形成跨置式支撑。圆锥滚子轴承 13 和 17 的外座圈支撑在轴承座 15 上，内座圈之间有隔套和调整垫片 14。轴承座依靠凸缘定位，用螺栓固装在主减速器壳体的前端，两者之间有调整垫片 9。从动锥齿轮靠凸缘定位，用螺栓紧固在差速器壳上，而差速器壳则用两个圆锥滚子轴承 3 支撑在主减速器壳的瓦盖式轴承座孔中。应该指出的是此轴承盖与壳体是装配在一起加工的，不能互换，二者之间有装配标记。轴承座孔外侧装有环形轴承调整螺母 2，用于轴向定位。在从动锥齿轮啮合处背面的主减速器壳体上装有支撑螺柱，用以限制大负荷下从动锥齿轮过度变形而影响正常啮合。装配时应在支撑螺柱与从动锥齿轮背面之间预留一定间隙（0. 3 ~ 0. 5mm），转动支撑螺柱可以调整此间隙。

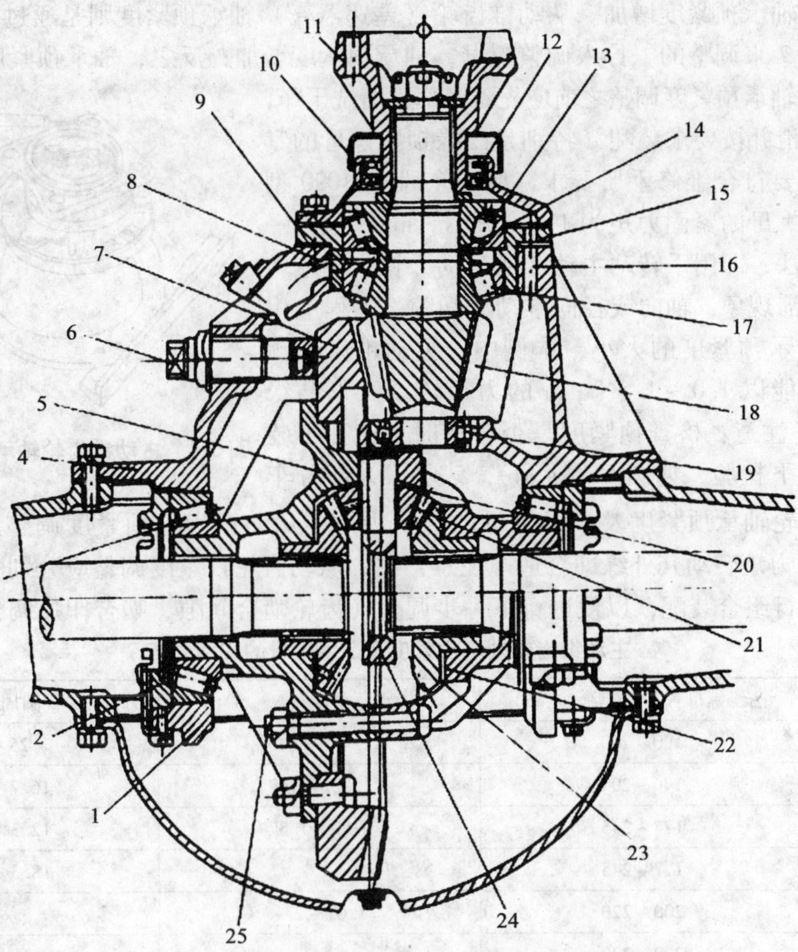

图5-3 东风EQ1090型汽车单级主减速器

1—差速器轴承盖；2—轴承调整螺母；3，13，17—圆锥滚子轴承；4—主减速器壳；
5—差速器壳；6—支撑螺柱；7—从动锥齿轮；8—进油道；9，14—调整垫片；
10—防尘罩；11—叉形凸缘；12—油封；15—轴承座；16—回油道；18—主动锥齿轮；
19—圆柱滚子轴承；20—行星齿轮垫片；21—行星齿轮；22—半轴齿轮推力垫片；
23—半轴齿轮；24—行星齿轮轴（十字轴）；25—螺栓

为使轴承13和17得到充分的润滑，壳体4侧面铸有进油道8，差速器壳转动时，将齿轮油飞溅到进油道中。润滑轴承的油又从轴承13的前方经壳体4下方的回油道16流回壳体底部。在桥壳上方有通气孔，防止温度升高时壳体内的气压过高冲开油封而漏油。

② 调整。在调整前，必须将零部件及壳体进行彻底清洗、检验并加以润滑，例如，轴承座圈应无麻点且无松动现象，啮合齿应无破损、麻点，从动圆锥齿轮对两端轴颈公共轴线的端面和径向圆跳动不得大于0.05mm等。

第一步，轴承预紧度的调整。圆锥滚子轴承一般成对使用，装配时应使其具有一定的预紧度，以减小锥齿轮在传动过程中因轴向力而引起的轴向位移，提高轴的支撑刚度，保证锥齿轮副的正确啮合。但轴承预紧度又不能过大，否则摩擦和磨损增大，传动效率低。为此，设有轴承预紧度的调整装置。

主动锥齿轮轴承预紧度由调整垫片14来调整。增加垫片14的厚度，轴承预紧度减小；反之，轴承预紧度增加。从动锥齿轮（差速器壳）轴承预紧度则是通过拧动两侧的轴承调整螺母 2 来调整的。拧入调整螺母，轴承预紧度增加；反之，轴承预紧度减小。

说明：轴承预紧度调整之前应先将各部件清洗干净，然后加以润滑并按要求装配（特别是凸缘锁紧螺母的紧固力矩一定要符合维修手册要求，例如东风 EQ1090 型车凸缘锁紧螺母的紧固力矩为 196～245N · m）。检查一般采用经验法，即用手转动主动（或从动）锥齿轮应转动自如无卡滞现象，轴向或径向推动无间隙。工程上用预紧力矩表示预紧度的大小，本例中，主动锥齿轮预紧度调整到能以 1. 0～1. 5N · m 的力矩转动叉形凸缘 11 即合适（注意：检查预紧度是否合适时，应在不装油封的情况下检验，如图 5-4 所示）。表 5-1 为部分车型主动锥齿轮轴承预紧度及凸缘螺母的拧紧力矩。从动锥齿轮预紧度调整到能以 1. 5～2. 5N · m 的力矩转动其外缘即合适。注意：主、从动齿轮预紧度调整应分别独自进行，调整好后再进行组合装配，以便进行下一步调整（齿轮啮合间隙、啮合印痕调整）。

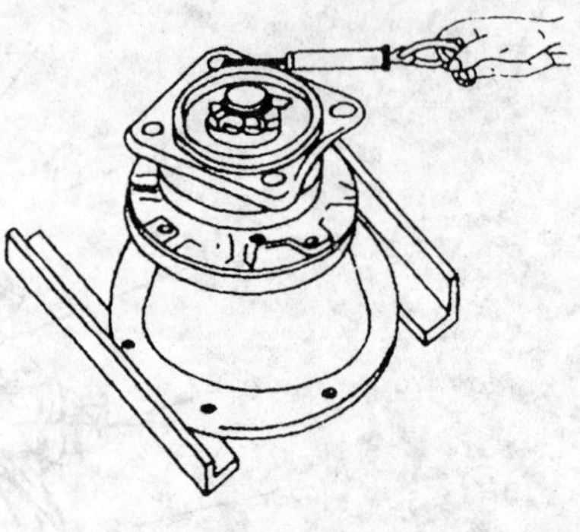

图 5-4　主动锥齿轮轴承预紧度的检验

表 5-1　主动锥齿轮轴承预紧度及凸缘螺母的拧紧力矩

车　型	凸缘螺母拧紧力矩/（N · m）	轴承预紧度/（N · m）	圆周力/N
CA1091	190～200	1. 47～3. 43	25～58
EQ1090	196～294	1. 33～2. 67	16. 7～33. 3
NJ1061	177～245	0. 59～1. 37	12. 3～28. 4
NJ1041	177～245		18. 3～30. 4
CA1040	200～220	1. 07～2. 1	
BJ1040	200～220		10～30
BJ1041			30～50
五十铃	117～143		

第二步，锥齿轮啮合的调整。为了使齿轮传动工作正常、磨损均匀、延长其使用寿命，必须保证齿轮副正确啮合。在维修主减速器时，更换损坏零件后或零件因磨损而松动时，必须对锥齿轮的啮合进行调整。锥齿轮啮合的调整是指齿面啮合印痕和齿侧啮合间隙的调整。

首先，齿面啮合印痕调整。先检查齿面啮合印痕，方法为：在主动锥齿轮上相隔 120°的三处用红丹油在齿的正反面各涂 2～3 个齿，再用手对从动锥齿轮稍施加阻力并正、反向各转动主动齿轮数圈。观察从动锥齿轮上的啮合印痕。正确的啮合印痕如图 5-5 所示，应位于齿高的中间偏小端，并占齿宽的 60% 以上。

如果啮合印痕位置不正确，应进行调整，方法是移动主动锥齿轮。增加调整垫片 9 的厚度，使主动锥齿轮前移；反之则后移。

其次，齿侧啮合间隙调整。调整啮合印痕移动主动锥齿轮后，主、从动锥齿轮的啮合间隙要发生变化。

啮合间隙的检查：将百分表抵在从动锥齿轮正面的大端处，用手把住主动锥齿轮，然后轻轻往复摆转从动锥齿轮即可显示间隙值（见图 5-6）。中、重型汽车应为 0. 15～

0.50mm，轻型车为0.10～0.18mm，使用极限为1.00mm。表5-2列举了部分车型的主、从动齿轮啮合间隙。

图5-5 正确的啮合印痕

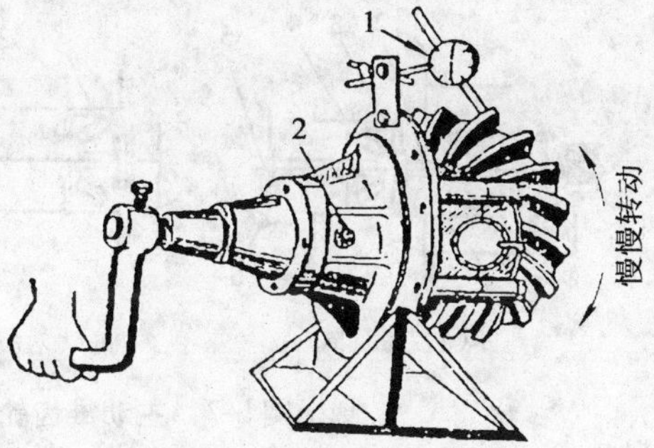

图5-6 啮合间隙的测量

1—百分表；2—止推轴承

表5-2 部分车型的主、从动齿轮啮合间隙

车 型	啮合间隙/mm
CA1040	0.15～0.30
BJ1041	0.20～0.35
NJ1041	0.15～0.35
CA1091	0.15～0.40
EQ1090	0.15～0.40
五十铃	0.15～0.20

如果啮合间隙不符合要求，需要进行调整，方法是移动从动锥齿轮。当从动锥齿轮远离主动锥齿轮时间隙变大，反之则变小。移动从动锥齿轮的方法是将一侧的轴承调整螺母2旋入几圈，另一侧旋出相同圈数（以保证调好的轴承预紧度不变）。

说明：调整前应先将主、从动锥齿轮的轴承预紧度调整好。另外，各车型所给定的主减速器锥齿轮侧隙是在齿面啮合印痕正确条件下的间隙。因此，调整间隙应和调整啮合印痕同步进行，且在调整时应以调整啮合印痕为主，即在调整时若二者发生矛盾，应在满足啮合印痕的条件下将啮合间隙适当放大。因为啮合印痕反映的是该减速器齿轮的承载能力，而啮合间隙主要影响速度变化时的冲击噪声。

第三步，从动锥齿轮止推装置调整。有的单级主减速器从动齿轮因负荷较大产生变形而破坏正常啮合，为此，常在从动锥齿轮啮合处的背面装止推装置（见图5-3中的支撑螺柱6），在小负荷时与齿轮背面留有一定的间隙。当负荷超过一定值时，因从动锥齿轮及支撑轴承变形，从动锥齿轮背面会抵在支撑螺柱端面上，这样既限制了齿轮的变形量，又承受部分负荷，保护了差速器侧轴承。在不受载时，通过调整支撑螺柱使止推装置与从动锥齿轮背面的间隙保持在0.3～0.5mm。

③ 特点说明。

第一，常见的主动锥齿轮的支撑形式有跨置式和悬臂式。

东风EQ1090使用的就是跨置式支撑形式。跨置式是指主动锥齿轮前后均有轴承支撑（见图5-7（a）），其支撑刚度大，负荷较大的单级主减速器多数采用这种形式。其优点是当主动锥齿轮前方凸缘的锁紧螺母松动或由于前方两锥轴承磨损导致主动轴出现较大间隙时，齿轮将会轴向窜动而导致齿面啮合印痕及间隙发生变化，但变化较小。这样就有效避免了因维护调整不及时而引发的主减速器打齿现象。

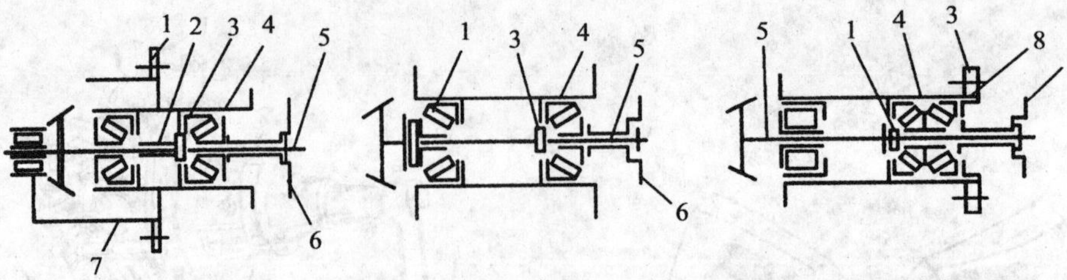

（a）跨置式　（b）悬臂式(1)　（c）悬臂式(2)

图 5-7　主动锥齿轮的支撑形式及调整位置

1—主动锥齿轮啮合情况调整垫片；2—隔套；3—轴承预紧度调整垫片；4—主动锥齿轮轴承座；5—主动锥齿轮；6—凸缘叉；7—主减速器壳；8—油封盖

悬臂式是指主动锥齿轮只在其前方有支撑，后方没有支撑，故支撑刚度较差，多用于负荷较小的单级主减速器（见图 5-7（b）），有些中、重型车的双级主减速器主动锥齿轮也采用这种支撑形式。有的重型车主减速器主动锥齿轮采用 3 个轴承支撑（见图 5-7（c）），以提高其支撑刚度。需要注意的是，这种支撑形式若发生前面提及的主动锥齿轮前方凸缘锁紧螺母松动或由于前方两锥轴承磨损导致主动轴出现较大间隙时，齿轮将会产生较大的轴向、径向窜动，从而导致齿面啮合印痕及间隙发生较大变化，引发较大的损坏。因此，这种支撑形式应经常进行针对性的检查调整，确保可靠有效地传递动力。

第二，齿形特点。东风 EQ1090 型汽车主减速器的主、从动锥齿轮采用双曲面锥齿轮，有些车型的主、从动锥齿轮采用螺旋锥齿轮，目前主减速器中基本不用直齿圆锥齿轮。前两者相比，双曲面锥齿轮的主、从动齿轮轴线不相交，使主动锥齿轮轴线可低于（也可高于）从动锥齿轮轴线，在保证一定离地间隙的情况下，与之相连的传动轴的位置可相应降低，从而使汽车质心降低，提高了行驶的稳定性。双曲面齿轮发生根切的最少齿数较少(最少可为 5 个)，因此主动齿轮在满足传动比和强度要求的条件下尺寸可尽量小一些，相应从动锥齿轮的尺寸也可减小，从而减小了主减速器壳外形轮廓尺寸，有利于车身布置和提高最小离地间隙。此外，双曲面齿轮的啮合系数大，同时参加啮合的齿数多，传动平稳，噪声小，承载能力大。所以，双曲面锥齿轮不仅在轿车上广泛应用，而且在中、重型汽车上的应用也日益增多。

双曲面齿轮的缺点是啮合面间相对滑动速度大，接触压力大，摩擦面的油膜易被破坏，因而对润滑油要求高，必须使用专门的双曲线齿轮油。另外，双曲面齿轮螺旋角较大，传动时轴向力大，易造成轴的支撑定位件损坏而引起轴向窜动。因此，对这些机件强度、刚度的要求高，相应的调整精度要求也较高。

（2）上海桑塔纳 2000 轿车单级主减速器

图 5-8 所示为桑塔纳 2000 轿车单级主减速器。同其他轿车一样，由于发动机前置前轮驱动，整个传动系都集中布置在汽车前部，因此其主减速器装于变速器壳体内，没有专门的主减速器壳体。由于省去了变速器到主减速器之间的万向传动装置，所以变速器输出轴即主减速器主动轴。

主减速器由一对准双曲面锥齿轮组成，主动锥齿轮的齿数为 9，从动锥齿轮的齿数为 40，其传动比为 4. 444。主动锥齿轮与变速器输出轴制为一体，用双列圆锥滚子轴承和圆

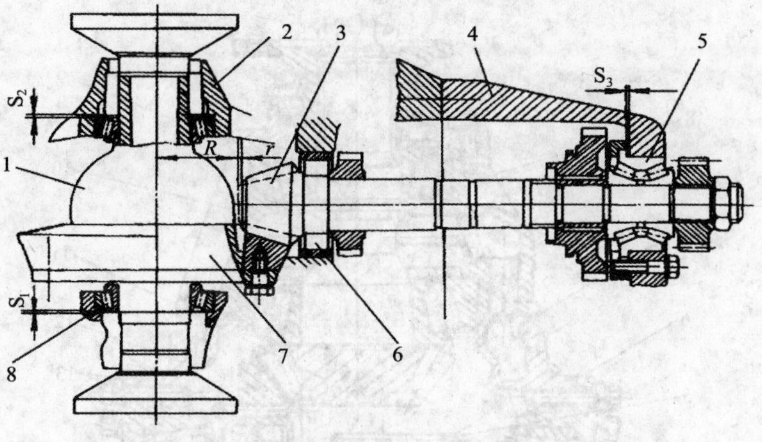

图5-8　桑塔纳2000轿车单级主减速器

1—差速器；2—变速器前壳体；3—主动锥齿轮；4—变速器后壳体；5—双列圆锥滚子轴承；6—圆柱滚子轴承；7—从动锥齿轮；8—圆锥滚子轴承；S_1—调整垫片（从动锥齿轮一侧）；S_2—调整垫片（与从动锥齿轮相对的一侧）；S_3—调整垫片

柱滚子轴承支撑在变速器壳体内，属于悬臂式支撑。环状的从动锥齿轮靠凸缘定位，并用螺栓与差速器壳连接。差速器壳由一对圆锥滚子轴承支撑在变速器壳体上。

主动锥齿轮轴上的轴承预紧度无须调整。圆锥滚子轴承的预紧度可通过调整垫片 S_1，S_2 来调整。齿轮啮合的调整通过调整垫片 S_1，S_2 和 S_3 进行，即增减垫片厚度，使主、从动锥齿轮轴向移动。若发动机横向前置，由于主减速器主动齿轮轴线与差速器轴线平行，因此主减速器采用一对斜齿轮传动即可，无须改变动力的传递方向。

4. 双级主减速器

有些汽车需要较大的主减速器传动比，单级主减速器已不能满足其离地间隙要求，这就需要采用由两对齿轮降速的双级主减速器。图5-9所示为解放CA1092汽车的双级主减速器。

（1）结　构

第一级传动为第一级主动锥齿轮和第一级从动锥齿轮，这是一对螺旋锥齿轮，而不是桑塔纳2000和东风EQ1090主减速器采用的准双曲面齿轮，其传动比为25/13＝1.923；第二级传动为第二级主动齿轮和第二级从动齿轮，这是一对斜齿圆柱齿轮，其传动比为45/15＝3。

第一级主动锥齿轮和第一级主动齿轮轴制成一体，用两个圆锥滚子轴承（相距较远）支撑在轴承座的座孔中，因主动锥齿轮悬伸在两轴承之后，故称为悬臂式支撑。第一级从动锥齿轮用铆钉铆接在中间轴的凸缘上。第二级主动齿轮与中间轴制成一体，用两个圆锥滚子轴承支撑在两端轴承盖的座孔中，轴承盖用螺栓与主减速器壳固定连接。第二级从动齿轮夹在左右两半差速器壳之间，并用螺栓将它们紧固在一起，其支撑形式与东风EQ1090型汽车主减速器中差速器壳的支撑形式相同。

（2）调　整

① 轴承预紧度的调整。

第一步，主动锥齿轮轴承预紧度可通过增减调整垫片8的厚度来调整。加垫片则变

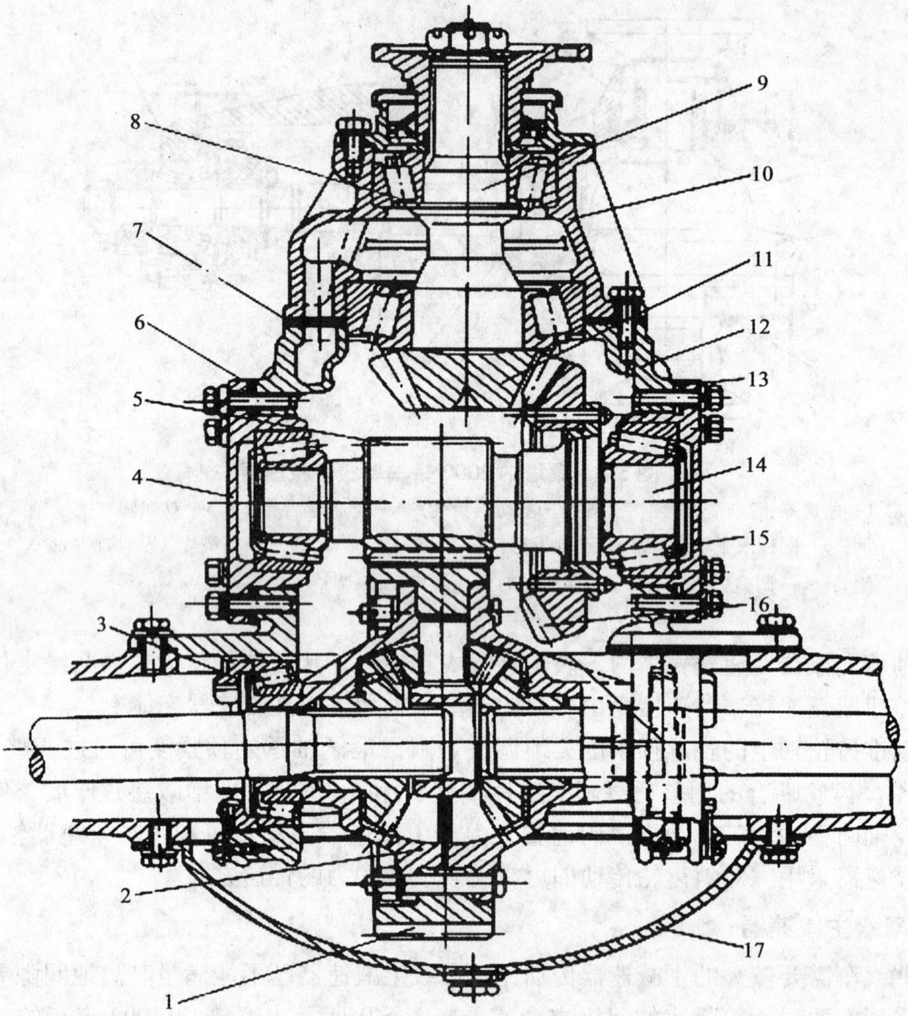

图 5-9 解放 CA1092 汽车的双级主减速器

1—第二级从动齿轮；2—差速器；3—调整螺母；4，15—轴承盖；5—第二级主动齿轮；
6，7，8，13—调整垫片；9—第一级主动锥齿轮轴；10—轴承座；11—第一级主动锥齿轮；
12—主减速器；14—中间轴；16—第一级从动锥齿轮；17—后盖

松，减垫片则变紧。

第二步，中间轴轴承的预紧度通过改变调整垫片 6 和调整垫片 13 的总厚度来调整。加垫片则变松，减垫片则变紧。

第三步，差速器壳轴承预紧度靠拧动调整螺母 3 来调整。旋入调整螺母则变紧，旋出则变松。

轴承预紧度的检查方法与前面所讲的东风 EQ1090 汽车单级主减速器的调整相同。

② 锥齿轮啮合的调整。由于采用螺旋锥齿轮，所以锥齿轮啮合的调整方法与采用准双曲面齿轮的桑塔纳 2000 和东风 EQ1090 的主减速器调整方法不同。

啮合印痕和啮合间隙是同时进行调整的。先检查啮合印痕，方法同前面所讲的东风 EQ1090 单级主减速器的调整。然后按照“大进从、小出从、顶进主、根出主”的原则进行调整，如图 5-10 所示。啮合印痕合适后若间隙不符，则通过轴向移动另一锥齿轮进行调整，需要指出的是，当轴向移动第一级从动锥齿轮时，应在保证轴承预紧度不变，即调整垫片6，13 总数不变的前提下，通过将一侧垫片移向另一侧实现。

当啮合印痕位于从动锥齿轮轮齿大端时，如图5-10（a）所示，应将从动锥齿轮向主动锥齿轮靠拢，假如因此而使啮合间隙变小，可将主动锥齿轮向外移动。

当啮合印痕位于从动锥齿轮轮齿小端时，如图5-10（b）所示，应将从动锥齿轮移离主动锥齿轮，假如因此而使啮合间隙变大，可将主动锥齿轮向内移动。

当啮合印痕位于从动锥齿轮轮齿顶部时，如图5-10（c）所示，应将主动锥齿轮向从动锥齿轮靠拢，假如因此而使啮合间隙变小，可将从动锥齿轮向外移动。

当啮合印痕位于从动锥齿轮轮齿根部时，如图5-10（d）所示，应将从动锥齿轮移离主动锥齿轮，假如因此而使啮合间隙变大，可将从动锥齿轮向内移动。

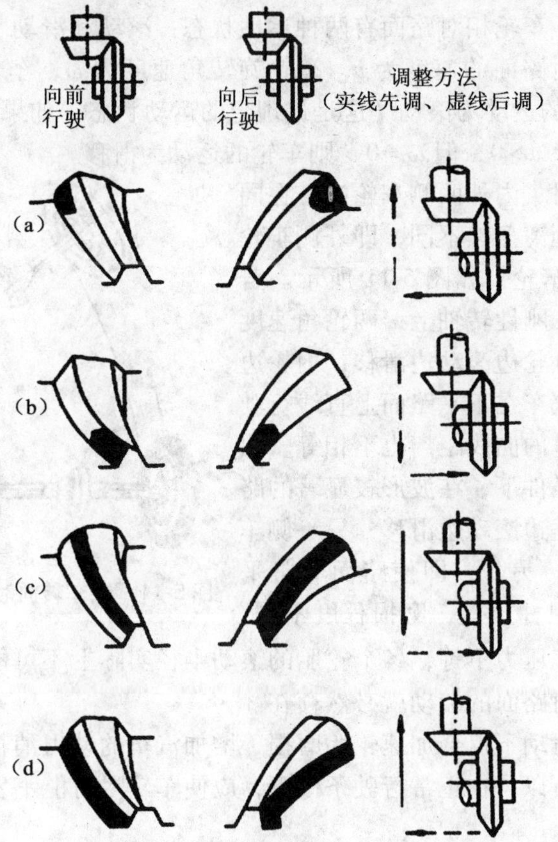

图5-10　螺旋锥齿轮啮合的调整

③ 第二级圆柱斜齿轮调整。第二级圆柱斜齿轮的啮合间隙不可调，但可通过拧动调整螺母使二级从动齿轮作轴向移动，以保证与二级主动齿轮全齿长啮合。同样，移动时应确保从动齿轮的轴承预紧度不变。

（3）主减速器调整注意事项

锥齿轮啮合的调整与锥齿轮的类型有关。

① 对于准双曲面锥齿轮，啮合印痕的调整是通过移动主动锥齿轮实现的，啮合间隙的调整是通过移动从动锥齿轮实现的。如桑塔纳2000和东风EQ1090的主减速器。

② 对于螺旋锥齿轮，啮合印痕按照“大进从、小出从、顶进主、根出主”的方法进行调整，啮合印痕合适后若间隙不符，则通过轴向移动另一锥齿轮进行调整。

③ 要先进行轴承预紧度的调整，再进行锥齿轮啮合的调整。

④ 锥齿轮啮合调整时，以啮合印痕为主，否则将加剧齿轮磨损。但当啮合间隙超过规定时，应成对更换。

（二）差速器

1. 功　能

差速器的功能是将主减速器传来的动力传给左、右两半轴，并在必要时允许左、右半轴以不同转速旋转，使左、右驱动车轮相对地面纯滚动而不是滑动。

汽车行驶过程中，车轮相对路面有两种运动状态：滚动和滑动。滑动又有滑转和滑移两种。设车轮中心相对路面的速度为 v，车轮旋转角速度为 ω，车轮滚动半径为 r。如果 $v=\omega r$，则车轮对路面的运动为滚动，这是最理想的运动状态；如果 $\omega>0$，但 $v=0$，则车轮的运动为滑转；如果 $v>0$，但 $\omega=0$，则车轮的运动为滑移。

当汽车转弯行驶时，内外两侧车轮中心在同一时间内移过的曲线距离显然不同，即外侧车轮移过的距离大于内侧车轮，如图 5-11 所示。若两侧车轮都固定在同一刚性转轴上，两轮角速度相等，则此时必然是外轮边滚动边滑移，内轮边滚动边滑转。同样，汽车在不平路面上直线行驶时，两侧车轮实际移过的曲线距离也不相等。因此，在角速度相同的条件下，在波形较显著的路面上运动的一侧车轮是边滚动边滑移，另一侧车轮则是边滚动边滑转。另外，即使路面非常平直，但由于轮胎制造尺寸误差，磨损程度不同，承受的载荷不同或充气压力不等，各个轮胎的滚动半径实际上不可能相等，因此，只要各轮角速度相等，车轮对路面的滑动就必然存在。

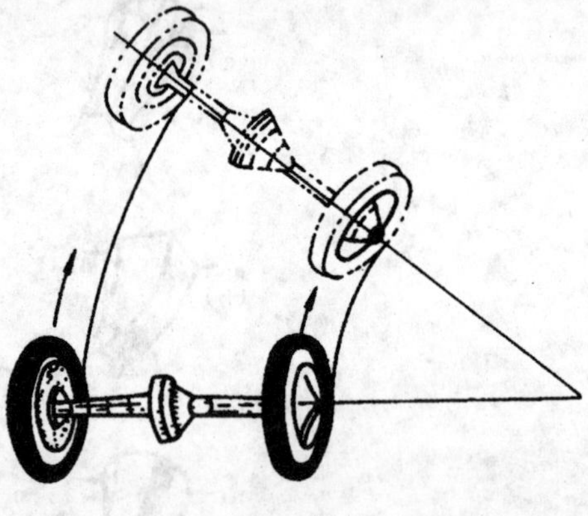

图 5-11　汽车转向时驱动车轮的运动示意图

车轮在路面上的滑动不仅会加速轮胎磨损，增加汽车的动力消耗，而且可能导致转向和制动性能的恶化。所以，在正常行驶条件下，应使车轮尽可能不发生滑动，差速器的作用就在于此。

2. 类　型

（1）按照用途分类

差速器按照其用途可分为轮间差速器和轴间差速器两类。

轮间差速器装在同一驱动桥的两驱动轮之间，保证车辆在不平路面及转弯等工况下驱动轮正常滚动行驶。而轴间差速器则装在各驱动桥之间，主要用于越野车及多桥驱动的重型车辆上。多轴驱动的汽车各驱动桥间由传动轴相连。若各桥的驱动轮均以相同的角速度旋转，同样也会发生上述轮间无差速器时现象。为此，可在两驱动桥间装设轴间差速器。

（2）按照工作特性分类

差速器按照其工作特性可分为普通齿轮式差速器和防滑差速器两大类。

普通圆锥齿轮差速器多为行星齿轮式，其工作性能特点之一是机构内部摩擦很小，因而差速器通过两半轴输出的转矩之比基本上是定值。

而当左右或前后驱动轮与路面间的附着条件相差较大时，普通圆锥齿轮差速器将不能保证汽车获得足够的牵引力。此时，只有附着较差的驱动轮高速滑转而汽车却不能前进。防滑差速器在此情况下可将输入的转矩更多地甚至全部分配到附着条件较好、滑转程度较小的驱动轮上，以保证汽车继续行驶。

（3）按照齿形分类

齿轮式差速器按照其齿形可分为圆锥齿轮式（见图5-12（a）、（b））和圆柱齿轮式（见图5-12（c））两类。

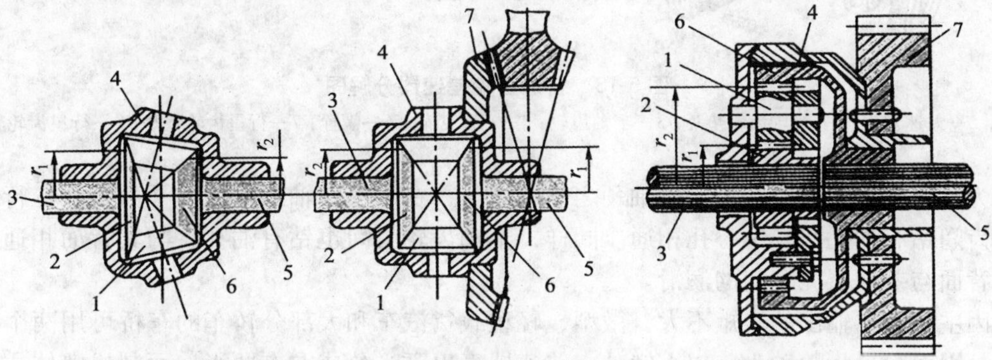

（a）不对称式圆锥齿轮差速器　（b）对称式圆锥齿轮差速器　（c）圆柱齿轮式差速器

图5-12　齿轮式差速器

1—行星齿轮；2，6—半轴齿轮；3，5—半轴；4—差速器壳（行星架）；7—动力输入齿轮

（4）按照两侧输出转矩是否相等分类

按照两侧的输出转矩是否相等，齿轮式差速器可分为对称式（即等转矩式）和不对称式（即不等转矩式）两类。对称式（见图5-12（b））用做轮间差速器或由平衡悬架联系的两驱动桥（6×6或6×4汽车的中、后驱动桥）之间的轴间差速器。不对称式（见图5-12（a）和5-12（c））用做前、后驱动桥之间（4×4汽车）或前驱动桥与中、后驱动桥之间（6×6汽车）的轴间差速器。

3. 普通圆锥齿轮差速器的构造

目前，汽车上广泛应用的是对称式锥齿轮差速器，称为普通圆锥齿轮差速器或普通差速器，结构如图5-13所示。它主要由4个行星齿轮4，1个行星齿轮轴8，2个半轴齿轮3和差速器壳等组成。差速器壳由1，5左右两部分组成，用螺栓紧固在一起。主减速器从动齿轮用铆钉或螺栓固定在差速器壳左半部1的凸缘上。装合时行星齿轮轴8的4个轴颈装在两半差速器壳组成的十字形孔中，每个轴颈上松套着一个行星齿轮4。2个半轴齿轮3与4个行星齿轮啮合。半轴齿轮用其轴颈支撑在差速器壳相应的孔中，其内花键与半轴相连。行星齿轮背面大都做成球面，与差速器壳的凹球面配合，保证良好的对中性，与半轴齿轮啮合正确。行星齿轮、半轴齿轮背面与壳体相应的摩擦面间装有软钢、青铜或尼龙制成的减磨垫片7和2，磨损后可通过更换垫片来调整齿轮的啮合间隙。

十字轴的4个装配孔在左、右差速器壳装合后加工成型，故在拆卸装配时应注意装配标记。差速器靠主减速器壳内的齿轮油来润滑，因此差速器壳上开有供润滑油进出的窗

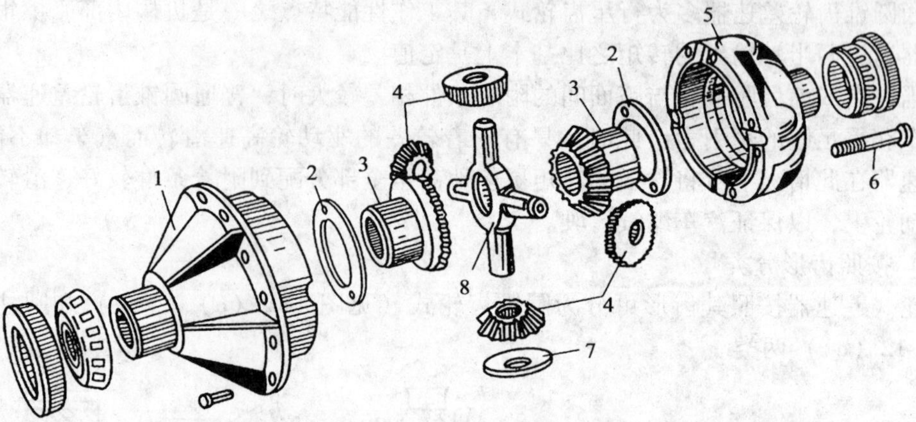

图 5-13　普通齿轮差速器分解图

1，5—差速器壳；2—半轴齿轮垫片；3—半轴齿轮；4—行星齿轮；6—螺栓；7—行星齿轮垫片；8—行星齿轮轴

孔。为了保证行星齿轮与十字轴轴颈之间的润滑，在十字轴轴颈上铣有平面，并在行星齿轮的齿间钻有油孔与其中心孔相通。同样，半轴齿轮齿间也钻有油孔，与其背面相通，以加强背面与差速器壳之间的润滑。

因主减速器输出的转矩不大，微型、轻型载货汽车和大部分轿车的车桥可用两个行星齿轮，因而行星齿轮轴为一根直销轴，差速器壳也不必分成左右两半，而制成整体式，其前后两侧都开有大窗孔，以便拆装行星齿轮和半轴齿轮，如图 5-14 所示。两个行星锥齿轮 13 通过弹性圆柱销 12 将齿轮轴固定在差速器壳体中。两半轴齿轮和两个行星齿轮背面的垫片制成一整体球形耐磨垫片 11。

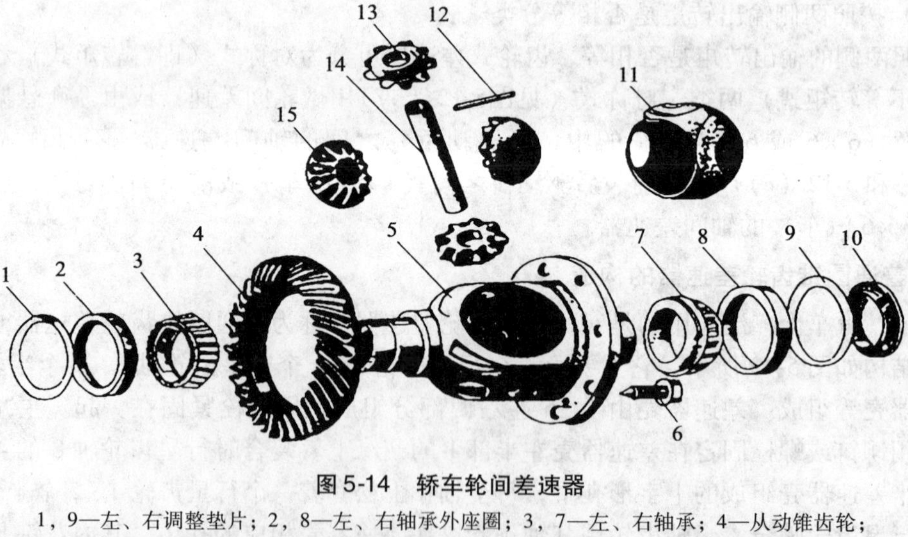

图 5-14　轿车轮间差速器

1，9—左、右调整垫片；2，8—左、右轴承外座圈；3，7—左、右轴承；4—从动锥齿轮；5—差速器壳；6—从动锥齿轮螺栓；10—速度表圆磁铁；11—球形耐磨垫片；12—弹性圆柱销；13—行星锥齿轮；14—行星齿轮轴；15—半轴锥齿轮

工作时，传至差速器壳的动力依次经十字轴、行星齿轮和半轴齿轮传给半轴，再由半轴传给驱动轮。根据左、右两驱动轮遇到阻力的情况不同，差速器使其等速转动或不等速转动。

4. 普通圆锥齿轮差速器的工作原理

差速器的工作原理如图5-15、图5-16所示。主减速器传来的动力带动差速器壳（转速为 n_0）转动，经过行星齿轮轴、行星齿轮、半轴齿轮、半轴（转速分别为 n_1 和 n_2），最后传给两侧驱动车轮。

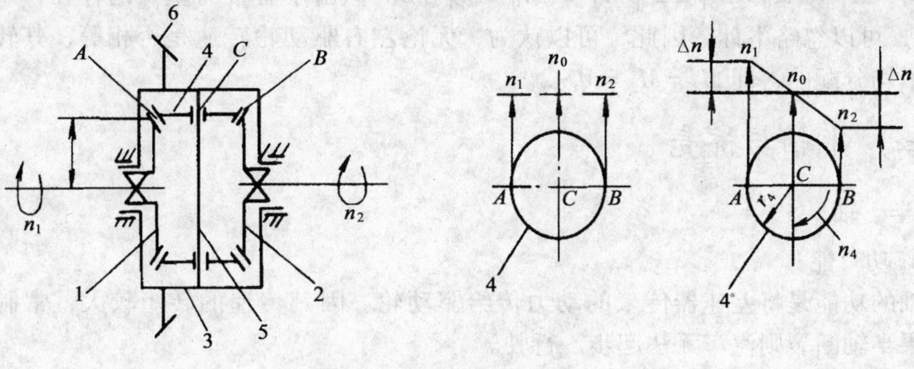

图5-15　差速器差速原理

1，2—半轴齿轮；3—差速器壳；4—行星齿轮；5—行星齿轮轴；6—主减速器从动齿轮

差速器中的行星齿轮可能有三种运动情况：绕半轴中心公转、绕自身中心自转和既公转又自转。

（1）汽车直线行驶时

此时两侧驱动车轮所受到的地面阻力相同，并经半轴、半轴齿轮反作用于行星齿轮两啮合点 A 和 B（见图5-15）。这时行星齿轮相当于等臂杠杆，即行星齿轮不自转，只随差速器壳和行星齿轮轴一起公转，两半轴无转速差，即 $n_1=n_2=n_0$，$n_1+n_2=2n_0$。

同样，由于行星齿轮相当于等臂杠杆，主减速器传到差速器壳体上的转矩 M_0 等分给两半轴齿轮（半轴），即 $M_1=M_2=M_0/2$。

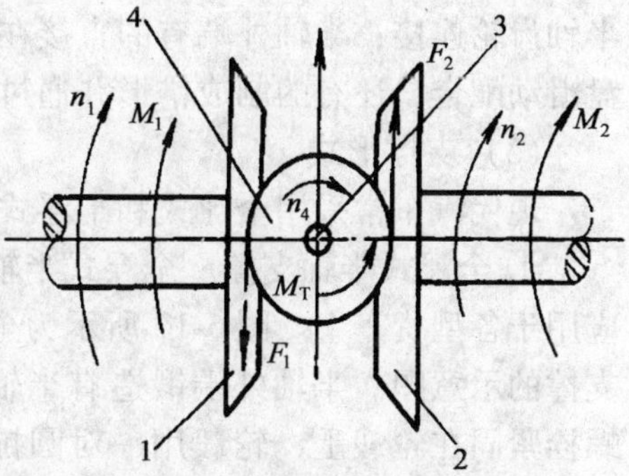

图5-16　差速器转矩分配原理

1，2—半轴齿轮；3—行星齿轮轴；4—行星齿轮

（2）汽车转向行驶时

此时两侧驱动车轮所受到的地面阻力不同。如果车辆右转，右侧（内侧）驱动车轮所受的阻力大，左侧（外侧）驱动车轮所受的阻力小。这两个阻力经半轴、半轴齿轮反作用于行星齿轮两啮合点 A 和 B（见图5-16），使行星齿轮除了随差速器壳公转外还顺时针自转，设自转转速为 n_4，则左半轴齿轮的转速增加，右半轴齿轮的转速降低，且左半轴齿轮增加的转速等于右半轴齿轮降低的转速。设半轴齿轮的转速变化为 Δn，则 $n_1=n_0+\Delta n$，$n_2=n_0-\Delta n$，即汽车右转时，左侧（外侧）车轮转得快，右侧（内侧）车轮转得慢，实现纯滚动。此时依然有 $n_1+n_2=2n_0$，此方程式为两半轴齿轮直径相等的对称式锥齿轮差速器的运动特性方程式。它表明两侧半轴齿轮的转速之和等于差速器壳转速的2倍，而与行星齿轮转速无关。因此，在汽车转弯行驶或其他行驶情况下，都可以借行星齿轮以相应转速自转，使两侧驱动车轮以不同转速在地面上滚动而无滑动。

可见，只要两侧驱动轮受到的行驶阻力不相等或两轮的滚动半径不等，差速器就开始起差速作用。

由于行星齿轮的自转，行星齿轮孔与行星齿轮轴轴径间、齿轮背部与差速器壳体之间产生摩擦。行星齿轮所受的摩擦力矩 M_T 方向与其自转方向相反，并传到左、右半轴齿轮，使转得快的左半轴的转矩减小，转得慢的右半轴的转矩增加。所以当左、右驱动车轮存在转速差时，$M_1=(M_0-M_T)/2$，$M_2=(M_0+M_T)/2$。但由于有推力垫片的存在，实际中的 M_T 很小，可以忽略不计。因此，可以认为，无论左右驱动轮转速是否相等，其转矩基本上总是平均分配的，即 $M_1=M_2=M_0/2$。

(三) 半轴与桥壳

1. 半　轴

(1) 功　能

半轴的功能是将差速器传来的动力传给驱动轮。因其传递的转矩较大，常制成实心轴。如果半轴断裂则汽车无法起步、行驶。

(2) 构　造

半轴的结构因驱动桥结构形式不同而不同。整体式驱动桥中的半轴为一刚性整轴，而转向驱动桥和断开式驱动桥中的半轴则分段并用万向节连接。半轴内端一般制有外花键与半轴齿轮连接；半轴外端有的直接在轴端锻造出凸缘盘，有的制成花键与单独制成的凸缘盘滑动配合，还有的制成锥形并通过键和螺母与轮毂固定连接。

(3) 支撑形式

现代汽车常采用全浮式和半浮式两种半轴支撑形式。

① 全浮式半轴支撑。全浮式半轴支撑广泛应用于各型货车上。图 5-17 所示为全浮式半轴支撑的示意图。半轴外端锻造有半轴凸缘，用螺栓紧固在轮毂上，轮毂用一对圆锥滚子轴承支撑在半轴套管上，半轴套管与空心梁压配成一体，组成驱动桥壳。这种支撑形式半轴与桥壳没有直接联系。半轴内端用花键与半轴齿轮套合，并通过差速器壳支撑在主减速器壳的座孔中。

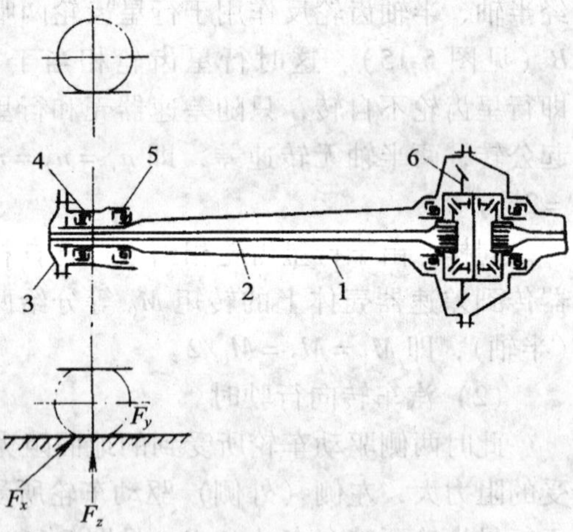

图 5-17　全浮式半轴支撑示意图

1—桥壳；2—半轴；3—半轴凸缘；4—轮毂；5—轮毂轴承；6—主减速器从动锥齿轮

这种半轴支撑形式半轴只在两端承受转矩，不承受其他任何反力和弯矩，所以称为全浮式半轴支撑。路面对轮胎的各种作用力反映到车桥上的情况是：除切向反力 F_x 作为该轮的牵引力传到半轴使半轴受转矩作用外，切向反力 F_x、垂直反力 F_z、侧向反力 F_y 以及由它们所产生的弯矩都经两轴承 5 直接传到桥壳上，由桥壳承受。

全浮式半轴支撑广泛应用于各种类型的载货汽车上。图 5-18 所示为一辆中型载货汽车的全浮式半轴支撑外端与轮毂及桥壳的连接装配图。半轴 6 外端锻出凸缘，借助轮毂螺栓 7 和轮毂 9 连接。轮毂 9 通过两个相距较远的圆锥滚子轴承 8 和 10 支撑在半轴套管 1

上。半轴套管与桥壳12压配成一体。

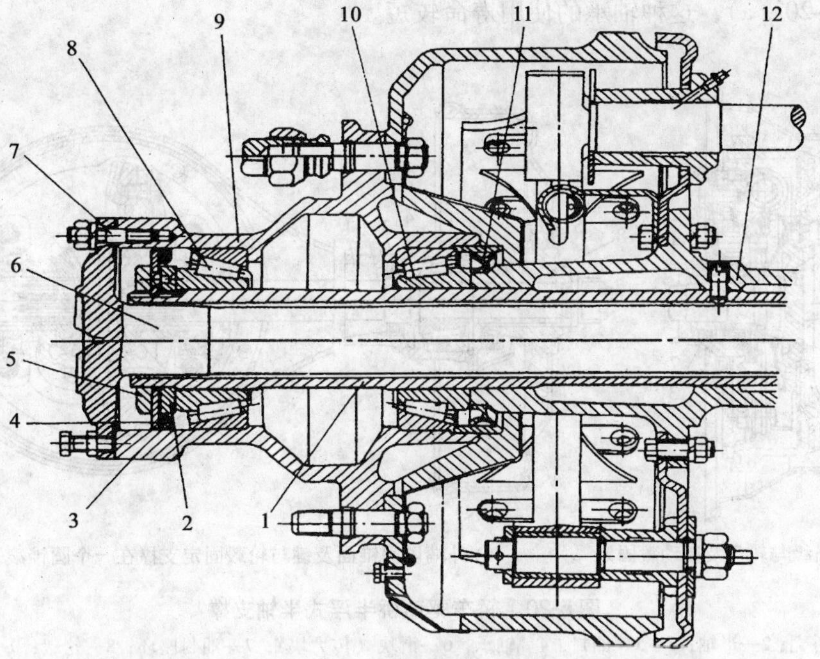

图5-18　全浮式半轴支撑外端与轮毂和桥壳连接装配图

1—半轴套管；2—调整螺母；3—油封；4—锁紧垫圈；5—锁紧螺母；6—半轴；7—轮毂螺栓；8，10—圆锥滚子轴承；9—轮毂；11—油封；12—桥壳

全浮式半轴支撑便于拆装，只需拧下半轴凸缘上的轮毂螺栓即可将半轴抽出，而车轮和桥壳照样能支持住汽车。

② 半浮式半轴支撑。图5-19所示为半浮式半轴支撑的示意图。半轴外端制成锥形，锥面上铣有键槽，最外端制有螺纹。轮毂以其相应的锥孔与半轴上锥面配合，并用键连接，用锁紧螺母紧固。半轴用一个圆锥滚子轴承直接支撑在桥壳凸缘的座孔内。车轮与桥壳之间无直接联系，而支撑于悬伸出的半轴外端。因此，地面作用于车轮的各种反力都须经半轴外端的悬伸部分传给桥壳，使半轴外端不仅要承受转矩，而且还要承受各种反力及其形成的弯矩。半轴内端通过花键与半轴齿轮连接，不承受弯矩，故称这种支撑形式为半浮式半轴支撑。

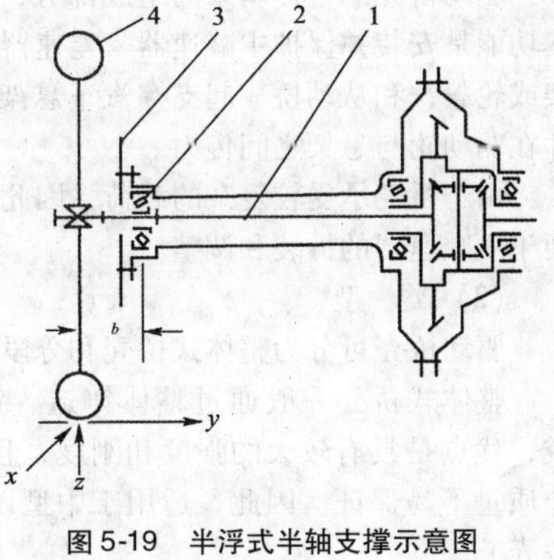

图5-19　半浮式半轴支撑示意图

1—半轴；2—圆锥滚子轴承；3—轴承盖；4—车轮

图5-20所示为轿车驱动桥的半浮式半轴支撑。其半轴2内端的支撑与全浮式支撑相同，即内端不受弯矩。半轴外端安装车轮的轮毂8，用锁紧螺母锁紧。半轴2用圆锥滚子轴承4直接支撑在桥壳1内。显然，此时作用在车轮上的各反力都必须通过半轴传给桥壳。当半轴外端支撑在一个圆锥滚子轴承上时（图

5-20（b）），向外的轴向力由轴承承受，而向内作用的轴向力则由两半轴之间的滑块（传力块）6 传给另一半轴的外端轴承。安装了可以承受双向作用轴向力的向心推力球轴承的结构见图 5-20（a），这种轴承的使用寿命较短。

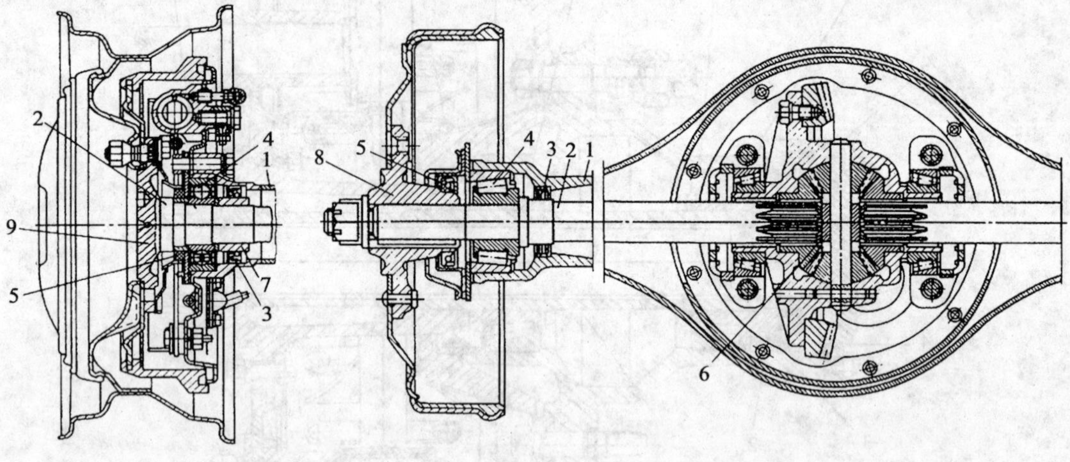

(a) 外端以凸缘与轮盘及制动毂固定　(b) 外端以圆锥面及键与轮毂固定支撑在一个圆锥滚子轴承上

图 5-20　轿车驱动桥半浮式半轴支撑

1—桥壳；2—半轴；3，5—油封；4—轴承；6—滑块（传力块）；7—油封座环；8—轮毂；9—凸缘

半浮式半轴支撑结构简单，但半轴受力情况复杂且拆装不便，多用于反力、弯矩较小的各类轿车及微型、轻型汽车上。

2. 桥　壳

（1）功　能

驱动桥壳既是传动系的组成部分，也是行驶系的组成部分。作为传动系的组成部分，其功能是安装并保护主减速器、差速器和半轴。作为行驶系的组成部分，其功能是安装悬架或轮毂，和从动桥一起支撑汽车悬架以上各部分质量，承受驱动轮传来的反力和力矩，并在驱动轮与悬架之间传力。

由于桥壳承受较复杂的载荷，因此要求桥壳应具有足够的强度和刚度，质量小，还要便于主减速器的拆装和调整。

（2）类　型

驱动桥壳可分为整体式桥壳和分段式桥壳两种类型。

整体式桥壳一般通过整体铸造、钢板冲压焊接、中段铸造压入钢管等形式制造而成，优点是具有较大的强度和刚度，且便于主减速器的拆装和调整；缺点是质量大，铸造质量不易保证。因此，适用于中型以上货车（见图 5-21，为东风 EQ1090 汽车的驱动桥壳）。

分段式桥壳一般分为两段，由螺栓将两段连成一体。分段式桥壳最大的缺点是拆装、维修主减速器、差速器十分不便，必须把整个驱动桥从车上拆下来，现已很少应用（见图 5-22）。

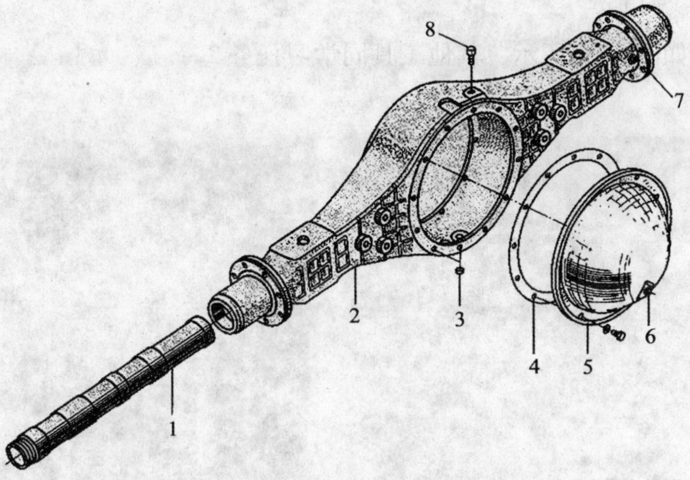

图 5-21　整体式驱动桥壳（东风 EQ1090）

1—半轴套管；2—后桥壳；3—放油孔；4—后桥壳垫片；5—后盖；6—加油孔；7—凸缘盘；8—通气塞

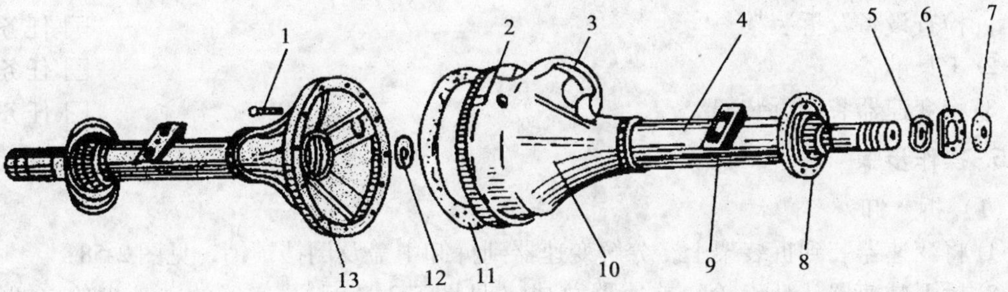

图 5-22　分段式桥壳

1—螺栓；2—加油孔；3—主减速器壳颈部；4—半轴套管；5—调整螺栓；6—止动垫片；7—锁紧螺母；8—凸缘盘；9—钢板弹簧座；10—主减速器壳；11—垫片；12—油封；13—盖

二、任务实施

项目（一）爱丽舍轿车减速器及差速器的拆装

1. 项目说明

汽车减速器是重要的负荷承载部件，在使用中如果超载或使用维护不当，会出现打齿、异响等故障，严重时会导致报废。因此，应熟练掌握减速器及差速器的拆装作业。

2. 技术要求与标准

① 一名学员能在 30 分钟内完成此项目；

② 螺栓紧固力矩如表 2-4 所列；

③ 注意人身及设备安全。

3. 设备器材

① 爱丽舍轿车手动变速器；

② 拆装架、零件架；

③ 专用工具如图 5-23 所示，其他工具同学习任务 2。

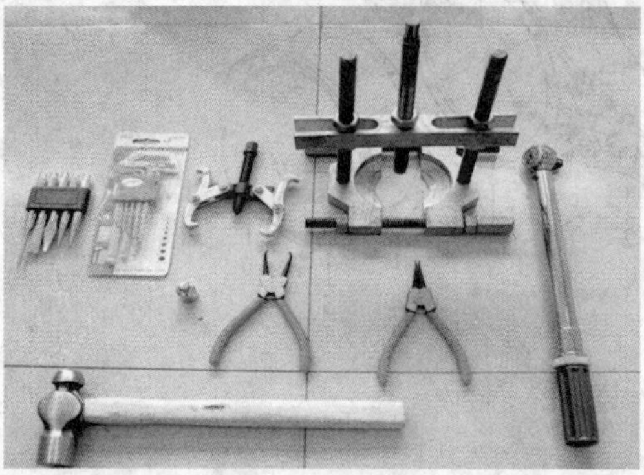

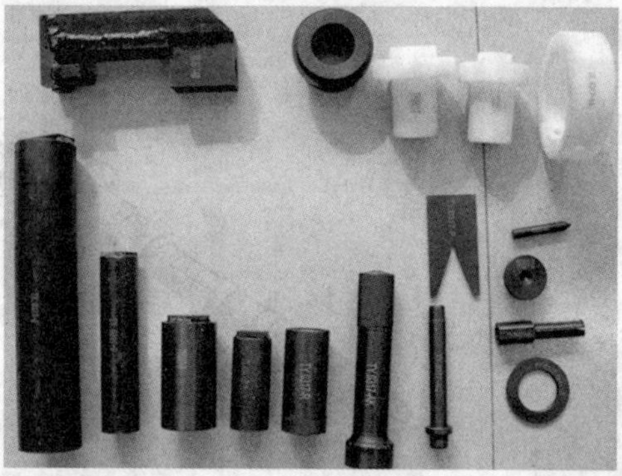

图 5-23 差速器分解及油封拆卸工具

4. 作业准备

① 检查设备及拆装架 □ 任务完成

② 工具准备 □ 任务完成

③ 将变速器装到拆装架上 □ 任务完成

5. 操作步骤

（1）拆 卸

① 将变速器装到拆装架上，分解变速器到拆卸中盖及倒挡锁销，见图 2-58；

② 拆下减速器从动齿轮、差速器总成（见图 5-24）和减速器的主动齿轮（见图 5-25）；

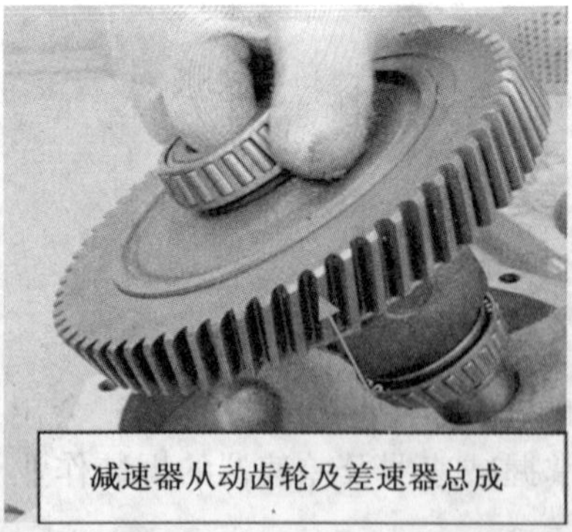

图 5-24 拆下减速器总成

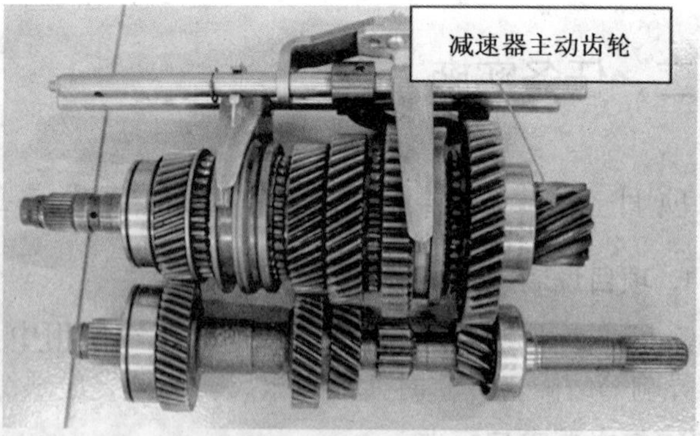

图 5-25 MA5 手动变速器齿轮机构总成

③ 拆卸行星齿轮轴定位卡环，分解差速器，如图 5-26 所示；

④ 用轴承拉器拉出差速器壳两端支撑轴承，如图 5-27 所示。

图 5-26　分解差速器

图 5-27　拆卸差速器壳体轴承

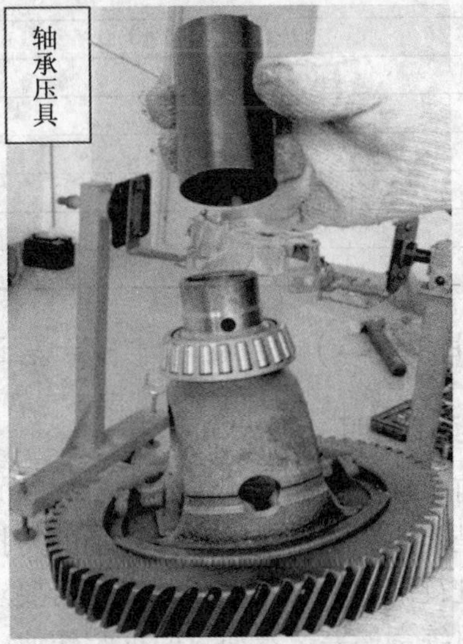

图 5-28　安装差速器壳体轴承

（2）安　装

① 用轴承压具在压力机上压装上差速器壳体支撑轴承，如图 5-28 所示；

② 润滑行星齿轮、半轴齿轮及减磨垫圈并装复；

③ 安装行星齿轮轴卡环；

④ 安装减速器及差速器总成；

⑤ 安装倒挡锁销，安装中盖；

⑥ 装复变速器齿轮传动及操纵机构。

注意：安装时要注意螺栓的拧紧力矩和润滑部位。

6. 记录与分析

<table>
<tr><td rowspan="2">基本信息</td><td>班级</td><td></td><td>姓名</td><td></td><td>日期</td><td></td></tr>
<tr><td>车型</td><td></td><td>设备名称</td><td></td><td>项目</td><td>减速器及差速器的拆装</td></tr>
<tr><td>拆装记录与分析</td><td colspan="6">故障情境描述：

拆装注意事项：

拆装步骤：

</td></tr>
</table>

项目（二）爱丽舍轿车差速器油封的拆装

1. 项目说明

在前驱动轿车的使用中，由于离地间隙较小，传动轴会出现碰擦现象，又因为这类轿车前桥是转向驱动桥，因此传动轴的防护罩在使用中由于频繁变形会导致损坏，必须拆卸传动轴进行维修。按照汽车维修手册要求，只要拆卸传动轴，就必须更换差速器油封。因此，应熟练掌握差速器油封的拆装作业。

2. 技术要求与标准

① 一名学员能在 20 分钟内完成此项目；

② 注意人身及设备安全。

3. 设备器材

① 爱丽舍轿车手动变速器；

② 拆装架、零件架；

③ 拆卸工具如图 5-29 所示。

4. 作业准备

① 检查设备及拆装架　　□ 任务完成

② 工具准备　　□ 任务完成

③ 将变速器装到拆装架上　　□ 任务完成

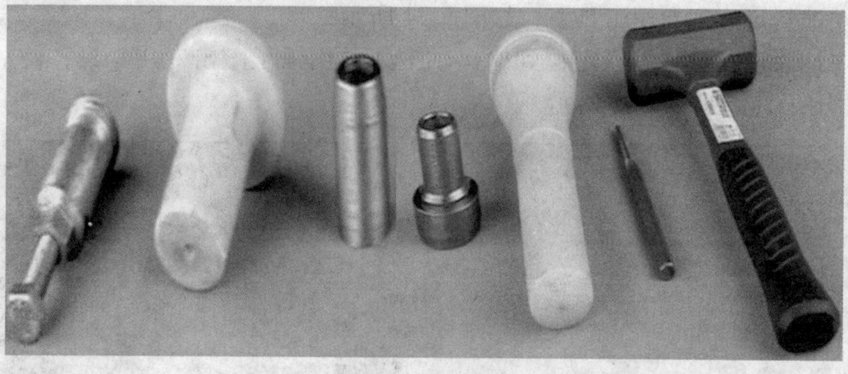

图 5-29　差速器油封拆装工具

5. 操作步骤

（1）拆　卸

① 用油封拉拔器 0338C 拆下右传动轴油封，如图 5-30 所示；

② 用锤子和铳子向内敲击左油封一边沿，用手拉住油封另一边，将油封拉出，如图 5-31 所示。

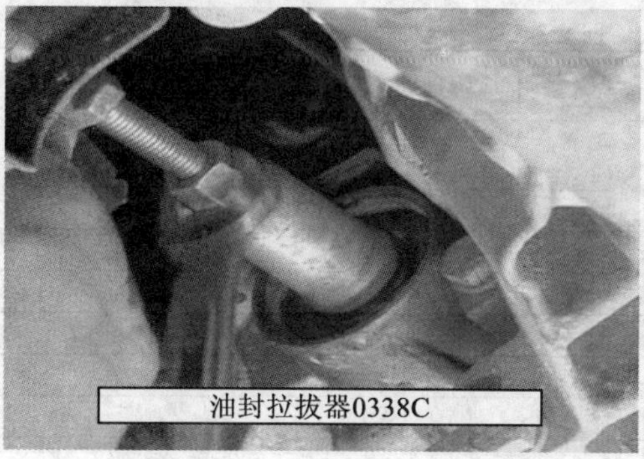

图 5-30　拆卸右传动轴油封

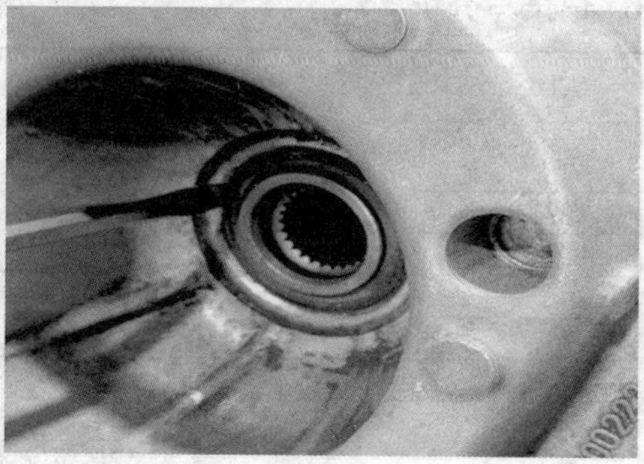

图 5-31　拆卸左传动轴油封

（2）安　装

① 在油封刃口涂一些变速器油，注意油封密封面不需涂油；

② 将右油封装到专用套管及安装套筒上，如图 5-32 所示；

图 5-32　将油封安装到专用工具 0338J1 上

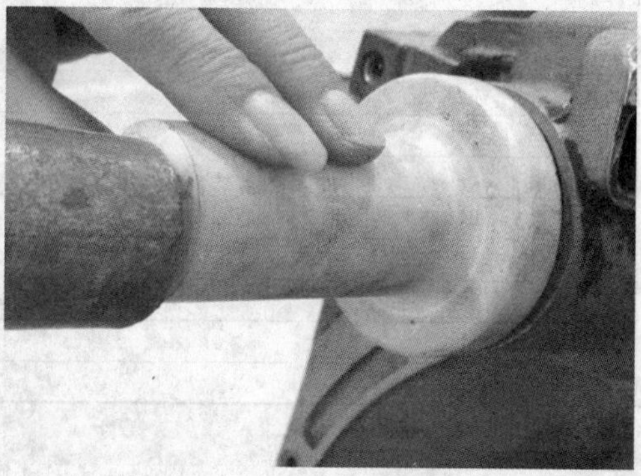

图 5-33　安装油封

③ 利用专用工具将右油封安装到输出轴上，如图 5-33 所示；

④ 将左油封定位到专用工具上，如图 5-34 所示；

⑤ 将左油封连同安装导管定位到输出轴上，再用锤子敲击专用工具，使油封安装到位，取下专用工具，如图 5-35 所示。

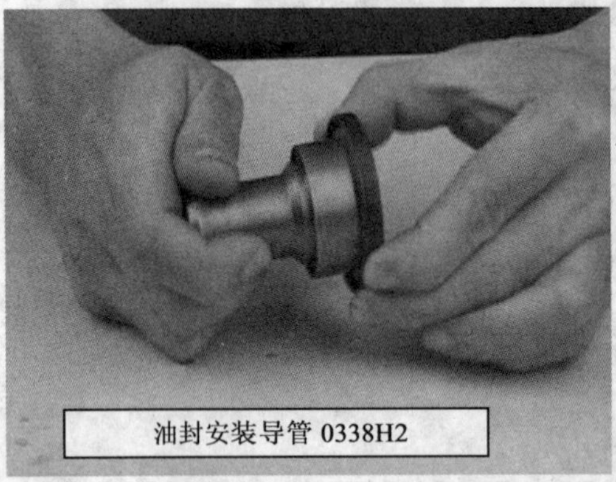

图 5-34　将油封安装到专用工具 0338H2 上

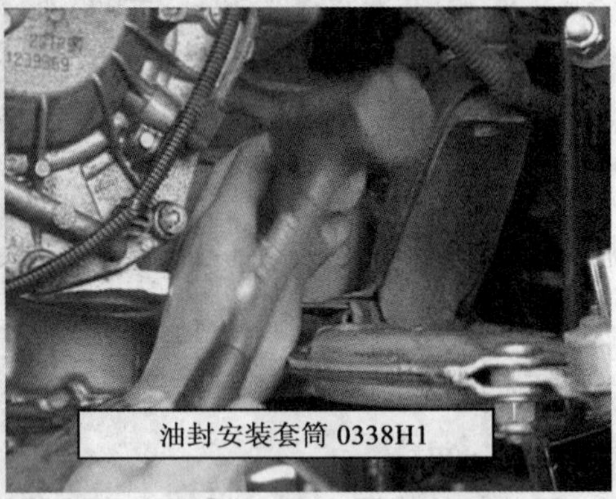

图 5-35　用工具 0338H1 安装油封

6. 记录与分析

<table>
<tr><td rowspan="2">基本信息</td><td>班级</td><td></td><td>姓名</td><td></td><td>日期</td><td></td></tr>
<tr><td>车型</td><td></td><td>设备名称</td><td></td><td>项目</td><td>差速器油封的拆装</td></tr>
<tr><td rowspan="3">拆装记录与分析</td><td colspan="6">故障情境描述：</td></tr>
<tr><td colspan="6">注意事项：</td></tr>
<tr><td colspan="6">拆装步骤：</td></tr>
</table>

三、学习评价

（一）理论考核

1. 填空题

① 驱动桥由（　　）、（　　）、（　　）和（　　）等组成。其作用是将万向传动装置传来的发动机转矩传递给驱动车轮，实现降速以增大转矩。

② 齿轮啮合的调整是指（　　）和（　　）的调整。

③ 齿轮啮合的正确印记应位于（　　），并占齿面宽度的（　　）以上。

④ 两侧的输出转矩相等的差速器称为（　　），也称（　　）。

⑤ 对称式差速器用做（　　）差速器或由平衡悬架联系的两驱动桥之间的（　　）差速器。

⑥ 半轴是在（　　）与（　　）之间传递动力的实心轴。

⑦ 半轴的支撑形式有（　　）和（　　）两种。

2. 选择题

① 行星齿轮差速器起作用的时刻为（　　）。

A. 汽车转弯　　B. 直线行驶

C. A，B 情况下都起作用　　D. A，B 情况下都不起作用

② 设对称式锥齿轮差速器壳的转速为 n_0，左、右两侧半轴齿轮的转速分别为 n_1 和 n_2，则有（　　）。

A. $n_1+n_2=n_0$　　B. $n_1+n_2=2n_0$

C. $n_1+n_2=1/2n_0$　　D. $n_1=n_2=n_0$

③ 设对称式锥齿轮差速器壳所得到转矩为 M_0，左右两半轴的转矩分别为 M_1，M_2，则有（　　）。

A. $M_1=M_2=M_0$　　B. $M_1=M_2=2M_0$

C. $M_1=M_2=1/2M_0$　　D. $M_1+M_2=2M_0$

④ 全浮半轴承受（　　）的作用。

A. 转矩　　B. 弯矩　　C. 反力　　D. A，B，C

3. 判断题

① 双速主减速器就是具有两对齿轮传动副的主减速器。（　　）

② 当汽车在一般条件下行驶时，应选用双速主减速器中的高速挡，而在行驶条件较差时，则采用低速挡。（　　）

③ 对于对称式锥齿轮差速器来说，当两侧驱动轮的转速不等时，行星齿轮仅自转不公转。（　　）

④ 对称式锥齿轮差速器当行星齿轮没有自转时，总是将转矩平均分配给左、右两半轴齿轮。（　　）

⑤ 当采用半浮式半轴支撑时，半轴与桥壳没有直接联系。（　　）

⑥ 半浮式支撑的半轴易于拆装，不需拆卸车轮就可将半轴抽下。（　　）

⑦ 解放 CA1091 和东风 EQ1090 汽车均采用全浮式支撑的半轴，这种半轴除承受转矩外，还承受弯矩的作用。（　　）

4. 简答题

① 驱动桥的功能是什么？每个功能主要由驱动桥的哪个部分实现和承担？

② 主减速器的功能是什么？

③ 为什么主减速器中的锥齿轮多采用螺旋锥齿轮而不用直齿锥齿轮？

④ 准双曲面齿轮主减速器有何优缺点？使用时应注意什么？

⑤ 试述对称式锥齿轮差速器的结构和差速原理。

⑥ 试用对称式锥齿轮差速器平均分配扭矩特性分析，采用此种差速器的汽车当一侧车轮陷到泥坑里或在冰雪路面上行驶时出现的误车现象。

⑦ 半浮式半轴与桥壳之间通常只装一个轴承，侧向力是如何承受和平衡的？

（二）技能考核

项目 1　　**爱丽舍轿车减速器与差速器的拆装**

基本信息	姓名		学号		班级		组别	
	规定时间		完成时间		考核日期		总评成绩	

	序号	步骤	完成情况		标准分	评分
			完成	未完成		
任务工单	1	考核准备： 材料： 工具： 设备：			10	
	2	变速器安装到拆装架			5	
	3	放油			5	
	4	变速器拆卸			5	
	5	减速器、差速器分解			10	
	6	差速器壳体支撑轴承拆卸			10	
	7	减速器、差速器组装			10	
	8	轴承压装			5	
	9	变速器组装			10	
	10	加注自动变速器油			5	
安全					5	
5S					5	
团队协作					5	
沟通表达					5	
工单填写					5	

项目2 差速器油封的拆装

<table>
<tr><td rowspan="2">基本信息</td><td>姓名</td><td></td><td>学号</td><td></td><td>班级</td><td></td><td>组别</td><td></td></tr>
<tr><td>规定时间</td><td></td><td>完成时间</td><td></td><td>考核日期</td><td></td><td>总评成绩</td><td></td></tr>
<tr><td rowspan="12">任务工单</td><td rowspan="2">序号</td><td rowspan="2" colspan="2">步骤</td><td colspan="2">完成情况</td><td rowspan="2" colspan="2">标准分</td><td rowspan="2">评分</td></tr>
<tr><td>完成</td><td>未完成</td></tr>
<tr><td>1</td><td colspan="2">考核准备：
材料：
工具：
设备：</td><td></td><td></td><td colspan="2">10</td><td></td></tr>
<tr><td>2</td><td colspan="2">变速器安装到拆装架</td><td></td><td></td><td colspan="2">5</td><td></td></tr>
<tr><td>3</td><td colspan="2">工具的正确选用</td><td></td><td></td><td colspan="2">5</td><td></td></tr>
<tr><td>4</td><td colspan="2">右油封的拆卸</td><td></td><td></td><td colspan="2">5</td><td></td></tr>
<tr><td>5</td><td colspan="2">左油封的拆卸</td><td></td><td></td><td colspan="2">5</td><td></td></tr>
<tr><td>6</td><td colspan="2">新油封的润滑</td><td></td><td></td><td colspan="2">5</td><td></td></tr>
<tr><td>7</td><td colspan="2">油封安装工具选用</td><td></td><td></td><td colspan="2">10</td><td></td></tr>
<tr><td>8</td><td colspan="2">右新油封的安装</td><td></td><td></td><td colspan="2">10</td><td></td></tr>
<tr><td>9</td><td colspan="2">左新油封的安装</td><td></td><td></td><td colspan="2">10</td><td></td></tr>
<tr><td>10</td><td colspan="2">清洁及整理</td><td></td><td></td><td colspan="2">5</td><td></td></tr>
<tr><td colspan="6">安全</td><td colspan="2">5</td><td></td></tr>
<tr><td colspan="6">5S</td><td colspan="2">10</td><td></td></tr>
<tr><td colspan="6">团队协作</td><td colspan="2">5</td><td></td></tr>
<tr><td colspan="6">沟通表达</td><td colspan="2">5</td><td></td></tr>
<tr><td colspan="6">工单填写</td><td colspan="2">5</td><td></td></tr>
</table>

四、拓展学习

下面介绍一下其他形式的减速器和差速器。

（一）减速器

为充分提高汽车的动力性和经济性，有些重型汽车上采用具有两种主减速比并可根据行驶条件来选择其挡位的双速主减速器。双速主减速器由两级齿轮减速构成，第一级减速采用一对螺旋锥齿轮或双曲面齿轮，而根据第二级减速形式的不同分为锥齿轮-行星齿轮式和锥齿轮-圆柱齿轮式。

1. 双速式主减速器

图 5-36 所示为锥齿轮-行星齿轮式双速减速器的结构示意图，它由一对圆锥齿轮和一

个行星齿轮机构组成。齿圈 8 和从动锥齿轮 7 连成一体，行星架 9 则与差速器 6 的壳体刚性连接。动力由锥齿轮副经行星齿轮机构传给差速器，最后由半轴传给驱动轮。在左半轴 2 上滑套着一个接合套 1。接合套上有短齿接合齿圈 A 和长齿接合齿圈 D（即太阳轮）。

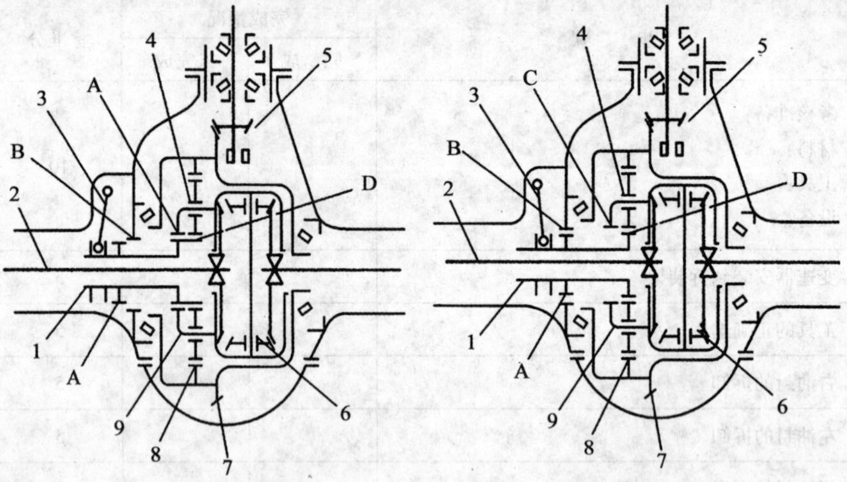

（a）高速挡单级传动　　（b）低速挡双级传动

图 5-36　锥齿轮-行星齿轮式双速主减速器

1—接合套；2—半轴；3—拨叉；4—行星齿轮；5—主动锥齿轮；6—差速器；7—从动锥齿轮；8—齿圈；9—行星架

一般行驶条件下，用高速挡传动。此时，拨叉 3 将接合套 1 保持在左方位置（见图 5-36（a））。接合套短齿接合齿圈 A 与固定在主减速器壳上的接合齿圈 B 分离，而长齿接合齿圈 D 与行星齿轮 4 和行星架 9 的齿圈 C 同时啮合，从而使行星齿轮不能自转，行星齿轮机构不起减速作用。于是，差速器壳体与从动锥齿轮 7 以相同转速旋转。显然，高速挡主传动比即从动锥齿轮齿数与主动锥齿轮齿数之比。

当行驶条件要求有较大的牵引力时，驾驶员可通过气压或电动操纵系统拨动拨叉 3，将接合套 1 推向右方（图 5-36（b）），使接合套的短齿接合齿圈 A 与齿圈 B 接合，使接合套与主减速器壳体连为一体。其长齿接合齿圈 D 与行星架的内齿圈 C 分离，而仅与行星齿轮 4 啮合，于是太阳轮被固定。动力由从动锥齿轮 7 传到齿圈 8，再由齿圈驱动行星架（此时太阳轮固定）传到差速器壳，行星齿轮机构起到了二次减速的作用。

图 5-37 为锥齿轮-圆柱齿轮式双速主减速器。它由一对螺旋锥齿轮或双曲面齿轮与两对具有不同减速比的圆柱齿轮（通常为斜齿圆柱齿轮）及一个接合器组成。主减速比的转换通过操纵接合器选择不同的圆柱齿轮副进行啮合来实现。

这种锥齿轮-圆柱齿轮式双速主减速器变形为普通的双级主减速器也极为方便，只要更换主动圆柱齿轮轴，去掉一副圆柱齿轮即可。

2. 贯通式驱动桥

为使结构简化、部件通用性好，以及便于形成系列产品，有些多轴越野汽车采用贯通式驱动桥，如图 5-38 所示。后面或前面两驱动桥的传动轴是串联的，传动轴从距分动器较近的驱动桥中穿过，通往另一驱动桥。这种布置方案中的驱动桥称为贯通式驱动桥。

另外，对于中、重型多桥驱动的汽车来说，由于主减速比较大，也多采用贯通式驱动桥。

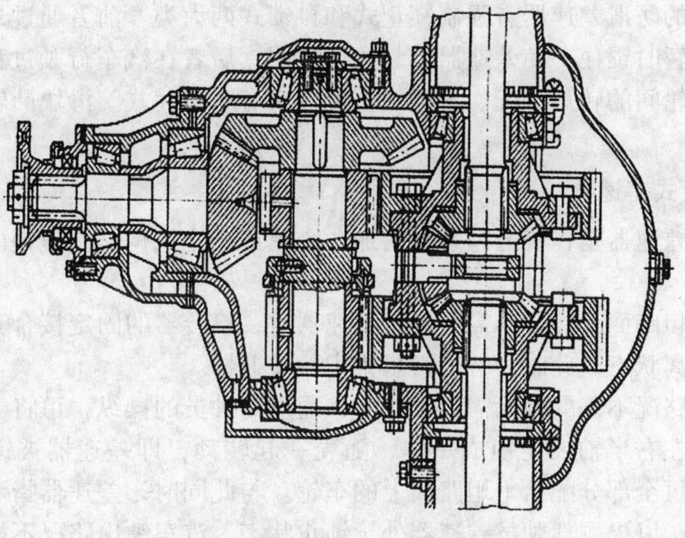

图 5-37　锥齿轮-圆柱齿轮式双速主减速器

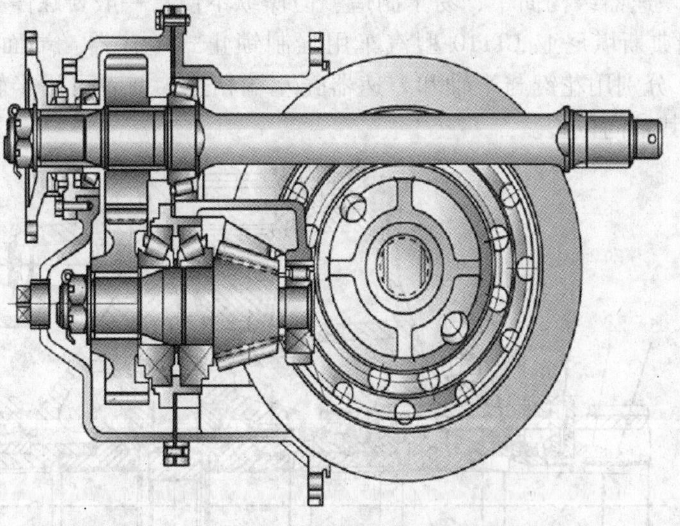

图 5-38　延安 SX2150 型汽车贯通式驱动桥

（二）差速器

普通锥齿轮式差速器转矩等量分配的特性对于汽车在平坦路面上行驶是有利的。但汽车在路况不好的路面上行驶时却会严重影响其通过能力。例如，当汽车的一个驱动轮处于泥泞路面，因附着力小而原地打滑时，即使另一驱动轮处于附着力大的路面上未滑转，汽车仍不能行驶。这是因为附着力小的路面只能对驱动车轮产生一个很小的反作用力矩，而驱动转矩也只能等于这一很小的反作用力矩。由于差速器等量分配转矩的特性，附着力大的驱动轮也只能分配到同样小的转矩，以致总的牵引力不足以克服行驶阻力，汽车不能前进。

为了提高汽车通过坏路面的能力，可采用防滑差速器。当汽车某一侧驱动轮发生滑转时，差速器的差速作用即被锁止，并将大部分或全部转矩分配给未滑转的驱动轮，充分利用未滑转车轮与地面之间的附着力产生足够的牵引力使汽车继续行驶。

汽车上常用的防滑差速器有强制锁止式和自锁式两大类。前者通过驾驶员操纵差速锁人为地将差速器暂时锁住，使差速器不起差速作用。后者在汽车行驶过程中，根据路面情况自动改变驱动轮间的转矩分配。自锁式差速器又有摩擦片式、滑块凸轮式和托森差速器等多种形式。

1. 强制锁止式差速器

强制锁止式差速器是在普通差速器上加一个差速锁止机构。差速锁由接合器及其操纵机构组成。

当汽车在平坦路面上行驶不需要锁止差速器时，接合器的固定接合套与滑动接合套不嵌合，即处于分离状态，此时为普通行星锥齿轮差速器。

当汽车通过路况不好的路面需要锁止时，通过驾驶员的操纵，可将半轴和差速器壳连成一个整体，则左右半轴被连锁成一体，随壳一起转动，即差速器被锁止，不起差速作用。这样，转矩可全部分配给平坦路面上的车轮。与此同时，差速器指示灯开关接通，驾驶室内指示灯亮，以提醒驾驶员差速器处于锁止状态，汽车驶出路况不好的路面后应及时摘下差速器锁。

强制锁止式差速器结构简单，易于制造。但操纵不便，一般要在停车时进行。

图 5-39 为瑞典斯堪尼亚 LT110 型汽车用强制锁止式差速器。端面上有接合齿的外、内接合器 9 和 10 分别用花键与半轴和差速器壳左端相连。前者可沿半轴轴向滑动，后者则以锁圈 8 固定其轴向位置。

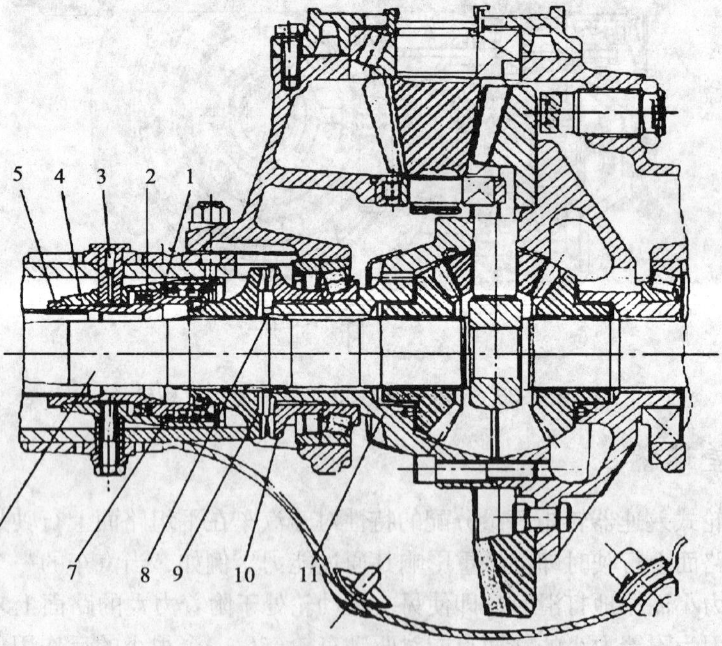

图 5-39　瑞典斯堪尼亚 LT110 型汽车用强制锁止式差速器

1—活塞；2—活塞皮碗；3—气路管接头；4—工作缸；5—套管；6—半轴；
7—压力弹簧；8—锁圈；9—外接合器；10—内接合器；11—差速器壳

该车采用电控气动方式操纵差速锁。当一侧车轮滑转时可按下仪表板上的按钮，使电磁阀接通压缩空气管路，压缩空气从管接头 3 进入工作缸 4，推动活塞 1 克服弹簧 7 弹力推动外接合器9右移，使之与内接合器10接合，左半轴6与差速器壳11成为刚性连接，差速器不起差速作用，即左、右半轴被连锁成一体一起旋转。

2. 摩擦片式自锁差速器

摩擦片式自锁差速器是在普通行星锥齿轮差速器的基础上发展而成的，在半轴齿轮与差速器壳1之间装有摩擦片组2，以增加差速器的内摩擦力矩，如图5-40所示。十字轴由两根互相垂直的行星齿轮轴组成，其端部均切出V形面6，相应地，差速器壳孔上也有凹V形面，两根行星齿轮轴的V形面反向安装。每个半轴齿轮的背面有推力压盘3和摩擦片组2。摩擦片组2由薄钢片7和若干间隔排列的主动摩擦片8及从动摩擦片9组成。推力压盘以内花键与半轴相连，而轴颈处用外花键与从动摩擦片连接，主动摩擦片则用两耳花键与差速器壳1的内键槽相连。

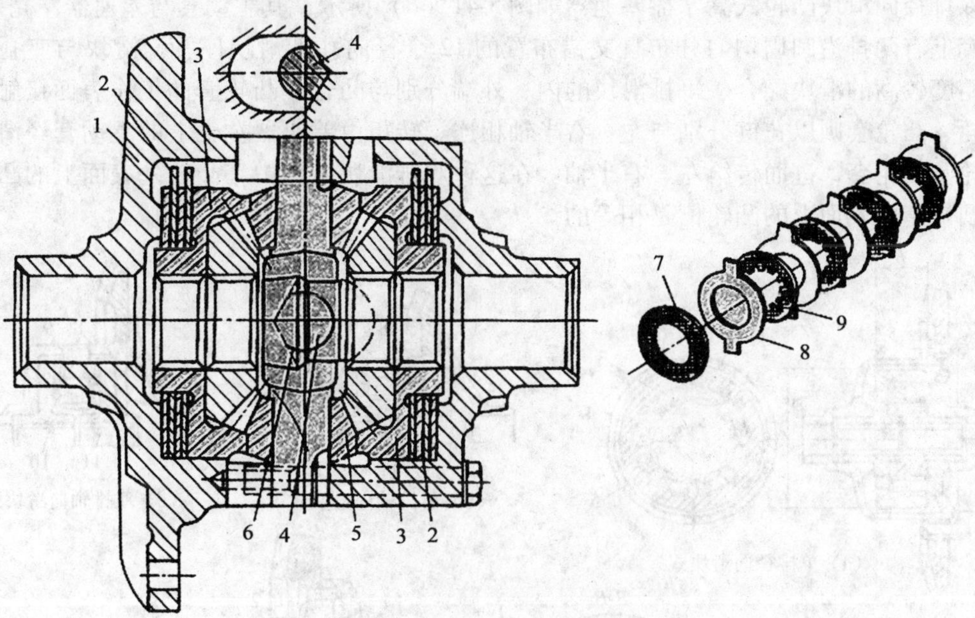

图5-40 摩擦片式自锁差速器

1—差速器壳；2—主、从动摩擦片组；3—推力压盘；4—十字轴；5—行星齿轮；6—V形面；7—薄钢片；8—主动摩擦片；9—从动摩擦片

当汽车直线行驶时，转矩平均分配给两半轴。由于差速器壳通过斜面对行星齿轮轴两端压紧，斜面上产生的轴向力迫使两行星齿轮轴分别向外略微移动，通过行星齿轮使推力压盘压紧摩擦片。此时，转矩经两条路线传给半轴，一路经行星齿轮轴、行星齿轮和半轴齿轮，将大部分转矩传给半轴；另一路则由差速器壳经主、从动摩擦片，推力压盘传给半轴。

当汽车转弯或一侧车轮在路面上滑转时，行星齿轮自转，起差速器作用，左、右半轴齿轮的转速不等。由于转速差及轴向力的存在，主、从动摩擦片间将产生摩擦力矩，其数值大小与差速器传递的转矩和摩擦片数量成正比，而其方向与快转半轴的旋向相反，与慢转半轴的旋向相同。较大数值的内摩擦力矩作用的结果是慢转半轴传递的转矩明显增加。

摩擦片式差速器结构简单，工作平稳，常用于轿车和轻型汽车上。大众高尔夫轿车即采用该差速器。

3. 滑块凸轮式高摩擦差速器

滑块凸轮式高摩擦差速器是一种应用较广泛的防滑差速器。在结构上，根据滑块安置方向的不同又可分为径向滑块式和轴向滑块式；按滑块安置排数的不同又可分为单排滑块式和双排滑块式几种，如图 5-41 所示。其中径向滑块式比轴向滑块式应用更为广泛，且多采用双排滑块式结构。

单排径向滑块式高摩擦差速器如图 5-41（a）所示，其主动套（套环）与差速器左壳制成一体，其上沿圆周均匀分布着 8 个径向孔即滑块的座孔。滑块与座孔之间采用精度较高的滑动配合。滑块内端和凸轮（以花键孔与左半轴花键连接）表面相接触，而其外端则和凸轮套（以花键孔与右半轴花键连接）的具有凸轮槽的内表面接触。转矩由差速器壳经滑块传给凸轮和凸轮套，进而传给左、右半轴。

双排径向滑块凸轮式高摩擦差速器如图 5-41（d）所示，其主动套与差速器左壳一体，主动套上有两排沿圆周均匀分布且交错布置的 12 个径向孔即滑块座孔。滑块与座孔间也采用精度较高的滑块配合。每排滑块的内、外端分别与凸轮、凸轮套的工作表面接触，而且凸轮、凸轮套则以花键分别与左、右半轴相连。转矩由差速器左壳上的主动套经滑块传给凸轮及凸轮套，进而传给左、右半轴。在这种双排滑块结构中，凸轮外表面上的凸轮块数和凸轮套内表面上的凸轮槽是相等的。

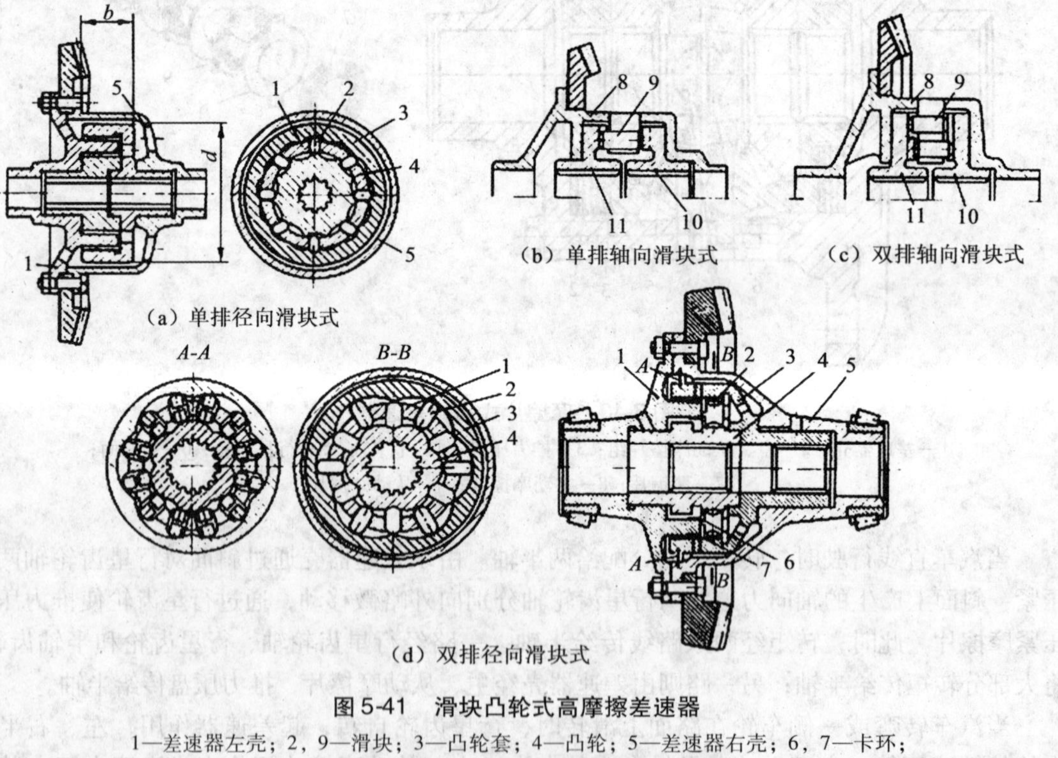

图 5-41　滑块凸轮式高摩擦差速器

1—差速器左壳；2，9—滑块；3—凸轮套；4—凸轮；5—差速器右壳；6，7—卡环；
8—差速器壳；10—右凸轮；11—左凸轮

当左、右半轴的角速度相等时，滑块相对于主动套及凸轮、凸轮套的工作表面不动并带动凸轮与凸轮套一起旋转。当汽车转弯或一侧车轮滑转时，左、右驱动车轮有转速差，滑块凸轮式差速器起差速作用。例如，当左、右驱动轮的转速 ω_1，ω_2 不等，且 $\omega_1 > \omega_0 >$

ω_2 时，由于快转轮一侧凸轮表面的角速度 ω_1 比主动套的角速度 ω_0 快，而慢转轮一侧凸轮表面的角速度 $\omega_2 < \omega_0$，因此滑块将由慢转凸轮表面移向快转凸轮表面，并且滑块对快转凸轮表面的摩擦力形成的摩擦力矩与 ω_1 的方向相反，而滑块对慢转凸轮表面的摩擦力形成的摩擦力矩与 ω_2 的方向相同。因此，快转驱动车轮的转矩将减小，而慢转驱动车轮的转矩将增大。

4. 托森差速器

图5-42所示为奥迪A4全轮驱动轿车前、后驱动桥之间采用的新型托森差速器。“托森”表示“转矩-灵敏”，它是一种轴间自锁差速器，装在变速器后端。转矩由变速器输出轴传给托森差速器，再由差速器直接分配给前驱动桥和后驱动桥。

托森差速器由差速器壳、6个蜗轮、6根蜗轮轴、12个直齿圆柱齿轮及前、后轴蜗杆组成。当前、后驱动桥无转速差时，蜗轮绕自身轴自转。各蜗轮、蜗杆与差速器壳一起等速转动，差速器不起差速作用。当前、后驱动桥需要有转速差，例如汽车转弯时，因前轮转弯半径大，差速器起差速作用。此时，蜗轮除公转传递动力外，还要自转。直齿圆柱齿轮的相互啮合使前后蜗轮自转方向相反，从而使前轴蜗杆转速增加，后轴蜗杆转速减小，实现了差速。托森差速器起差速作用时，由于蜗杆、蜗轮啮合副之间的摩擦作用，转速较低的后驱动桥比转速较高的前驱动桥所分配到的转矩大。若后桥分配到的转矩大到一定程度而出现滑转时，则后桥转速升高一点，转矩又立刻重新分配给前桥一些，所以驱动力的分配可根据转弯的要求自动调节，使汽车转弯时具有良好的驾驶性。当前、后驱动桥中某一桥因附着力小而出现滑转时，差速器起作用，将转矩的大部分分配给附着力好的另一驱动桥（最大可达3.5倍），从而提高了汽车通过路况不好的路面的能力。

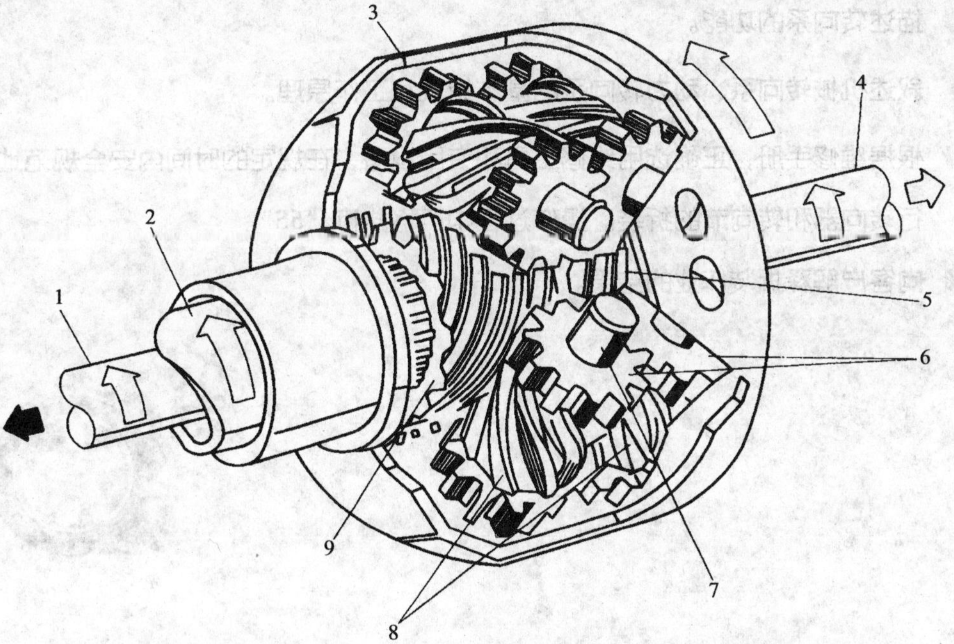

图5-42　托森差速器的结构

1—差速器齿轮轴；2—空心轴；3—差速器外壳；4—驱动轴凸缘盘；5—后轴蜗杆；6—直齿圆柱齿轮；7—蜗轮轴；8—蜗轮；9—前轴蜗杆

学习任务6

转向系统结构与拆装

工作情境描述

某辆轿车在行驶中出现转向沉重、操纵费力故障。车主将车开到4S店，请分析并解决本车故障。

学习目标

- 描述转向系的功能。
- 叙述机械转向系、动力转向系的基本组成和工作原理。
- 根据维修手册，正确选用维修工具和专用设备，在规定的时间内安全规范地进行转向器和转向节的拆装。操作过程中严格执行“5S”。
- 向客户解释拆装作业的结果。

一、知识准备

（一）转向系概述

1. 转向系作用

将驾驶员对车辆行驶方向的要求，通过操纵转向轮（一般是前轮）的偏转角度以控制行车方向的机构称为转向系统（steering system）。汽车转向系统的功能就是按照驾驶员的意愿控制汽车的行驶方向。汽车转向系统对汽车的行驶安全至关重要。

2. 转向系类型

汽车转向系统分为两大类：机械转向系统和动力转向系统。

机械转向系统：完全靠驾驶员的体力作为转向能源的转向系统。

动力转向系统：借用动力来操纵的转向系统。动力转向系统又可分为液压动力转向系统和电动助力转向系统。

3. 汽车转向原理

（1）转向特性

驾驶员将转向盘偏转一定角度，并保持车辆以一稳定车速转向，此时汽车的状态称为转向特性。由图6-1可知，汽车在转向状态下，内外车轮的转向角度不一样。如果汽车转弯半径越来越大，称为转向不足；若转弯半径越变越小，称为过度转向；当转弯半径不变时，则称中性转向。实验表明，汽车具有适度的不足转向时，可获得良好的操纵稳定性。

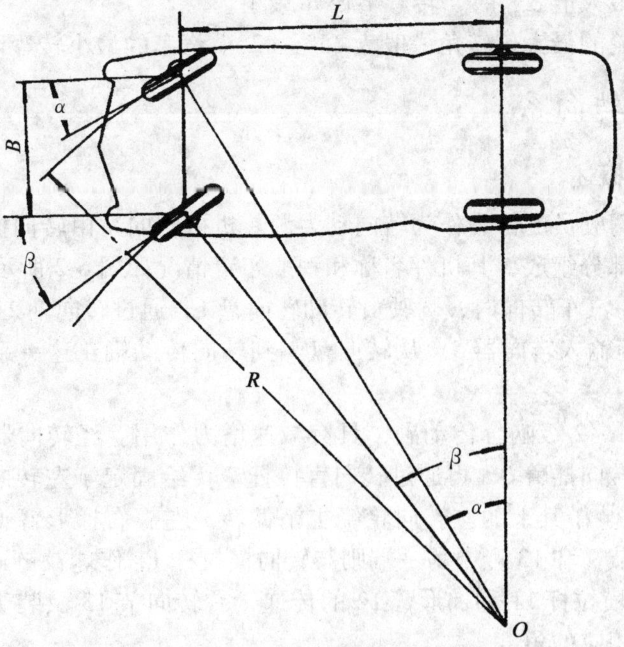

图6-1　双轴汽车转向示意图

（2）转向系角传动比

转向盘转角与安装在转向盘同侧的转向轮偏转角的比值，称为转向系角传动比，用 i_ω 表示。而转向盘转角和转向摇臂摆角之比 i_1 称为转向器角传动比。转向摇臂摆角与同侧转向节带动的转向轮偏转角之比 i_2 称为转向传动机构角传动比。显然 $i_\omega = i_1 i_2$。i_ω 越大，转向操纵越轻便，但操纵灵敏性越差，所以 i_ω 不能过大。

（3）转向时车轮运动规律

汽车转向时，内侧车轮和外侧车轮滚过的距离是不等的。对于一般汽车而言，后桥左、右两侧的驱动轮由于差速器的作用，能够以不同的转速滚过不同的距离。但前桥左、右两侧的转向轮要滚过不同的距离，必然要引起车轮沿路面边滚动边滑动，致使转向时的行驶阻力增大，轮胎磨损增加。为避免这种现象，要求转向系能保证在汽车转向时，所有车轮均作纯滚动。显然，这只有在转向时所有车轮的轴线都交于一点方能实现。此交点 O 称为汽车的转向中心，如图 6-1 所示。由图可见，汽车转向时内侧转向轮偏转角 β 大于外侧转向轮偏转角 α。α 与 β 的关系是

$$\cot\alpha = \cot\beta + \frac{B}{L} \tag{6-1}$$

式中：B——两侧主销中心距（略小于转向轮轮距）；

L——汽车轴距。

式（6-1）称为转向梯形理论特性关系式。从式中可以看出，每对应一个内轮偏转角 β，就有一个对应的外轮偏转角 α。这个关系是由转向梯形一定的底角即所谓“前展”来保证的。“前展”是内外轮转角存在余切差的关系。

从转向中心 O 到外侧转向轮与地面接触点的距离 R 称为汽车转弯半径。转弯半径 R 愈小，则汽车转向所需要场地就愈小，汽车的机动性也愈好。从图 6-1 可以看出，当外侧转向轮偏转角达到最大值 α_{max} 时，转弯半径 R 最小。

汽车内侧转向轮的最大偏转角一般为 35°～42°。汽车的最小转弯半径一般为 5～12m。

（二）机械转向系

1. 机械转向系概述

机械转向系以驾驶员的体力作为转向动力源。机械转向系由转向操纵机构、转向器和转向传动机构三大部分组成，其机件名称和一般布置情况如图 6-2 所示。

如图 6-2 所示，汽车转向时，驾驶员转动转向盘 1，通过转向轴 2、转向节 3 和转向传动轴 4，将转向力矩输入转向器 5。从转向盘 1 到转向传动轴 4 这一系列部件即转向操纵机构。

转向器 5 中有 1～2 级啮合传动副，具有减速增力作用。经转向器 5 减速后的运动和增大后的力矩传到转向摇臂 6，再通过转向直拉杆 7 传给固定于左转向节 9 上的转向节臂 8，使左转向节 9 及装于其上的左转向轮绕主销偏转。左、右梯形臂 10 和 12 的一端分别固定在左、右转向节 9 和 13 上，另一端则与转向横拉杆 11 作球铰链连接。当左转向节偏转时经梯形臂 10、横拉杆 11 和梯形臂 12 的传递，右转向节 13 及装于其上的右转向轮随之绕主销同向偏转相应的角度。

转向摇臂 6，转向直拉杆 7，转向节臂 8，梯形臂 10，12 和转向横拉杆 11 总称为转向传动机构。

梯形臂10，12以及转向横拉杆11和前轴构成转向梯形，其作用是在汽车转向时，使内、外转向轮按一定的规律进行偏转。

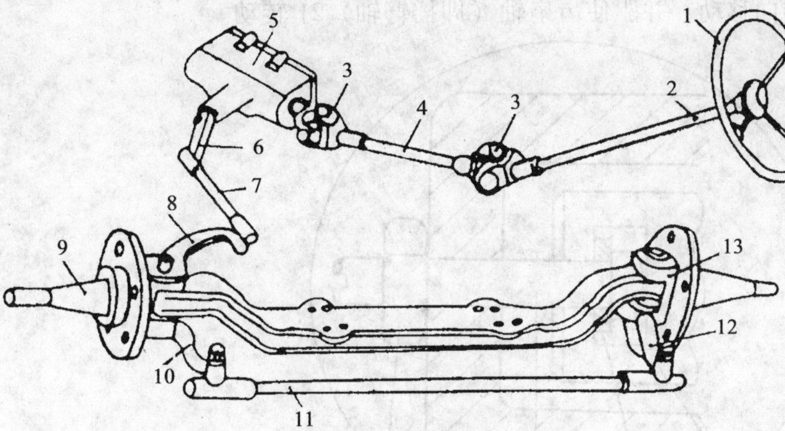

图6-2　机械转向系示意图

1—转向盘；2—转向轴；3—转向万向节；4—转向传动轴；5—转向器；6—转向摇臂；7—转向直拉杆；8—转向节臂；9—左转向节；10，12—梯形臂；11—转向横拉杆；13—右转向节

2. 转向器

转向器是转向系中的减速增矩传动装置，其功能是增大转向盘传到转向节的力并改变力的传递方向。现代汽车的转向器已演变定型，中型和重型汽车多采用循环球式转向器，小型车多采用齿轮齿条式转向器。

当作用力从转向盘传到转向摇臂时称为正向传动（相应的传动效率称为正传动效率）；反之，转向摇臂所受到的道路冲击力传到转向盘，称为逆向传动（相应的传动效率称为逆传动效率）。

作用力很容易由转向盘经转向器传到转向摇臂，而转向摇臂所受的路面冲击力也比较容易经转向器传到转向盘，这种转向器称为可逆式转向器，其正、逆传动效率都很高。可逆式转向器有利于汽车转向后转向轮自动回正，但也容易将不良路况对车轮的冲击力传到转向盘，出现“打手”现象。

作用力很容易由转向盘经转向器传到转向摇臂，而转向摇臂所受的路面冲击力只有很大时才能经转向器传到转向盘，即正效率远大于逆效率的转向器称为极限可逆式转向器。采用这种转向器时，驾驶员有一定的路感，转向轮自动回正也可以实现，而且路面冲击力只有很大时方能部分传到转向盘。

不论哪一种类型的转向器，各连接零件和传动副之间总是存在间隙，当汽车处于直线行驶时，转动转向盘消除这些间隙和克服机件的弹性变形使车轮开始偏转，这时转向盘转过的角度称为转向盘自由行程。转向盘自由行程对于缓和路面冲击及避免驾驶员过度紧张是有利的，但过大的自由行程会影响转向灵敏性。一般规定转向轮处于直线行驶位置，转向盘向左、向右的自由行程不超过15°。

（1）循环球式转向器

解放CA1092型汽车的循环球式转向器如图6-3所示。它有两级传动副，第一级传动副是转向螺杆12-转向螺母3；螺母3的下平面加工成齿条，与齿扇轴21内的齿扇相啮合，构成齿条-齿扇第二级传动副。显然，转向螺母 3 既是第一级传动副的从动件，也是第二级传动副的主动件。通过转向盘转动转向螺杆 12 时，转向螺母 3 不能随之转动，而只能沿杆 12 转向移动，并驱使齿扇轴（即摇臂轴）21 转动。

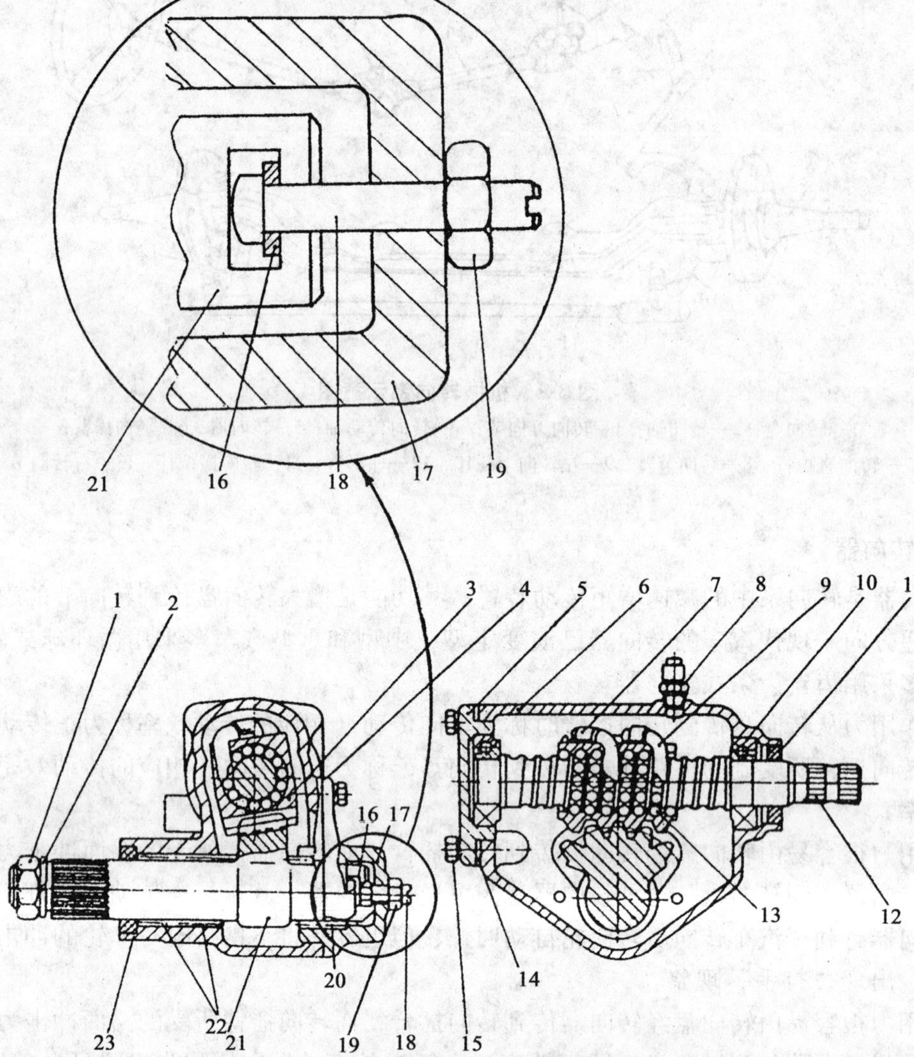

图 6-3　循环球式转向器

1—螺母；2—弹簧垫圈；3—转向螺母；4—转向器壳体密封垫圈；5—转向器壳体底盖；6—转向器壳体；7—导管夹；8—加油（通气）螺塞；9—钢球导管；10—球轴承；11，23—油封；12—转向螺杆；13—钢球；14—调整垫片；15—螺栓；16—调整垫圈；17—侧盖；18—调整螺钉；19—锁紧螺母；20，22—滚针轴承；21—齿扇轴（摇臂轴）

转向螺杆 12 支撑在两个球轴承 10 上，轴承的预紧度可用调整垫片 14 调整。在转向螺杆 12 上松套着转向螺母 3。为了减少它们之间的摩擦，二者的螺纹并不直接接触，其间装有许多钢球，以实现滚动摩擦。由于摩擦力的作用，钢球 13 在螺杆 12 与螺母 3 之间滚动，形成“球流”。

当转动转向螺杆时，通过钢球将力传给转向螺母，使螺母沿螺杆 12 轴向移动。随着螺母3沿螺杆12作轴向移动，其齿条便带动齿扇绕着转向摇臂轴21作圆弧运动，从而使转向摇臂轴21连同摇臂产生摆动，通过转向传动机构使转向轮偏转，实现汽车转向。

循环球式转向器的正传动效率很高（最高可达90%～95%），故操纵轻便，使用寿命长。但其逆传动效率也很高，在路况不好的路上行驶时，容易将路面冲击力传到转向盘上，出现转向盘“打手”现象。随着道路条件的改善，“打手”现象将明显减少，所以，循环球式转向器得到了广泛的应用。

（2）齿轮齿条式转向器

齿轮齿条式转向器具有结构简单、刚性大、转向灵敏等优点。另外，齿条本身又具有传动杆的功能，不需要转向摇臂和纵拉杆，可简化结构，便于布置。目前，齿轮齿条式转向器在轿车与微型、轻型货车上得到广泛应用。

图6-4（a）所示为齿轮齿条式转向器，它主要由转向器壳体8、转向齿轮9、转向齿条5等组成。转向器通过转向器壳体8的两端用螺栓固定在车身（车架）上。齿轮轴6通过球轴承7、滚柱轴承10垂直安装在壳体中，其上端通过花键与转向轴上的万向节相连，其下是与轴制成一体的转向齿轮9。转向齿轮9是转向器的主动件，它与相啮合的从动件（转向齿条5）水平布置，齿条背面装有压簧垫块4。在压簧3的作用下，压簧垫块4将齿条5压靠在齿轮9上，保证二者无间隙啮合。调整螺塞1可用来调整压簧的预紧力。压簧3不仅可以起到消除啮合间隙的作用，而且还是一个弹性支撑，可以吸收部分振动能量，缓和冲击。

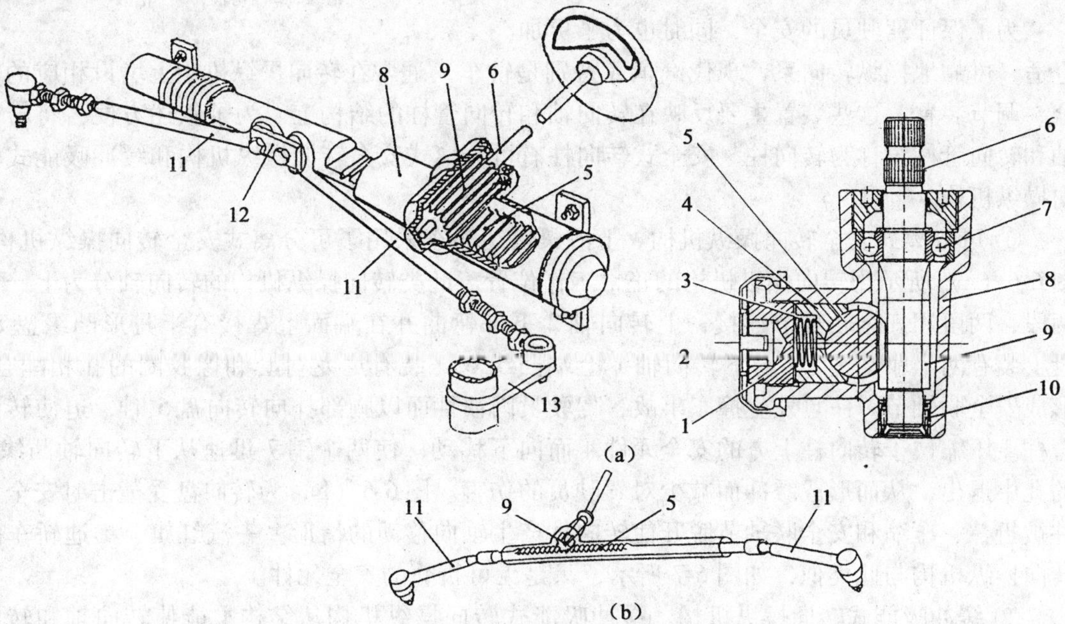

图6-4　齿轮齿条式转向器

1—调整螺塞；2—罩盖；3—压簧；4—压簧垫块；5—转向齿条；6—齿轮轴；7—球轴承；8—转向器壳体；9—转向齿轮；10—滚柱轴承；11—转向横拉杆；12—拉杆支架；13—转向节

转向齿条5的中部（有的是齿条两端，见图6-4（b））通过拉杆支架12与左、右转向横拉杆11连接。转动转向盘时，转向齿轮9转动，与之相啮合的转向齿条5沿轴向移动，从而使左、右转向横拉杆带动转向节13转动，使转向轮偏转，实现汽车转向。

3. 转向操纵机构

转向操纵机构的作用是将驾驶员作用在转向盘上的转向力矩传给转向器，转向器带动拉杆系运动，以实现汽车转向。转向操纵机构由转向盘、转向管柱和转向轴组成，转向轴管的作用是将转向轴等支撑在汽车上，转向轴的作用是传递转矩。

（1）转向盘

转向盘的作用是将驾驶员的转向力矩传给转向轴，使转向轴转动，从而使汽车转向。如图6-5所示，转向盘由轮缘1、轮辐2和轮毂3组成。转向盘由金属骨架成型，在骨架的外面包有柔软的合成橡胶或树脂，较高级的车上包有皮革，这样使转向盘具有良好的手感，而且可以防止手出汗时握转向盘打滑。

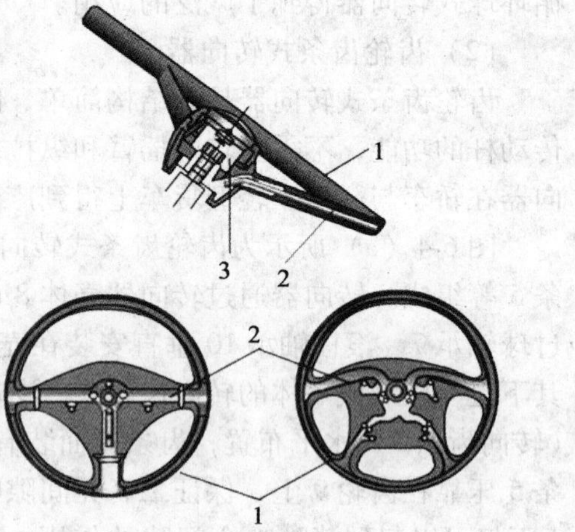

图 6-5　转向盘

1—轮缘；2—轮辐；3—轮毂

当汽车发生碰撞时，从安全性考虑，不仅要求转向盘应具有柔软的外表皮，可以起到缓冲的作用，而且还要求转向盘在撞车时，其骨架能产生变形，以吸收冲击能量，减轻驾驶员所受伤害。

（2）安全式转向柱

为了保证驾驶员的安全，同时也为了更加舒适、可靠地操纵转向系，现代汽车（特别是轿车）通常在转向操纵机构上增设相应的安全、调节装置。这些装置主要反映在转向轴和转向管柱的结构上。为了叙述方便，将转向轴和转向管柱统称为转向柱。安全式转向柱有可分离式安全转向操纵机构和缓冲吸能式转向操纵机构。

① 可分离式安全转向操纵机构。上海桑塔纳轿车采用了可分离式安全转向操纵机构，图6-6（a）所示为转向操纵机构的正常工作位置。此类转向操纵机构的转向轴分为上、下两段，两段用安全联轴节连接，上转向轴2下部弯曲并在端面上焊接有半月形凸缘盘8，盘上装有两个驱动销7，与下转向轴1上端凸缘6压装有尼龙衬套和橡胶圈的孔相配合，形成安全联轴节。一旦发生撞车事故，驾驶员因惯性而以胸部扑向转向盘5时，迫使转向管柱3压缩位于转向柱上方的安全元件4而向下移动，使两个销7迅速从下转向轴凸缘6的孔中退出，从而形成缓冲而减少对驾驶员的伤害。图6-6（b）为转向盘受撞击时安全元件被折叠、压缩和安全联轴节脱开使转向柱产生轴向移动的情形。一汽红旗、奥迪轿车的转向操纵机构与此类似，如图6-7所示，只是无可折叠的安全元件。

② 缓冲吸能式转向操纵机构。缓冲吸能式转向操纵机构从结构上能使转向轴和转向柱管在受到冲击后，轴向收缩并吸收冲击能量，从而有效地缓和转向盘对驾驶员的冲击，减轻其所受伤害。汽车撞车时，首先车身被撞坏（第一次碰撞），转向操纵机构被后推，从而挤压驾驶员，使其受到伤害；接着，随着汽车速度的降低，驾驶员在惯性力的作用下前冲，再次与转向操纵机构接触（第二次碰撞）而受到伤害。缓冲吸能式转向操纵机构对这两次冲击都具有吸收能量、减轻驾驶员所受伤害的作用。

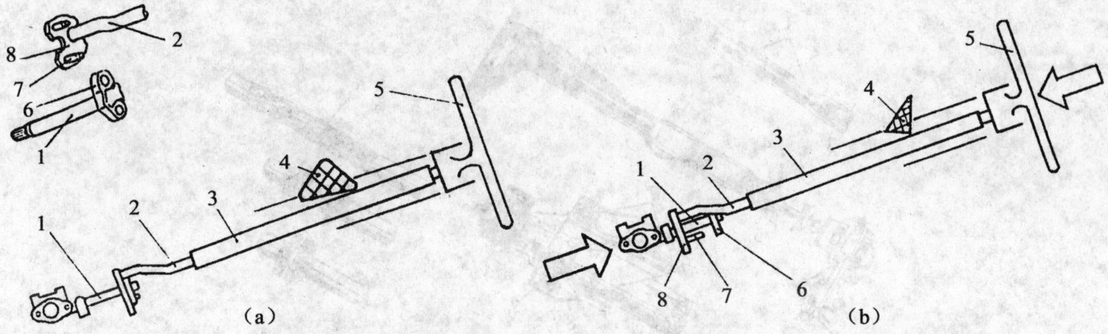

图6-6　上海桑塔纳轿车可分离式安全转向操纵机构

1—下转向轴；2—上转向轴；3—转向管柱；4—可折叠安全元件；5—转向盘；6—凸缘；7—驱动销；8—半月形凸缘盘

网状管柱变形式转向操纵机构。这种转向操纵机构的转向轴分为上、下两段，如图6-8（a）所示。上转向轴2套装在下转向轴3的内孔中，两者通过塑料销1结合在一起（也有采用细花键结合的），并传递转向力矩。塑料销的传力能力受到严格限制，它既能可靠地传递转向力矩，又能在受到冲击时被剪断，因此，它起安全销的作用。

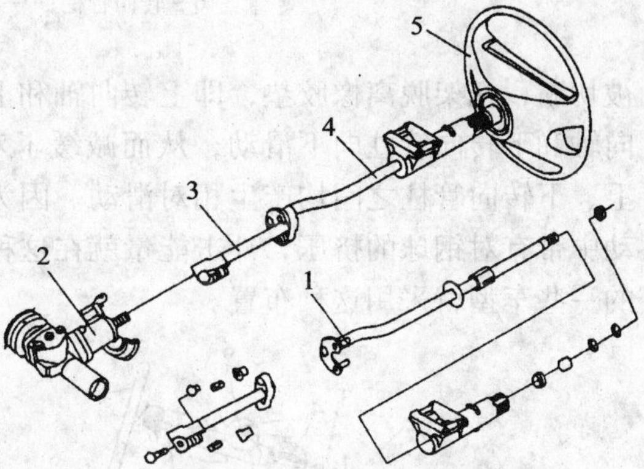

图6-7　一汽红旗、奥迪轿车转向操纵机构

1—驱动销；2—转向器；3—下转向轴；4—上转向轴；5—转向盘

这种转向操纵机构的转向管柱6的部分管壁制成网格状，使其在受到压缩时很容易轴向变形，并消耗一定的变形能量，如图6-8（b）所示。另外，车身上固定管柱的托架8也是通过两个塑料安全销7与管柱连接的。当这两个安全销被剪断后，整个管柱就能前后自由移动。

当发生第一次碰撞时，其一，塑料销1被剪断，上转向轴2将沿下转向轴3的内孔滑动伸缩；其二，转向管柱上的网格部分被压缩而变形，这两个过程都会消耗一部分冲击能量，从而阻止了转向管柱整体向上移动，避免了转向盘对驾驶员的挤压伤害。第二次碰撞时，固定转向管柱的塑料安全销7被剪断，使转向管柱和转向轴的上端能自由移动。同时，当转向管柱受到来自上端的冲击力后，会再次被轴向压缩变形并消耗冲击能量，如图6-8（b）所示。因此由转向系引起的对驾驶员的冲击和伤害被大大减少了。

钢球滚压变形式转向管柱。图6-9（a）所示为一种用钢球连接的分开式转向柱。转向轴分为上转向轴和套在轴上的下转向轴两部分，二者用塑料销钉连成一体。转向管柱也分为上管柱和下管柱两部分，上、下管柱之间装有钢球，下管柱的外径与上管柱的内径之间的间隙比钢球直径稍小。上、下管柱连同管柱托架通过特制橡胶垫固定在车身上，橡胶垫则利用塑料销钉与托架连接。

当发生第一次碰撞时，将连接上、下转向轴的塑料销钉切断，下转向轴便套在上转向轴上向上滑动，如图6-9（b）所示。在这一过程中，上转向轴和上管柱的空间位置没有因冲击而上移，故可使驾驶员免受伤害。第二次碰撞时，连接橡胶垫与管柱托架的塑料销钉

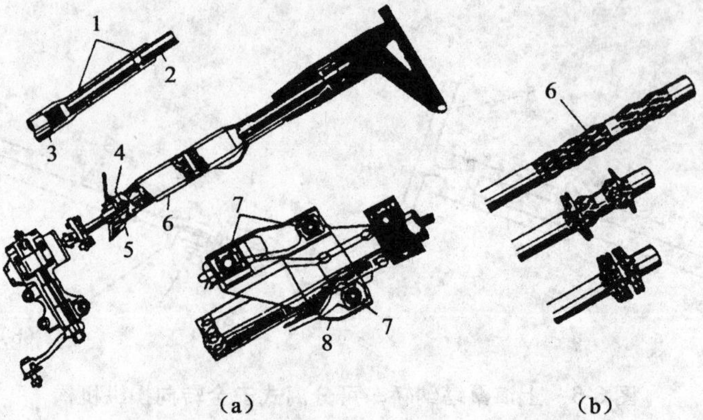

图 6-8　网状管柱变形式转向操纵机构

1—塑料销；2—上转向轴；3—下转向轴；4—凸缘盘；5—下托架；
6—转向管柱；7—塑料安全销；8—上托架

被切断，托架脱离橡胶垫，即上转向轴和上转向管柱连同转向盘、托架一起，相对于下转向轴和下转向管柱向下滑动，从而减缓了对驾驶员胸部的冲击。在上述两次冲击过程中，上、下转向管柱之间均产生相对滑动。因为钢球的直径稍大于上、下管柱的间隙，所以滑动中带有对钢球的挤压，冲击能量就在这种边滑动边挤压的过程中被吸收。日本丰田汽车的一些车型就采用这种布置。

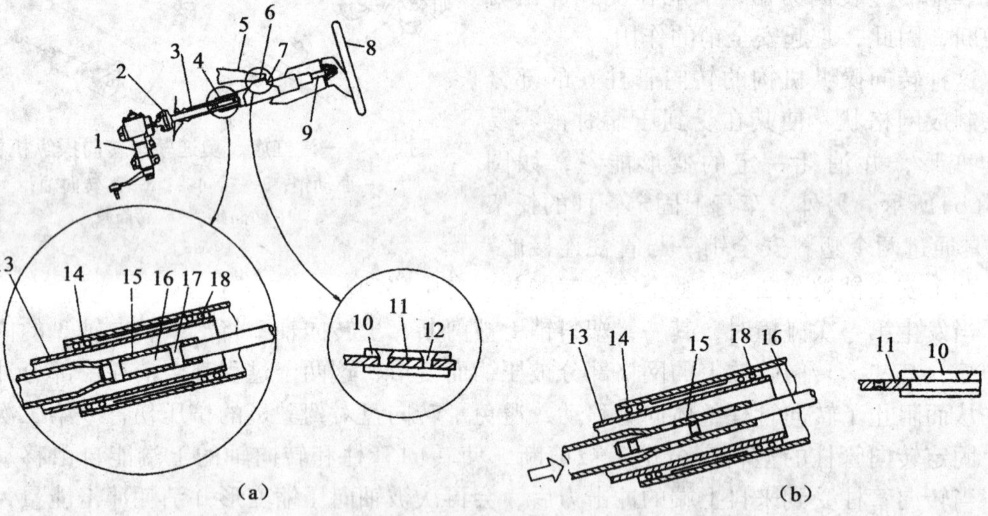

图 6-9　钢球滚压变形式转向管柱

1—转向器总成；2—挠性联轴节；3，13—下转向管柱；4，14—上转向管柱；5—车身；6，10—橡胶垫；
7，11—转向管柱托架；8—转向盘；9，16—上转向轴；12，17—塑料销钉；15—下转向轴；18—钢球

波纹管变形吸能式转向操纵机构。如图 6-10 所示，波纹管变形吸能式转向操纵机构的转向轴和转向管柱都分成两段，上转向轴 3 和下转向轴 1 之间通过细齿花键 5 结合并传递转向力矩，同时它们之间可以做轴向伸缩滑动。在下转向轴 1 的外边装有波纹管 6，它在受到冲击时能轴向收缩变形并消耗冲击能量。下转向管柱 7 的上端套在上转向管柱内，但两者不直接连接，而是通过管柱压圈和限位块 2 分别定位。当汽车发生碰撞时，下转向

管柱7向上移动。在第一次碰撞力的作用下，限位块2首先被剪断并消耗能量，同时转向管柱和转向轴都做轴向收缩。在第二次碰撞时，上转向轴3下移，压缩波纹管6使之收缩变形并消耗冲击能量。

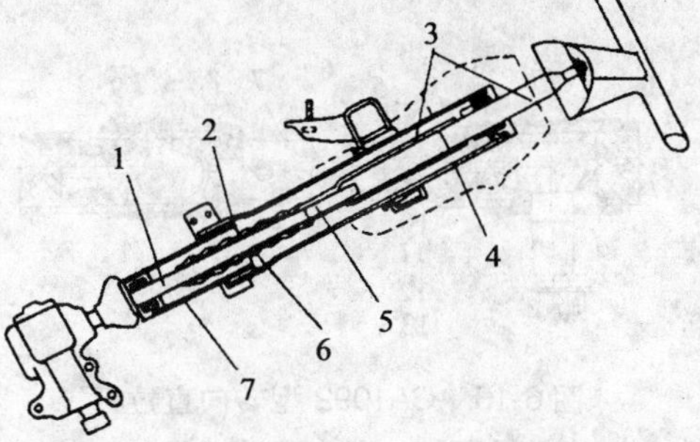

图6-10　波纹管变形吸能式转向操纵机构

1—下转向轴；2—限位块；3—上转向轴；4—上转向管柱；5—细齿花键；6—波纹管；7—下转向管柱

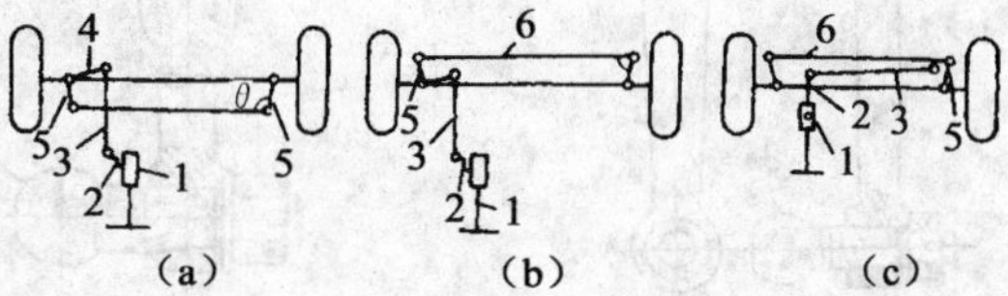

图6-11　与非独立悬架配用的转向传动机构示意图

1—转向器；2—转向摇臂；3—转向直拉杆；4—转向节臂；5—梯形臂；6—转向横拉杆

4. 转向传动部分

转向传动机构的功能是将转向器输出的力传给转向轮，且使两轮的偏转角按照一定的关系变化，以实现汽车顺利转向。

汽车在行驶过程中，转向传动机构除传递转向力外，还承受转向轮在不平路面上行驶所产生的冲击和振动。为此，转向传动机构中设有吸振缓冲装置，并能自动消除磨损后出现的间隙。由于它是在车桥和车架之间的空间运动杆系，转向摇臂、主拉杆及转向节臂的相对运动不在一个平面内，为避免发生运动干涉，它们之间的连接都采用了球形铰链连接。

转向传动机构根据悬架不同可分为与非独立悬架配用的转向传动机构和与独立悬架配用的转向传动机构两大类。

（1）与非独立悬架配用的转向传动机构

与非独立悬架配用的转向传动机构如图6-11所示。它一般由转向器1、转向摇臂2、转向直拉杆3、转向节臂4、两个梯形臂5和转向横拉杆6等组成。各杆件之间都采用球形铰链连接，并设有防止松动、缓冲吸振、自动消除磨损后的间隙等的结构。

当前桥仅为转向桥时，由左、右梯形臂5和转向横拉杆6组成的转向梯形一般布置在前桥之后，如图6-11（a）所示，称为后置式；这种布置简单方便，且后置的横拉杆6有前面的车桥做保护，可避免直接与路面障碍物相碰撞而损坏。当发动机位置较低或前桥为转向驱动桥时，往往将转向梯形布置在前桥之前，如图6-11（b）所示，称为前置式。若转向摇臂2不是在汽车纵向平面内前后摆动而是在与路面平行的平面内左右摆动（如北京BJ2020N型汽车），则可将转向直拉杆3横向布置，并借球头销直接带动转向横拉杆6，从而推动左右梯形臂5转动，如图6-11（c）所示。

① 转向摇臂。图6-12所示为常见转向摇臂的结构形式。其大端具有三角细花键锥形孔，用以与转向摇臂轴外端相连接，并用螺母固定；其小端带有球头销，以便与转向直拉杆做空间铰链连接。转向摇臂安装后从中间位置向两边摆动的角度应大致相等，故在把转

向摇臂安装到摇臂轴上时，二者相应的角度位置应正确。为此，常在摇臂大孔外端面上和摇臂轴的外端面上各刻有短线，或是在二者的花键部分上少铣一个齿作为装配标记。装配时应将标记对齐。

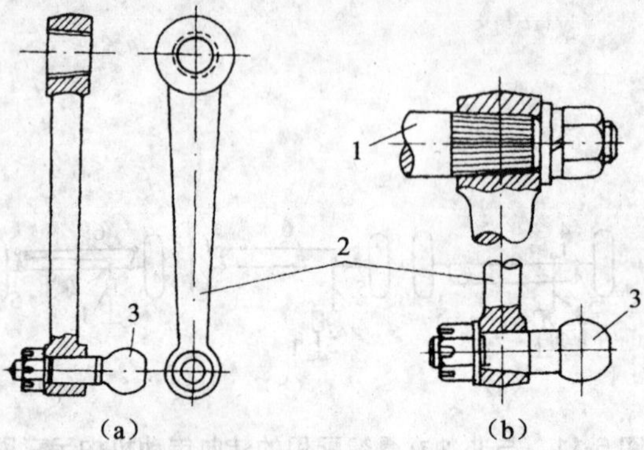

图6-12　转向摇臂

1—转向摇臂轴；2—转向摇臂；3—球头销

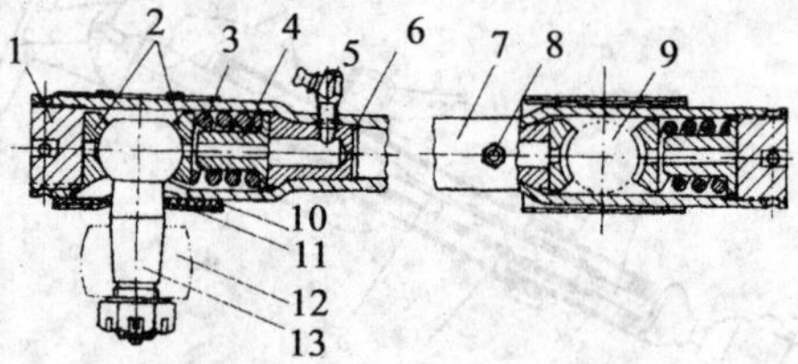

图6-13　CA1092 型转向直拉杆

1—端部螺塞；2—球头座；3—压缩弹簧；4—弹簧座；5，8—油嘴；6—座塞；7—直拉杆体；9—转向节臂球头销；10—油封垫；11—油封垫护套；12—转向摇臂；13—球头销

② 转向直拉杆。图6-13 所示为解放 CA1092 型汽车的转向直拉杆。直拉杆体由两端扩大的钢管制成，在扩大的端部里，装有由球头销、球头座、弹簧座、压缩弹簧和螺塞等组成的球铰链。球头销的锥形部分与转向摇臂连接，并用螺母固定；其球头部分的两侧与两个球头座配合，前球头座靠在端部螺塞上，后球头座在弹簧的作用下压靠在球头上，这样，两个球头座就将球头紧紧夹持住。为保证球头与座的润滑，可从油嘴注入润滑脂。拆装时供球头出入的直拉杆体上的孔口用油封垫的护套盖住，以防止润滑脂流出、污物侵入。

压缩弹簧能自动消除因球头与座磨损而产生的间隙，弹簧座的小端与球头座之间留有不大的间隙，作为弹簧缓冲的余地，并可限制缓冲时弹簧的压缩量（防止弹簧过载）。此外，当弹簧折断时此间隙可保证球头销不致从管孔中脱出。端部螺塞可以调整此间隙，调整间隙的同时也调整了前弹簧的预紧度，调好后用开口销固定螺塞的位置，以防松动。

③ 转向横拉杆。图6-14（a）所示为解放 CA1092 型汽车转向横拉杆。横拉杆体用钢管制成，其两端切有螺纹，一端为右旋，一端为左旋，与横拉杆接头旋装连接。两端接头结构相同，如图6-14（b）所示。接头的螺纹孔壁上开有轴向切口，故具有弹性，旋装到杆体上后可用螺栓夹紧。旋松夹紧螺栓以后，转动横拉杆体，可改变转向横拉杆的总长度，从而调整转向轮前束。

在横拉杆两端的接头上都装有球头销等零件组成的球形铰链。球头销的球头部分被夹在上、下球头座内，球头座用聚甲醛制成，有较好的耐磨性。球头座的形状如图6-14（c）所示。装配时上、下球头座凹凸部分互相嵌合。弹簧通过弹簧座压向球头座，以保证两球头座与球头的紧密接触，在球头和球头座磨损时能自动消除间隙，同时起缓冲作用。弹簧的预紧力由螺塞调整。球铰上部有防尘罩，以防止尘土侵入。球头销的尾部锥形柱与转向梯形臂连接，并用螺母固定、开口销锁紧。

④ 转向节臂和梯形臂。解放 CA1092 型汽车的转向节臂和梯形臂如图6-15 所示。转向横拉杆通过转向节臂与转向节相连。转向横拉杆两端经左、右梯形臂与转向节相连。转向节臂和梯形臂带锥形柱的一端与转向节锥形孔相配合，用键防止螺母松动。臂的另一端带

有锥形孔，与相应的拉杆球头销锥形柱相配合，同样用螺母紧固后插入开口销锁住。

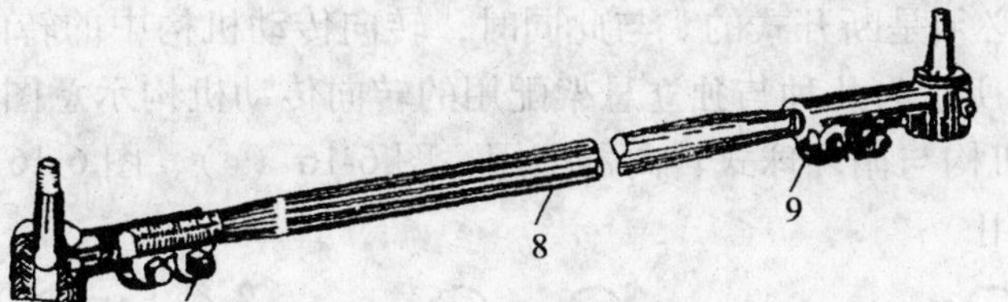

（a）转向横拉杆

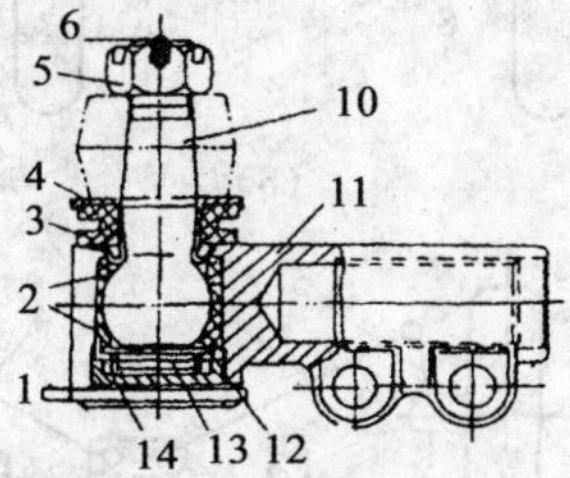

（b）接头

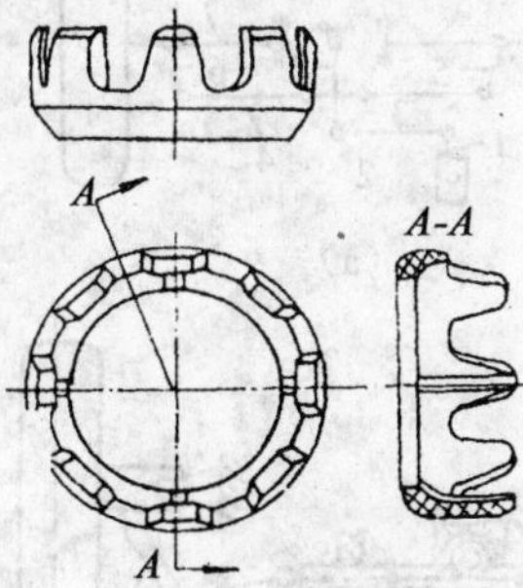

（c）球头座

图6-14　CA1092型汽车转向横拉杆

1—限位销；2—球头座；3—防尘罩；4—防尘垫；5—螺母；6—开口销；7—夹紧螺栓；8—横拉杆体；9，11—横拉杆接头；10—球头销；12—弹簧座；13—弹簧；14—螺塞

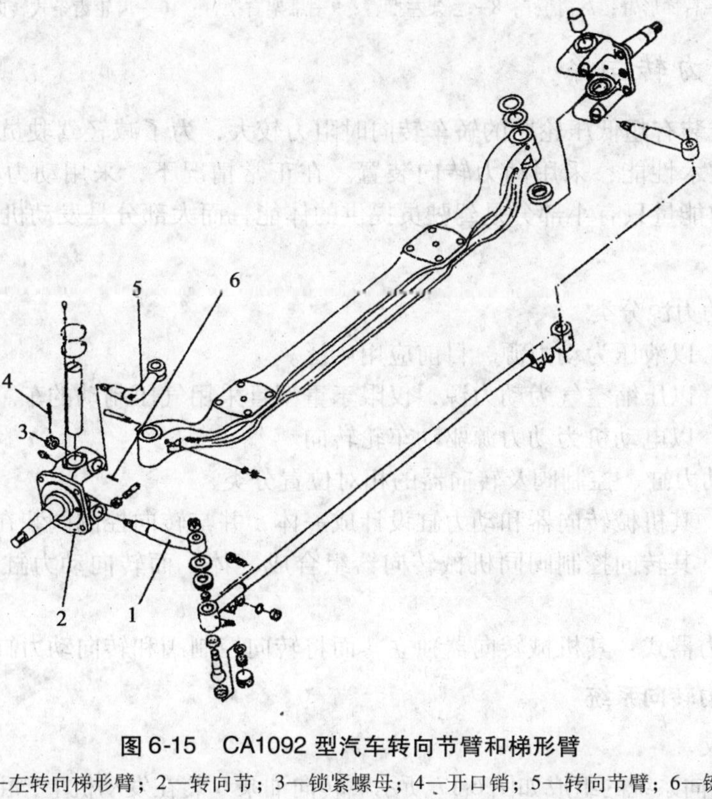

图6-15　CA1092型汽车转向节臂和梯形臂

1—左转向梯形臂；2—转向节；3—锁紧螺母；4—开口销；5—转向节臂；6—键

（2）与独立悬架配用的转向传动机构

当转向轮采用独立悬架时，由于每个转向轮都需要相对于车架（或车身）作独立运动，所以，转向桥必须是断开式的。与此同时，转向传动机构中的转向梯形也必须分成两段或三段。图 6-16 所示为几种与独立悬架配用的转向传动机构示意图。其中图 6-16（a）、图 6-16（b）所示机构与循环球式转向器配用，图 6-16（c）、图 6-16（d）所示机构与齿轮齿条式转向器配用。

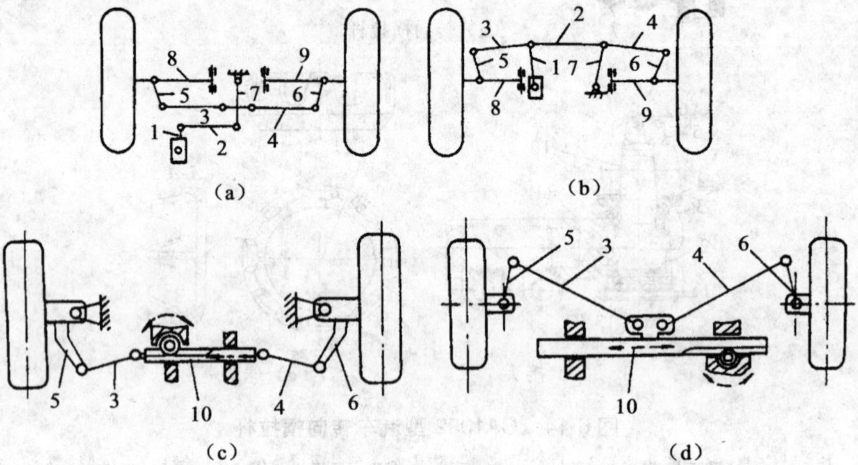

图 6-16　与独立悬架配用的转向传动机构示意图

1—转向摇臂；2—转向直拉杆；3—左转向横拉杆；4—右转向横拉杆；5—左梯形臂；6—右梯形臂；7—摇杆；8—悬架左摆臂；9—悬架右摆臂；10—齿轮齿条式转向器

（三）动力转向系

重型汽车或装有超低压轮胎的轿车转向时阻力较大，为了减轻驾驶员的工作强度，改善转向系统的技术性能，采用动力转向装置。在正常情况下，采用动力转向的汽车转向时，所需的转向能量只有小部分是驾驶员提供的体能，而大部分是发动机输出的机械能。

1. 类　型

（1）按照动力源分类

① 液压式：以液压为动力源，目前应用广泛。

② 气压式：以压缩空气为动力源，仅限于重型且采用气压制动的车。

③ 电动式：以电动机为动力源驱动车轮转向。

（2）按照动力缸、控制阀及转向器的相对位置分类

① 整体式：其机械转向器和动力缸设计成一体，并与转向控制阀装在一起。

② 分体式：其转向控制阀同机械转向器组合成一体，而转向动力缸则作为一个独立的部件存在。

③ 转向加力器式：其机械转向器独立，而将转向控制阀和转向动力缸组合成一体。

2. 液控动力转向系统

（1）组　成

液控动力转向系统的组成如图 6-17 所示。转向油泵 6 装在发动机上，由曲轴通过皮带驱动并向外输出油压，转向油罐 5 有进、出油管接头，通过油管分别和转向油泵和转向控制阀

2连接。动力转向器为整体式动力转向器，其转向控制阀用来改变油路。由齿条活塞和缸体形成R和L两个工作腔。R腔为右转向动力腔，L腔为左转向动力腔，它们分别通过油道和转向控制阀连接。

（2）工作原理

当汽车直线行驶时，转向控制阀2将转向油泵6泵出的工作液与油罐相通，转向油泵处于卸荷状态，动力转向器不起助力作用。当汽车需要向右转向时，驾驶员向右转动转向盘，转向控制阀将转向油泵泵出的工作液与R腔接通，将L腔与油罐接通。在油压的作用下，活塞向下移动，通过传动结构使左、右轮向右偏转，从而实现右转向。向左转向时情况与上述相反。

（3）液压动力转向器

理想的动力转向特性为：在车辆低速行驶（发动机转速低）时，转向轻便；在车辆高速行驶（发动机转速高）时，要求有一定的转向阻力。动力转向器由机械转向装置和方向控制阀组成，目前动力转向器的分类主要按照机械转向装置分为循环球式和齿轮齿条式。

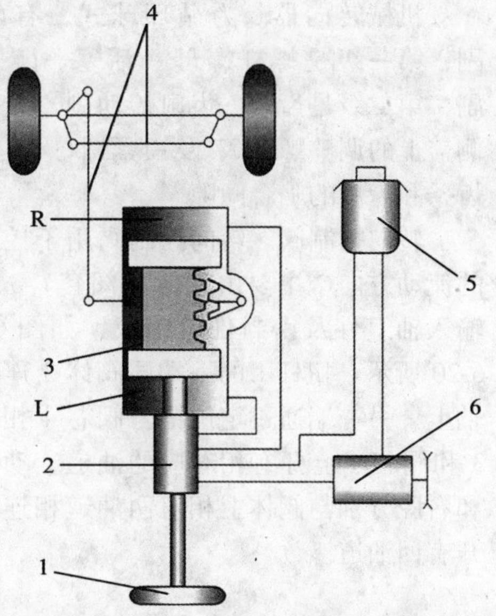

图6-17　液控动力转向系统示意图

1—转向操纵机构；2—转向控制阀；3—机械转向器与转向动力缸总成；4—转向传动机构；5—转向油罐；6—转向油泵

① 动力转向器的结构。北京切诺基汽车转阀整体式动力转向器结构如图6-18所示，主要由机械转向器、转向动力缸和旋转式转向控制阀三者组合而成。

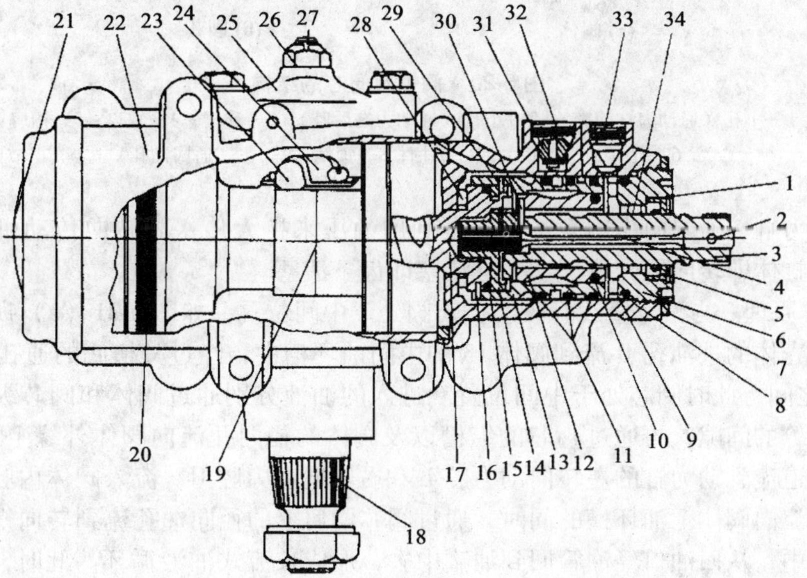

图6-18　北京切诺基汽车转阀整体式动力转向器

1—卡环；2，16，30—锁销；3—短轴；4—扭杆；5—骨架油封；6—调整螺塞；7—锁母；8，10，11，15，20—O形密封圈；9，28—推力滚针轴承；12—阀芯；13—阀体；14—下端轴盖；17—转向螺杆；18—转向摇臂轴；19—转向螺母（齿轮—齿条）；21—转向器端盖；22—壳体；23—循环球导管；24—导管压紧板；25—侧盖；26—锁紧螺母；27—调整螺钉；29—定位销；31—止回阀；32—进油口；33—出油口；34—滚针轴承室机械转向器。为循环球式，有两级传动副，第一级是螺杆螺母（活塞—齿条）传动副，第二级是齿条—齿扇传动副。转向器壳体侧盖上的调整螺钉 27 及锁紧螺母 26 用来调整齿条和齿扇的啮合间隙。

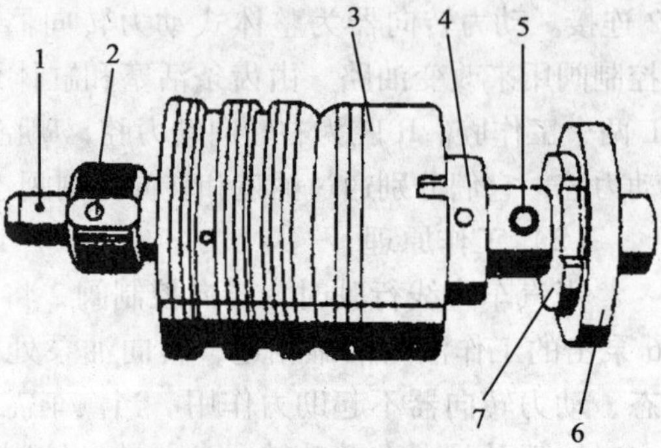

图 6-19　转向控制阀

1—扭杆；2，5—锁销；3—阀体（阀套）；4—阀芯；6—轴盖；7—短轴

转向控制阀。转向控制阀用于控制压力油的流动方向。主要由阀体（阀套）3、阀芯 4、输入轴组件及密封件等组成，如图 6-19 和图 6-20 所示。扭杆 1 的一端同阀体 3 连接在转向轴上，另一端通过定位销与阀芯 4 相连。阀体 3 和阀芯 4 上开有相对应的油道，动力缸左腔和右腔分别与阀体上相对两油道相连，阀上还开有回油道。

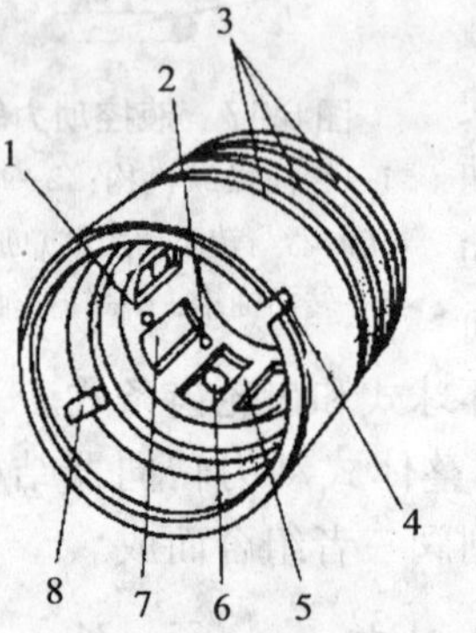

(a) 阀体

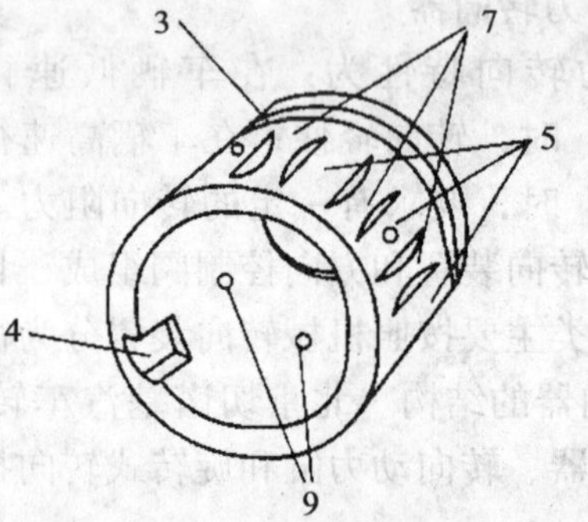

(b) 阀芯

图 6-20　阀体及阀芯的结构

1—小孔（通动力缸前腔）；2—小孔（通动力缸后腔）；3—环槽；4—缺口；5—槽肩；6—孔（通进油口）；7—纵槽；8—锁销；9—孔（通回油孔）

转向动力缸。为双向作用型，作用是利用油压来扩大传送到转向传动机构上的转向力。动力缸缸体即转向器壳体，动力缸活塞即齿条活塞。

② 工作原理。当汽车直线行驶时，转阀处于中间位置，如图 6-21（a）所示。工作油液从转向器壳体的进油孔 B 流到阀体 13 的中间油环槽中，经过其槽底的通孔进入阀体 13 和阀芯 12 之间，此时阀芯处于中间位置。进入的油液分别通过阀体和阀芯纵槽和槽肩形成的两边相等的间隙，再通过阀芯的纵槽以及阀体的径向孔流向阀体外缘上、下油环槽，通过壳体油道流到动力缸的左转向动力腔 L 和右转向动力腔 R。流入阀体内腔的油液在通过阀芯纵槽流向阀体上油环槽的同时，通过阀芯槽肩上的径向油孔流到转向螺杆和输入轴之间的空隙中，从回油口经油管回到油罐中去，形成长流式油液循环。此时，上、下腔油压相等且很小，齿条—活塞既没有受到转向螺杆的轴向推力，也没有受到上、下腔因压力差造成的轴向推力。齿条—活塞处于中间位置，动力转向器不工作。

如图 6-22 所示，左转向时（右转向与此正相反），转动转向盘，短轴逆时针转动，通过下端轴销带动阀芯同步转动，同时弹性扭杆也通过轴盖、阀体上的销子带动阀体转动，阀体通过缺口和销子带动螺杆旋转。但由于存在转向阻力，促使扭杆发生弹性扭转，造成

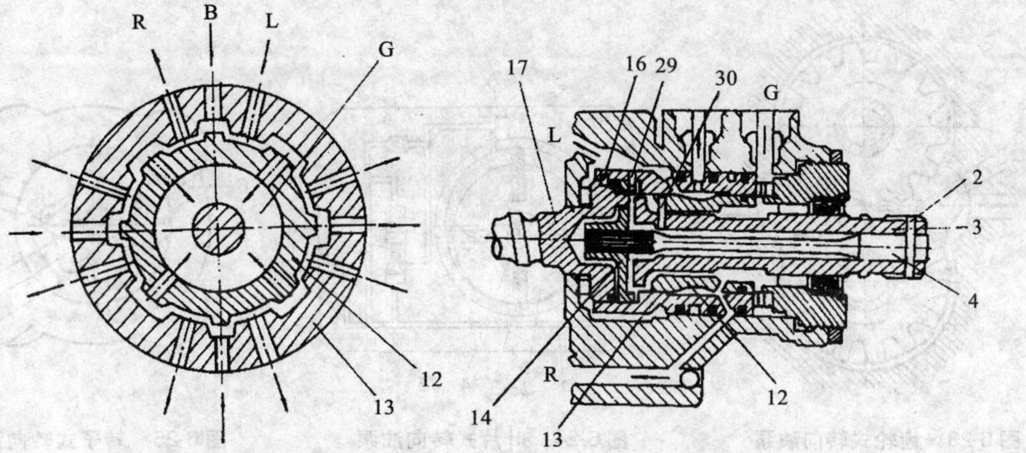

(a) 阀芯与阀体的相对位置　　(b) 阀芯中的油流情况

图6-21　汽车直线行驶时转阀的工作情况

R—接右转向动力缸；L—接左转向动力缸；B—接转向油泵；G—接转向油罐（其余图注同图6-18）

阀体转动角度小于阀芯的转动角度，两者产生相对角位移，如图6-22（b）所示，造成通下腔的进油缝隙减小（或关闭），回油缝隙增大，油压降低；上腔正相反，油压升高。上、下动力腔产生油压差，齿条—活塞在油压差的作用下移动，产生助力作用。

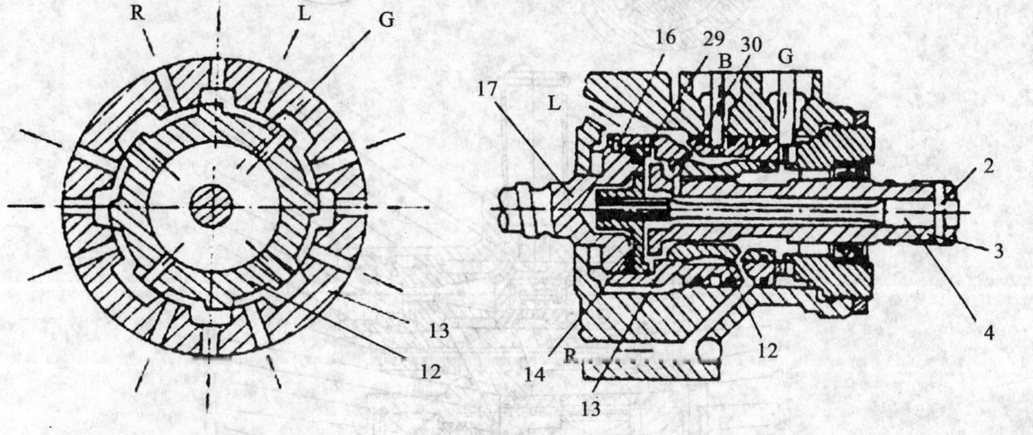

(a) 阀芯与阀体的相对位置　　(b) 阀芯中的油流情况

图6-22　汽车左转向时转阀的工作情况

R—接右转向动力缸；L—接左转向动力缸；B—接转向油泵；G—接转向油罐（其余图注同图6-18）

（4）转向油泵

转向油泵是动力转向装置的动力源。它将发动机的机械能变为驱动转向动力缸工作的液压能，再由转向动力缸输出受控制的转向力，驱动转向车轮转向。

转向油泵有齿轮式转向油泵（见图6-23）、叶片式转向油泵（见图6-24）和转子式转向油泵（见图6-25）三种类型。目前最常用的是双作用叶片式转向油泵。

① 结构。双作用叶片式转向油泵的结构如图6-26所示。驱动轴14上压有一个皮带轮并由曲轴上皮带轮通过皮带驱动转向油泵。

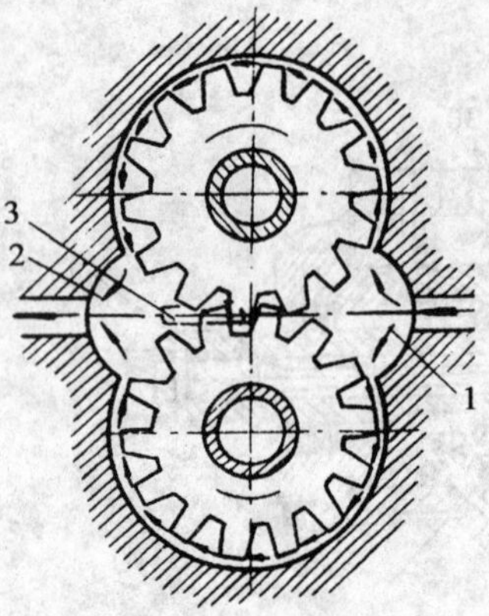

图 6-23　齿轮式转向油泵

1—进油口；2—出油口；3—卸荷

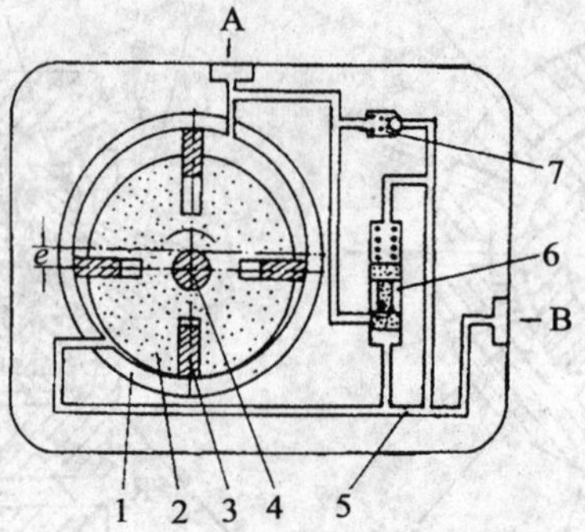

图 6-24　叶片式转向油泵

1—定子；2—转子；3—叶片；
4—转子轴；5—节流孔；6—溢流阀；
7—安全阀；A—进油孔；B—出油孔

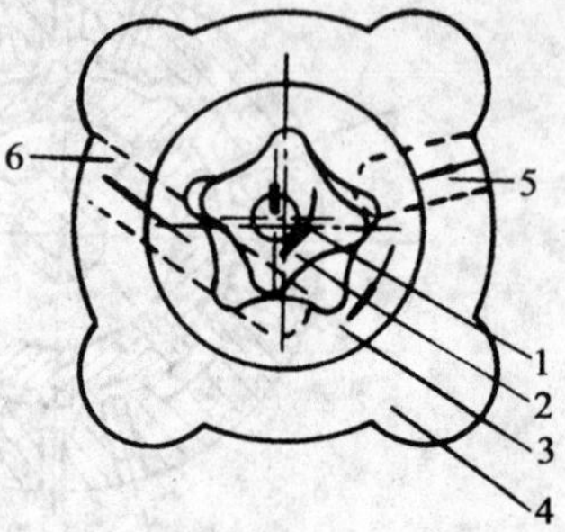

图 6-25　转子式转向油泵

1—主动轴；2—内转子；
3—外转子；4—油泵壳体；
5—进油口；6—出油口

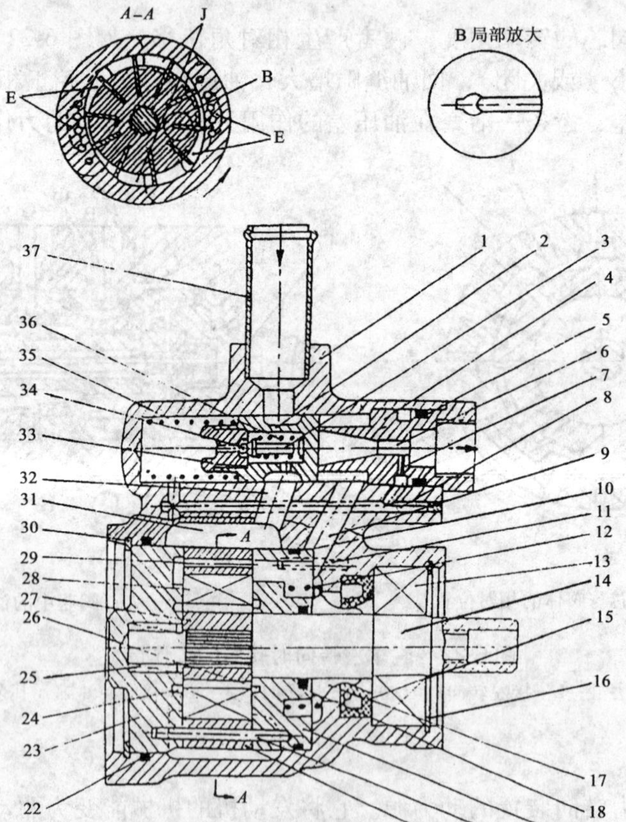

图 6-26　双作用叶片式转向油泵

1—壳体；2—溢流阀；3，36—安全阀弹簧；4—出油管接头；5，10，18，22—O 形密封圈；6—节流孔；7—感压小孔；8—横向油道；9—出油道；11，20—定位销；12—配油盘压紧弹簧；13—轴承；14—驱动轴；15—骨架油封；16—卡圈；17—隔套；19—右配油盘；21—定子；23—左配油盘；24，26—环形油槽；25—滚针轴承；27—转子；28—叶片；29—定子轴向通孔；30—挡圈；31—进油腔；32—进油槽；33—螺塞；34—钢球；35—溢流阀弹簧；37—进油道；J—吸油凹槽；E—压油凹槽油泵主要由转子27、定子21、配油盘19和23、壳体1、驱动轴14及组合阀（溢流阀2和安全阀弹簧3）组成。转子27上均匀地开有10个径向叶片槽，槽内装有可径向滑动的矩形叶片28，叶片顶端可紧贴在定子21的内表面上。在转子和定子的两个侧面上各有一配油盘（19和23），由于转子的宽度稍小于定子的宽度，使两配油盘紧压在定子上。两配油盘和定子一起装在壳体内，不能移动或转动。两配油盘与定子相对的端面上各开有对称布置的腰型槽，分别与进油口和出油口相连。定子内表面曲线近似于椭圆形，使得转子、定子叶片和左、右配油盘之间形成若干个密封的工作室。工作室容积大小随转子旋转实现“由小变大、由大变小，再由小变大、由大变小”循环。

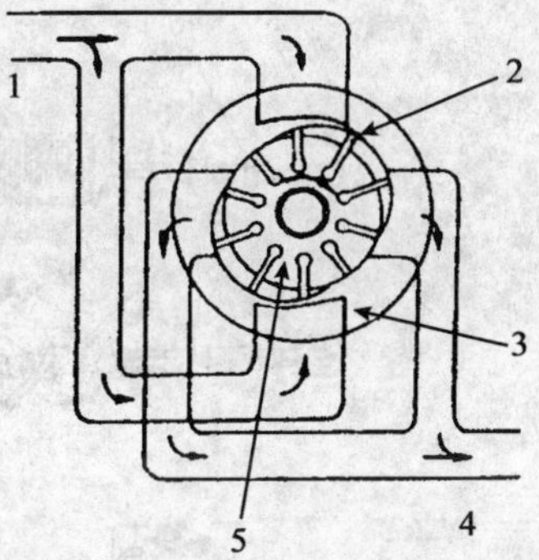

图6-27　双作用叶片式转向泵的工作原理示意图

1—进油口；2—叶片；3—定子；4—排油口；5—转子

② 工作原理。双作用叶片式转向油泵的工作原理如图6-27所示。当发动机带动油泵逆时针旋转时，叶片在离心力的作用下紧贴在定子的内表面上，工作容积开始由小变大，从吸油口吸进油液；而后工作容积由大变小，压缩油液，经压油口向外供油；再转180°，又完成一次吸压油过程。

二、任务实施

项目（一）转向器的拆装

1. 项目说明

在汽车使用过程中，转向系不可避免地会因维护调整不当、磨损松旷、碰撞变形等原因造成转向沉重、行驶跑偏、单边转向不足、高速摆头等故障。经检查是转向系的故障后，则需拆卸转向器进行检修或更换。

2. 技术要求与标准

① 一名学员在50分钟内完成此项目；

② 各部分螺栓（见图6-28和图6-29）拧紧力矩如表6-1所列。

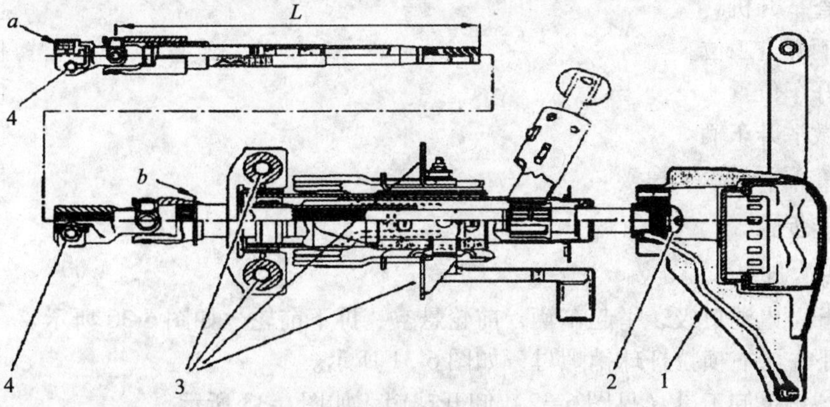

图6-28　爱丽舍轿车转向柱

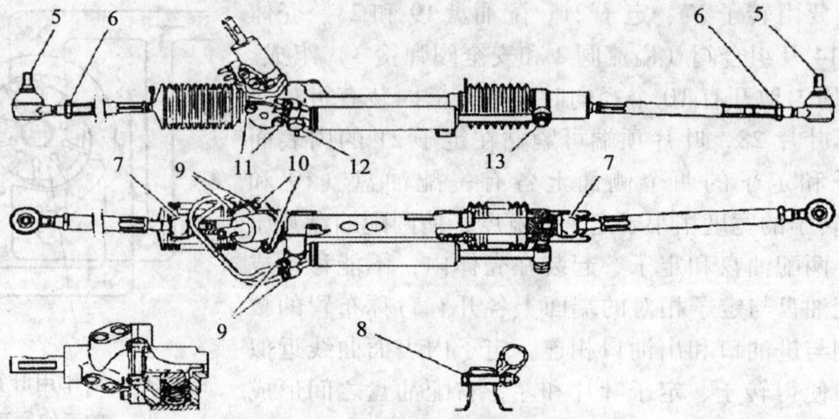

图 6-29　爱丽舍轿车助力转向器

表 6-1　爱丽舍轿车转向柱及助力转向系螺栓拧紧力矩

序号	机件名称	拧紧力矩/（N · m）	序号	机件名称	拧紧力矩/（N · m）
1	安全气囊固定螺栓	8	8	固定转向器于托架上螺栓	70
2	方向盘固定螺栓	33	9	管接头	24
3	转向柱支架固定螺栓	23	10	助力转向器阀	12
4	万向节固定螺栓	23	11	固定法兰盘	12
5	横拉杆球销螺母	40	12	固定油缸于转向器壳体上螺栓	55
6	横拉杆调节螺母	45	13	固定油缸于支架螺栓	55
7	球销	60		油泵的接头及管接头	25

3. 设备器材

① 爱丽舍轿车；

② 球销拆卸工具 ZX1892－T；

③ 举升器；

④ 常用工具一套。

4. 作业准备

① 检查举升机　□ 任务完成

② 车辆开进工位　□ 任务完成

③ 顶好车位置　□ 任务完成

④ 稍微举升车辆　□ 任务完成

⑤ 检查车辆是否平稳　□ 任务完成

5. 操作步骤

(1) 拆　卸

① 断开蓄电池负极，举起车辆，前轮悬空，拆下前轮，如图 6-30 所示。

② 拆下左、右横拉杆球销螺母，如图 6-31 所示。

③ 用球销拆卸工具（见图 6-32）卸开球销，如图 6-33 所示。

④ 松开连接转向轴和转向器的卡子 1，拆下螺母 2 及螺栓，将转向器置于中间位置。

图6-30　拆下前轮

图6-31　拆下左、右横拉杆球销螺母

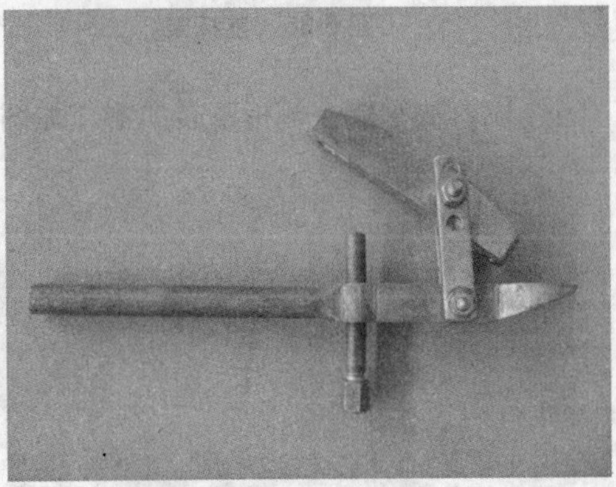

图6-32　球销拆卸专用工具

图6-33　拆球销

标注万向节3的位置，脱开万向节3，如图6-34所示。

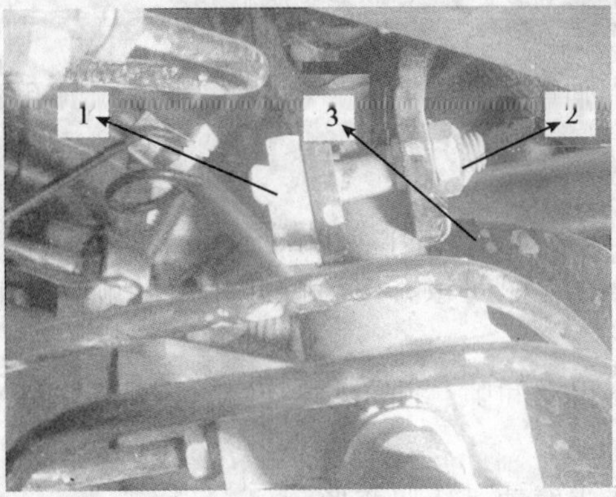

图6-34　拆卡子

⑤ 用举升架支撑前托架4，拆下螺栓5，如图6-35所示，小心降下前托架，如图6-36所示。

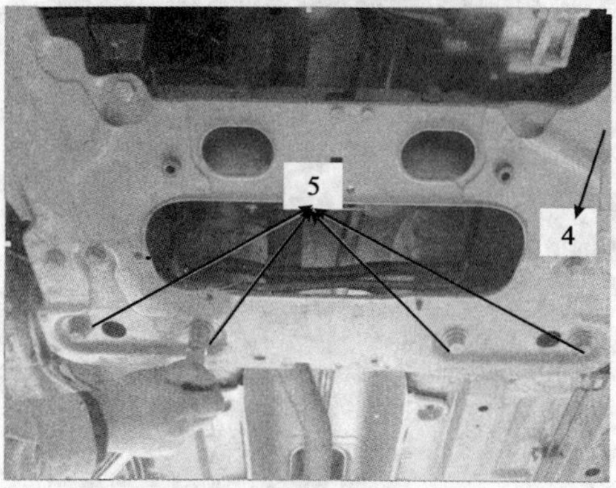

图 6-35　拆前托架连接螺栓

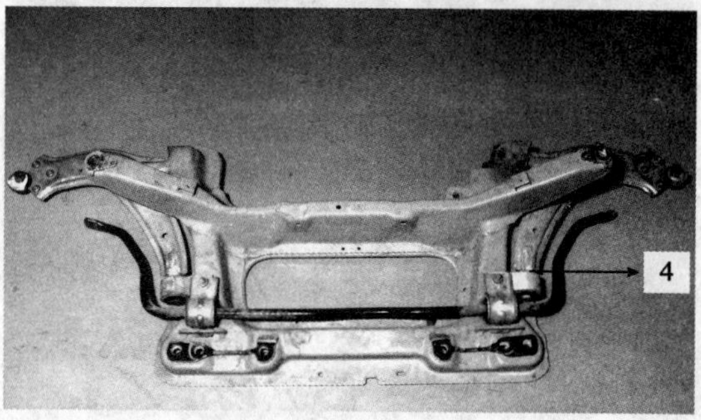

图 6-36　前托架

⑥ 断开油管 6，如图 6-37 所示，小心拆下隔热板。从车辆左侧拆下转向器，如图 6-38 所示。

图 6-37　拆油管

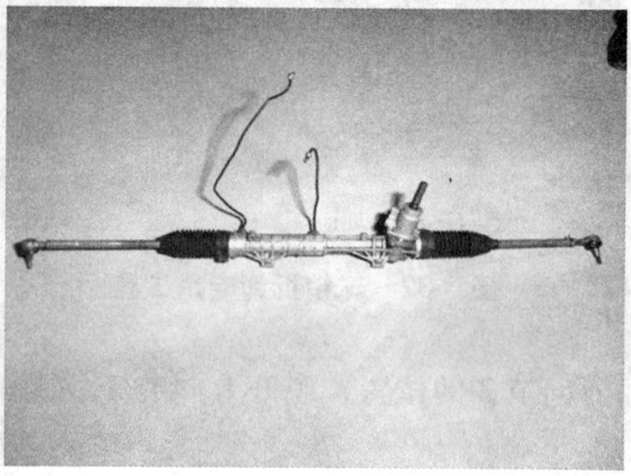

图 6-38　转向器

（2）安　装

转向器的安装是转向器各机件全部修复后进行的重要程序，它直接影响转向器的正常工作，因此应注意转向器的装配问题。按与拆卸相反的顺序装转向器，但应注意下列问题。

① 转向横拉杆球销不得有间隙、凸出物、凹坑或裂缝。每次拆装应更换新的尼龙自锁螺母。

② 螺栓套筒漏装会造成发动机托架变形。

③ 拧紧力矩符合表 6-1 要求。

④ 螺栓在装复时应涂防松胶。

6. 记录与分析

<table>
<tr><td rowspan="2">基本信息</td><td>班级</td><td></td><td>姓名</td><td></td><td>日期</td><td></td></tr>
<tr><td>车型</td><td></td><td>设备名称</td><td></td><td>项目</td><td>爱丽舍轿车转向器的拆装</td></tr>
<tr><td rowspan="4">拆装记录与分析</td><td colspan="6">故障情境描述：

</td></tr>
<tr><td colspan="6">初步检查分析：

</td></tr>
<tr><td colspan="6">注意事项：

</td></tr>
<tr><td colspan="6">拆装过程记录：

</td></tr>
</table>

项目（二）转向节的拆装

1. 项目说明

在使用中，转向系轮毂轴承有时会出现损坏，影响行驶安全。此时应拆卸转向节，进行轮毂轴承的更换，因此，转向节的拆装作业是一项基本的技能，应熟练掌握。

2. 技术要求与标准

① 每组学员在50分钟内完成此项目；

② 拧紧力矩如表6-2所列。

表6-2　**螺栓拧紧力矩**　N·m

螺母或螺栓名称	拧紧力矩
转向节开口锁紧螺栓	45
螺母	40
三角臂球销锁紧螺栓	40
制动钳的固定螺栓	120
传动轴螺母	325
轮胎螺母	90

3. 设备器材

① 爱丽舍轿车；

② 轮毂固定工具［1］（ZX6310-T），转向节口分离杆［2］（ZX9501-T. L），球销拆卸工具［3］（ZX1892-T），传动轴端头螺母拆卸工具［4］，如图 6-39 所示；

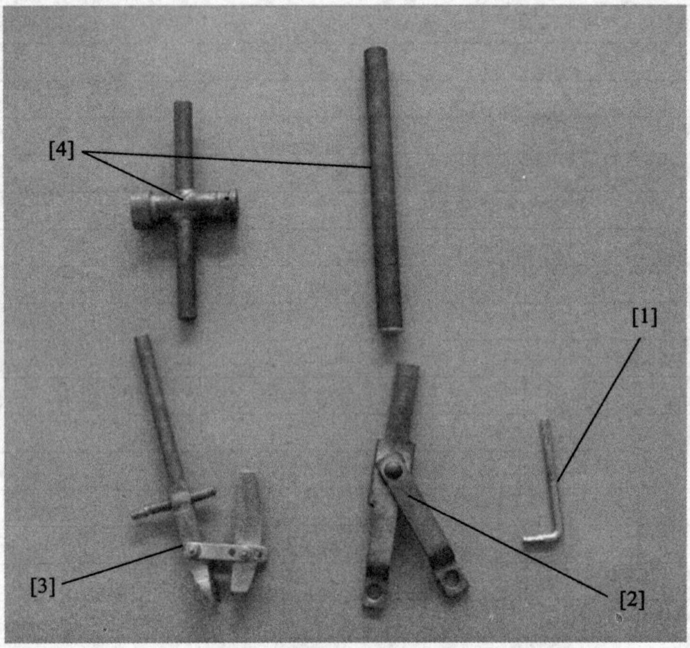

图 6-39　专用工具

③ 举升器；

④ 常用工具一套。

4. 作业准备

① 检查举升机　☐ 任务完成

② 车辆开进工位　☐ 任务完成

③ 顶好车位置　☐ 任务完成

④ 稍微举升车辆　☐ 任务完成

⑤ 检查车辆是否平稳　☐ 任务完成

5. 操作步骤

(1) 拆　卸

① 拆卸车轮：用轮毂固定工具［1］固定轮毂（见图 6-40），使之不能转动，用螺母专用工具［4］拆卸传动轴螺母及卡销，如图 6-41 所示。

② 拆卸螺母 3 和 4，制动钳及线路、管路固定支架如图 6-42 和图 6-43 所示。

③ 用球销拆卸专用工具［3］拆下球头销，拆卸螺母 5，如图 6-44 和图 6-45 所示。

④ 将工具［2］放在转向节开口位置，转 1/4 圈以扩张开口，拆下转向节，如图 6-46 所示，拆下的转向节总成，如图 6-47 所示。

图 6-40　固定轮毂

图 6-41　拆卸螺母及卡销

图 6-42　拆卸螺母 3

图 6-43　拆卸螺母 4

图 6-44　拆卸球头销

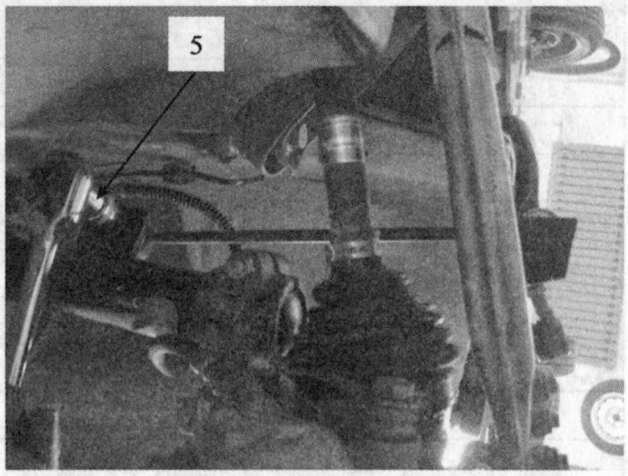

图 6-45　拆卸螺母 5

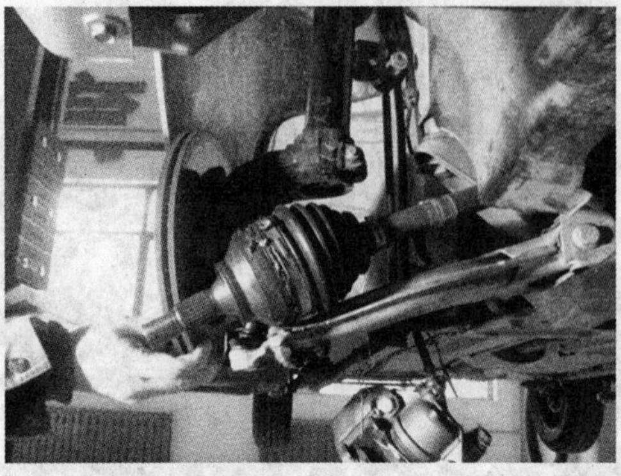

图 6-46　拆下转向节

图 6-47　转向节总成

（2）装　配

按与拆卸相反的顺序进行安装。注意：

① 转向节与减振器的相对位置；

② 用新的尼龙自锁螺母；

③ 各个螺栓的拧紧力矩要符合表 6-2 的要求。

6. 记录与分析

基本信息	班级		姓名		日期	
	车型		设备名称		项目	爱丽舍轿车转向节的拆装
拆装记录与分析	故障情境描述：					
	初步检查分析：					
	注意事项：					
	拆装过程记录：					

三、学习评价

（一）理论考核

1. 判断题

① 汽车转向时，内转向轮的偏转角应当小于外转向轮的偏转角。（ ）

② 汽车的转弯半径越小，则汽车的转向机动性能越好。（ ）

③ 转向系的角传动比越大，则转向越轻便、越灵敏。（ ）

④ 采用动力转向系的汽车，当转向加力装置失效时，汽车也就无法转向了。（ ）

⑤ 循环球式转向器中的转向螺母是第一级传动副的主动件。（ ）

⑥ 与独立悬架和非独立悬架相配用的转向传动机构是一样的。（ ）

⑦ 中型以上的越野汽车多采用可逆式转向器。（ ）

⑧ 转向盘自由行程影响转向的灵敏性，在设计时应尽量避免。（ ）

⑨ 具有不足转向特性的汽车在急转时容易发生侧翻或侧滑。（ ）

⑩ 安全式转向柱在转向柱上设置能量吸收装置，当汽车紧急制动或发生撞车事故时吸收冲击能量，减轻或防止对驾驶员的伤害。（ ）

⑪ 为避免在汽车转向时加大对车轮的磨损，希望汽车转向时每个车轮都作纯滚动。（ ）

2. 选择题

① 转向梯形理想表达式中的 B 是指（ ）。

A. 轮距　　B. 两侧主销轴线与地面相交点间的距离

C. 转向横拉杆的长度　　D. 轴距

② 采用齿轮齿条式转向器时，不需（ ），所以结构简单。

A. 转向节臂　　B. 转向摇臂　　C. 转向梯形臂　　D. 转向横拉杆

③ 一般规定转向轮处于直线行驶位置，转向盘向左、向右的自由行程不超过（ ）。

A. 10°　　B. 15°　　C. 8°　　D. 20°

④ 下列哪项不属于转向传动部分？（ ）

A. 梯形臂　　B. 转向横拉杆　　C. 转向轴　　D. 转向节臂

⑤ 转向盘出现“打手”现象主要是因为（ ）。

A. 转向盘的自由行程太小　　B. 转向盘的自由行程太大

C. 车速太高　　D. 车速太低

⑥ 下列关于车辆转向特性的说法正确的是（ ）。

A. 一般车辆应具有动态转向特性　　B. 一般车辆应具有中性转向特性

C. 一般车辆应具有过度转向特性　　D. 一般车辆应具有不足转向特性

3. 问答题

① 转向系统的作用是什么？

② 转向系有哪几种类型？各由几部分组成？

③ 常用的转向器有哪几种类型？它们各有什么特点？

④ 读图分析。

图 6-48 为机械转向系示意图，回答如下问题。

第一，转向系由哪几部分构成？

第二，写出主要机件（标号 1，5，8，9，11）的名称。

第三，写出动力传递路线。

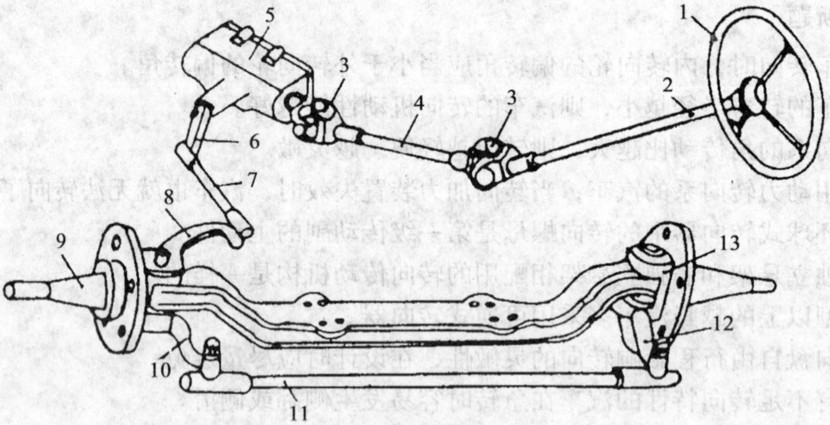

图 6-48　机械转向系示意图

（二）技能考核

项目 1　　转向器的拆装

基本信息	姓名		学号		班级		组别	
	规定时间		完成时间		考核日期		总评成绩	

	序号	步　骤	完成情况		标准分	评　分
			完　成	未完成		
任务工单	1	考核准备： 材料： 工具： 设备：			10	
	2	车辆的举升、防护及发动机的固定			5	
	3	拆卸前轮			5	
	4	拆卸左右横拉杆球销螺母及球销			10	
	5	拆卸卡子，脱开万向节			5	
	6	拆卸前托架连接螺栓，降下前托架			10	
	7	拆卸隔热板			10	
	8	拆转向器固定螺栓，取下转向器			10	
	9	按与拆装相反顺序安装			5	
	10	清洁及整理			5	
安全					5	
5S					5	
团队协作					5	
沟通表达					5	
工单填写					5	

项目2　　转向节的拆装

<table>
<tr><td rowspan="2">基本信息</td><td colspan="2">姓名</td><td></td><td>学号</td><td></td><td>班级</td><td></td><td>组别</td><td></td></tr>
<tr><td colspan="2">规定时间</td><td></td><td>完成时间</td><td></td><td>考核日期</td><td></td><td>总评成绩</td><td></td></tr>
<tr><td rowspan="12">任务工单</td><td rowspan="2">序号</td><td colspan="3" rowspan="2">步骤</td><td colspan="3">完成情况</td><td rowspan="2">标准分</td><td rowspan="2">评分</td></tr>
<tr><td>完成</td><td colspan="2">未完成</td></tr>
<tr><td>1</td><td colspan="3">考核准备：
材料：
工具：
设备：</td><td></td><td colspan="2"></td><td>10</td><td></td></tr>
<tr><td>2</td><td colspan="3">车辆的举升、防护及发动机的固定</td><td></td><td colspan="2"></td><td>5</td><td></td></tr>
<tr><td>3</td><td colspan="3">拆卸车轮</td><td></td><td colspan="2"></td><td>5</td><td></td></tr>
<tr><td>4</td><td colspan="3">拆卸卡销及螺母盖</td><td></td><td colspan="2"></td><td>5</td><td></td></tr>
<tr><td>5</td><td colspan="3">拆卸螺母3和4</td><td></td><td colspan="2"></td><td>5</td><td></td></tr>
<tr><td>6</td><td colspan="3">拆卸制动钳及制动管路、管路固定支架</td><td></td><td colspan="2"></td><td>5</td><td></td></tr>
<tr><td>7</td><td colspan="3">拆卸螺母5和球销锁紧螺栓</td><td></td><td colspan="2"></td><td>10</td><td></td></tr>
<tr><td>8</td><td colspan="3">拆下转向节</td><td></td><td colspan="2"></td><td>10</td><td></td></tr>
<tr><td>9</td><td colspan="3">按与拆卸相反顺序安装</td><td></td><td colspan="2"></td><td>10</td><td></td></tr>
<tr><td>10</td><td colspan="3">清洁及整理</td><td></td><td colspan="2"></td><td>5</td><td></td></tr>
<tr><td>安全</td><td colspan="7"></td><td>5</td><td></td></tr>
<tr><td>5S</td><td colspan="7"></td><td>10</td><td></td></tr>
<tr><td>团队协作</td><td colspan="7"></td><td>5</td><td></td></tr>
<tr><td>沟通表达</td><td colspan="7"></td><td>5</td><td></td></tr>
<tr><td>工单填写</td><td colspan="7"></td><td>5</td><td></td></tr>
</table>

四、拓展学习

普通动力转向系的助力特性是不变的，而且与车速无关，造成停车及车速很低时转向盘操纵很重，中速时较轻快，当车速增高时更加轻快。如果考虑停车及低速时的轻便性，则使高速时操纵力过小，路感下降，易出现转向过头；反之会使停车及低速时操纵力过大，转向沉重，效率下降。为了实现在各种行驶条件下转向盘上所需要的力都是最佳值，必须采用更先进的动力转向方式——电子控制动力转向系统。微机在汽车上的广泛应用产生了微机控制的电动动力转向系统。这种微机控制的电动动力转向装置可完成比较复杂的调整工作；减少发动机损耗，增大输出功率，节省燃油；实现在各种行驶条件下转向盘所得到的操纵力都是最佳值。该系统还具有体积小、质量轻的优点，主要用于轻型汽车。

（一）电动动力转向系统（EPS）的组成及工作原理

1. 电动动力转向系统的组成

如图6-49所示，该系统通常由转矩传感器、车速传感器、电动机、电磁离合器和减速机构、电子控制器组成。

该系统各部件在车上的布置如图6-50所示。

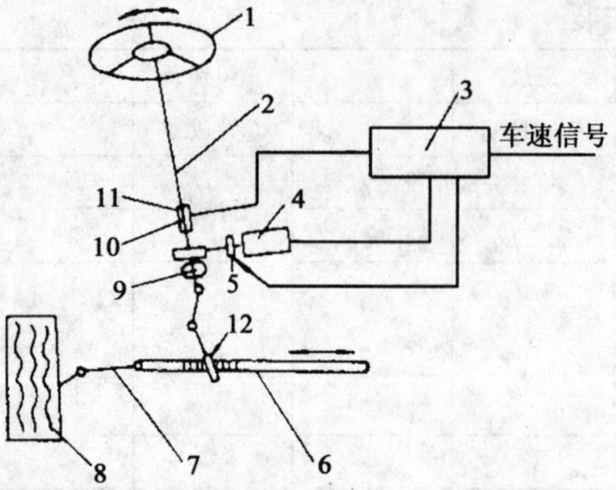

图 6-49　汽车电动动力转向系统的组成

1—转向盘；2—输入轴（转向轴）；3—电子控制器；4—助力电动机；5—电磁离合器；6—转向齿条；7—横拉杆；8—轮胎；9—输出轴；10—扭力杆；11—转矩传感器；12—转向齿轮

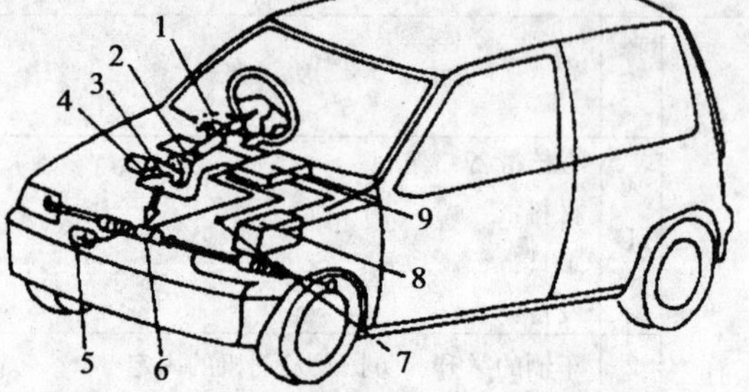

图 6-50　汽车电动动力转向系统的布置

1—车速传感器；2—转矩传感器；3—减速机构；4—电动机与离合器；5—发电机；6—转向机构；7—发动机转速传感器；8—蓄电池；9—电子控制器

2. 电动动力转向系统的工作原理

当操纵转向盘时，装在转向盘轴上的转矩传感器（也称转向传感器）不断测出转向轴上的转矩，并由此产生一个电压信号。该信号与车速信号同时输入电子控制器，控制器中的微机根据这些输入信号进行运算处理，确定助力转矩的大小和转向，即选定电动机的电流和转向，调整转向的辅助力。电动机的转矩由电磁离合器通过减速机构减速增扭后，加在汽车的转向机构上，使之得到一个与工况相适应的转向作用力。

（二）电动动力转向系统部件结构及其工作原理

1. 转矩传感器

转矩传感器亦称转向传感器，其作用是将测定的转向盘与转向器之间的相对转矩作为电动助力的依据之一。转矩传感器的基本工作原理如图 6-51 所示。

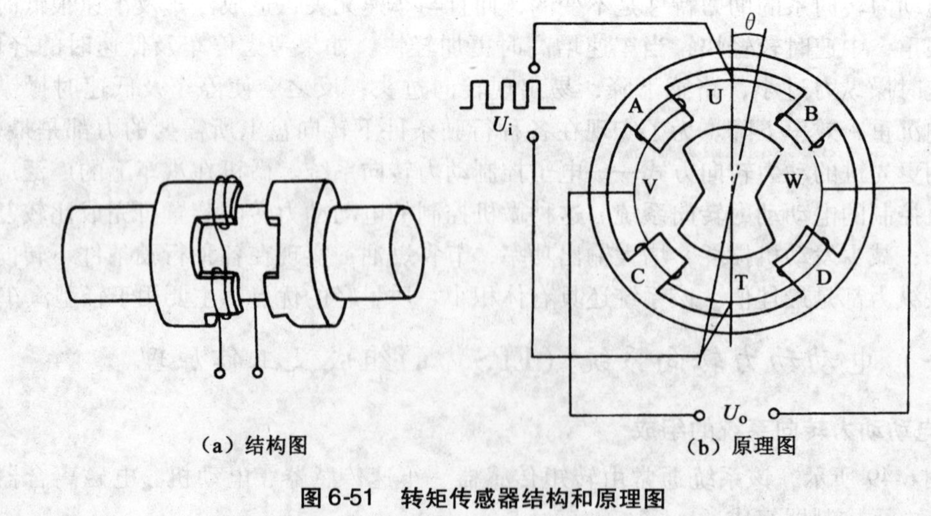

图 6-51　转矩传感器结构和原理图

用磁性材料制成的定子和转子可以形成闭合的磁路，线圈 A，B，C，D 分别绕在极靴上，形成一个桥式回路。转向盘杆扭转变形的扭转角与转矩成正比，所以只要测定杆的扭转角，就可间接地知道转向力的大小。

在线圈的 U，T 两端施加连续的脉冲电压信号 U_i，当转向杆上的转矩为零时，定子与转子的相对转角也为零。这时转子的纵向对称面处于定子 AC，BD 的对称平面上，每个极靴上的磁通量是相同的，电桥平衡，V，W 两端的电位差 $U_0=0$。

如果转向杆上存在转矩，定子与转子的相对转角不为零，此时转子与定子间产生角位移 θ。极靴 A，D 间的磁阻增加，B，C 间的磁阻减小，各个极靴的磁阻产生差别，电桥失去平衡，在 V，W 两端产生电位差。这个电位差与杆的扭转角 θ 和输入电压 U_i 成比例，从而可知道转向盘杆的转矩。

2. 电动机、离合器与减速机构

电动机、离合器和减速机构组成的整体称为电机组件，其结构如图 6-52 所示。

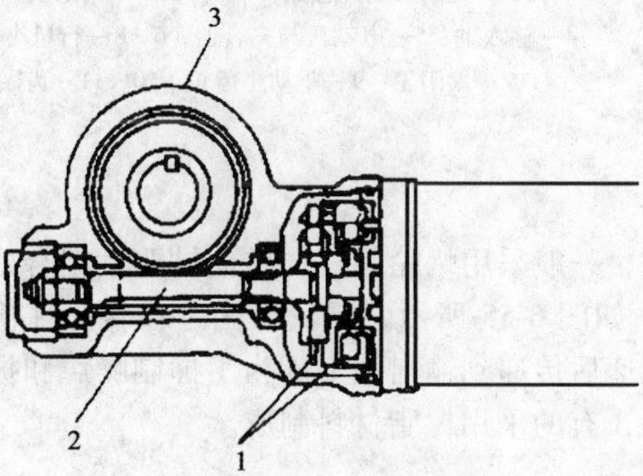

图 6-52　电机组件

1—电磁离合器；2—蜗轮；3—斜齿轮

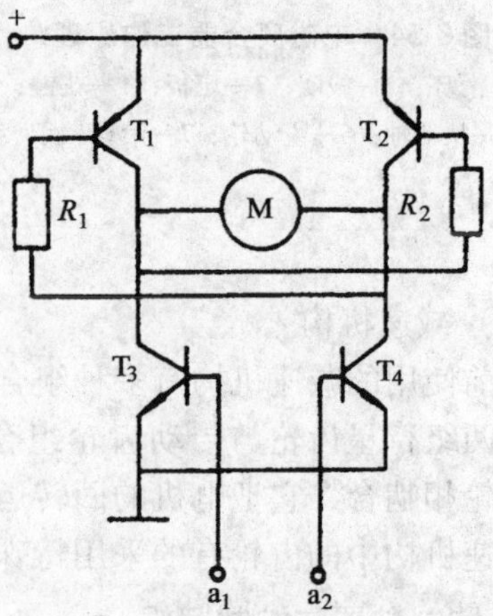

图 6-53　电动机正反转控制电路

（1）电动机

转向助力电动机就是一般的永磁电动机（原理不再叙述），电动机的输出转矩控制是通过控制其输入电流来实现的，而电动机的正转和反转则由电子控制单元（ECU）输出的正反转触发脉冲控制。图 6-53 是一种比较简单实用的正反转控制电路。

a_1，a_2 为触发信号端，从电子控制器得到的直流信号输入到 a_1，a_2 端，用以触发电动机产生正反转。当 a_1 端得到输入信号时，晶体管 T_3 导通，T_2 管得到基极电流而导通。电流经 T_2 管的发射极和集电极，电动机 M，T_3 管的集电极和发射极搭铁，电动机有电流通过而正转。当 a_2 端得到输入信号时，晶体管 T_4 导通，T_1 管得到基极电流而导通，电流经过 T_1 管的发射极和集电极，电动机 M，T_4 管的集电极和发射极搭铁，电动机有反向电流通过而反转。控制触发信号端的电流大小可以控制电动机通过电流的大小。

（2）离合器

一般使用干式单片电磁离合器，如图 6-54 所示。工作电压为直流 12V，额定转速时传递的转矩为 15N·m，线圈电阻（20℃时）为 19.5Ω。

其工作原理是：当电流通过滑环进入离合器线圈时，主动轮产生电磁吸力，带花键的压板被吸引与主动轮压紧，电动机的动力经过轴、主动轮、压板、花键、从动轴传给执行机构。

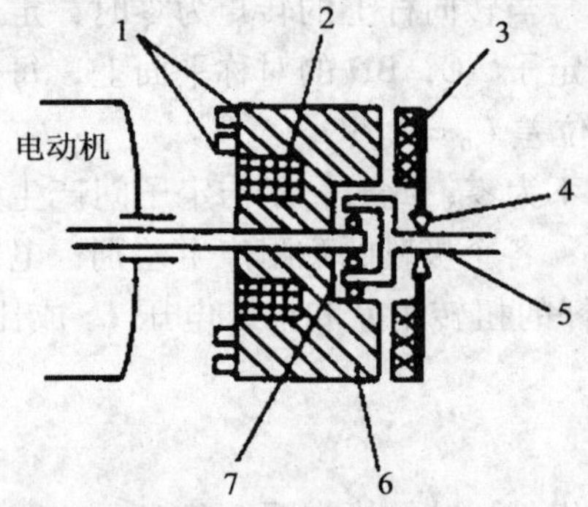

图 6-54　电磁离合器工作原理

1—滑环；2—线圈；3—压板；4—花键；5—从动轴；6—主动轮；7—滚珠轴承

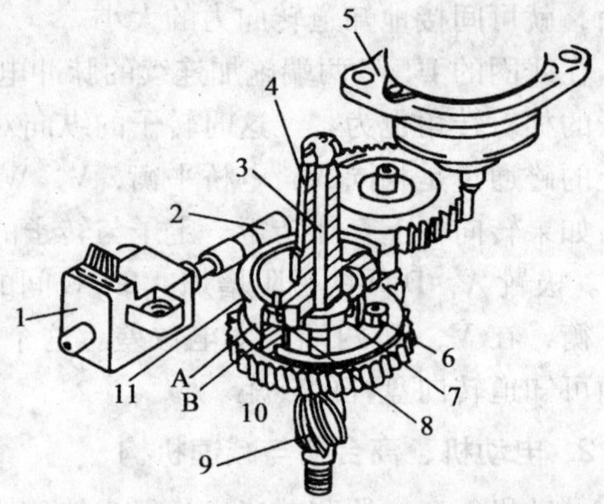

图 6-55　双级行星齿轮减速机构

1—转向力矩传感器；2—转轴；3—扭力杆；4—输入轴；5—电动机与离合器；6，8—行星小齿轮；7—太阳轮；9—驱动小齿轮；10，11—齿圈

（3）减速机构

目前使用的减速机构有多种组合方式，一般采用蜗轮蜗杆与转向轴驱动组合式，也有的采用两级行星齿轮与传动齿轮组合式，如图 6-55 所示。蜗轮与固定在转向柱输出轴上的斜齿轮相啮合，它把电机的回转运动减速后传递到输出轴上。为了抑制噪声和提高耐久性，减速机构中的齿轮有的采用特殊齿形，有的采用树脂材料制成。

3. 控制装置与控制逻辑

电动动力转向的控制系统如图 6-56 所示。该系统的核心是一个有 4KB ROM 和 256B RAM 的 8 位微机。

转向盘转矩信号和车速信号经过输入接口送入微机，随着车速的升高，微机控制相应地降低助力电动机电流，以减少助力转矩。发动机转速信号也被送入微机，当发动机处于怠速时，由于供电不足，助力电动机和离合器不工作。因此，EPS 工作时，EPS ECU 必须控制发动机处于高怠速工作状态。点火开关的通断（ON/OFF）信号经 A/D 转换接口送入微机。当点火开关断开时，电动机和离合器不能进入工作。微机输出控制指令经 D/A 转换接口送入电动机和离合器的驱动放大电路中，控制电动机的旋转转向和离合器的离合。电动机的电流经驱动放大回路、电流表 A 和 A/D 转换接口反馈给微机，即电动机的实际电流与按微机指令应给的电流相比较，调节电动机的实际电流，使两者接近一致。

EPS 电子控制器还具有自我修正的控制功能。当电动助力转向系统出现故障时，可自动断开电动机的输出电流，恢复到通常的转向功能；同时，速度表内的 EPS 报警灯点亮，以通知驾驶员动力转向系统发生故障。

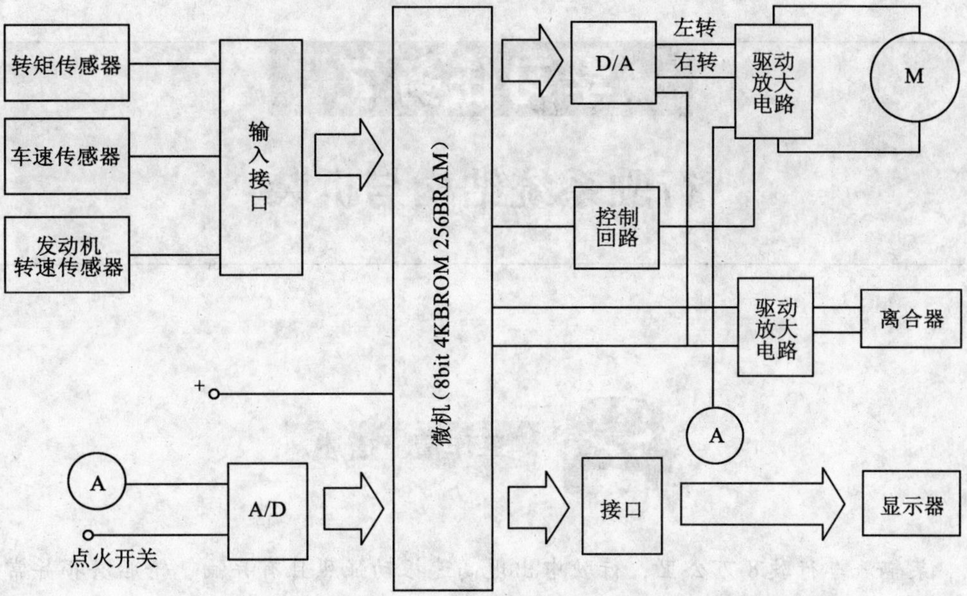

图 6-56 电动动力转向的控制系统

学习任务7

行驶系统结构与拆装

工作情境描述

某辆汽车行驶8万公里，行驶中出现高速振动强烈且有异响、轮胎磨损异常等现象。车主将车开到4S店，请你分析并解决该故障。

学习目标

- 了解车架的功能和类型。
- 掌握悬架、各种弹性元件的基本组成和功能。
- 车轮和轮胎的基本组成与功能。
- 车桥的基本组成和功能。
- 根据维修手册，正确选用维修工具和专用设备，分别在100分钟内安全规范地进行前悬架的拆装、减振器的分解、后桥扭力杆的分解，操作过程中严格执行“5S”。

一、知识准备

汽车行驶系由车架、悬架、车桥和车轮等组成，如图7-1所示。车轮通过轴承安装在车桥两边，车桥通过悬架与车架（或车身）连接，车架（或车身）是整车的装配基体。行驶系的作用可概括为：支撑汽车的质量并承受、传递路面作用在车轮上各种力的作用；接受传动系传来的转矩并转化为汽车行驶的牵引力；缓和冲击，减少振动，保证汽车平顺行驶。

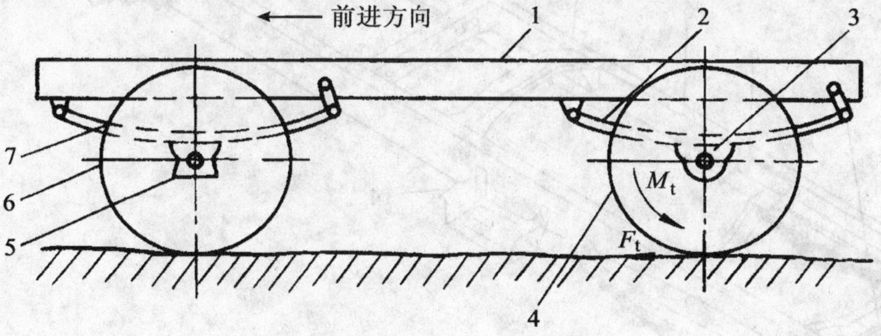

图7-1　汽车行驶系的组成

1—车架；2—后悬架；3—驱动桥；4—后轮；5—转向桥；6—前轮；7—前悬架

（一）车架、弹性元件和减振器

1. 车架的功能

车架俗称“大梁”，它是汽车的装配基体，汽车绝大多数的零部件、总成都要安装在车架上。另外，车架不仅承受各零部件、总成的载荷，还要承受汽车行驶时来自路面的各种复杂载荷的作用，如汽车加速、制动时的纵向力，汽车转弯、侧坡行驶时的侧向力，不良路面传来的冲击等。所以，车架的功能可以概括为两点，一是支撑、连接汽车各零部件、总成；二是承受车内、外各种载荷的作用。

2. 车架的类型和构造

汽车上采用的车架有四种类型：边梁式车架、中梁式车架、综合式车架和无梁式车架。目前汽车上多采用边梁式车架和无梁式车架。

（1）边梁式车架

边梁式车架如图7-2所示，它由两根纵梁和若干根横梁构成。纵梁和横梁之间通过铆接或焊接的方法连接起来。这种车架结构简单，便于整车的布置，所以在汽车上应用广泛。

边梁式车架纵梁的结构具有以下特点：一是从宽度上看，分为前窄后宽、前宽后窄和前后等宽三种形式，前窄使前轮具有足够的偏转角度，提高了车辆的机动性能；后窄用于重型车辆，便于布置双胎。二是从平面度上看，分为水平的和弯曲的两种形式，水平的纵梁便于零部件、总成的安装和布置；弯曲的纵梁可以降低车辆重心。三是从断面形状上看，分为槽形、Z字形、工字形和箱形几种，这些形状主要为了满足在质量小的前提下车架具有足够的强度和刚度，以承受各种载荷。横梁多为槽形。

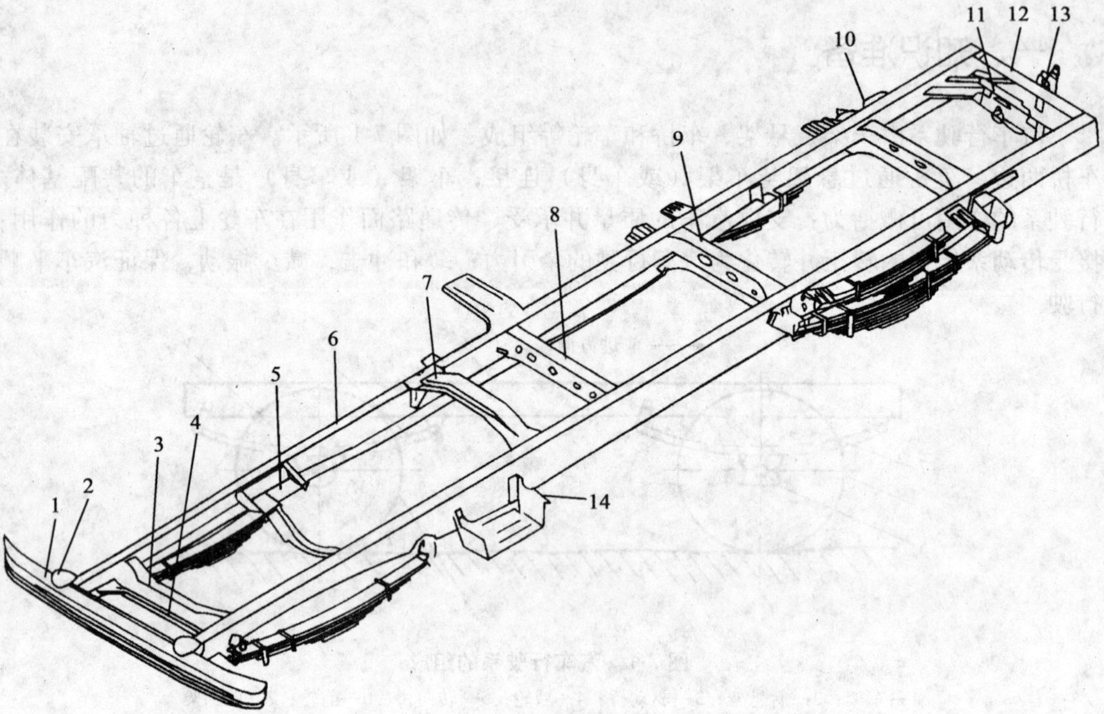

图 7-2 边梁式车架

1—保险杠；2—挂钩；3—前横梁；4—发动机前悬置横梁；5—发动机后悬支架及横梁；6—纵梁；7—驾驶室后悬置横梁；8—第四横梁；9—后钢板弹簧前支架横梁；10—后钢板弹簧后支架横梁；11—角撑横梁组件；12—后横梁；13—拖钩；14—蓄电池托架

（2）无梁式车架

无梁式车架是用车身兼做车架，汽车的所有零部件、总成都安装在车身上，车身要承受各种载荷的作用，因而这种车身又称为承载式车身，广泛用于轿车和客车，如图 7-3 所示。

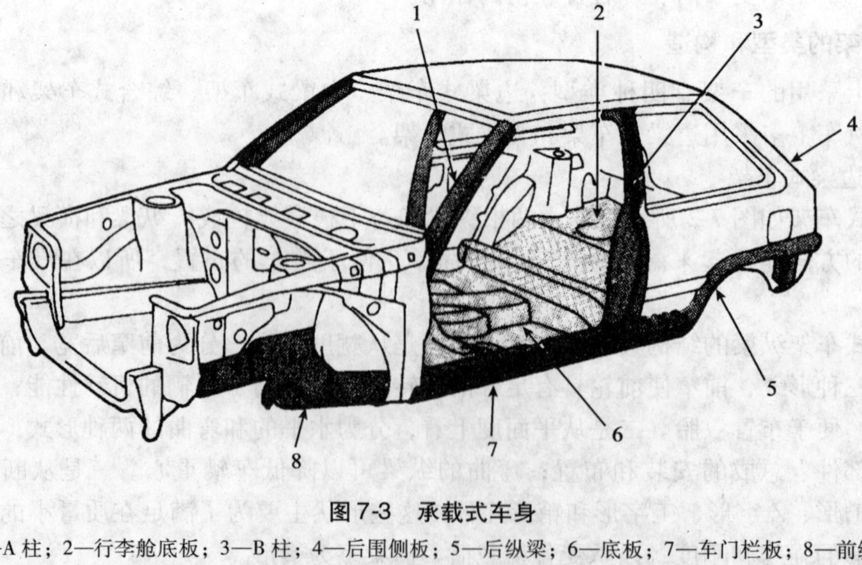

图 7-3 承载式车身

1—A 柱；2—行李舱底板；3—B 柱；4—后围侧板；5—后纵梁；6—底板；7—车门栏板；8—前纵梁

(3) 中梁式车架和综合式车架

中梁式车架和综合式车架分别如图7-4、图7-5所示，由于这两种车架结构复杂，加工制造及维修困难，所以目前很少应用。

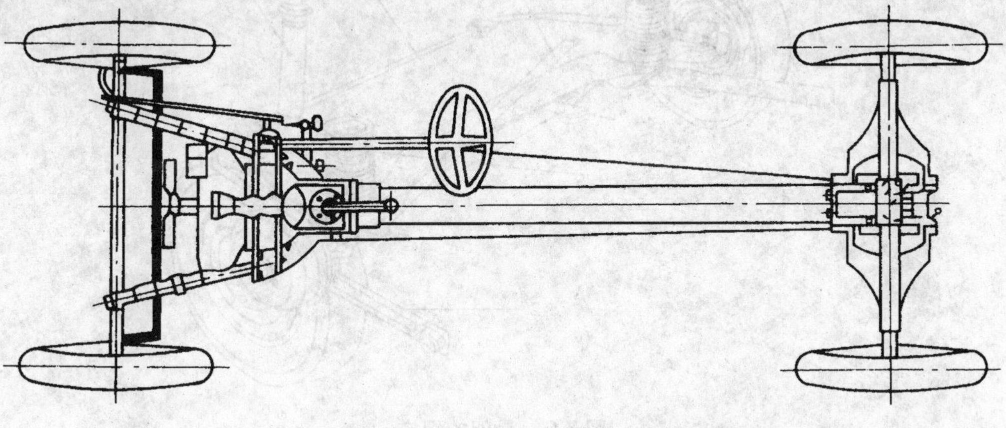

图7-4　中梁式车架

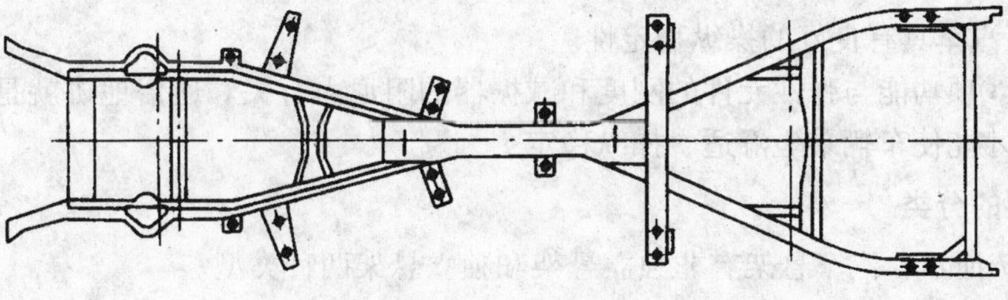

图7-5　综合式车架

(二) 悬架概述

1. 悬架的组成

悬架是车架（或车身）与车桥（或车轮）之间一切传力连接装置的总称。现代汽车的悬架虽有不同的结构形式，但一般都由弹性元件、减振器、导向机构等组成，轿车一般还有横向稳定器。悬架的组成如图7-6所示。

弹性元件使车架（或车身）与车桥（或车轮）之间作弹性连接，可以缓和不平路面带来的冲击，并承受和传递垂直载荷。

减振器可以衰减由于路面冲击产生的振动，使振动的振幅迅速减小。

导向机构包括纵向推力杆和横向推力杆，用于传递纵向载荷和横向载荷，并保证车轮相对于车架（或车身）的运动关系。

横向稳定器可以防止车身在转向等情况下发生过大的横向倾斜。

2. 悬架的功能

由悬架的组成可知其具有如下功能。

① 连接车架（或车身）和车轮，把路面作用在车轮上的各种力传给车架（或车身）；

② 缓和冲击、衰减振动，使乘坐舒适，具有良好的平顺性；

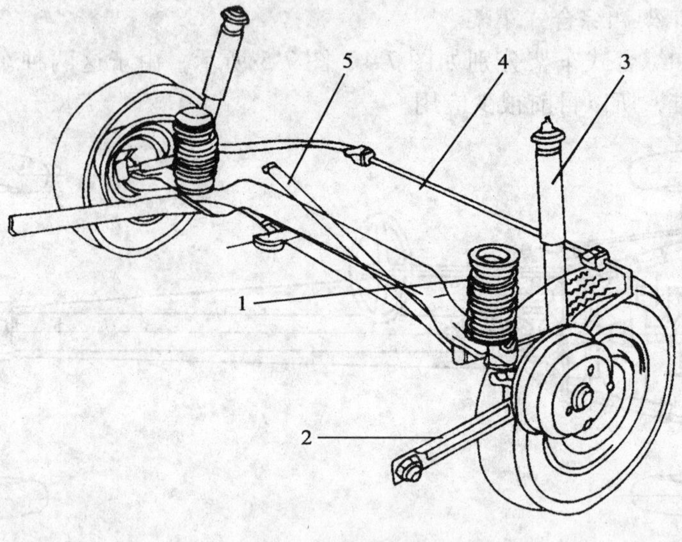

图 7-6　悬架的组成

1—弹性元件（螺旋弹簧）；2—纵向推力杆；3—减振器；4—横向稳定器；5—横向推力杆

③ 保证汽车具有良好的操纵稳定性。

第②、③项功能与弹性元件的刚度和减振器的阻尼力有关。通俗地讲就是只有悬架系统软硬合适才能使车辆乘坐舒适、操纵稳定。

3. 悬架的分类

如图 7-7 所示，汽车悬架有非独立悬架和独立悬架两种类型。

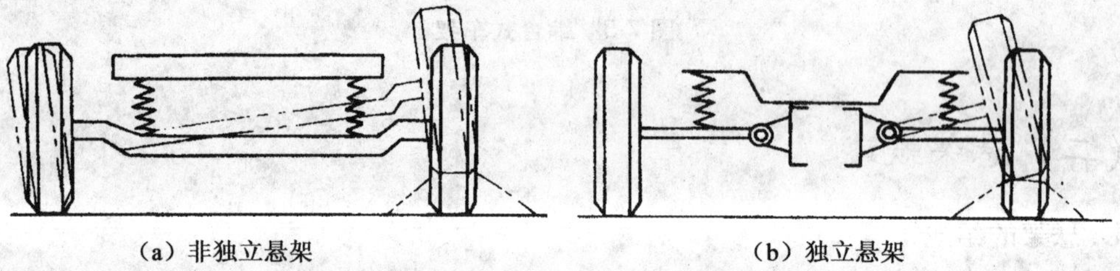

(a) 非独立悬架　(b) 独立悬架

图 7-7　非独立悬架与独立悬架示意图

非独立悬架的结构特点是两侧车轮安装在一根整体式车桥上，车轮和车桥一起通过弹性悬架悬挂在车架（或车身）下面，所以当一侧车轮发生位置变化后会导致另一侧车轮的位置也发生变化。独立悬架的两侧车轮分别独立地与车架（或车身）弹性相连，与其配用的车桥为断开式车桥，所以两侧车轮的运动是相对独立、互不影响的。

（三）弹性元件

汽车上的弹性元件指的是各类簧类零件。常用的包括钢板弹簧、螺旋弹簧、扭杆弹簧和气体弹簧等。

1. 钢板弹簧

钢板弹簧广泛应用于汽车的非独立悬架中，其构造如图 7-8 所示。钢板弹簧除了起到弹性元件的作用外，还起到了减振器和导向机构的作用。

钢板弹簧由若干片长度不等的合金弹簧钢片叠加而成，构成一根近似等强度的弹性梁。最长的一片称为主片，其两端卷成卷耳，内装衬套，以便用弹簧销与固定在车架上的支架或吊耳作铰链连接。

各弹簧片用中心螺栓连接，并保证各片的相对位置。中心螺栓距两端卷耳中心的距离可以是相等的，称为对称式钢板弹簧，如图7-8（a）所示；也可以是不相等的，称为非对称式钢板弹簧，如图7-8（b）所示。

为了防止汽车在行驶过程中各弹簧片分开，在钢板弹簧上装有若干弹簧夹，以免主片独自承载。弹簧夹通过铆钉与最下片弹簧片相连，弹簧夹两边通过螺栓相连，螺栓上有套管，装配时要求螺母朝向轮胎，以免螺栓脱落时刮伤轮胎，甚至飞崩伤人。

钢板弹簧在载荷作用下变形时，各片之间会相对滑动而产生摩擦，这可以衰减车架的振动，但摩擦会加速弹簧片的磨损。所以，在装配钢板弹簧时，各片之间要涂抹石墨润滑脂或安装塑料垫片以减磨。

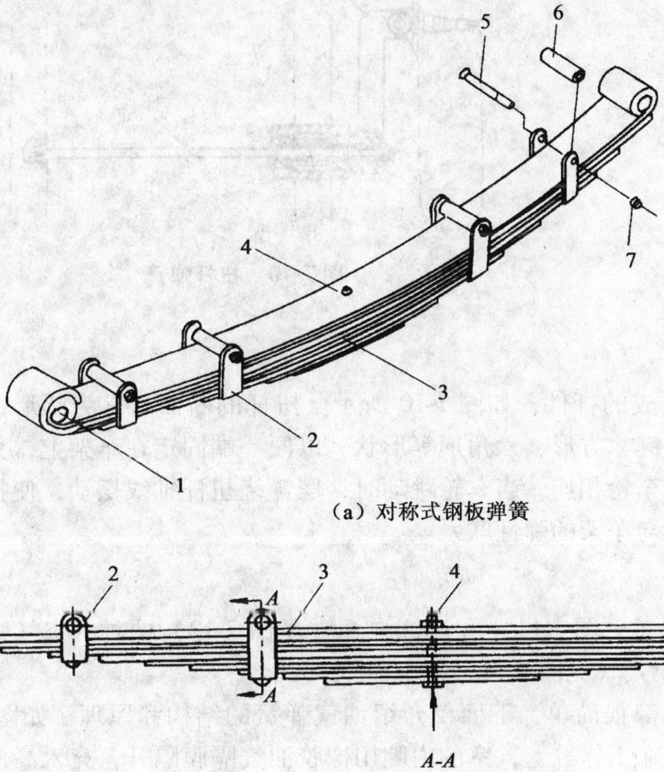

（a）对称式钢板弹簧

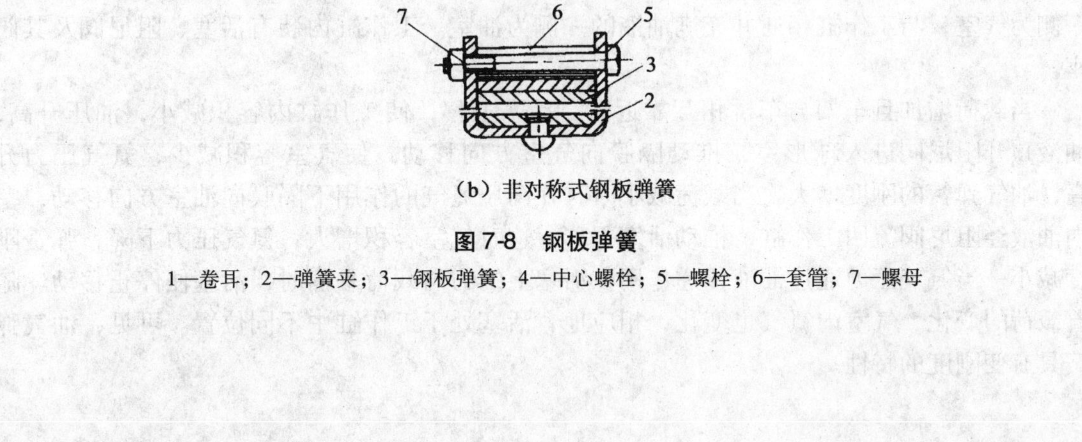

（b）非对称式钢板弹簧

图7-8　钢板弹簧

1—卷耳；2—弹簧夹；3—钢板弹簧；4—中心螺栓；5—螺栓；6—套管；7—螺母

2. 螺旋弹簧

螺旋弹簧广泛应用于独立悬架，有些轿车的后轮非独立悬架也采用螺旋弹簧做弹性元件。由于螺旋弹簧只能承受垂直载荷，且变形时不产生摩擦力，所以悬架中必须安装减振器和导向机构。

螺旋弹簧如图 7-9 所示，由特殊的弹簧钢棒卷制而成，可以制成圆柱形或圆锥形，也可以制成等螺距或不等螺距。圆柱形等螺距螺旋弹簧的刚度是不变的，圆锥形或不等螺距螺旋弹簧的刚度是可变的。

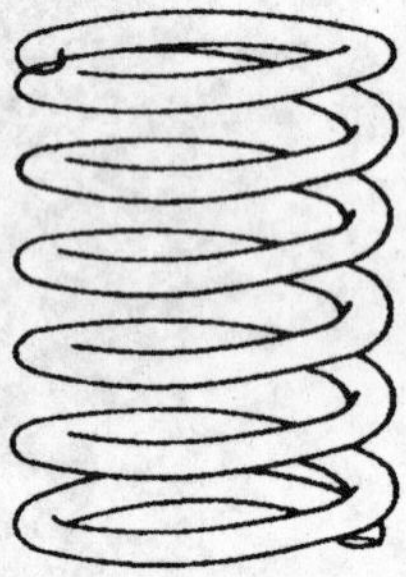

图 7-9　螺旋弹簧

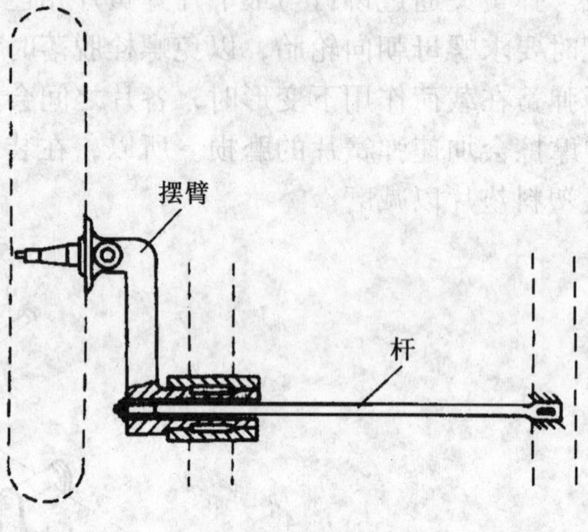

图 7-10　扭杆弹簧

3. 扭杆弹簧

扭杆弹簧是由弹簧钢制成的杆件，如图 7-10 所示。扭杆的断面通常为圆形，少数为矩形或管形，其两端制成花键、方形、六角形等形状，以便一端固定在车架上，另一端固定在悬架的摆臂上。摆臂与车轮相连，当车轮跳动时，摆臂绕扭杆轴线摆动，使扭杆产生扭转弹性变形，以保证车轮与车架的弹性联系。

4. 气体弹簧

气体弹簧分为空气弹簧（见图 7-11）和油气弹簧（见图 7-12）两种。空气弹簧又有囊式（见图 7-11（a））和膜式（见图 7-11（b））两种形式。

空气弹簧的结构、原理都很简单，下面仅介绍油气弹簧的结构和原理，如图 7-12 所示。油气弹簧的球形室固定在工作缸上，室的内腔用橡胶油气隔膜隔开，充入高压氮气的一侧为气室，与工作缸相通并充满油液的一侧为油室。工作缸内装有活塞、阻尼阀及其阀座。

当载荷增加且车架与车桥相互靠近时，活塞上移，使工作缸内容积减小，油压升高，油液顶开阻尼阀进入球形室，推动隔膜向气室方向移动，使气室容积减少，氮气压力升高，油气弹簧的刚度增大。当载荷减小时，在高压氮气的作用下隔膜向油室方向移动，室内油液经阻尼阀流回工作缸，推动活塞下移，这时气室容积增大，氮气压力下降，弹簧刚度减小。当氮气压力通过油液传递作用在活塞上的力与载荷平衡时，活塞便停止移动。随着载荷的变化，气室内氮气也变化，相应地，活塞处于工作缸中不同位置。可见，油气弹簧具有变刚度的特性。

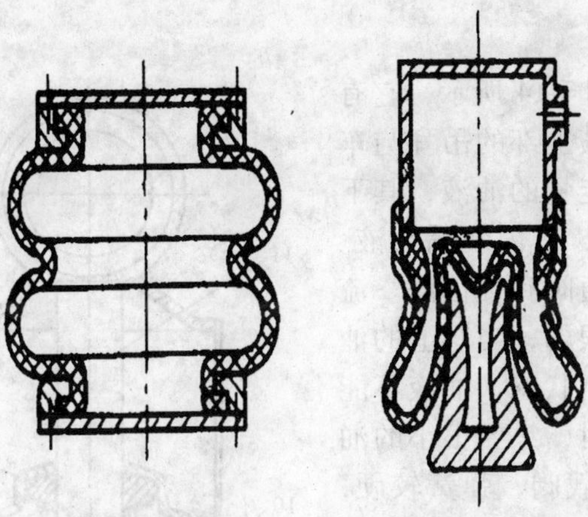

（a）囊式空气弹簧　（b）膜式空气弹簧

图 7-11　空气弹簧

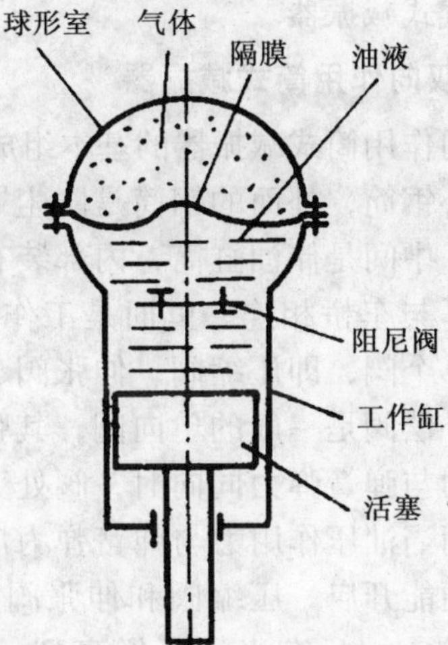

图 7-12　油气弹簧

（四）减振器

目前，汽车中广泛使用液压减振器，其基本原理如图 7-13 所示，当车架与车桥作往复相对运动时，减振器中的油液反复经过活塞上的阀孔，阀孔的节流作用及油液分子间的内摩擦力便形成了衰减振动的阻尼力，使振动的能量转变为热能，并由油液和减振器壳体吸收，然后散到大气中。

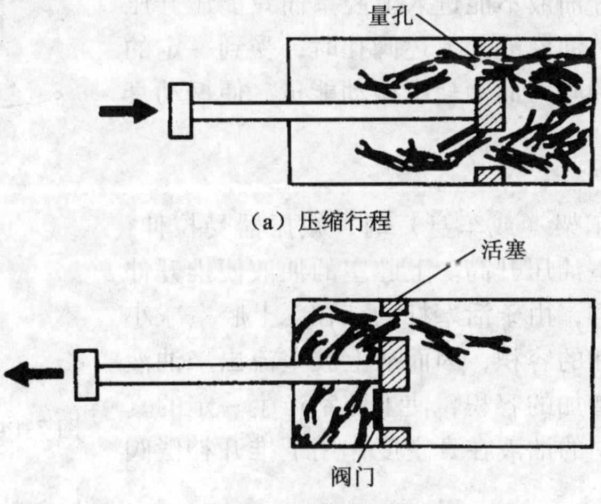

（a）压缩行程

（b）伸张行程

图 7-13　液压减振器的基本原理

说明：阀门越大，阻尼力越小，反之亦然。相对运动速度越大，阻尼力越大，反之亦然。

阻尼力越大，振动的衰减越快，但悬架弹性元件的缓冲效果不能发挥，乘坐也不舒适，因此弹性元件的刚度与减振器的阻尼力要合理搭配，才能保证乘坐舒适性和操纵稳定性的要求。目前，汽车上应用最广泛的是双向作用筒式减振器，近年来，有的高级轿车上采用充气式减振器。

1. 双向作用筒式减振器

双向作用筒式减振器的基本组成如图 7-14 所示，它有三个同心钢筒，外面的钢筒是防尘罩，其上部的吊耳与车架相连。中间是储油缸筒，内部装有一定量的油液，其下端的吊耳与车桥相连。里面是工作缸筒，其内装满油液。它还有 4 个阀，即压缩阀、伸张阀、流通阀和补偿阀。流通阀和补偿阀是一般的单向阀，其弹簧很弱，当阀上的油压作用力与弹簧弹力同向时，阀处于关闭状态，油液不能通过；而当油压作用力与弹簧弹力反向时，只要很小的油压，阀便能开启。压缩阀和伸张阀是卸载阀，弹簧较硬，预紧力较大，只有当油压增高到一定程度时，阀才能开启；而当油压降低到一定程度时，阀即自行关闭。

双向作用筒式减振器的工作原理可用压缩和伸张两个行程加以说明。

（1）压缩行程

当车桥移近车架（或车身）时，减振器受压缩，活塞下移，使其下方腔室容积减小，油压升高。具有一定压力的油液顶开流通阀进入活塞上方腔室。由于活塞杆占去上腔室的部分容积，使上腔室增加的容积小于下腔室减小的容积，因此还有一部分油液不能进入上腔室而只能压开压缩阀，流回储油缸筒。油液流经上述阀孔时，受到一定的节流阻力，为克服这种阻力而消耗了振动能量，使振动衰减。

（2）伸张行程

当车桥相对远离车架（或车身）时，减振器受拉伸，活塞上移，使其上腔室油压升高。上腔室的油液便推开伸张阀流入下腔室。同样，由于活塞杆的存在，上腔室减小的容积小于下腔室增加的容积，因而从上腔室流出来油液不足以充满下腔室所增加的容积，使下腔室产生一定的真空度，这时储油缸筒中的油液在真空度作用下推开补偿阀流进下腔室进行补充。

从上面的原理可以得知，这种减振器在压缩、伸张两个行程都能起减振作用，因此被称为双向作用减振器。

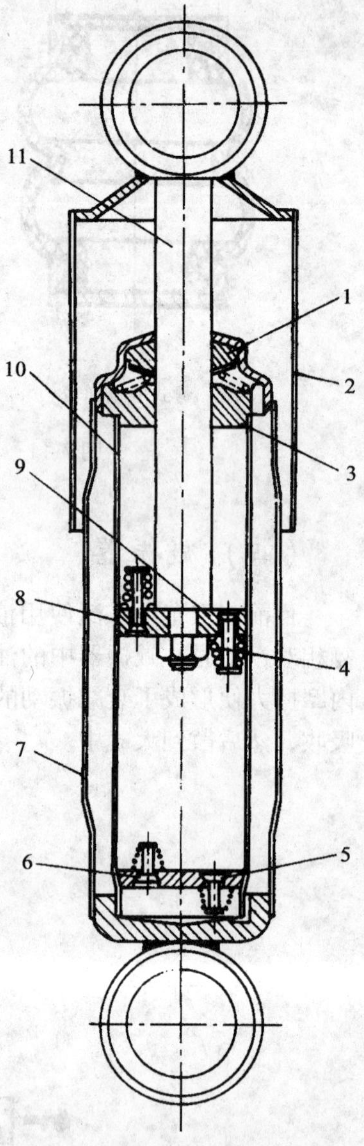

图 7-14　双向作用筒式减振器的基本组成

1—油封；2—防尘罩；3—导向座；4—流通阀；5—补偿阀；6—压缩阀；7—储油缸筒；8—伸张阀；9—活塞；10—工作缸筒；11—活塞杆

2. 充气式减振器

充气式减振器的基本组成如图 7-15 所示，其结构特点是在缸筒的下部装有一个浮动活塞，高压的氮气充在浮动活塞与缸筒一端形成的密闭气室里。浮动活塞的上面是减振器油液。O 形密封圈把油和气完全分开，因此活塞也叫封气活塞。在工作活塞上装有压缩阀和伸张阀，这两个阀都由一组厚度相同、直径不等、由大到小排列的弹簧钢片组成。

当车轮上下跳动时，工作活塞在油液中作往复运动，使工作活塞的上、下腔之间产生油压差，压力油便推开压缩阀或伸张阀而来回流动。由于阀孔对压力油产生较大的阻尼力，使振动衰减。

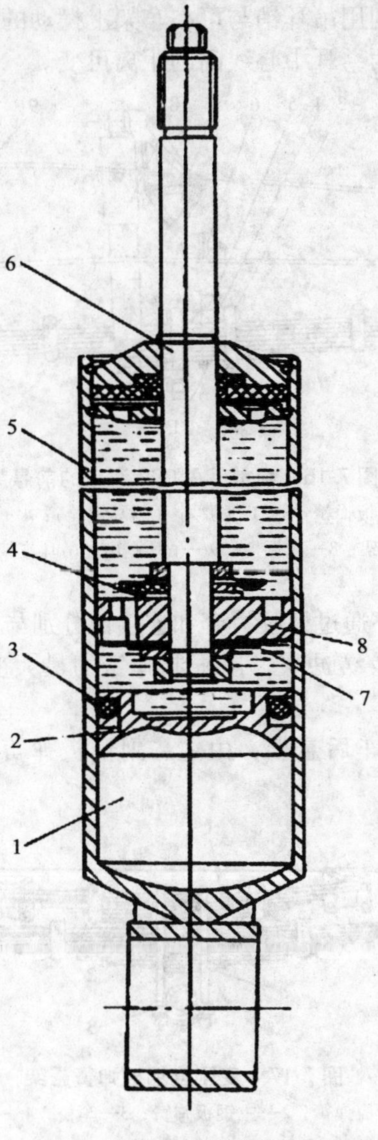

图7-15　充气式减振器的基本组成

1—密封气室；2—浮动活塞；3—O形密封圈；4—压缩阀；5—工作缸；6—活塞杆；7—工作活塞；8—伸张阀

（五）传统悬架系统介绍

1. 非独立悬架

非独立悬架广泛应用于货车的前、后悬架和轿车的后悬架。按照采用弹性元件的不同，非独立悬架可以分为钢板弹簧式非独立悬架和螺旋弹簧式非独立悬架。

(1) 钢板弹簧式非独立悬架

这种悬架的钢板弹簧一般纵向布置，所以也称为纵置板簧式非独立悬架。

图 7-16 所示为解放 CA1092 汽车的前悬架。钢板弹簧中部通过 U 形螺栓（骑马螺栓）固定在前桥上。钢板弹簧的前端卷耳用弹簧销与前支架相连，形成固定式铰链支点，起传力和导向作用；而后端卷耳则用吊耳销与可在车架上摆动的吊耳相连，形成摆动式铰链支点，从而保证了弹簧变形时两卷耳中心线间的距离可变。

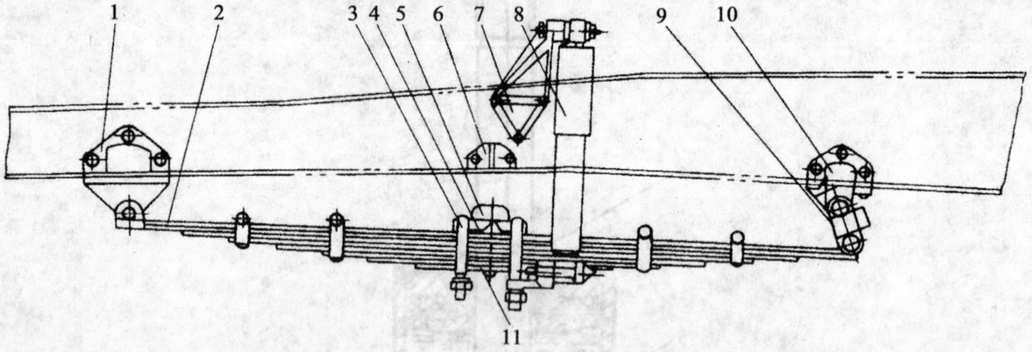

图 7-16　解放 CA1092 汽车的前悬架

1—钢板弹簧前支架；2—前钢板弹簧；3—U 形螺栓（骑马螺栓）；4—盖板；5—缓冲块；6—限位块；7—减振器上支架；8—减振器；9—吊耳；10—吊耳支架；11—中心螺栓

减振器的上、下两个吊环通过橡胶衬套和连接销分别与车架上的上支架和车桥上的下支架相连接。盖板上装有橡胶缓冲块，以限制弹簧的最大变形，并防止弹簧直接碰撞车架。

图 7-17 所示为某中型货车后悬架，由主、副钢板弹簧叠合而成，其刚度是可变的，以适应装载质量的不同。

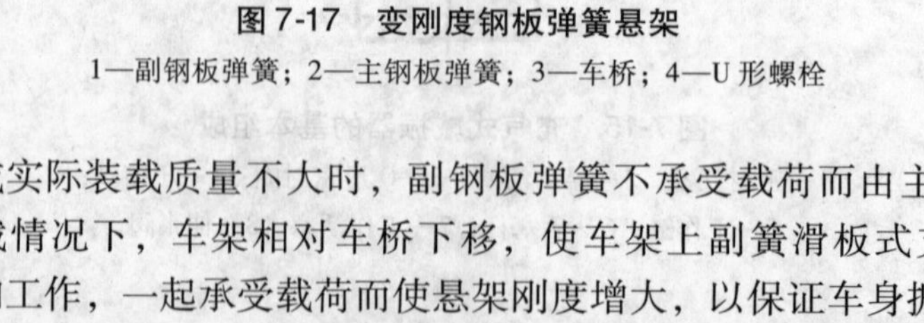

图 7-17　变刚度钢板弹簧悬架

1—副钢板弹簧；2—主钢板弹簧；3—车桥；4—U 形螺栓

当汽车空载或实际装载质量不大时，副钢板弹簧不承受载荷而由主钢板弹簧单独工作。在重载或满载情况下，车架相对车桥下移，使车架上副簧滑板式支座与副簧接触，主、副簧共同参加工作，一起承受载荷而使悬架刚度增大，以保证车身振动频率不致因载荷增大而变化过大。

南京依维柯轻型货车的后悬架采用渐变刚度的钢板弹簧，如图 7-18 所示。主簧由 5 片较薄钢板弹簧片组成，副簧由 5 片较厚的弹簧片组成，它们用中心螺栓固定在一起，主簧在上，副簧在下。

在小载荷时，仅主簧起作用，而当载荷增加到一定值时，副簧开始与主簧接触，悬架

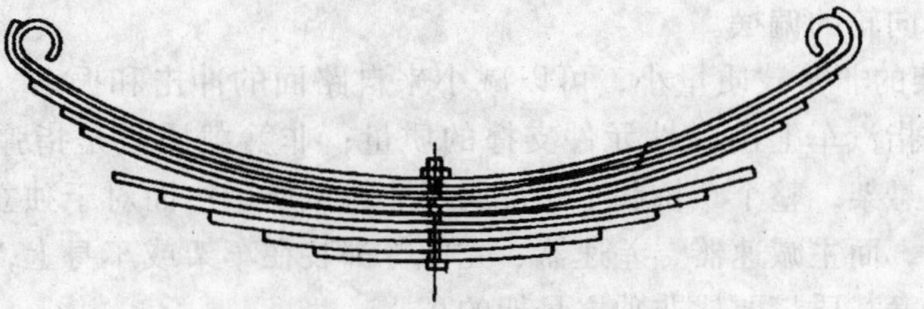

图 7-18　渐变刚度钢板弹簧悬架

刚度随之相应提高，弹簧特性变为非线性。当副簧全部接触后，弹簧特性又变为线性的。这种渐变刚度钢板弹簧的特点是副簧逐渐地起作用，因此悬架刚度的变化比较平稳，从而改善了汽车行驶平顺性。

（2）螺旋弹簧式非独立悬架

螺旋弹簧式非独立悬架一般只用于轿车的后悬架。图 7-19 所示为上海桑塔纳 2000 的后悬架。两根纵向推力杆的中部与后桥焊接为一体，前端通过带橡胶的支撑座与车身作铰链连接，后端与轮毂相连接。纵向推力杆用以传递纵向力及其力矩。整个后桥、纵向推力杆及车轮可以绕支撑座的铰支点连线相对于车身作上、下纵向摆动。螺旋弹簧的上端装在弹簧上座中，下端则支撑在减振器外壳上的弹簧下座上，它只承受垂直力。减振器的上端与弹簧上座一起装在车身底部的悬架支座中，下端则与纵向推力杆相连接。

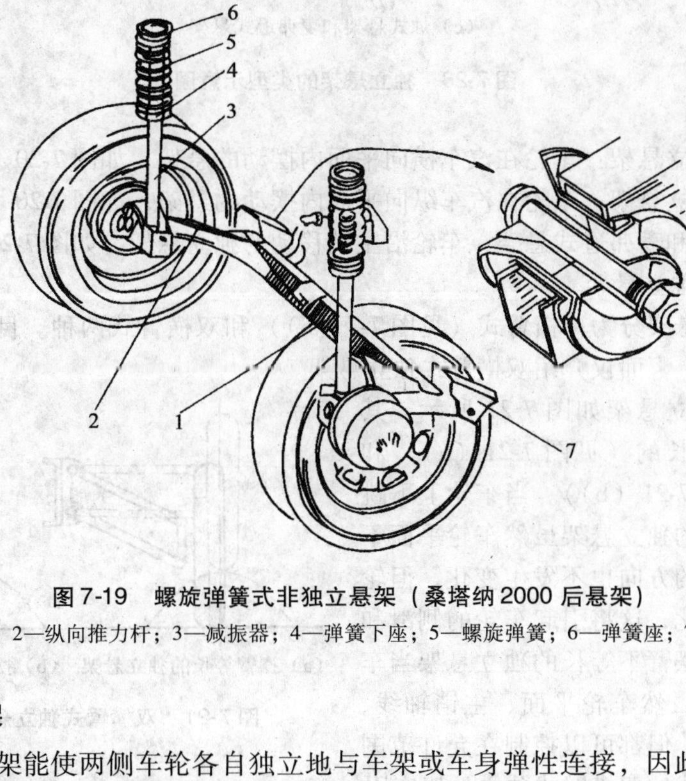

图 7-19　螺旋弹簧式非独立悬架（桑塔纳 2000 后悬架）

1—后桥；2—纵向推力杆；3—减振器；4—弹簧下座；5—螺旋弹簧；6—弹簧座；7—支撑座

2. 独立悬架

由于独立悬架能使两侧车轮各自独立地与车架或车身弹性连接，因此，现代汽车特别是轿车上广泛采用独立悬架。

（1）功　能

① 由于左、右车轮的运动相对独立、互不影响，可以减少行驶时车架或车身的振动，

同时可以减弱转向轮的偏摆。

② 独立悬架的非簧载质量小，可以减小来自路面的冲击和振动，提高了行驶的平顺性。簧载质量是指汽车上由弹性元件支撑的质量；非簧载质量是指弹性元件下吊挂的质量。对于非独立悬架，整个车桥和车轮都属于非簧载质量；而对于独立悬架，只有部分车桥是非簧载质量，而主减速器、差速器、壳体等都装在车架或车身上，成了簧载质量，所以独立悬架的非簧载质量要比非独立悬架的小。

③ 独立悬架与断开式车桥配用，可以降低汽车的重心，提高汽车行驶的平顺性。

（2）类　型

独立悬架的结构类型很多，一般可按车轮的运动方式分为三类，如图 7-20 所示。

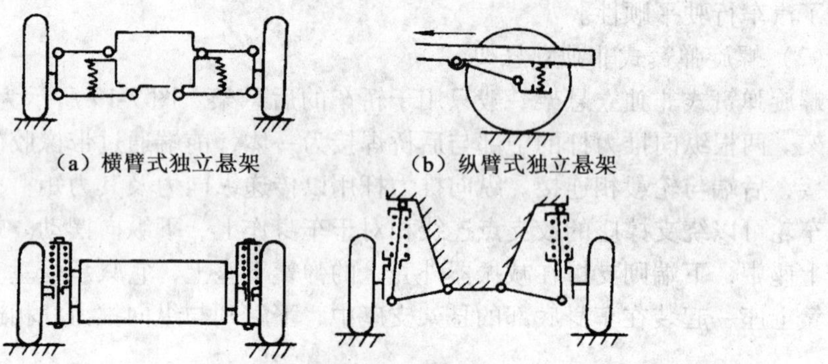

（a）横臂式独立悬架　（b）纵臂式独立悬架

（c）烛式悬架和麦弗逊式悬架

图 7-20　独立悬架的类型示意图

① 横臂式独立悬架：车轮在汽车横向平面内摆动的悬架，如图 7-20（a）所示；

② 纵臂式独立悬架：车轮在汽车纵向平面内摆动的悬架，如图 7-20（b）所示；

③ 烛式悬架和麦弗逊式悬架：车轮沿主销移动的独立悬架，如图 7-20（c）所示。

（3）横臂式独立悬架

横臂式独立悬架分为单横臂式（见图 7-7（b））和双横臂式两种。目前，单横臂式独立悬架应用较少，下面仅介绍双横臂式独立悬架。

双横臂式独立悬架如图 7-21 所示，其两个横摆臂有等长的（见图 7-21（a））和不等长的（见图 7-21（b））。当车轮上下跳动时，摆臂等长的独立悬架虽然车轮平面不倾斜、主销轴线的方向也不发生变化，但轮距发生较大的变化，这将引起车轮的侧滑和轮胎的磨损。而摆臂不等长的独立悬架当车轮上下跳动时，虽然车轮平面、主销轴线、轮距都发生变化，但都可以控制在允许范围内，所以这种形式的双横臂式独立悬架应用较多。

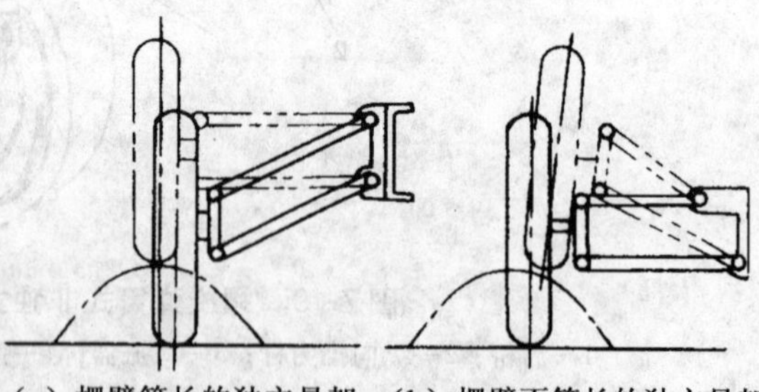

（a）摆臂等长的独立悬架　（b）摆臂不等长的独立悬架

图 7-21　双横臂式独立悬架示意图

图 7-22 所示为凌志 LS400 的前悬架，其车轮外倾角和主销后倾角是可以调整的，如图 7-23 所示。

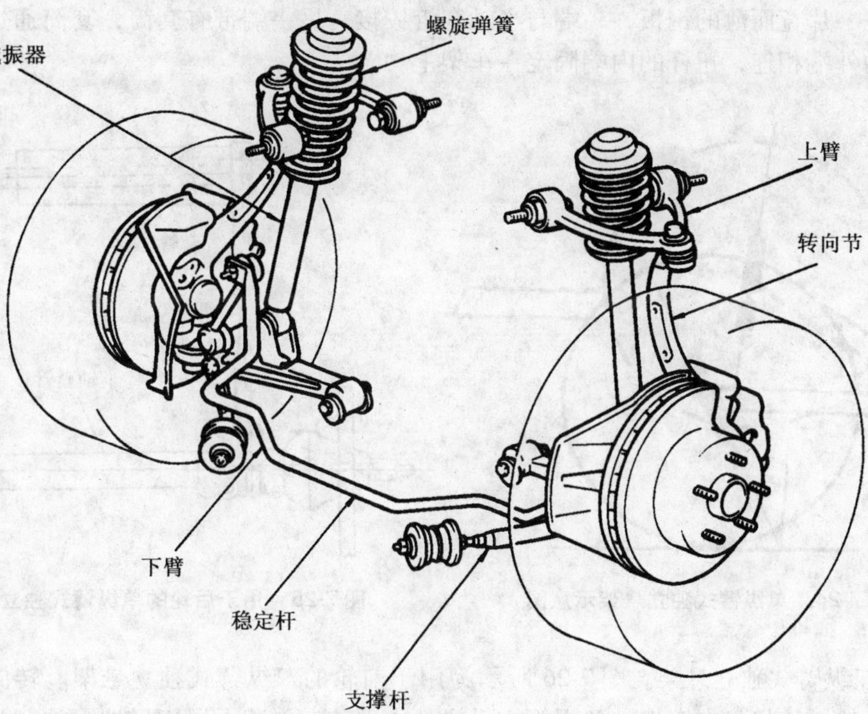

图 7-22　凌志 LS400 的前悬架

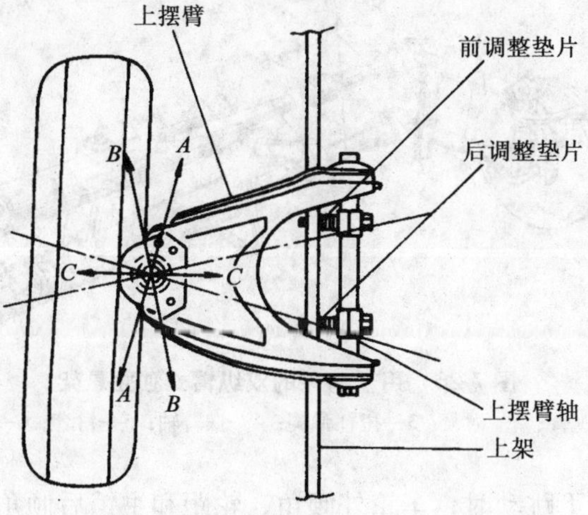

图 7-23　车轮外倾角和主销后倾角的调整

上摆臂内端通过上摆臂轴用螺栓与车架相连，上摆臂轴与车架之间夹有前、后调整垫片。同时增加或减少调整垫片的厚度可以调整车轮外倾角；前、后垫片厚度一处增加、另一处减少，可以调整主销后倾角。

（4）纵臂式独立悬架

纵臂式独立悬架也分为单纵臂式和双纵臂式两种。

① 单纵臂式独立悬架。单纵臂式独立悬架如果用于前轮，车轮上下跳动时会使主销后倾角变化很大，如图 7-24 所示。所以单纵臂式独立悬架都用于后轮，如图 7-25 所示。

纵摆臂是一片宽而薄的钢板，一端与半轴套管铰接，另一端带有套筒，套筒通过花键与扭杆弹簧的外端相连，扭杆的内端固定在车架上。

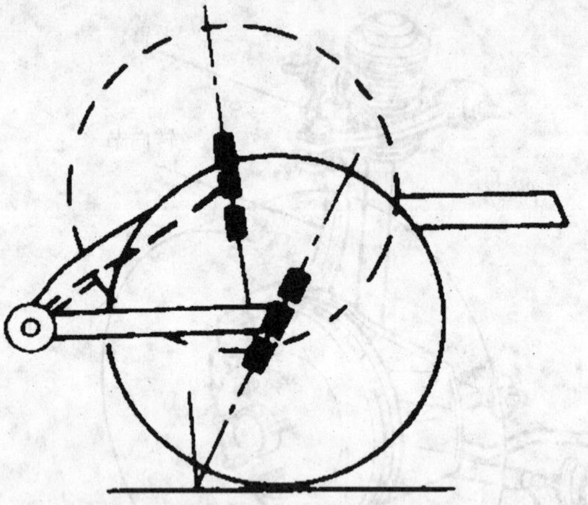

图 7-24　单纵臂式独立悬架示意图

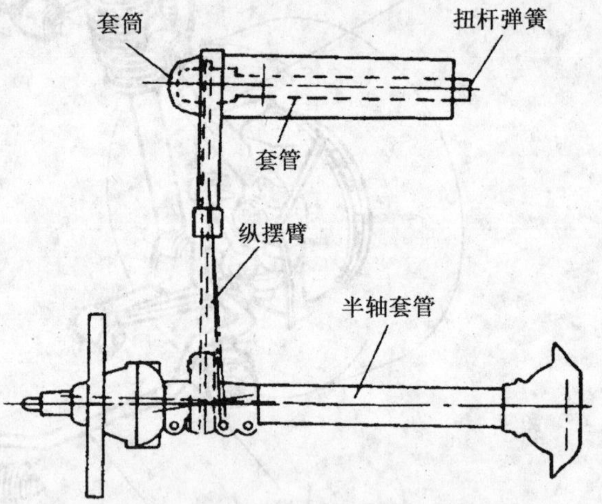

图 7-25　用于后轮的单纵臂式独立悬架

② 双纵臂式独立悬架。图 7-26 所示为用于前轮的双纵臂式独立悬架。转向节和两个纵摆臂作铰链连接，在车架的两根管式横梁的内部装有由若干层矩形端面的薄弹簧钢片叠成的扭杆弹簧。两根扭杆弹簧的内端用螺栓固定在横梁中部，而外端则插入纵臂轴的矩形孔中。纵臂轴用衬套支撑在管式横梁内，轴和纵臂刚性连接。

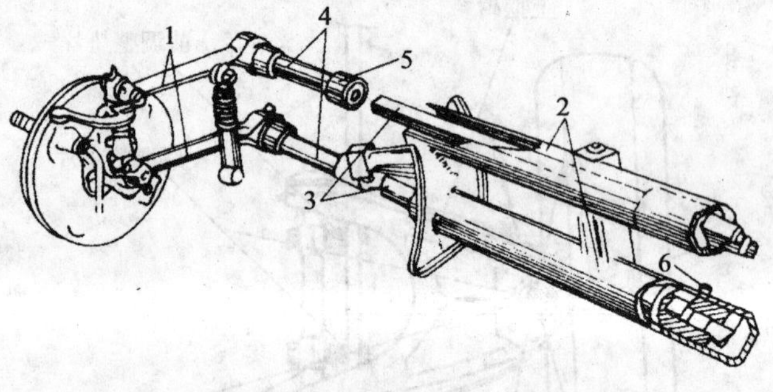

图 7-26　用于前轮的双纵臂式独立悬架

1—纵臂；2—横梁；3—扭杆弹簧；4—摆臂轴；5—衬套；6—螺钉

这种悬架当车轮上下跳动时，车轮外倾角、轮距和主销后倾角都不发生变化，所以适用于前轮。

（5）车轮沿主销移动的独立悬架

车轮沿主销移动的独立悬架可以分为两种形式，一种是车轮沿固定不动、主销移动的烛式独立悬架，另一种是车轮沿摆动的主销轴线移动的麦弗逊式独立悬架。

① 烛式独立悬架。图 7-27 所示为烛式独立悬架，主销的上、下两端刚性地固定在车架上。套在主销上的套管固定在转向节上。套管的中部固定装着螺旋弹簧的下支座。筒式减振器的下端与转向节相连，上端与车架相连。悬架的摩擦部分套着防尘罩，通气管与防尘罩内腔相通，以免罩中空气被密封而影响悬架的弹性。

汽车在不平路面上行驶时，车轮、转向节一起沿主销的轴线移动。螺旋弹簧只承受垂直载荷，而车轮上所受的纵向力、侧向力及其力矩则由转向节、套筒经主销传给车架，使得套筒与主销之间的磨损严重。

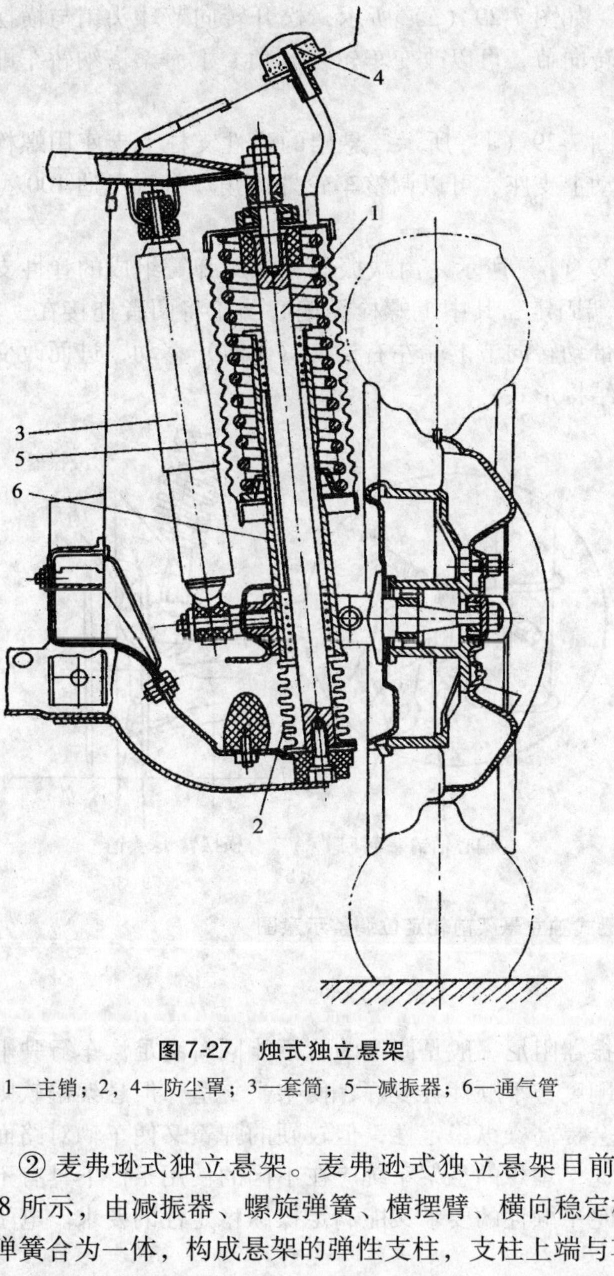

图7-27　烛式独立悬架

1—主销；2，4—防尘罩；3—套筒；5—减振器；6—通气管

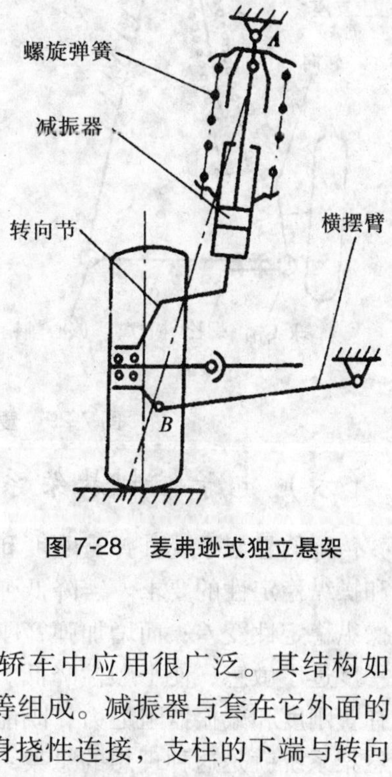

图7-28　麦弗逊式独立悬架

② 麦弗逊式独立悬架。麦弗逊式独立悬架目前在轿车中应用很广泛。其结构如图7-28所示，由减振器、螺旋弹簧、横摆臂、横向稳定杆等组成。减振器与套在它外面的螺旋弹簧合为一体，构成悬架的弹性支柱，支柱上端与车身挠性连接，支柱的下端与转向节刚性连接。横摆臂的外端通过球头销与转向节的下部连接，内端与车身铰接。

麦弗逊式独立悬架没有传统的主销实体，转向轴线为上、下铰接中心的连线 *AB*（一般与弹性支柱的轴线重合）。当车轮上下跳动时，*B* 点随横摆臂摆动，因而主销轴线 *AB* 随之摆动（弹性支柱也摆动）。这说明车轮沿着摆动的主销轴线运动。

麦弗逊式独立悬架结构较简单，布置紧凑，用于前悬架时能增大两前轮内侧的空间，故多用于发动机前置前轮驱动的轿车上。

前轮采用麦弗逊式独立悬架时，前轮定位各参数的变化较小，除前束可调整外，其他参数有的车型规定不可调整，有的车型则规定可以调整。常见的调整部位及调整方法如下。

改变转向节与横摆臂外端的位置。如图 7-29（a）所示，松开转向节球头销与横摆臂的连接螺栓，左右横向移动球头销及转向节，可以改变车轮外倾角。上海桑塔纳轿车即采用这种结构形式。

改变弹性支柱上支座的位置。如图 7-29（a）所示，悬架的弹性支柱上支座用螺栓固定在车身上，松开螺栓，左右横向移动上支座，可以调整车轮外倾角。一汽奥迪 100 型轿车即采用这种结构形式。

改变转向节上端的位置。如图 7-29（b）所示，由减振器和螺旋弹簧组成的弹性支柱下端通过上、下两个螺栓与转向节上端固定，其中上螺栓经偏心凸轮将两者连接在一起。转动上螺栓可使偏心凸轮转动，从而带动转向节上端左右横向（*A* 向）移动，进而改变车轮外倾角。丰田花冠轿车即采用这种结构形式。

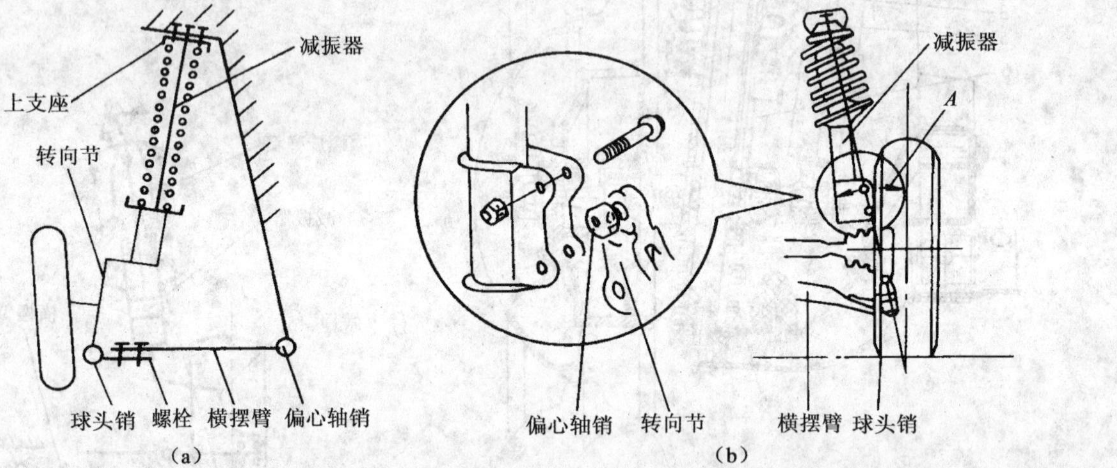

图 7-29　麦弗逊式独立悬架前轮定位调整示意图

（六）电子控制悬架系统

传统的悬架系统其弹簧刚度和减振器阻尼一般是固定的，不能同时满足汽车行驶平顺性和操纵稳定性的要求。若降低弹簧刚度，平顺性会变好，使乘坐舒适，但悬架偏软则会使操纵稳定性变差；而增加弹簧刚度会提高操纵稳定性，但较硬的弹簧又使车辆对路面的不平度过于敏感，使平顺性降低。因此，理想的悬架系统应在不同的使用条件下具有不同的弹簧刚度和减振器阻尼力，既能满足平顺性的要求又能满足操纵稳定性的要求。电子控制悬架系统就是这种理想的悬架系统。

电子控制悬架系统主要有半主动悬架和主动悬架两种。半主动悬架是指悬架的弹簧刚度和减振器阻尼力之一可以根据需要进行调节。而主动悬架则是根据需要能自动调节弹簧刚度和减振器的阻尼力，从而能够同时满足汽车行驶平顺性和操纵稳定性等各方面的要求。主动悬架按照弹簧的类型，又分为空气弹簧主动悬架和油气弹簧主动悬架。

下面以丰田凌志 LS400 为例介绍电子控制悬架系统。

1. 系统控制功能

丰田凌志 LS400 的电控悬架系统主要对车速及路面感应、车身姿态、车身高度三个方面进行控制。

（1）车速与路面感应控制

① 当车速高时，提高弹簧刚度和减振器阻尼力，以提高汽车高速行驶时的操纵稳定性；

② 当前轮遇到突起时，减小后轮悬架弹簧刚度和减振器阻尼力，以减小车身振动和冲击；

③ 当路面差时，提高弹簧刚度和减振器阻尼力，以抑制车身的振动。

（2）车身姿态控制

① 转向时侧倾控制：急转向时，提高弹簧刚度和减振器阻尼力，以抑制车身的侧倾；

② 制动时点头控制：紧急制动时，提高弹簧刚度和减振器阻尼力，以抑制车身的点头；

③ 加速时后坐控制：急加速时，提高弹簧刚度和减振器阻尼力，以抑制车身的后坐。

（3）车身高度控制

① 高速感应控制：车速超过90km/h时，降低车身高度，以减少空气阻力，提高汽车行驶的稳定性。

② 连续差路面行驶控制：车速在40～90km/h时，提高车身高度，以提高汽车的通过性；车速在90km/h以上时，降低车身高度，以满足汽车行驶的稳定性。

③ 点火开关OFF控制：驻车时，当点火开关关闭后，降低车身高度，便于乘客的乘降。

④ 自动高度控制：当乘客和承载质量变化时，保持车身高度恒定。

2. 系统操作

丰田凌志LS400的电控悬架系统有三个操作选择开关：高度控制ON/OFF开关、高度控制开关和LRC（模式控制）开关。

高度控制ON/OFF开关安装在汽车尾部后备箱的左边。当高度控制ON/OFF开关处于ON位置时，系统可按选择方式进行车身高度自动控制；当该开关处于OFF位置时，系统不执行车身高度控制。

高度控制开关和LRC开关安装在驾驶室内变速操纵杆的旁边。高度控制开关用于选择控制车身高度，当高度控制开关处于HIGH（高）位置时，系统对车身高度进行"高值自动控制"；当高度控制开关处于"NORM"时，车身高度则进入"常规值自动控制"状态。

LRC开关用于选择控制悬架的刚度、阻尼力参数。当LRC开关处于"SPORT"位置时，系统进入"高速行驶自动控制"；当LRC开关处于"NORM"位置时，系统对悬架刚度、阻尼力进行"常规值自动控制"。此时，悬架ECU根据车速传感器等信号，使悬架的刚度、阻尼力自动地处于软、中或硬3种状态。

3. 系统组成及工作原理

（1）组　成

任何电子控制空气悬架系统都是由传感器、电子控制单元（ECU）和执行器三部分组成的，丰田凌志LS400的电控悬架系统也是这样，具体来说，传感器包括车身高度传感器、转向传感器、车速传感器、节气门位置传感器等，执行器包括高度控制阀、排气阀、悬架控制执行器等。

丰田凌志 LS400 的电控悬架系统元件在车上的位置如图 7-30 所示。

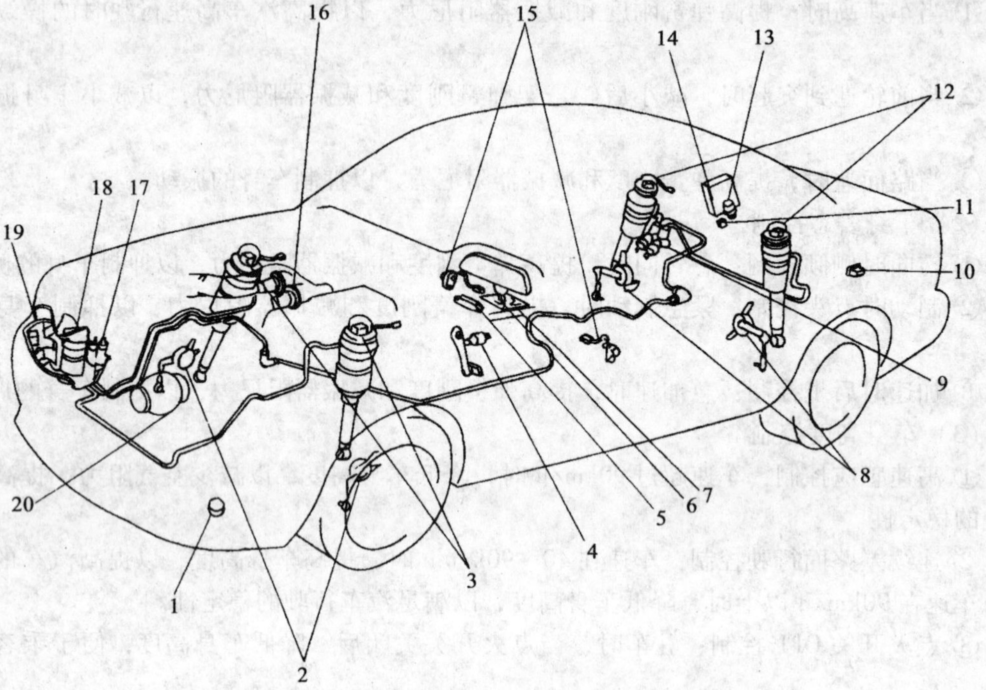

图 7-30 凌志 LS400 的电控悬架系统元件在车上的位置

1—1 号高度控制继电器；2—前车身高度传感器；3—前悬架控制执行器；4—制动灯开关；5—转向传感器；6—高度控制开关；7—LRC 开关；8—后车身高度传感器；9—2 号高度控制阀和溢流阀；10—高度控制 ON/OFF 开关；11—高度控制连接器；12—后悬架控制执行器；13—2 号高度控制继电器；14—悬架 ECU；15—门控灯开关；16—主节气门位置传感器；17—1 号高度控制阀；18—高度控制压缩机；19—干燥器和排气阀；20—IC 调节器

（2）控制原理

① 车身高度控制。车身高度控制系统由压缩机、干燥器、排气阀、1 号高度控制继电器、2 号高度控制继电器、1 号高度控制阀、2 号高度控制阀、前后左右 4 个空气弹簧、4 个车身高度传感器及悬架 ECU 等组成。图 7-31 所示为车身高度控制系统示意图，图7-32 为 1 号、2 号高度控制阀控制电路图，图 7-33 为空气压缩机控制电路图。

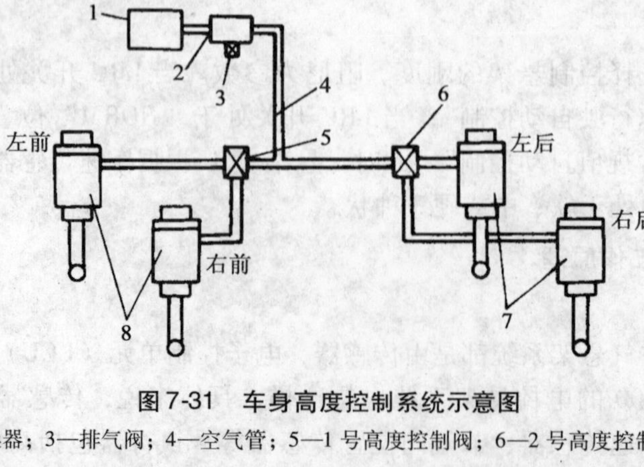

图 7-31 车身高度控制系统示意图

1—压缩机；2—干燥器；3—排气阀；4—空气管；5—1 号高度控制阀；6—2 号高度控制阀；7，8—空气弹簧

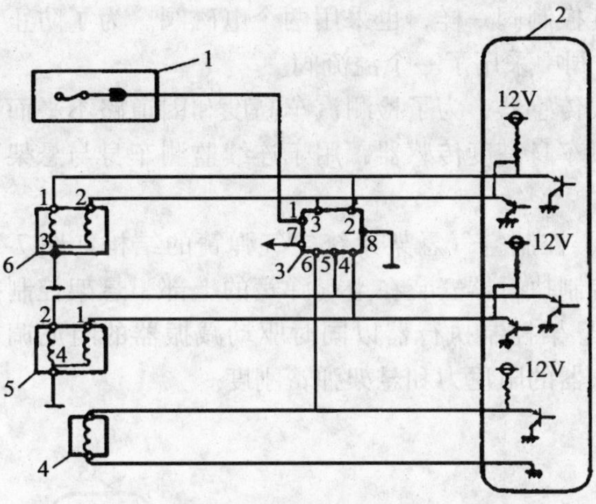

图7-32 高度控制阀控制电路图

1—AIR SUS 保险丝；2—悬架 ECU；3—1 号高度控制继电器；4—排气阀；5—2 号高度控制阀；6—1 号高度控制阀

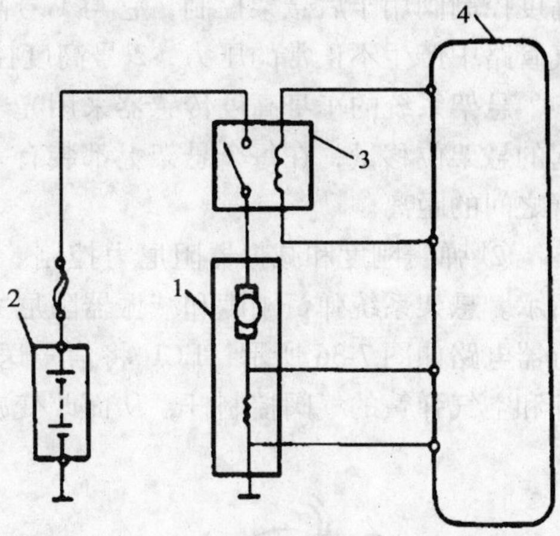

图7-33 空气压缩机控制电路图

1—压缩机电机；2—蓄电池；3—1 号高度控制继电器；4—悬架 ECU

图7-34 所示为车身高度传感器与 ECU 之间的连接电路图。当点火开关接通时，ECU 使 2 号高度控制继电器线圈通电，2 号高度控制继电器触点闭合，使前、后、左、右 4 个高度传感器接通蓄电池电源。当车身高度需要上升时，从 ECU 的 RCMP 端子送出一个信号，使 1 号高度控制继电器接通，1 号高度控制继电器触点闭合，压缩机控制电路接通产生压缩空气。ECU 使高度控制电磁阀线圈通电后，电磁线圈将高度控制阀打开，并将压缩空气引向空气弹簧，从而使车身高度上升。

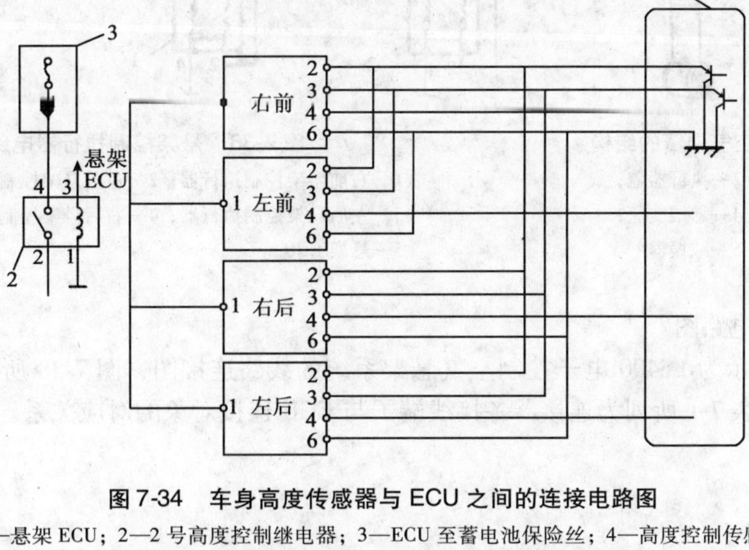

图7-34 车身高度传感器与 ECU 之间的连接电路图

1—悬架 ECU；2—2 号高度控制继电器；3—ECU 至蓄电池保险丝；4—高度控制传感器

当车身高度需要下降时，ECU 不仅使高度控制阀电磁线圈通电，而且还使排气阀电磁线圈通电，排气阀电磁线圈使排气阀打开，将空气弹簧中的压缩空气排到大气中。

1 号高度控制阀用于前悬架控制，它有两个电磁阀分别控制左右两个空气弹簧。2 号高度控制阀用于后悬架控制，它与 1 号高度控制阀一样，也采用两个电磁阀。为了防止空气管路中产生不正常的压力，2 号高度控制阀中采用了一个溢流阀。

悬架系统的车身高度传感器采用光电式传感器，为了检测汽车高度和因道路不平而引起的悬架位移量，在每个悬架上都装有一只车身高度传感器，用于连续监测车身与悬架下臂之间的距离。

② 弹簧刚度和减振器阻尼力控制。电子控制空气悬架系统空气弹簧的结构如图 7-35 所示。悬架系统弹簧刚度和减振器阻尼力控制执行器安装在空气弹簧的上部，悬架控制执行器电路如图 7-36 所示，ECU 将信号送至悬架控制执行器以同时驱动减振器的阻尼调节杆和空气弹簧的气阀控制杆，从而改变减振器的阻尼力和悬架弹簧刚度。

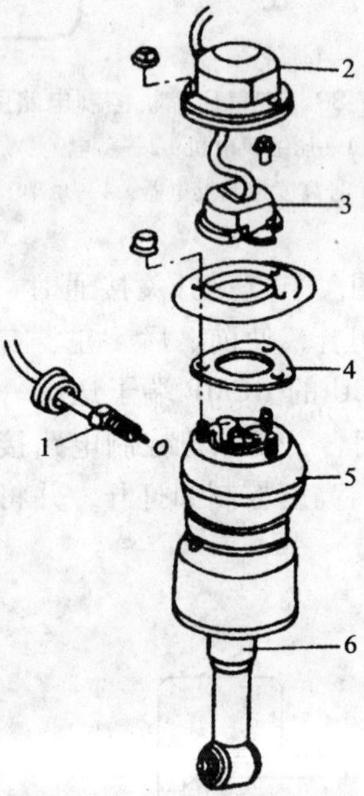

图 7-35　空气弹簧的结构

1—空气管；2—执行器盖；
3—执行器；4—悬架支座；
5—气室；6—减振器

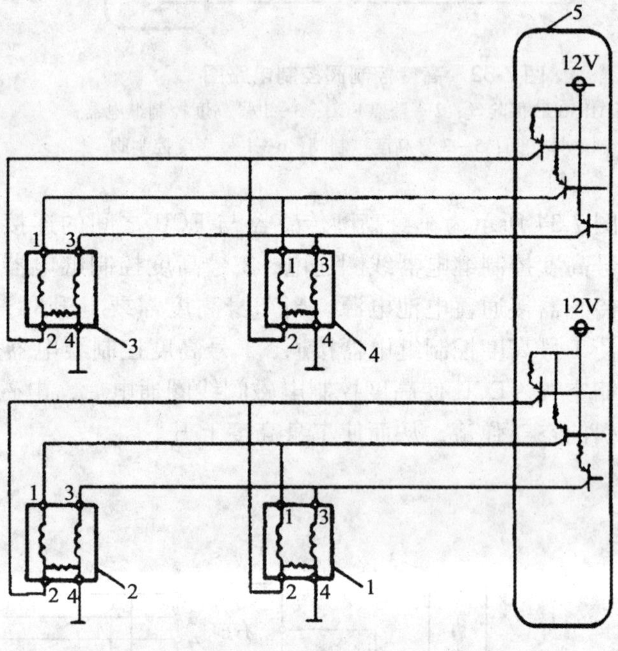

图 7-36　悬架控制执行器电路

1—右前悬架控制执行器；2—左前悬架控制执行器；
3—左后悬架控制执行器；4—右后悬架控制执行器；
5—悬架 ECU

（3）系统电路图

图 7-37 所示为 LS400 电子控制空气悬架系统的线路连接图，图 7-38 所示为悬架系统 ECU 连接器。表 7-1 所列为连接器各接线端子与 ECU 连接对象的对应关系。

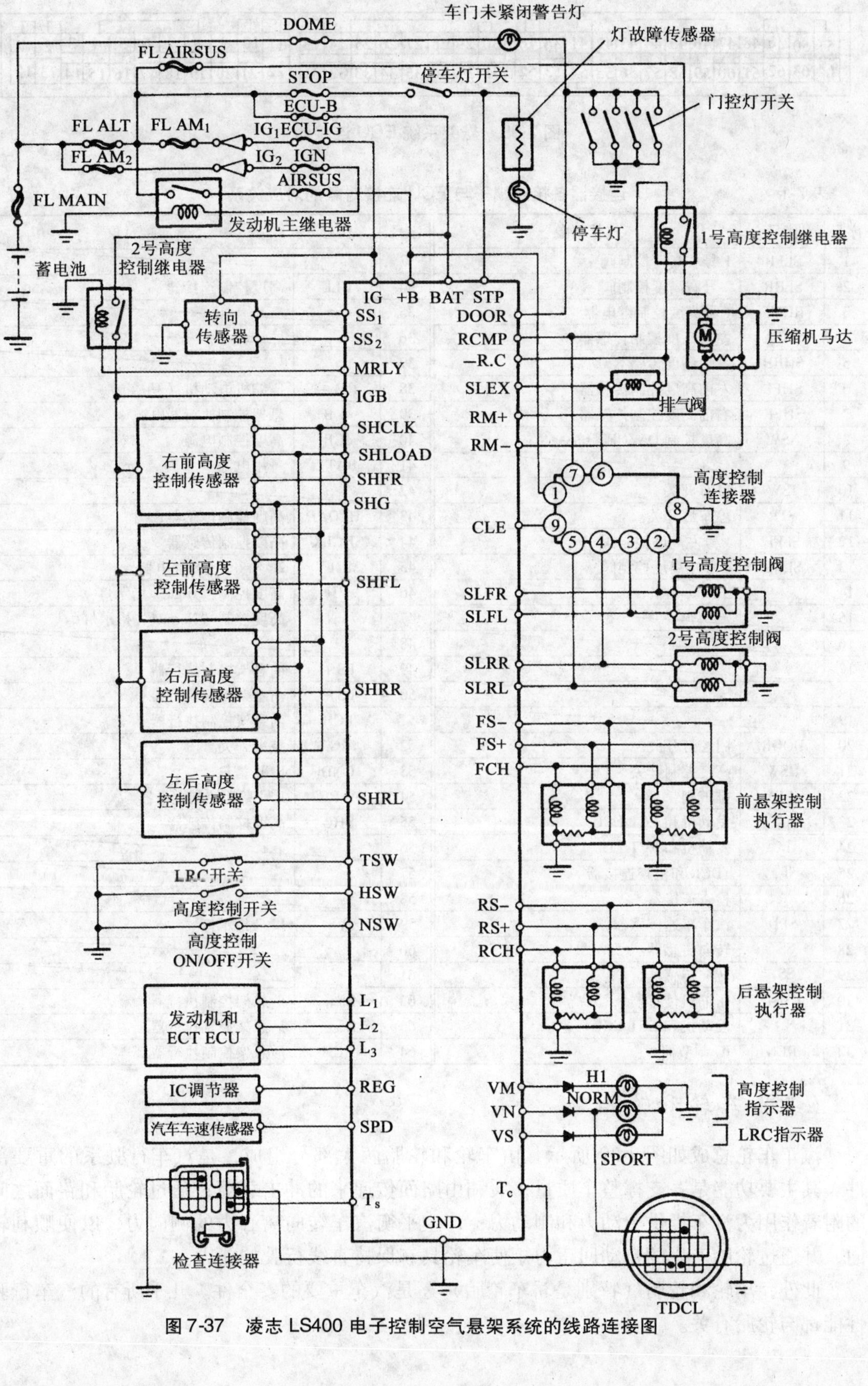

图7-37　凌志LS400电子控制空气悬架系统的线路连接图

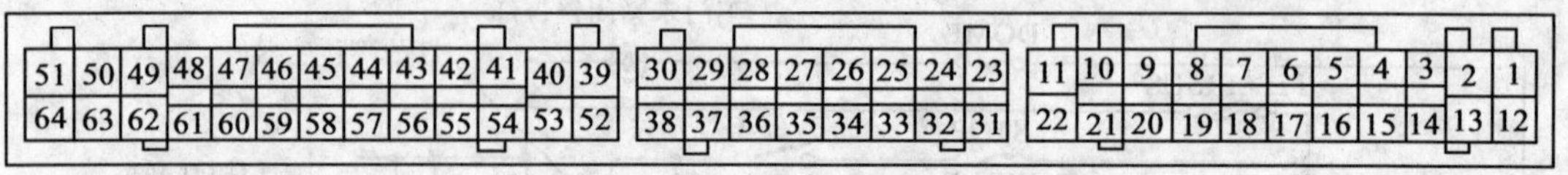

图 7-38　悬架系统 ECU 连接器

表 7-1　连接器各接线端子与 ECU 连接对象的对应关系

序号	代号	连接对象	序号	代号	连接对象
1	SLFR	1 号右高度控制阀	33		
2	SLRR	2 号右高度控制阀	34	CLE	高度控制连接器
3	RCMP	1 号高度控制继电器	35		
4	SHRL	左后高度控制传感器	36		
5	SHRR	右后高度传感器	37		
6	SHFL	左前高度控制传感器	38	RM－	压缩机电动机（马达）
7	SHFR	右前高度控制传感器	39	＋B	悬架控制执行器电源
8	NSW	高度控制 ON/OFF 开关	40	IGB	高度控制电源
9			41	BATT	备用电源
10	TSW	LRC 开关	42		
11	STP	停车灯开关	43	SHLOAD	高度控制传感器
12	SLFL	1 号左高度控制阀	44	SHCLK	高度控制传感器
13	SLRL	2 号左高度控制阀	45	MRLY	2 号高度控制继电器
14			46	VH	高度控制“High”指示灯
15			47	VN	高度控制“Normal”指示灯
16			48		
17			49	FS＋	前悬架控制执行器
18			50	FS－	前悬架控制执行器
19			51	FCH	前悬架控制执行器
20	DOOR	门控灯开关	52	IG	点火开关
21	HSW	高度控制开关	53	GND	ECU 搭铁
22	SLEX	排气阀	54	－RC	1 号高度控制继电器
23	L_1	发动机和 ECT ECU	55	SHG	高度控制传感器
24	L_3	发动机和 ECT ECU	56		
25	T_c	TDCL 和检查连接器	57		
26	T_g	检查连接器	58		
27	SPD	汽车车速传感器	59	VS	LRC 指示灯
28	SS_2	转向传感器	60		
29	SS_1	转向传感器	61		
30	RM＋	压缩机传感器	62	RS＋	后悬架控制执行器
31	L_2	发动机和 ECT ECU	63	RS－	后悬架控制执行器
32	REG	IC 调节器	64	RCH	后悬架控制执行器

（七）车轮和轮胎

汽车车轮总成如图 7-39 所示，由车轮和轮胎两大部分组成，是汽车行驶系的重要部件。其主要功能是：支撑整车质量；缓和由路面传递来的冲击载荷；通过轮胎和路面之间的附着作用为汽车提供驱动力和制动力；产生平衡汽车转向离心力的侧向力，以便顺利转向，并通过轮胎产生的自动回正力矩使车轮具有保持直线行驶的能力。

此外，车轮和轮胎（特别是轿车轮胎）还是汽车重要的安全件。几乎所有的汽车行驶性能都与轮胎有关。

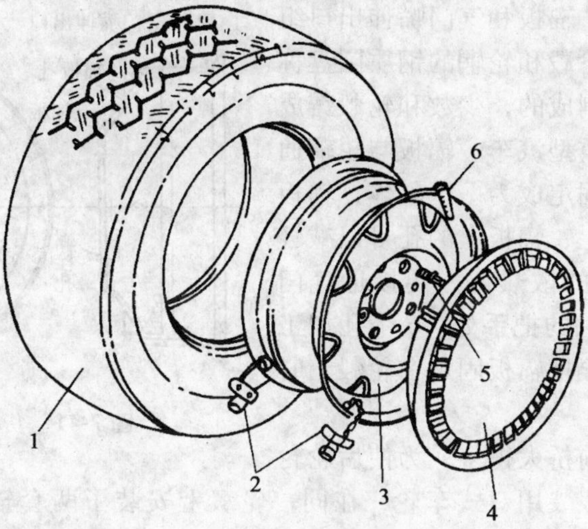

图7-39　车轮总成

1—轮胎；2—平衡块；3—车轮；4—装饰罩；5—螺栓；6—气门嘴

1. 车轮的功能、组成

车轮是介于轮胎和车桥之间承受负荷的旋转组件，其功能是安装轮胎，承受轮胎与车桥之间各种载荷的作用。

车轮一般由轮毂、轮辋和轮辐组成，如图7-40所示。轮毂通过圆锥滚子轴承装在车桥或转向节轴径上，用于连接车轮与车桥。轮辋用于安装和固定轮胎。轮辐用于将轮毂和轮辋连接起来，并通过螺栓与轮毂连接起来。

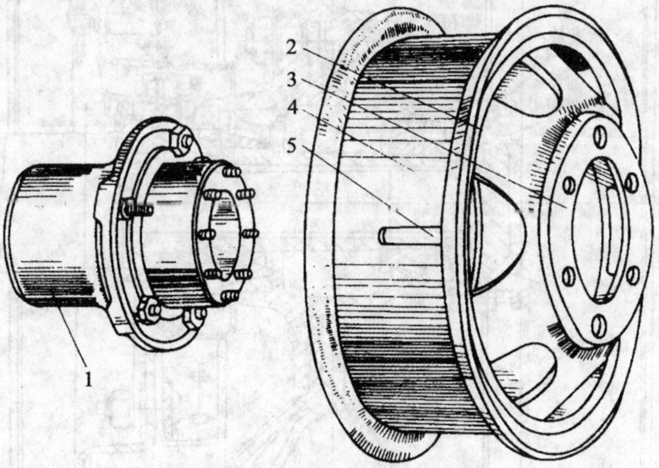

图7-40　车轮的组成

1—轮毂；2—挡圈；3—轮辐（辐板式）；4—轮辋；5—气门嘴出口

2. 车轮的构造

(1) 轮　辐

按轮辐结构的不同，车轮可以分为辐板式车轮和辐条式车轮两种形式。

① 辐板式车轮。普通轿车和轻、中型货车普遍采用辐板式车轮，这种车轮如图7-41

所示，由挡圈、轮辋、辐板和气门嘴伸出口组成。车轮中用以连接轮毂和轮辋的钢质圆盘称为辐板，大多是冲压制成的，少数和轮毂铸成一体，后者主要用于重型汽车。辐板与轮辋通过焊接或铆接的方式固定成为一个整体，辐板通过螺栓安装在轮毂上，辐板上的孔可以减轻质量，有利于制动毂的散热，方便接近气门嘴，同时可作为安装时的把手处。6 个孔加工成锥形，以便在用螺栓把辐板固定在轮毂上时对正中心。

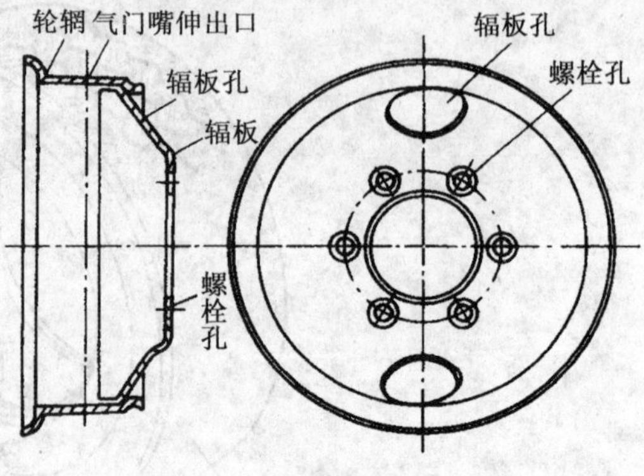

图 7-41　货车辐板式车轮

货车后桥负荷比前桥大得多，为使后轮轮胎不致过载，后桥一般装用双式车轮，在同一轮毂上安装了两套辐板和轮辋，如图 7-42 所示。为了防止汽车在行驶中固定辐板的螺母自行松脱，汽车两侧车轮上的辐板固定螺栓一般采用旋向不同的螺纹，左侧用左旋螺纹，右侧用右旋螺纹。目前，在一些载货汽车上（如黄河 JN1150D 型汽车）采用了球面弹簧垫圈，可以防止螺母的自行松脱，故汽车左、右车轮上固定辐板的螺栓均可用右旋螺纹，从而减少了零件。

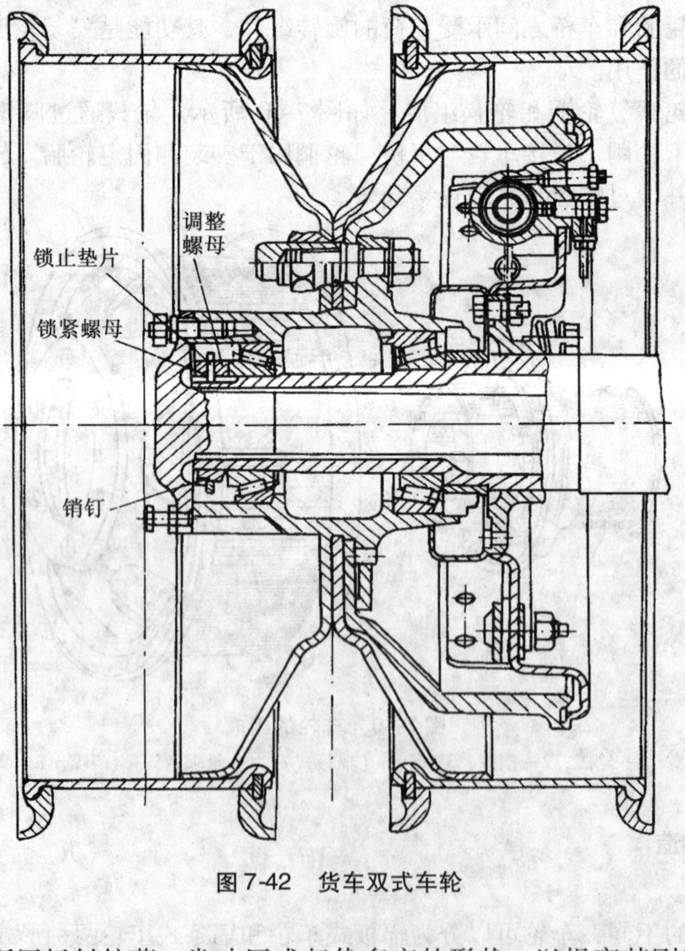

图 7-42　货车双式车轮

轿车的辐板所用板料较薄，常冲压成起伏多变的形状，以提高其刚度，如图 7-43 所示。目前广泛采用的轿车车轮为铝合金车轮，如图7-44所示，且多为整体式的，即轮辋和轮辐铸成一体。它质量轻，尺寸精度高，生产工艺好，美观大方，可以明显改善车轮的空气动力学特性，降低汽车油耗。

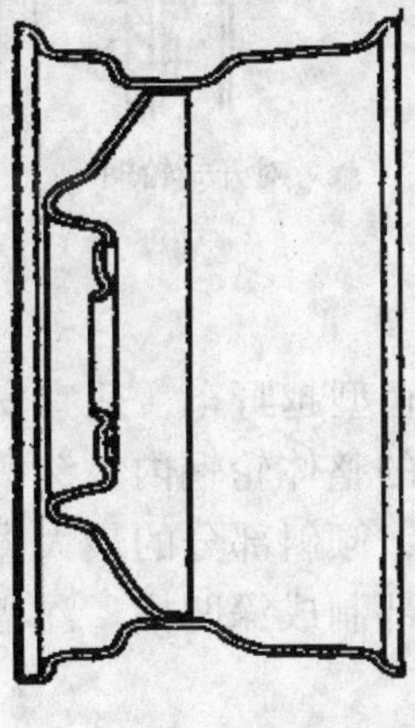

图7-43　轿车辐板式车轮图

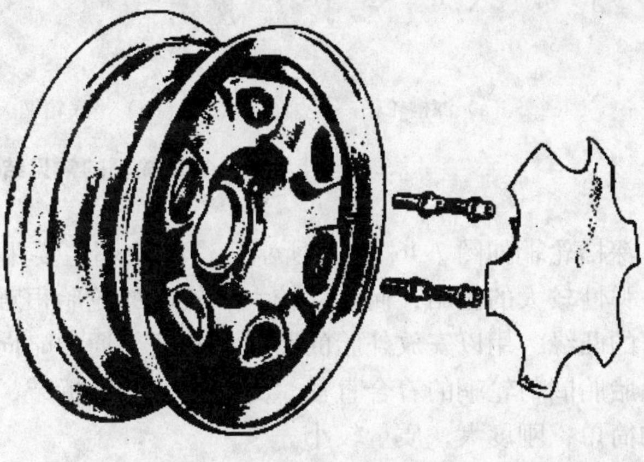

图7-44　轿车铝合金车轮

② 辐条式车轮。按辐条结构的不同，辐条式车轮又分为钢丝辐条式车轮和铸造辐条式车轮，如图7-45所示。钢丝辐条式车轮的结构与自行车车轮完全一致，由于其价格昂贵、维修安装不便，故仅用于赛车和某些高级轿车上。另外，辐条式车轮还不能与无内胎轮胎组合使用。铸造辐条式车轮常用于重型货车上，辐条与轮毂铸成一体，轮辋用螺栓和特殊形状的衬块固定在辐条上，为了使轮辋和辐条很好地对中，在轮辋和辐条上都加工出配合锥面。

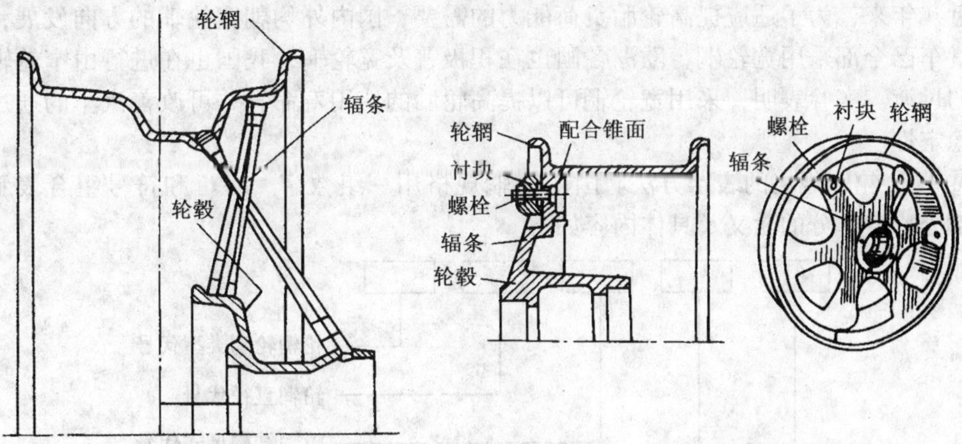

（a）钢丝辐条式车轮　（b）铸造辐条式车轮

图7-45　辐条式车轮

（2）轮　辋

① 轮辋的类型和结构。轮辋用于安装和固定轮胎。按其结构不同，轮辋的常见结构形式有：深槽轮辋、平底轮辋和对开式轮辋，如图7-46所示。此外，还有半深槽轮辋、深槽宽轮辋、平底宽轮辋、全斜底轮辋等。

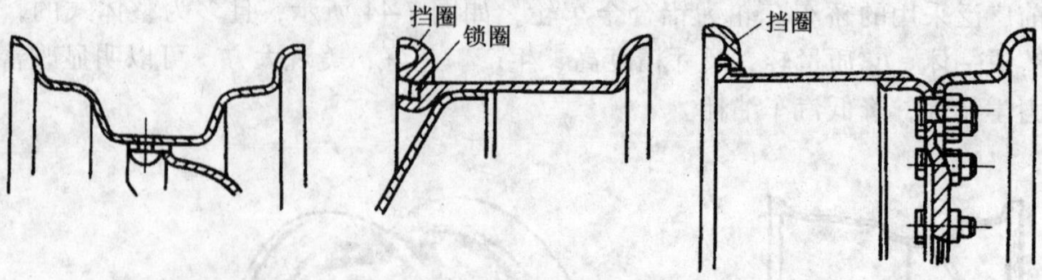

（a）深槽轮辋　（b）平底轮辋　（c）对开式轮辋

图 7-46　轮辋的常见结构形式

深槽轮辋如图 7-46（a）所示，这种轮辋主要用于轿车及轻型越野车，适宜安装尺寸小、弹性较大的轮胎，而尺寸较大、较硬的轮胎很难装进这样的整体轮辋内。深槽轮辋有带肩的凸缘，用以安放外胎的胎圈，其肩部通常略向中间倾斜，倾斜部分的最大直径即称为轮胎胎圈与轮辋的着合直径。为便于外胎的拆装，断面的中部制成深凹槽。深槽轮辋的结构简单，刚度大，质量较小。

平底轮辋如图 7-46（b）所示，多用于货车。其挡圈是整体的，且用一个开口锁圈来防止挡圈脱出。在安装轮胎时，先将轮胎套在轮辋上，而后套上挡圈，并将它向内推，直至越过轮辋上的环形槽，再将开口的弹性锁圈嵌入环形槽中。东风 EQ1090E 和解放 CA1091 型汽车均采用这种形式的轮辋。

对开式轮辋如图 7-46（c）所示。这种轮辋由内外两部分组成，其内外轮辋的宽度可以相等，也可以不相等，二者用螺栓连成一体。拆装轮胎时拆卸螺栓上的螺母即可。图中所示挡圈是可拆的。有的无挡圈，而由与内轮辋制成一体的轮缘代替挡圈，内轮辋与辐板焊接在一起。这种轮辋主要用于载重量较大的重型货车和大型客车。

近几年来，为了适应提高轮胎负荷能力的需要，国内外均朝宽轮辋的方向发展，如美国的货车已全部采用宽轮辋，欧洲各国也在积极普及宽轮辋，我国也在进行由窄轮辋向宽轮辋的过渡。实验表明，采用宽轮辋可以提高轮胎的使用寿命，并可改善汽车的通过性和行驶稳定性。

② 国产轮辋规格的表示方法。国产轮辋规格用一组数字、字母和符号组合表示，分为几部分，各部分的含义及具体内容如下。

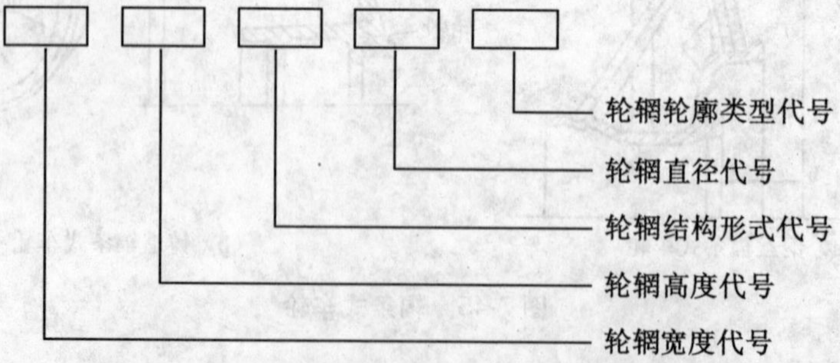

轮辋宽度代号：以数字表示，一般取小数点后两位，单位为英寸（当以 mm 表示时，要求轮胎与轮辋的单位一致）。

轮辋高度代号：用一个或几个拉丁字母表示，如 C，D，E，F，J，K，L，V 等。常用代号及相应高度值见表 7-2。

表7-2　　轮辋的高度代号及高度值　　mm

C	D	E	F	G	H	J	K	L	P	R	S	T	V	W
15.88	17.45	19.81	22.23	27.94	33.73	17.27	19.26	21.59	25.40	28.58	33.33	38.10	44.45	50.80

轮辋结构形式代号：用符号“×”表示一件式轮辋；用“—”表示多件式轮辋。一件式轮辋是指轮辋为整体式的，只有一件，而多件式轮辋由轮辋体、挡圈、锁圈等多个部件组成。

轮辋直径代号：以数字表示，单位为英寸（当以 mm 表示时，要求轮胎与轮辋的单位一致）。

轮辋轮廓类型代号：用几个字母表示，每个代号所表示的轮辋轮廓类型如图7-47所示。

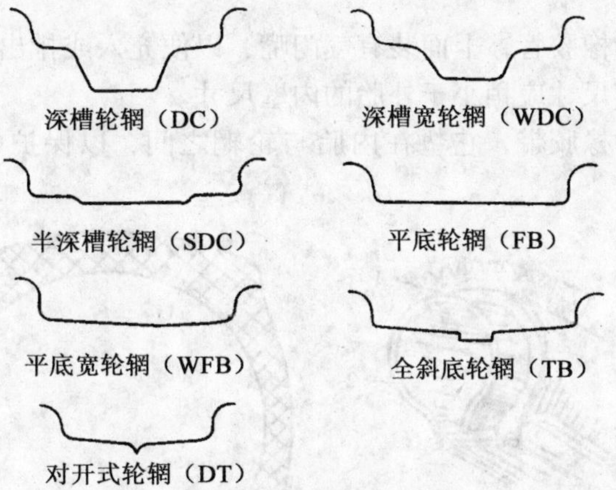

图7-47　轮辋轮廓类型及代号

对于不同形式的轮辋，以上代号不一定同时出现。例如，解放 CA1092 型汽车轮辋的规格为6.5—20，表明该轮辋宽度为6.5英寸，轮辋直径为20英寸，属于多件式轮辋；上海桑塔纳轿车轮辋的规格为5.5J×13，表明其轮辋宽度为5.5英寸，轮辋高度为17.27mm，轮辋直径为13英寸，属于一件式轮辋；上海桑塔纳2000GSi轿车轮辋的规格为6J×14，表明其轮辋宽度为6英寸，轮辋高度为17.27mm，轮辋直径为14英寸，属于一件式轮辋。

3. 轮胎的功能和类型

（1）功　能

现代汽车都采用充气式轮胎，轮胎安装在轮辋上，直接与路面接触，它的功能如下。

① 支撑汽车的质量，承受路面传来的各种载荷的作用。

② 与汽车悬架共同来缓和汽车行驶中所受到的冲击并衰减由此而产生的振动，以保证汽车具有良好的乘坐舒适性和行驶平顺性。

③ 保证车轮和路面有良好的附着性，以提高汽车的动力性、制动性和通过性。

总结：概括起来，轮胎的功能可以简记为支撑、缓冲、减振和提高附着性。

（2）类　型

① 按轮胎内空气压力的大小，轮胎分为高压胎（0.5～0.7MPa）、低压胎（0.2～

0.5MPa）和超低压胎（0.2MPa 以下）三种。低压胎弹性好、减振性能强、壁薄、散热性好、与地面接触面积大、附着性好，因而广泛用于轿车。超低压胎在松软路面上具有良好的通过能力，多用于越野汽车及部分高级轿车。

② 按轮胎有无内胎，轮胎分为有内胎轮胎和无内胎轮胎（俗称真空胎）两种。目前轿车上普遍采用无内胎轮胎。

③ 按胎体帘布层结构的不同，轮胎分为斜交轮胎和子午线轮胎。目前，子午线胎在汽车上广泛应用。

4. 轮胎的结构

（1）有内胎轮胎

有内胎轮胎由外胎、内胎和垫带等组成，使用时安装在汽车车轮的轮辋上，如图 7-48 所示。

内胎是一个环形的橡胶管，上面装有气门嘴，以便充入或排出空气，为使内胎在充气状态下不产生褶皱，其尺寸应稍小于外胎的内壁尺寸。

垫带是一个环形的橡胶带，它垫在内胎与轮辋之间，以保护内胎不被轮辋和胎圈磨伤。

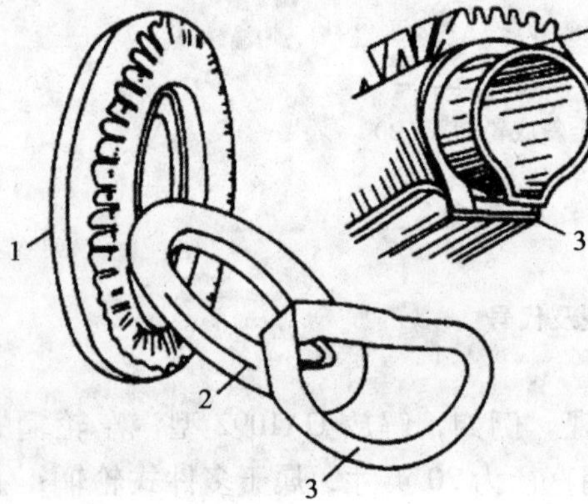

图 7-48　有内胎轮胎
1—外胎；2—内胎；3—垫带

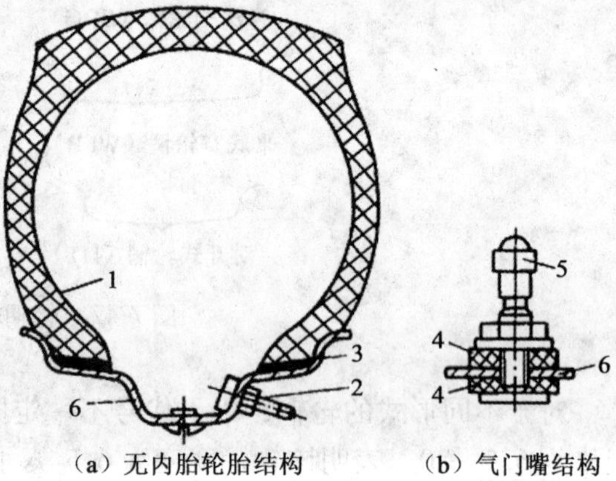

（a）无内胎轮胎结构　（b）气门嘴结构

图 7-49　无内胎轮胎
1—橡胶密封层；2—气门嘴；3—胎圈橡胶密封层；4—橡胶垫圈；5—气门螺母；6—轮辋

（2）无内胎轮胎

无内胎轮胎俗称真空胎，在外观上与普通轮胎相似，但是没有内胎及垫带。它的气门嘴用橡胶垫圈和螺母直接固定在轮辋上，空气直接充入外胎中，其密封性由外胎和轮辋来保证，如图 7-49 所示。

无内胎轮胎的内壁有一层橡胶密封层，有的在该层下面还有一层自黏层，能自行将刺穿的孔黏合。在胎圈外侧也有一层橡胶密封层，用以加强胎圈与轮辋之间的气密性。无内胎轮胎一旦被刺破，穿孔不会扩大，故漏气缓慢，胎压不会急剧下降，仍能继续行驶一定距离，可消除爆胎的危险。因无内胎，摩擦生热少、散热快，适用于高速行驶。此外，结构简单，质量较轻，维修也方便。但密封层和自黏层易漏气，途中修理也较困难。无内胎轮胎必须配用深槽轮辋，故目前在轿车上应用较多。

(3) 外胎的结构

外胎由胎面、帘布层、缓冲层和胎圈组成，如图7-50所示。

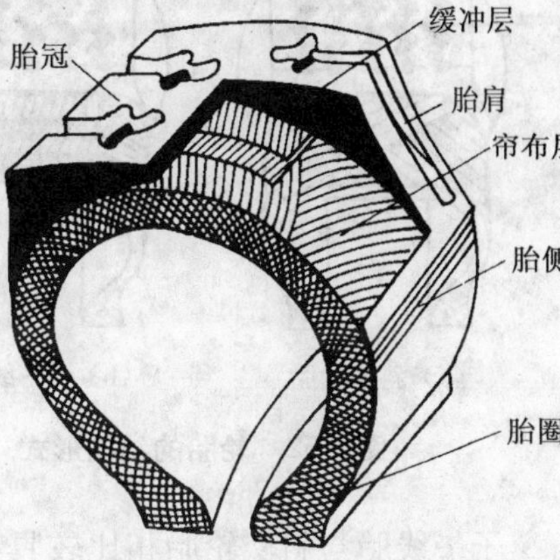

图7-50　外胎的结构

① 胎面。胎面是轮胎的外表面，可分为胎冠、胎肩和胎侧三部分。

胎冠与路面直接接触，并产生附着力，使车辆行驶和制动。为使轮胎与地面有良好的附着性能，防止纵、横向滑移，在胎面上制有各种形状的花纹。如图7-51所示，主要有普通花纹、组合花纹、越野花纹等。普通花纹中的纵向折线花纹（见图7-51（a））最适合于在较好的硬路面上高速行驶，广泛用于轿车、客车及货车等各种车辆；横向花纹（见图7-51（b））仅用于货车。组合花纹（见图7-51（c））由纵向折线花纹和横向花纹组合而成，在好路面和不良路面上都可提供稳定的驾驶性能，广泛用于客车和货车。越野花纹（见图7-51（d））的凹部深而粗，在软路面上与地面附着性好，越野能力强，适用于矿山、建筑工地及其他一些在松软路面上使用的越野汽车轮胎。

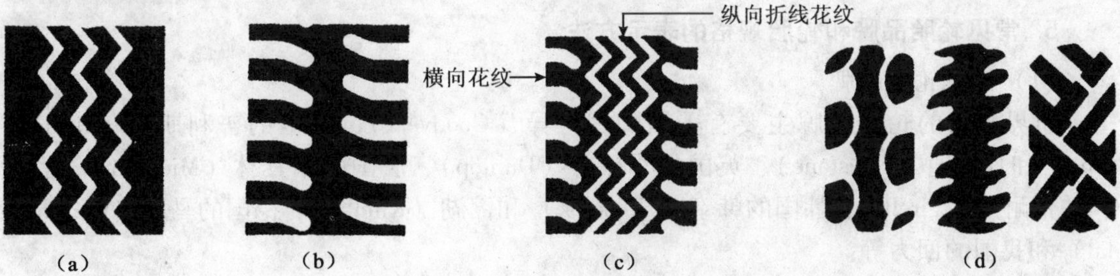

图7-51　胎面花纹

胎肩是较厚的胎冠和较薄的胎侧间的过渡部分，一般也制有各种花纹，以提高该部位的散热性能。

胎侧又称胎壁，它由数层橡胶构成，覆盖轮胎两侧，保护内胎免受外部损坏。胎侧在行驶过程中不断地在载荷作用下挠曲变形。胎侧上标有厂家名称、轮胎尺寸及其他资料。

② 帘布层。帘布层是外胎的骨架，主要用于承受载荷，保持外胎的形状和尺寸，并使其具有足够的强度。帘布层通常由成双数的多层帘布用橡胶贴合而成，相邻层的帘线交叉排列。帘布层数越多，轮胎的强度越大，但弹性下降。帘线可以是棉线、人造丝、尼龙和钢丝。

按照帘布层帘线排列方式的不同，外胎可以分为斜交轮胎和子午线轮胎，如图7-52所示。

斜交轮胎帘布层的帘线按一定角度交叉排列，帘线与轮胎横断面的交角通常为50°。子午线轮胎帘布层帘线排列的方向与轮胎横断面一致，即垂直于轮胎胎面中心线，类似于地球仪上的子午线。子午线轮胎胎侧比斜交轮胎软，在径向上容易变形，可以增加轮胎的接地面积，即使在充足气后，两侧壁上也有一个特殊的凸起部分，如图7-53（b）所示。

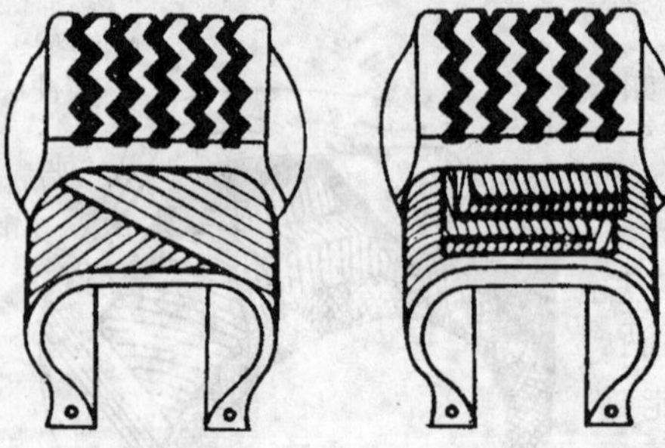

(a) 斜交轮胎　　(b) 子午线轮胎

图 7-52　轮胎的结构形式

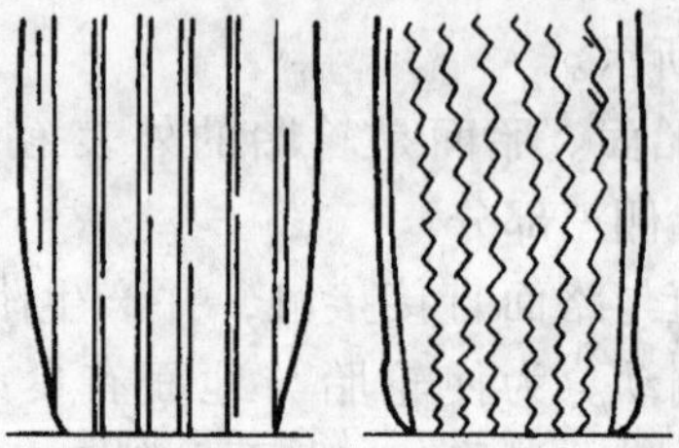

(a)　　(b)

图 7-53　斜交轮胎与子午线轮胎胎侧比较

子午线胎与斜交轮胎相比较具有行驶里程长、滚动阻力小、节约燃料、承载能力大、减振性能好、附着性能好、不易爆胎等优势，目前在汽车上应用广泛。

③ 缓冲层。缓冲层夹在胎面和帘布层之间，由两层或数层较稀疏的帘布和橡胶制成，弹性较大。其作用是加强胎面与帘布层之间的结合，防止汽车紧急制动时胎面与帘布层脱离，并缓和汽车行驶时所受到的路面冲击。

④ 胎圈。胎圈由钢丝圈、帘布层包边和胎圈包布组成，有很大的刚度和强度，可以使外胎牢固地安装在轮辋上。

5. 常见轮胎品牌和轮胎规格的表示方法

(1) 常见轮胎品牌

世界著名的轮胎品牌主要有美国的固特异（Goodyear）、日本的普利斯通（Bridgestone）和凡世通（Firestone）、英国的邓禄普（Dunlop）、法国的米其林（Michelin）、意大利的倍耐力（Pirelli）、韩国的韩泰（Hankook）和锦湖（Kumho）、德国的马牌（Continental）和我国的回力等。

(2) 轮胎规格的表示方法

轮胎的尺寸标注如图 7-54 所示。

① 斜交轮胎的规格。我国和大多数国家一样，斜交轮胎的规格用 B-d 表示，载货汽车斜交轮胎和轿车斜交轮胎的尺寸 B 和 d 均使用英寸（in）为单位，例如 9.00-20 表示轮胎宽度为 9.00 英寸、轮胎内径为 20 英寸的斜交轮胎。

② 子午线轮胎的规格。以上海桑塔纳 2000GSi 轿车轮胎的规格 195/60 R 14 85 H 为例进行说明。

195 表示轮胎宽度 195mm，货车子午线轮胎的宽度一般以英寸（in）为单位。

60 表示扁平比为 60%，扁平比为轮胎高度 H 与宽度 B 之比，有 60，65，70，75，80 五个级别。

R 表示子午线轮胎，即"Radial"的第一个字母。

14 表示轮胎内径为 14 英寸（in）。

85 表示荷重等级，即最大载荷质量。荷重等级为 85 的轮胎的最大载荷质量为 515kg。常见的荷重等级及对应的最大载荷质量如表 7-3 所列。

图 7-54　轮胎的尺寸标注

D—轮胎外径；d—轮胎内径或轮辋直径；B—轮胎宽度；H—轮胎高度

H 表示速度等级，表明轮胎能行驶的最高车速。常见的速度等级及对应的最高车速如表 7-4 所列。

表 7-3　荷重等级及对应的最大载荷质量　kg

荷重等级	最大载荷质量	荷重等级	最大载荷质量
71	345	99	775
72	355	100	800
73	365	101	825
74	375	102	850
75	387	103	875
76	400	104	900
77	412	105	925
78	425	106	950
79	437	107	975
80	450	108	1000
81	462	109	1030
82	475	110	1060
83	487	111	1095
84	500	112	1129
85	515	113	1164
86	530	114	1200
87	545	115	1237
88	560	116	1275
89	580	117	1315
90	600	118	1355
91	615	119	1397
92	630	120	1440
93	650	121	1485
94	670	122	1531
95	690	123	1578
96	710	124	1627
97	730	125	1677
98	750		

表 7-4　速度等级及对应的最高车速　km/h

速度等级	最高车速	速度等级	最高车速
L	120	T	190
M	130	U	200
N	140	H	210
P	150	V	240
Q	160	Z	240 以上
R	170	W	270 以下
S	180	Y	300 以下

另外，在轮胎规格前加“P”表示轿车轮胎；在胎侧标有“REINFORCED”表示经强

化处理，"RADIAL" 表示子午线胎，"TUBELESS"（或 TL）表示无内胎（真空胎），"M＋S"（Mud and Snow）表示适用于泥地和雪地，"→" 表示轮胎旋向，不可装反。

（八）车　桥

车桥位于悬架与车轮之间，其两端安装车轮，通过悬架与车架（或车身）相连，其功能是传递车架（或车身）与车轮之间各种载荷的作用。

按悬架结构不同，车桥分为整体式和断开式两种。整体式车桥的中部是刚性实心或空心梁，与非独立悬架配用；断开式车桥为活动关节式结构，与独立悬架配用。

按车桥上车轮的作用不同，车桥分为转向桥、驱动桥、转向驱动桥和支持桥四种类型。

其中转向桥和支持桥都属于从动桥。

在后轮驱动的汽车中，前桥不仅用于承载，而且兼起转向作用，称为转向桥；后桥不仅用于承载，而且兼起驱动的作用，称为驱动桥。

越野汽车和前轮驱动汽车的前桥，除了承载和转向的作用外，还兼起驱动作用，所以称为转向驱动桥。

只起支撑作用的车桥称为支持桥，挂车的车桥就是支持桥。支持桥除不能转向外，其他功能和结构与转向桥相同。

1. 转向桥

转向桥通常位于汽车前部，能使装在其两端的车轮偏转一定的角度，以实现汽车转向。同时还要承受车架与车轮之间的作用力及其产生的弯矩和转矩。

各种车型的转向桥结构基本相同，主要由前轴、转向节和主销等组成，如图 7-55 所示。

前轴是转向桥的主体，一般由中碳钢经模锻而成。其端面采用工字形断面以提高抗弯强度；接近两端逐渐过渡为方形，以提高抗扭刚度。中部加工出两处用以支撑钢板弹簧弹簧座，其上钻有四个安装 U 形螺栓（俗称骑马螺栓）的通孔和一个位于中心的钢板弹簧定位凹坑。中部向下弯曲，使发动机位置得以降低，从而降低汽车质心，扩展驾驶员视野，并减小传动轴与变速器输出轴之间的夹角。前轴两端各有一个加粗部分，呈拳形，称为拳部，其中有通孔，主销即装入此孔内。用带有螺纹的楔形锁销将主销固定在拳部孔内，使之不能转动。

转向节是一个叉形部件。上、下两叉制有同轴销孔，通过主销与前轴的拳部相连，使前轮可以绕主销偏转一定角度而使汽车转向。为了减小磨损，转向节销孔内压入青铜衬套，衬套上的润滑油槽在上面端部是切通的，用装在转向节上的油嘴注入润滑脂润滑。为使转向灵活轻便，在转向节下耳与前轴拳部之间装有滚子推力轴承。在转向节上耳与拳部之间装有调整垫片，以调整其间的间隙。在左转向节的上耳上装有与转向节臂制成一体的凸缘，在下耳上则装有与转向梯形臂制成一体的凸缘，此两凸缘上均制有一矩形键，因此在左转向节的上、下耳上都有与之配合的键槽。转向节即通过矩形键及带有锥形套的双头螺栓与转向节臂及梯形臂相连。

车轮轮毂通过两个圆锥滚子轴承支撑在转向节轴颈上。轴承的松紧度可通过调整螺母加以调整。轮毂外端用冲压的金属罩盖住。转向节上还装有限位螺栓，与前轴上的限位凸台相配合，可以限制并调整转向轮的最大偏转角。

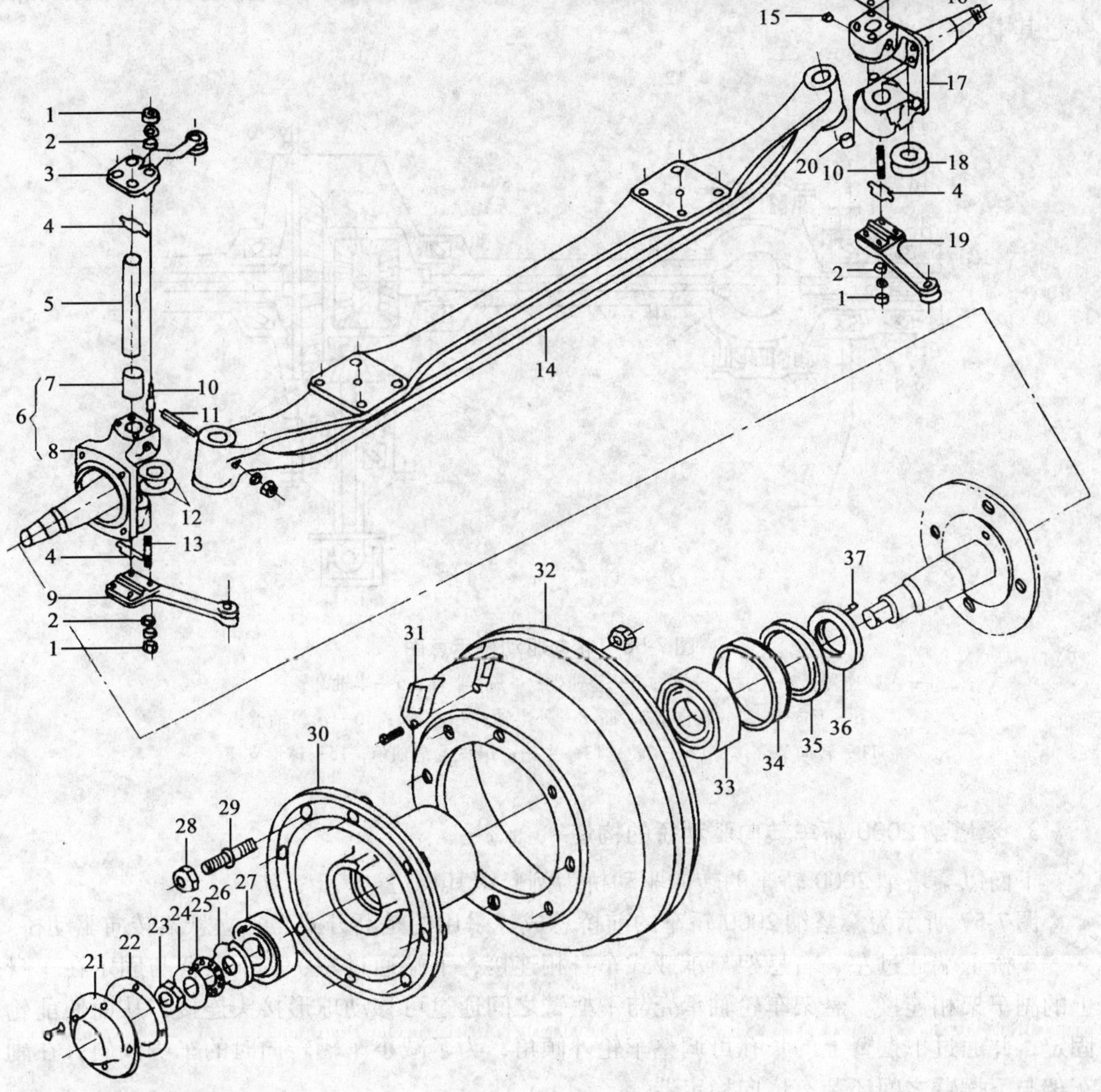

图7-55　转向桥分解图

1—紧固螺母；2—锥套；3—转向节臂；4—密封垫；5—主销；6—左转向节总成；7—衬套；8—左转向节；9—左转向梯形臂；10，13—双头螺柱；11—楔形锁销；12—调整垫片；14—前轴；15—油嘴；16—右转向节上盖；17—右转向节；18—止推轴承；19—右转向梯形臂；20—限位螺栓；21—轮毂盖；22—衬垫；23—锁紧螺母；24—止动垫圈；25—锁紧垫圈；26—调整螺母；27—前轮毂外轴承；28—螺母；29—螺栓；30—车轮轮毂；31—检查孔堵塞；32—制动毂；33—前轮毂内轴承；34—轮毂油封外圈；35—轮毂油封总成；36—轮毂油封内圈；37—定位销

2. 转向驱动桥

越野汽车、前轮驱动汽车和全轮驱动（4WD）汽车的前桥，既起转向桥的作用，又兼起驱动桥的作用，故称为转向驱动桥。

转向驱动桥如图7-56所示。它同一般驱动桥一样，由主减速器、差速器、半轴和桥壳组成。但由于转向时转向车轮需要绕主销偏转一个角度，故与转向轮相连的半轴必须分成内、外两段（内半轴和外半轴），其间用万向节（一般多用等角速万向节）连接，同时主销也因此而分制成两段（或用球头销代替）。转向节轴颈部分做成中空的，以便外半轴穿过其中。

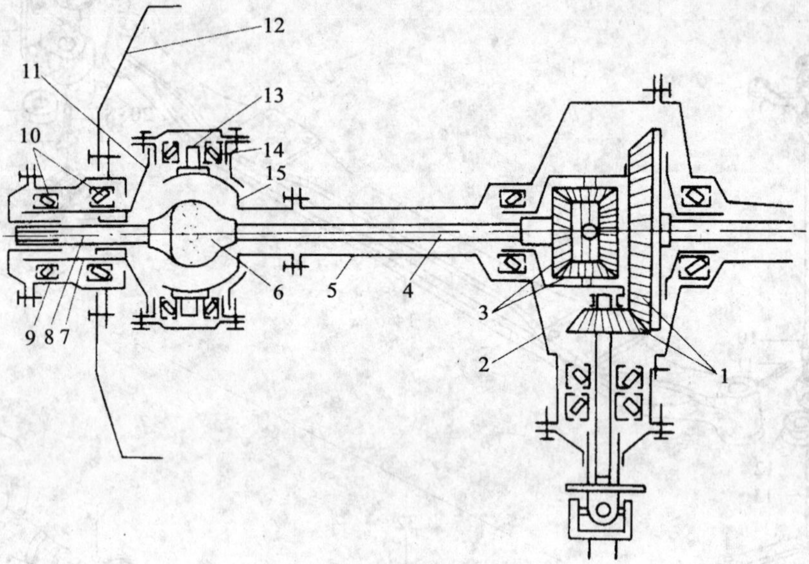

图 7-56　转向驱动桥示意图

1—主减速器；2—主减速器壳；3—差速器；4—内半轴；5—半轴套管；6—万向节；7—转向节轴颈；8—外半轴；9—轮毂；10—轮毂轴承；11—转向节壳体；12—车轮；13—主销；14—主销轴承；15—球形支座

3. 桑塔纳 2000 轿车转向驱动桥的构造

下面以桑塔纳 2000 轿车的转向驱动桥为例介绍其构造。

图 7-57 所示为桑塔纳 2000 轿车的前桥总成，采用的是断开式、独立悬架转向驱动桥。

车桥上端通过左、右悬架与承载式车身相连接，下端通过左、右下摆臂与固定在车身上的副车架相连接。悬架车轮轴承壳与下摆臂之间通过可移动球形接头连接，从而使前轮固定，并通过下摆臂上的长孔可调整车轮外倾角，为了减小车辆转向时的车身倾斜，在副车架与下摆臂之间还装有横向稳定器。

桑塔纳轿车的动力由主减速器、差速器经传动半轴驱动车轮旋转。传动半轴总成如图 7-58 所示。

4. 转向轮定位及调整

为了保证汽车直线行驶的稳定性和操纵的轻便性，减少轮胎和其他机件的磨损，转向轮、转向节和前轴三者与车架的安装应保持一定的相对位置关系，这种安装位置关系称为转向车轮定位，也称前轮定位。

对于两端装有主销的转向桥，在汽车转向时，转向车轮会围绕主销轴线偏转，如图 7-59（a）所示。但在大多数断开式转向桥中没有主销，采用上、下球头销代替主销，上、下球头销球头中心的连心线相当于主销轴线，如图 7-59（b）所示。

转向轮定位包括车轮外倾、主销后倾、主销内倾及前轮前束四个参数。现以有主销的转向桥为例说明转向车轮定位。

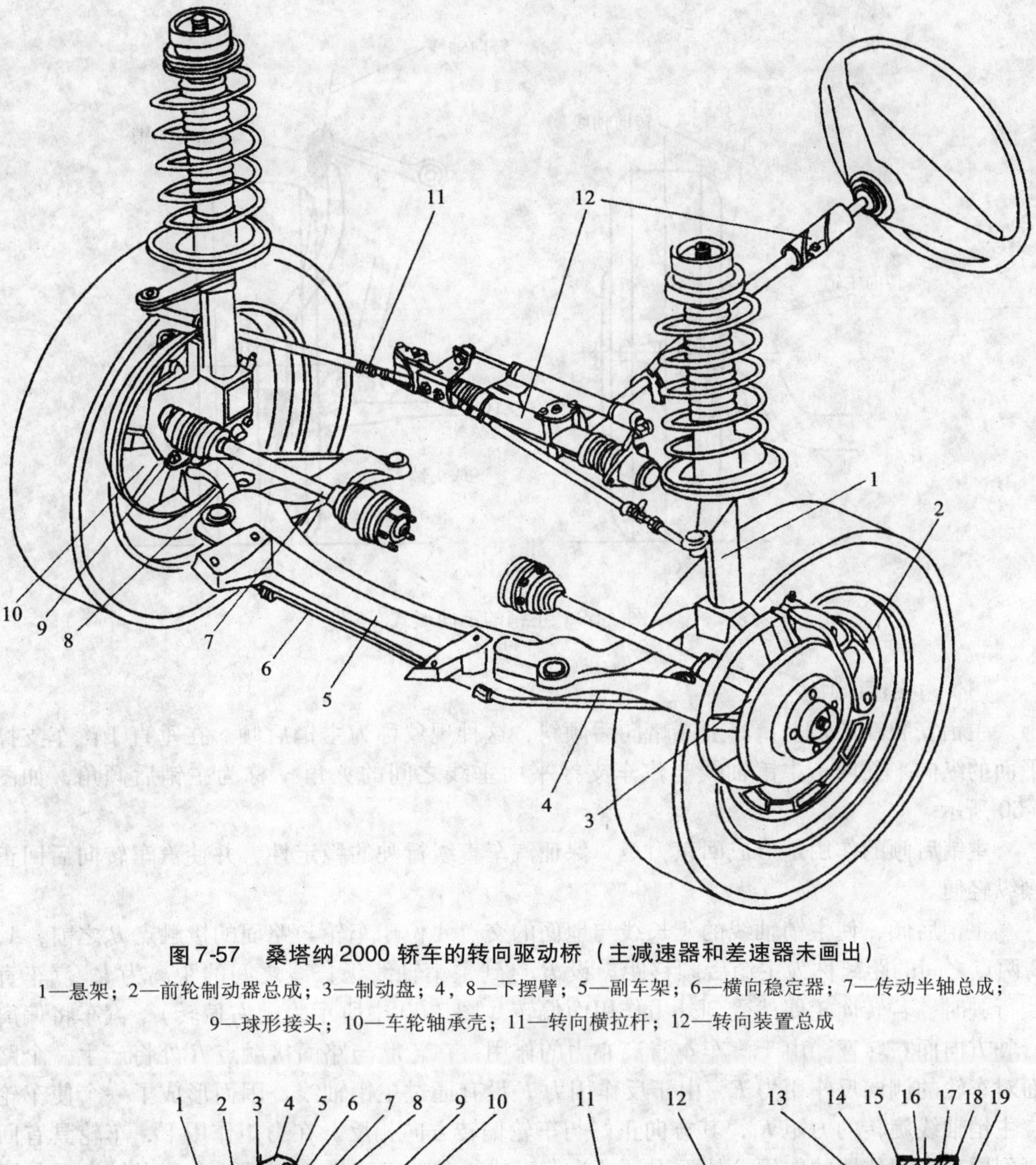

图7-57　桑塔纳2000轿车的转向驱动桥（主减速器和差速器未画出）

1—悬架；2—前轮制动器总成；3—制动盘；4，8—下摆臂；5—副车架；6—横向稳定器；7—传动半轴总成；9—球形接头；10—车轮轴承壳；11—转向横拉杆；12—转向装置总成

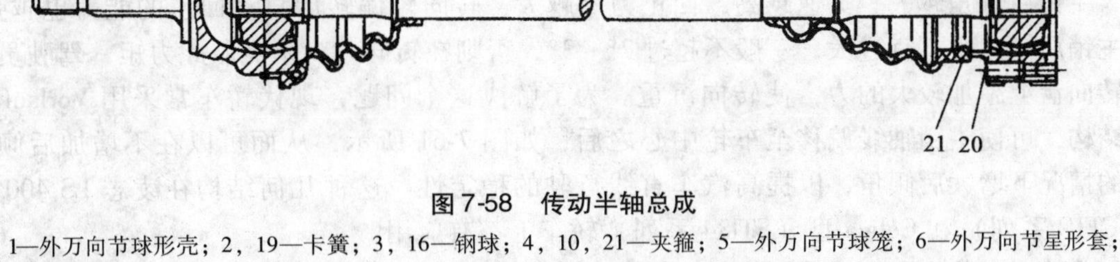

图7-58　传动半轴总成

1—外万向节球形壳；2，19—卡簧；3，16—钢球；4，10，21—夹箍；5—外万向节球笼；6—外万向节星形套；7—中间挡圈；8，13—碟形弹簧；9，12—橡胶护套；11—花键轴；14—内万向节星形套；15—内万向节球笼；17—内万向节球形壳；18—密封垫片；20—内万向节护盖

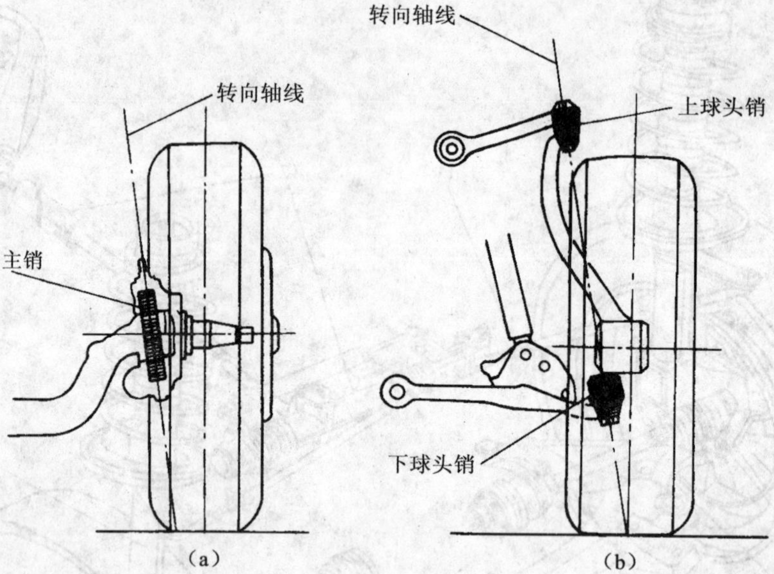

图 7-59　主销的不同形式

(1) 主销后倾

主销安装在前轴上，其上端略向后倾斜，这种现象称为主销后倾。在垂直于汽车支撑平面的纵向平面内，主销轴线与汽车支撑平面垂线之间的夹角 γ 称为主销后倾角，如图 7-60 所示。

主销后倾的作用是形成回正力矩，保证汽车直线行驶的稳定性，并使汽车转向后回正操纵轻便。

主销后倾，使主销轴线的延长线与地面的交点 A 位于车轮与路面的接触点 B 之前，A，B 两点之间的距离称为主销后倾移距。设 B 点到主销轴线延长线之间的距离为 l，汽车直线行驶时，若转向轮偶然受到外力作用而偏转（图 7-60 中所示为向右偏转），汽车将偏离行驶方向而右转弯。由于汽车本身离心力的作用，在轮胎与路面接触点 B 处将产生一个路面对车轮的侧向反作用力 F，由于反作用力 F 没有通过主销轴线，因而形成了一个使车轮绕主销轴线旋转的力矩 F_1，其方向正好与车轮偏转方向相反。在力矩作用下，车轮具有回复到原来中间位置的作用，从而保证了汽车直线行驶的稳定性。同理，在汽车转向后的回正过程中，此力矩具有帮助驾驶员使转向车轮回正的作用，使汽车转向后回正操纵轻便。

主销后倾角越大、车速越高，回正力矩越大，转向轮偏转后自动回正的能力也越强。但主销后倾角也不宜过大，一般不超过 2°～3°，否则在转向时为了克服此力矩，驾驶员需在转向盘上施加较大的力，使转向沉重。为了解决这个问题，现代轿车常采用 Vorlauf 几何结构，可使主销轴线偏移至车轮中心之后，如图 7-61 所示，从而可以在不增加后倾移距的情况下增大后倾角，以提高汽车直线行驶的稳定性。这种几何结构在凌志 LS 400 型（UCFIO 系列）和 Celica 型（STl84 系列）轿车上都有应用。

此外，有些汽车由于采用超低压轮胎，弹性增加，转向时因轮胎弹性变形而使轮胎与路面的接触点后移，使回正力矩增加，故主销后倾角减小，甚至为负值（即主销前倾）。

主销后倾角一般是将前轴连同悬架安装在车架上时使前轴向后倾斜而形成的。

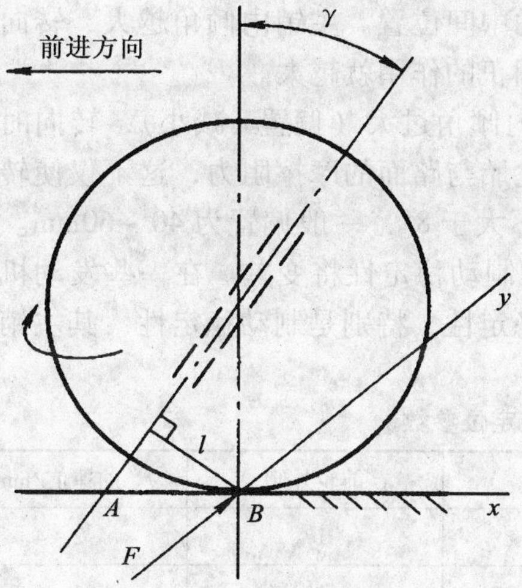

图7-60　主销后倾图

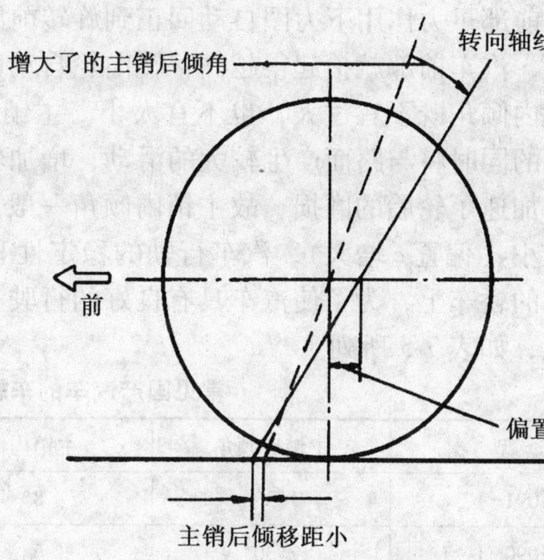

图7-61　Vorlauf 几何结构示意图

（2）主销内倾

主销安装在前轴上，其上端略向内侧倾斜，这种现象称为主销内倾。在垂直于汽车支撑平面的横向平面内，主销轴线与汽车支撑平面垂线之间的夹角 β 称为主销内倾角，如图7-62所示。主销内倾的作用是使转向轮自动回正，并使转向操纵轻便。

主销内倾具有使转向轮转向操纵轻便的作用，如图7-62（a）所示。由于主销内倾，主销轴线的延长线与地面的交点至车轮中心平面与地面交点之间的距离 c 缩短（在有些维修资料中将距离 c 称为偏置或磨胎半径），转向时，路面作用在转向轮上的阻力对主销轴线产生的力矩减小，从而可减少转向时驾驶员施加在转向盘上的力，使转向操纵轻便，同时还可以减小因路面不平而从转向轮传到转向盘上的冲击力。

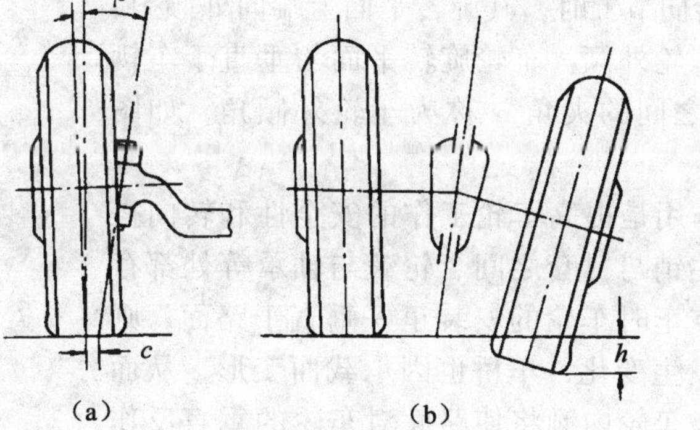

图7-62　主销内倾

主销内倾具有使转向轮自动回正的作用，如图7-62（b）所示。当转向轮在外力作用下绕主销旋转（为了解释方便，假设旋转180°，即由图7-62（b）中左边位置转到右边位置）而偏离中间位置时，由于主销内倾，车轮的最低点将陷入路面以下 h 处，即车轮必须将路面压低距离 h 后才能旋转过来，但实际上路面不可能被压低，车轮下边缘不可能陷入路面之下，而是车轮连同整个汽车前部被向上抬起相应高度丘。一旦外力消失，转向轮就会在汽车前部重力作用下力图自动回正到旋转前的中间位置。主销内倾角越大、转向轮偏转角越大，汽车前部就抬起得越高，转向轮自动回正的作用就越大。

主销内倾角既不宜过大，也不宜太小。主销内倾角过大（偏置 c 减小），转向时，车轮在滚动的同时将与路面产生较大的滑动，增加轮胎与路面的摩擦阻力，这不仅使转向沉重，而且加速了轮胎的磨损，故主销内倾角一般不大于 8°，一般偏置为 40～60mm。主销内倾角过小（偏置 c 增大），汽车行驶的稳定性和制动稳定性将变差。在一些发动机前置前轮驱动的轿车上，为了使汽车具有良好的行驶稳定性，特别是制动稳定性，其主销内倾角均较大，如表 7-5 所列。

表 7-5　　常见国产汽车的车轮定位参数

车　型	主销后倾角	主销内倾	前轮外倾	前速值/mm
CA1091-1	1°30′	8°	1°	2～4
EQ1090-1	2°30′	6°	1°	1～5
奥迪 100	1.16°	14.2°	0°30′±30′	0.5～1
上海桑塔纳			-0°30′±20′	-3～-1
南京依维柯	0°30′～1°	0°	1°	1.5～2.5
北京切诺基	7.5°		0°	0
天津夏利	2°55′	12°	0°	1

整体式转向桥的主销内倾角是在制造前轴时将销孔轴线上端向内倾斜而获得的。

主销后倾和主销内倾都具有使车轮自动回正及保证汽车直线行驶稳定性的作用，但其区别在于：主销后倾的回正作用随着车速的增大而增大，而主销内倾的回正作用几乎与车速无关。

（3）车轮外倾

转向轮安装在转向节上时，其旋转平面上端向外倾斜，这种现象称为转向车轮外倾。车轮旋转平面与垂直于车辆支撑面的纵向平面之间的夹角 α 称为车轮外倾角，如图 7-63 所示。

车轮外倾角的作用是提高车轮工作的安全性和转向操纵的轻便性。由于主销与衬套之间、轮毂与轴承等处都存在着装配间隙，若空车时车轮的安装正好垂直于路面，则满载时上述间隙将发生变化，车桥也因承载而变形，从而引起车轮向内倾斜。车轮内倾将使路面对车轮的垂直反作用力的轴向分力压向轮毂外端的小轴承，使该轴承及其锁紧螺母等件承受的载荷增大，降低了它们的使用寿命，严重时会损坏锁紧螺母而使车轮脱落。为此，安装车轮时预先留有一定的外倾角，以防止上述不良影响。车轮外倾与主销内倾相配合可进一步缩短距离 c，如图 7-62（a）所示，使汽车转向轻便。此外，车轮有一定的外倾角也可以与拱形路面相适应。但车轮外倾角不宜过大，否则会使轮

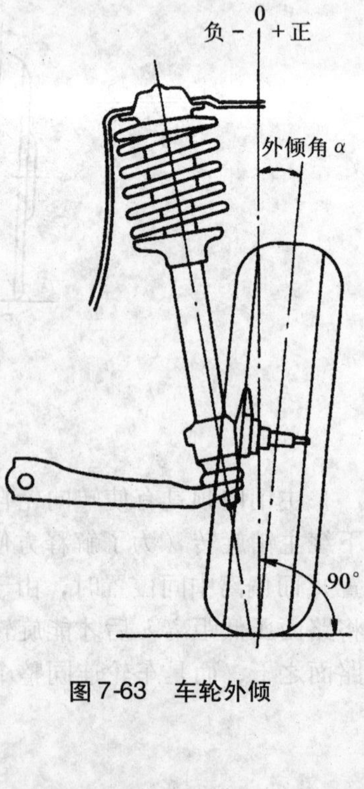

图 7-63　车轮外倾

胎产生偏磨损。一般前轮外倾角为1°左右。

有的汽车前轮外倾角为负值（参见表7-5），这样在汽车转向时可避免车身过分倾斜。

（4）前轮前束

车轮安装在车桥上，两前车轮的中心平面不平行，其前端略向内侧收束，这种现象称为前轮前束。两前轮后端距离 A 大于前端距离 B，其差值 $A-B$ 称为前轮前束值，如图7-64所示。

前轮前束的作用是消除因车轮外倾所造成的不良后果，保证车轮不向外滚动，防止车轮侧滑和减轻轮胎的磨损。

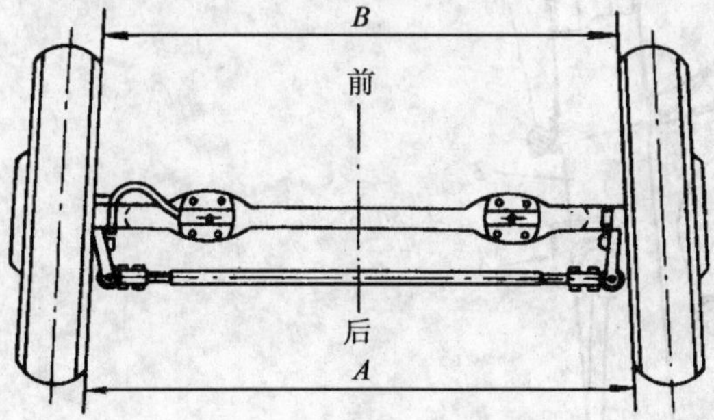

图7-64　前　束

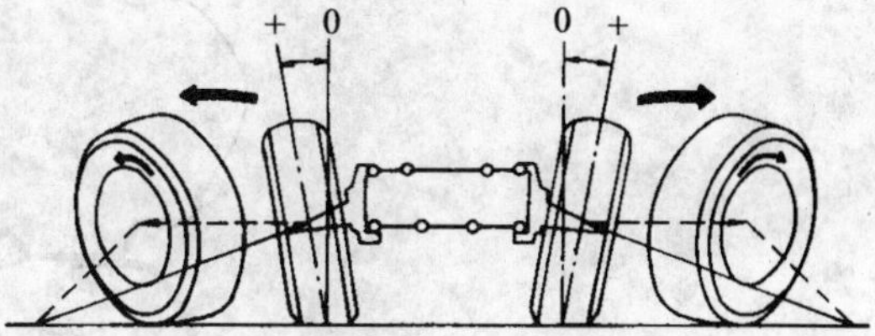

图7-65　车轮外倾产生的车轮运动示意图

由于车轮外倾，汽车行驶时，两个车轮的滚动类似于两个锥体的滚动，其轨迹不再是直线而是逐渐向各自的外侧滚开，如图7-65所示。但因受车桥和转向横拉杆的约束，两侧车轮不可能向外滚开，这样，车轮在路面上滚动行驶的同时又被强制地拉向内侧，产生向内的侧滑，从而加剧轮胎的磨损。有了前束，车轮滚动的轨迹是向内侧偏斜，只要前束值与车轮外倾角配合适当，车轮向内、外侧滚动的偏斜量就会相互抵消，使车轮每一瞬间的滚动方向都朝着正前方，从而消除了侧滑，减轻了轮胎的磨损。前轮前束值可以通过改变转向横拉杆的长度调整。

二、任务实施

项目（一）新爱丽舍轿车前悬架总成的拆装

1. 项目说明

汽车在行驶中，由于地面不平，不可避免会造成前悬架各元件的磨损、性能减弱以致失效，造成汽车起步发抖、振动和异常等故障。通过学习可知，爱丽舍轿车装配的是麦弗逊式独立悬架。因此，若出现故障情境中的现象，又经检查确认为前悬架故障后，则需拆卸前悬架进行检修和调整。

2. 技术要求与标准

① 两个学员配合能在50分钟内完成此项目；

② 爱丽舍轿车前悬架如图7-66所示，技术要求参数如表7-6所列。

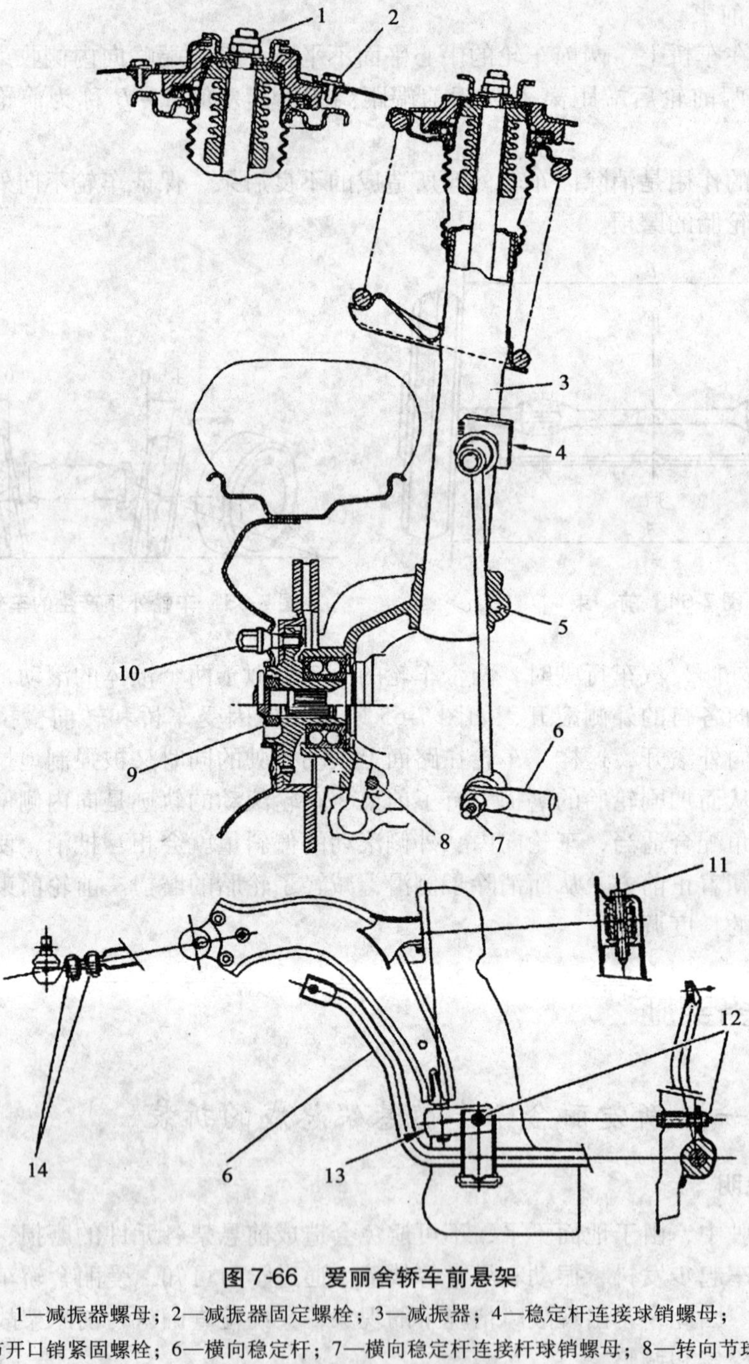

图 7-66　爱丽舍轿车前悬架

1—减振器螺母；2—减振器固定螺栓；3—减振器；4—稳定杆连接球销螺母；
5—转向节开口销紧固螺栓；6—横向稳定杆；7—横向稳定杆连接杆球销螺母；8—转向节球销螺母；
9—传动轴螺母；10—车轮螺栓；11—三角臂前铰接螺栓；12—三角臂后铰接螺栓；
13—三角臂后铰接下的螺栓；14—三角臂与球销的紧固螺栓

表 7-6　爱丽舍轿车前悬架技术要求参数

序号	名　　称	扭紧力矩/(N · m)
1	减振器螺母	45
2	减振器固定螺栓	25
3	稳定杆连接球销螺母	40
4	转向节开口销紧固螺栓	45
5	横向稳定杆连接杆球销螺母	40
6	转向节球销螺母	40
7	传动轴螺母	425
8	车轮螺栓	90
9	三角臂前铰接螺栓	85
10	三角臂后铰接螺栓	65
11	三角臂后铰接下的螺栓	30
12	三角臂与球销的紧固螺栓	45
13	把托架固定在车身上的螺栓	80
14	连接杆球头螺母	40
15	制动软管固定支架螺母	25

3. 设备器材

① 爱丽舍轿车；

② 图 7-67 所示为专用工具转向节口分离杠 ZX9501-T. L；

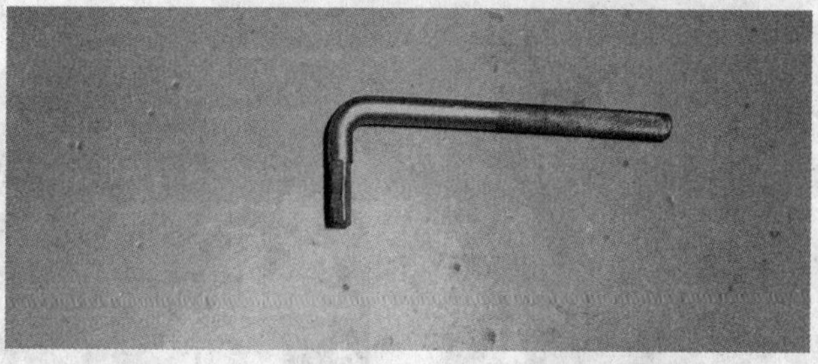

图 7-67　转向节口分离杠 ZX9501-T. L

③ 座椅套、地板垫、方向盘套、翼子板布及前格栅布一套；

④ 举升器；

⑤ 常用工具一套。

4. 作业准备

① 检查举升机　□ 任务完成

② 车辆开进工位　□ 任务完成

③ 停车，打开发动机盖　□ 任务完成

④ 铺上护套　□ 任务完成

⑤ 顶好车位置　□ 任务完成

⑥ 稍微举升车辆　□ 任务完成

⑦ 检查车辆是否平稳　　□ 任务完成

5. 操作步骤

(1) 拆　卸

① 举升并固定车辆，使车轮悬空，如图 7-68 所示。

图 7-68　举升并固定车辆

图 7-69　拆卸前轮

② 拆卸前轮，如图 7-69 所示。

③ 按下列顺序拆卸（注意：在拆卸减振器时，传动轴应保持在差速器中）：拆卸连接杆球头螺母 1；拆卸制动软管固定支架 3；拆卸转向节开口销紧固螺栓 2，如图 7-70 所示。

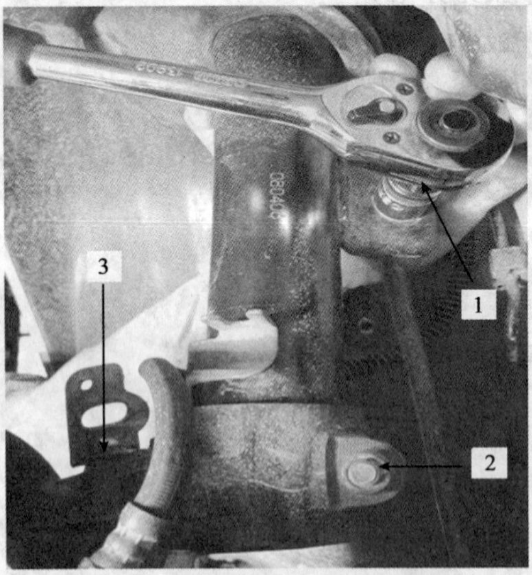

图 7-70　拆卸螺母、支架和螺栓

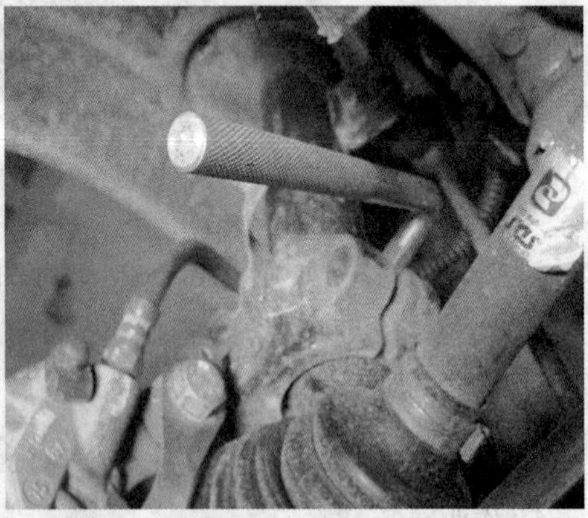

图 7-71　转动工具使转向节的夹口张开

④ 将转向节口分离杠 ZX9501-T. L 插入转向节的夹口，转动该工具使转向节的夹口张开，如图 7-71 所示。

⑤ 拆下前悬架总成，如图 7-72 所示。

图 7-72　拆下前悬架总成

（2）安　装

按拆卸的相反顺序进行安装。最后安装车轮，放下车辆。

注意：必须更换尼龙自锁螺母。

6. 记录与分析

基本信息	班级		姓名		日期	
	车型		设备名称		项目	前悬架总成的拆装
拆装记录与分析	故障情境描述：					
	初步检查分析：					
	举升器的使用注意事项：					
	拆装过程记录：					

项目（二）新爱丽舍轿车前减振器的拆装分解

1. 项目说明

汽车在行驶中，由于地面不平，不可避免会造成前减振器各元件的磨损、性能减弱以致漏油失效，造成汽车起步发抖、振动和异常等故障。因此，若出现学习任务 7 情境描述中的故障现象，又经检查确认为减振器漏油损坏故障后，则需拆卸前减振器进行更换。

2. 技术要求与标准

两个学员配合能在 100 分钟内完成此项目。

3. 设备器材

① 台虎钳；

② 弹簧压缩器 ZX4137T、转向节口分离杠 ZX9501－T. L 等专用工具，如图 7-73 所示；

③ 常用工具一套。

4. 作业准备

① 减振器 □ 任务完成

② 各种工具 □ 任务完成

③ 台虎钳 □ 任务完成

5. 操作步骤

（1）拆　卸

① 把弹簧压缩器固定在台虎钳上，用弹簧压缩器压缩弹簧，如图 7-74 所示。

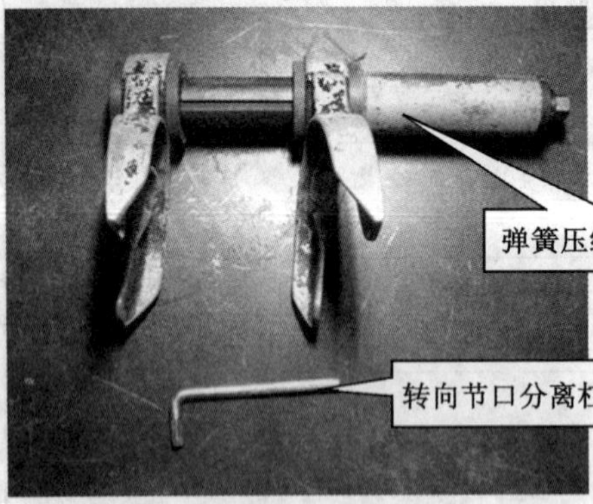

图 7-73　专用工具

图 7-74　在台虎钳上用弹簧压缩器压缩弹簧

② 按图 7-75 顺序分解减振器总成：拆卸螺母 1，按顺序拿下垫圈 2、上支撑盖座 3、支撑球轴承架 4、弹簧上支座 5、垫圈 6，松开并拆卸弹簧 7、减振器 8；

③ 更换减振器。

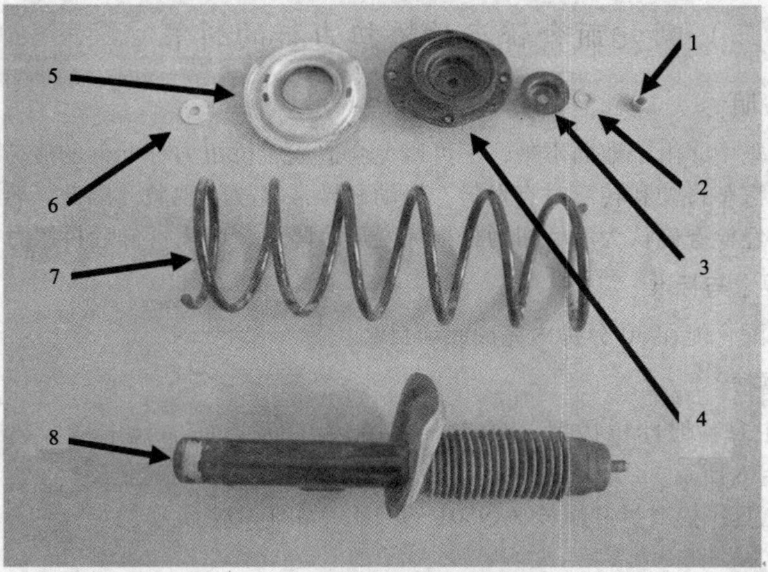

图7-75　分解减振器总成顺序

(2) 安　装

按与拆卸相反的顺序进行安装。

① 拧紧螺母1，扭紧力矩45N·m

② 松开弹簧，确保弹簧装在上下支座中。

6. 记录与分析

基本信息	班级		姓名		日期	
	车型		设备名称		项目	前减振器的分解拆装
拆装记录与分析	故障情境描述：					
	初步检查分析：					
	拆装过程记录：					

项目（三）新爱丽舍轿车后桥扭力杆的拆装

1. 项目说明

汽车在行驶中，由于地面不平，不可避免会造成后桥扭力杆元件的疲劳磨损、减弱以致失效，造成汽车行驶和转弯时有发抖、振动和异常等故障现象。因此，若出现故障情境中的现象，又经检查确认为后桥扭力杆损坏变形故障后，则需拆卸后桥扭力杆进行更换。

2. 技术要求与标准

两个学员配合能在 30 分钟内完成此项目。

3. 设备器材

① 推荐工具：惯性拉拔器 ZX1671－T、扭力杆及后横向稳定杆拆装工具 ZX9501－T. F2，如图 7-76 所示。

② 专用工具：摇臂拆卸螺栓 ZX9501－T. HI，如图 7-77 所示。

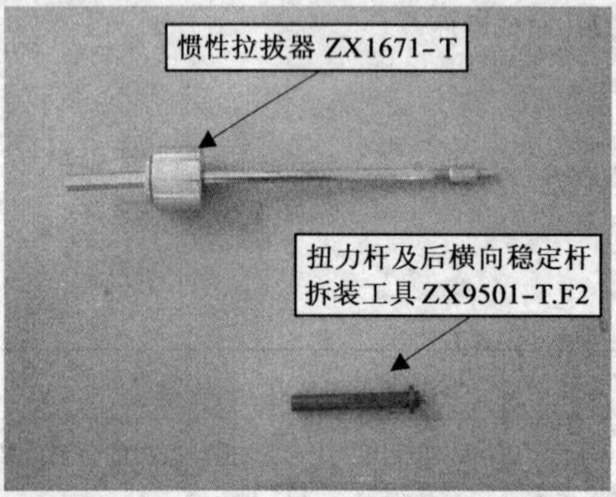

图 7-76　推荐工具

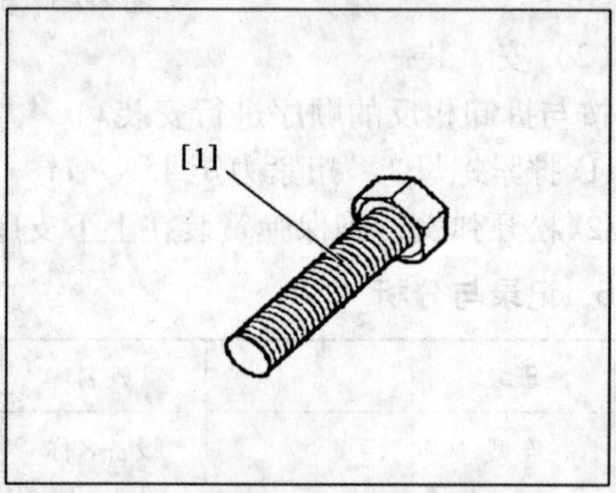

图 7-77　摇臂拆卸螺栓 ZX 9501－T. HI

③ 常用工具一套。

4. 作业准备

① 扭力杆　　□ 任务完成

② 各种工具　　□ 任务完成

5. 操作步骤

(1) 拆　卸

① 用专用工具［1］拆卸横向稳定杆固定板，如图 7-78 所示。

② 拆卸一侧螺母，如图 7-79 所示。

③ 用冲孔器或划笔作出 a，b 两标记，以标示出扭力杆在摆臂上的位置，如图 7-80 所示，标记如图 7-81 所示。

④ 利用推荐工具惯性拉拔器 ZX 1671－T、扭力杆及后横向稳定杆拆装工具 ZX 9501－T. F2 拆卸扭力杆。拆卸时，固定住摆臂以保证摆臂与扭力杆不一起向外移动，如图 7-82 所示。

⑤ 拆下的扭力杆如图 7-83 所示。

图7-78　拆卸横向稳定杆固定板

图7-79　拆卸一侧螺母

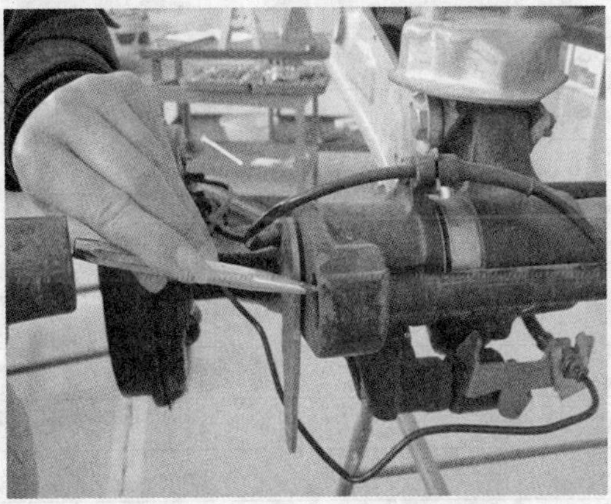

图7-80　用冲孔器或划笔作标记

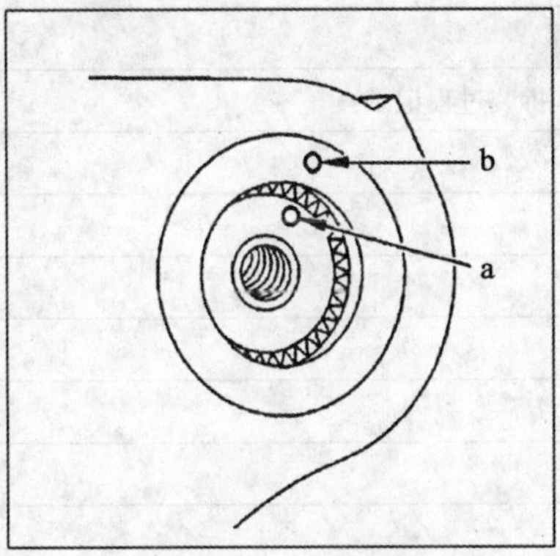

图7-81　标　记

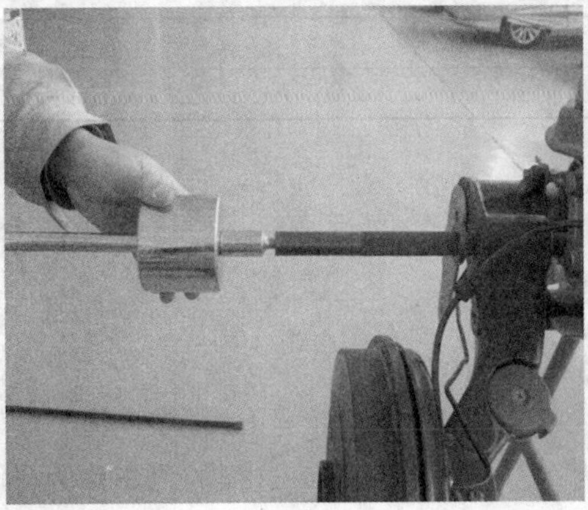

图7-82　拆卸扭力杆

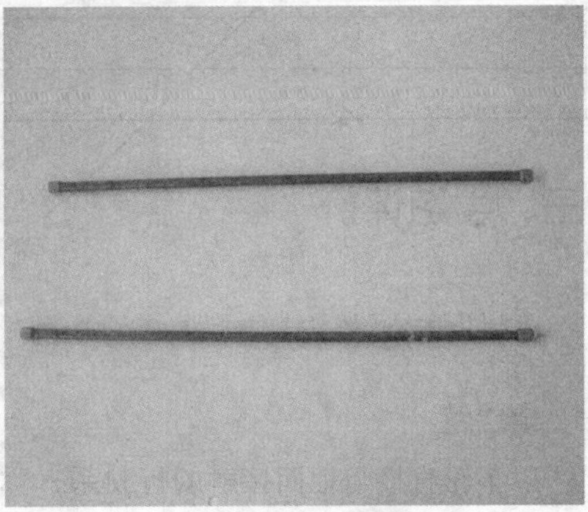

图7-83　拆下的扭力杆

(2) 安　装

按与拆卸相反的顺序进行安装。

注意：重装时，切勿将左、右扭力杆装错。左扭力杆上有两道油漆标线；右扭力杆上有一道油漆标线。

6. 记录与分析

<table>
<tr><td rowspan="2">基本信息</td><td>班级</td><td></td><td>姓名</td><td></td><td>日期</td><td></td></tr>
<tr><td>车型</td><td></td><td>设备名称</td><td></td><td>项目</td><td>后桥扭力杆的拆装</td></tr>
<tr><td rowspan="3">拆装记录与分析</td><td colspan="6">故障情境描述：</td></tr>
<tr><td colspan="6">初步检查分析：</td></tr>
<tr><td colspan="6">拆装过程记录：</td></tr>
</table>

三、学习评价

（一）理论考核

1. 填空题

① 以车轮直接与地面接触的行驶系，称为（　　）行驶系，这样的汽车称为(　　)汽车。

② 轮式汽车行驶系一般由（　　）、(　　)、(　　）和（　　）组成。

③ 车架是整个汽车的（　　），汽车的绝大多数部件和总成都是通过（　　）来固定其位置的。

④ 车架的结构型式首先应满足（　　）的要求。

⑤ 边梁式车架由两根位于两边的（　　）和若干根（　　）组成。

⑥ 悬架一般由（　　）、（　　）和（　　）等三部分组成。

⑦ 汽车悬架可分为（　　）和（　　）两大类。

⑧ 钢板弹簧的第一片（最长的一片）称为（　　），两端弯成卷耳，包在第一片卷耳的外面，称为（　　）。

⑨ 减振器装在（　　）与（　　）之间。

⑩ 独立悬架按车轮运动形式分成（　　）、（　　）和（　　）等三类。

2. 选择题

①（　　）本身的刚度是可变的。

A. 钢板弹簧　B. 油气弹簧　C. 扭杆弹簧　D. 气体弹簧

② 安装（　　）可使悬架的刚度成为可变的。

A. 渐变刚度的钢板弹簧　B. 等螺距的螺旋弹簧

C. 变螺距的螺旋弹簧　D. 扭杆弹簧

③（　　）悬架是车轮沿主销移动的悬架。

A. 双横臂式　B. 双纵臂式　C. 烛式　D. 麦弗逊式

④（　　）悬架是车轮沿摆动的主销轴线上下移动的悬架。

A. 双横臂式　B. 双纵臂式　C. 烛式　D. 麦弗逊式

⑤ 轿车通常采用（　　）悬架。

A. 独立　B. 非独立　C. 平衡　D. 非平衡

⑥ 独立悬架可与（　　）车桥配合。

A. 断开式　B. 整体式　C. A，B 均可　D. A，B 均不可

3. 判断改错题

① 当悬架刚度一定时，簧载质量越大，则悬架的垂直变形越大，固有频率越高。（　　）

改正：

② 在悬架所受的垂直载荷一定时，悬架刚度越小，则悬架的垂直变形越小，汽车的固有频率越低。（　　）

改正：

③ 扭杆弹簧本身的扭转刚度是可变的，所以采用扭杆弹簧的悬架的刚度也是可变的。（　　）

改正：

④ 减振器与弹性元件是串联安装的。（　　）

改正：

⑤ 减振器在伸张行程时，阻力应尽可能小，以充分发挥弹性元件的缓冲作用。（　　）

改正：

4. 问答题

① 汽车行驶系的功能是什么？

② 车架的功能是什么？对其有何要求？

③ 为什么说车架是整车的装配基体？
④ 什么是边梁式车架？为什么此种结构的车架应用广泛？
⑤ 中梁式车架与边梁式车架的主要区别是什么？中梁式车架有什么优缺点？
⑥ 承载式车身的结构特点是什么？
⑦ 悬架的功能是什么？
⑧ 悬架由哪几部分构成？各部分的功能是什么？
⑨ 汽车悬架中减振器与弹性元件为什么要并联安装？对减振器有哪些要求？
⑩ 简述液力减振器的工作原理。
⑪ 液力减振器阻尼力的大小与哪些因素有关？它们的影响如何？
⑫ 双向作用筒式减振器中的压缩阀、伸张阀、流通阀和补偿阀各有何特点？
⑬ 钢板弹簧片间连接方式有几种？
⑭ 为什么汽车上广泛采用钢板弹簧作为弹性元件？
⑮ 螺旋弹簧有什么优缺点？
⑯ 简述非独立悬架和独立悬架的结构特点。
⑰ 独立悬架有什么优缺点？

（二）技能考核

项目1　　前悬架总成的拆装

<table>
<tr><td rowspan="2">基本信息</td><td>姓名</td><td></td><td>学号</td><td></td><td>班级</td><td></td><td>组别</td><td></td></tr>
<tr><td>规定时间</td><td></td><td>完成时间</td><td></td><td>考核日期</td><td></td><td>总评成绩</td><td></td></tr>
<tr><td rowspan="9">任务工单</td><td rowspan="2">序号</td><td rowspan="2" colspan="2">步骤</td><td colspan="2">完成情况</td><td rowspan="2">标准分</td><td rowspan="2" colspan="2">评分</td></tr>
<tr><td>完成</td><td>未完成</td></tr>
<tr><td>1</td><td colspan="2">考核准备：
材料：
工具：
设备：</td><td></td><td></td><td>10</td><td colspan="2"></td></tr>
<tr><td>2</td><td colspan="2">车辆的举升、防护及发动机的固定</td><td></td><td></td><td>5</td><td colspan="2"></td></tr>
<tr><td>3</td><td colspan="2">拆卸车轮</td><td></td><td></td><td>5</td><td colspan="2"></td></tr>
<tr><td>4</td><td colspan="2">使用专用工具拆下螺母、支架、螺栓</td><td></td><td></td><td>10</td><td colspan="2"></td></tr>
<tr><td>5</td><td colspan="2">拆卸前悬架总成</td><td></td><td></td><td>5</td><td colspan="2"></td></tr>
<tr><td>6</td><td colspan="2">安装前悬架总成</td><td></td><td></td><td>20</td><td colspan="2"></td></tr>
<tr><td>7</td><td colspan="2">最后检查试车</td><td></td><td></td><td>10</td><td colspan="2"></td></tr>
<tr><td>8</td><td colspan="2">清洁及整理</td><td></td><td></td><td>10</td><td colspan="2"></td></tr>
<tr><td colspan="2">安全</td><td colspan="4"></td><td>5</td><td colspan="2"></td></tr>
<tr><td colspan="2">5S</td><td colspan="4"></td><td>5</td><td colspan="2"></td></tr>
<tr><td colspan="2">团队协作</td><td colspan="4"></td><td>5</td><td colspan="2"></td></tr>
<tr><td colspan="2">沟通表达</td><td colspan="4"></td><td>5</td><td colspan="2"></td></tr>
<tr><td colspan="2">工单填写</td><td colspan="4"></td><td>5</td><td colspan="2"></td></tr>
</table>

项目2　前减振器的分解拆装

<table>
<tr><td rowspan="2">基本信息</td><td>姓名</td><td></td><td>学号</td><td></td><td>班级</td><td></td><td>组别</td><td></td></tr>
<tr><td>规定时间</td><td></td><td>完成时间</td><td></td><td>考核日期</td><td></td><td>总评成绩</td><td></td></tr>
<tr><td rowspan="9">任务工单</td><td rowspan="2">序号</td><td colspan="3" rowspan="2">步　骤</td><td colspan="2">完成情况</td><td rowspan="2">标准分</td><td rowspan="2">评　分</td></tr>
<tr><td>完　成</td><td>未完成</td></tr>
<tr><td>1</td><td colspan="3">考核准备：
材料：
工具：
设备：</td><td></td><td></td><td>10</td><td></td></tr>
<tr><td>2</td><td colspan="3">把前减振器固定在台虎钳上</td><td></td><td></td><td>5</td><td></td></tr>
<tr><td>3</td><td colspan="3">用弹簧压缩器压缩弹簧</td><td></td><td></td><td>5</td><td></td></tr>
<tr><td>4</td><td colspan="3">分解前减振器</td><td></td><td></td><td>20</td><td></td></tr>
<tr><td>5</td><td colspan="3">前减振器装配</td><td></td><td></td><td>25</td><td></td></tr>
<tr><td>6</td><td colspan="3">最后检查调试</td><td></td><td></td><td>5</td><td></td></tr>
<tr><td>7</td><td colspan="3">清洁及整理</td><td></td><td></td><td>5</td><td></td></tr>
<tr><td colspan="2">安全</td><td colspan="5"></td><td>5</td><td></td></tr>
<tr><td colspan="2">5S</td><td colspan="5"></td><td>5</td><td></td></tr>
<tr><td colspan="2">团队协作</td><td colspan="5"></td><td>5</td><td></td></tr>
<tr><td colspan="2">沟通表达</td><td colspan="5"></td><td>5</td><td></td></tr>
<tr><td colspan="2">工单填写</td><td colspan="5"></td><td>5</td><td></td></tr>
</table>

项目3　后桥扭力杆的拆装

<table>
<tr><td rowspan="2">基本信息</td><td>姓名</td><td></td><td>学号</td><td></td><td>班级</td><td></td><td>组别</td><td></td></tr>
<tr><td>规定时间</td><td></td><td>完成时间</td><td></td><td>考核日期</td><td></td><td>总评成绩</td><td></td></tr>
<tr><td rowspan="9">任务工单</td><td rowspan="2">序号</td><td colspan="3" rowspan="2">步　骤</td><td colspan="2">完成情况</td><td rowspan="2">标准分</td><td rowspan="2">评　分</td></tr>
<tr><td>完　成</td><td>未完成</td></tr>
<tr><td>1</td><td colspan="3">考核准备：
材料：
工具：
设备：</td><td></td><td></td><td>10</td><td></td></tr>
<tr><td>2</td><td colspan="3">拆卸横向稳定杆固定板及一侧螺母</td><td></td><td></td><td>5</td><td></td></tr>
<tr><td>3</td><td colspan="3">用冲孔器或划笔作出 a，b 两标记</td><td></td><td></td><td>5</td><td></td></tr>
<tr><td>4</td><td colspan="3">用专用推荐工具拆下的扭力杆</td><td></td><td></td><td>20</td><td></td></tr>
<tr><td>5</td><td colspan="3">后桥扭力杆的装配</td><td></td><td></td><td>25</td><td></td></tr>
<tr><td>6</td><td colspan="3">最后检查调试</td><td></td><td></td><td>5</td><td></td></tr>
<tr><td>7</td><td colspan="3">清洁及整理</td><td></td><td></td><td>5</td><td></td></tr>
<tr><td colspan="2">安全</td><td colspan="5"></td><td>5</td><td></td></tr>
<tr><td colspan="2">5S</td><td colspan="5"></td><td>5</td><td></td></tr>
<tr><td colspan="2">团队协作</td><td colspan="5"></td><td>5</td><td></td></tr>
<tr><td colspan="2">沟通表达</td><td colspan="5"></td><td>5</td><td></td></tr>
<tr><td colspan="2">工单填写</td><td colspan="5"></td><td>5</td><td></td></tr>
</table>

四、拓展学习

前面主要介绍了在汽车上广泛应用的悬挂系统，下面介绍几种应用前景及性能较优越的悬挂系统。

（一）电子空气悬挂系统

1. 空气弹簧

在空气悬挂系统中，空气弹簧代替了普通悬挂系统的螺旋弹簧。它有一个被卡紧在弹黄底部活塞上的合成橡胶塑料膜片，端盖固定在膜片的上部，并且在端盖上有空气弹簧阀（见图7-84）。通过空气弹簧的充气或者放气，保证了恒定的车辆纵倾高度。前空气弹簧安装在控制臂和横梁之间。空气弹簧的下端用卡箍卡紧在控制臂上，而上端安装在横梁的弹簧座上。前减振器和弹簧是分开安装的。

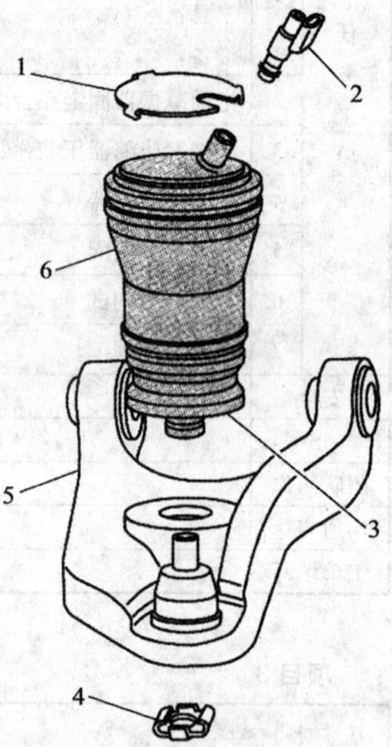

图7-84　空气弹簧

1—横梁弹簧座；2—空气弹簧座；3—活塞；4—弹簧固定卡箍；5—下控制臂；6—合成的橡胶塑料膜片

在有些新式空气悬挂系统中，空气弹簧安装和密封在减振器上（见图7-85）。减振器的下端通过绝缘轴套连接在下控制臂上，而上端通过绝缘轴套连接在底盘上。这种空气悬架前下控制臂和转向节是铝的，而上控制臂是锻钢的。球窝接头安装在上下控制臂的外端。铝质悬挂部件减小了簧下质量，提高了行驶质量。同时，减小了车重也就提高了燃油经济性。上下球窝接头是控制臂总体的一部分，并且它们不能被单独地更换。

通常，节气阀位置传感器（TPS）是一个连接在节气阀柄臂的电压表。当节气阀被打开时，可移动的触点绕着一个环形的变化电阻滑动，从而改变了与节气阀打开量有关的传感器电压信号。节气阀位置传感器把节气阀打开量的信号传递到发动机电子控制IV（EE-CIV）系统的动力传动控制模块（PCM）。在空气悬挂系统中，空气弹簧支撑着底盘质量。

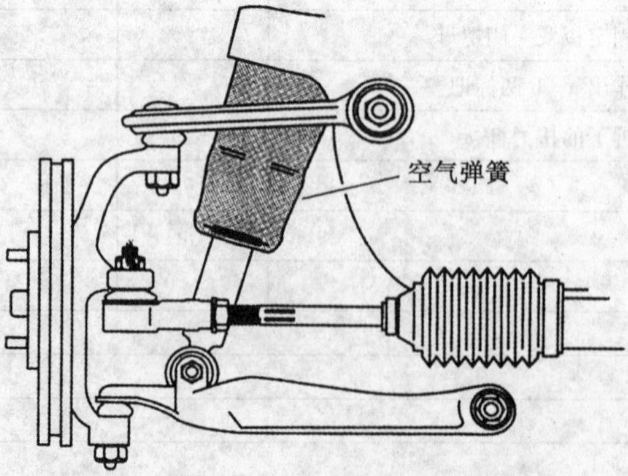

图7-85　安装在减振器上的空气弹簧

另外，一些车辆上的空气弹簧安装在前后减振柱的外面，而且这些减振器安装了使不同减振柱阀打开的电磁调节器，用来控制悬挂的稳定性（见图7-86和图7-87）。这些减振柱调节器与编程式悬挂控制（PRC）系统类似。这种空气悬挂系统的控制悬挂稳定性是不可手动调节的，因此，它被称为自动空气悬挂系统。某些安装了电磁调节器减振柱的车辆，最多可以有4种悬挂模式供司机选择。

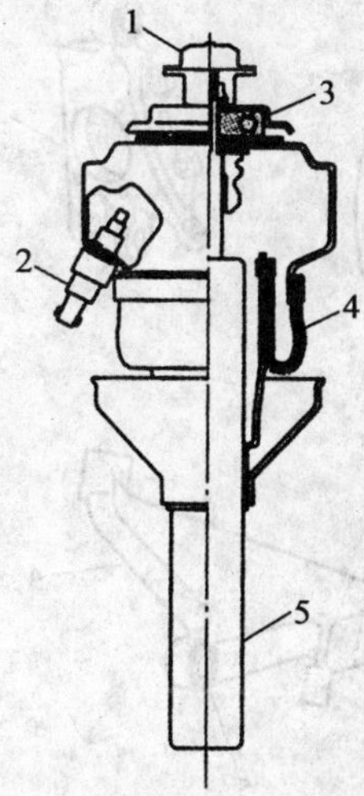

图7-86　前空气弹簧和减振柱总成

1—调节器总成；2—电磁阀和滤清器总成；3—球轴承；4—空气弹簧总成；5—减振柱总成

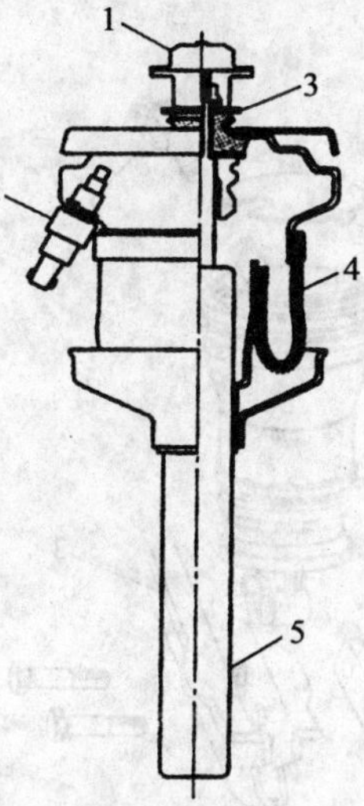

图7-87　后空气弹簧和减振柱总成

1—调节器总成；2—电磁阀和滤清器总成；3—双通道上支架总成；4—空气弹簧总成；5—减振柱总成

① 舒适模式——提供平顺舒适的行驶质量。

② 自动模式——悬挂计算机根据速度、驾驶员习惯和道路状况使得舒适性和操控性尽最大可能地结合。

③ 动态模式——最硬的、最差的、最具运动性的和最动力学的悬挂模式。

④ 安全模式——在比较粗糙的路面、陡峭的道路和深雪情况下使用。这种模式仅用于低速行驶。

当驾驶员选择一个悬挂模式时，悬挂模块确定了减振柱调节器的位置，从而获得了期望的行驶质量。同时，悬挂模块也调整了空气弹簧的压力，从而保证了合适的行程高度。

这种空气悬挂系统大大地减小了车体的摇摆以及转弯和急刹车产生的车体俯仰。空气悬挂系统在高速时降低了行程高度，提高了空气动力效率。

后空气弹簧与前空气弹簧类似，并且支撑也类似。有些后空气弹簧连接在后悬挂臂和车架之间，而减振器和弹簧是分开安装的（见图7-88）。还有一些后空气弹簧安装在后减振器上，而减振器安装在下控制臂和车架之间。有些四轮驱动车辆的新式空气悬挂系统安装了有横轴球窝接头的后转向节。下横轴球窝接头是一个安装在下控制臂的圆环形绝缘轴套，并且用螺栓固定在转向节的下部。上横轴球窝接头是一个安装在转向节上部的圆环形绝缘轴套，并且用螺栓固定在上控制臂上（见图7-89）。该后悬挂系统的上下控制臂是铝制的。一个可调的束角连杆连接在转向节和车架之间，保证了后束角的调整。后轮外倾角通过外倾角调整部件来调整，外倾角调整部件代替了上转向节到控制臂的卡紧螺栓。

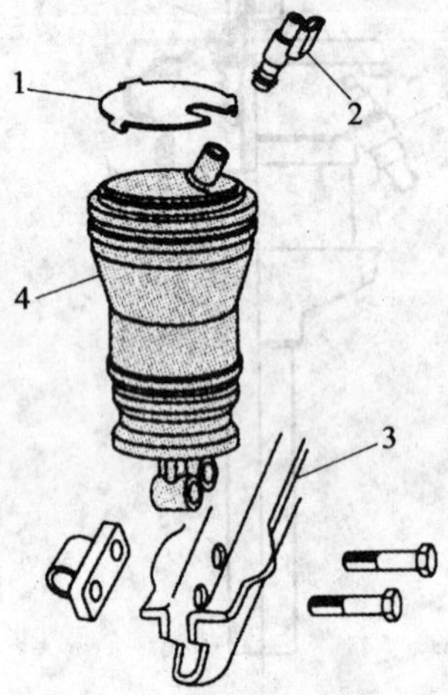

图 7-88　后空气弹簧的支撑

1—车架弹簧座；
2—空气弹簧阀；3—后控制臂；
4—合成橡胶塑料膜片

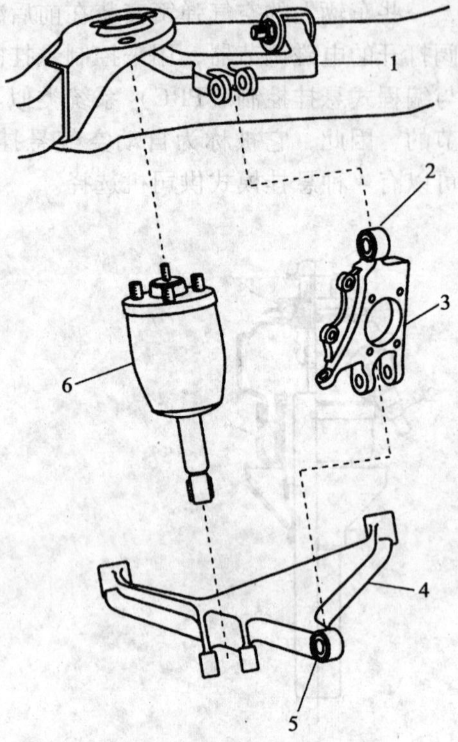

图 7-89　空气悬挂系统

1—上控制臂；2—上横轴球窝接头；
3—转向节；4—下控制臂；
5—下横轴球窝接头；6—空气弹簧和减振器

2. 空气弹簧阀

在每个空气弹簧的上部都安装了一个空气弹簧电磁阀（见图 7-90），正常情况下电磁阀是关闭的。当电磁阀线圈通电时，活塞移动使空气弹簧的气路打开，空气就会进入空气弹簧，或者从空气弹簧中排出。在阀的末端安装了两个 O 形密封圈，用来密封空气弹簧罩，而阀就安装在类似于散热器承压盖的两层转动作用的空气弹簧罩内。

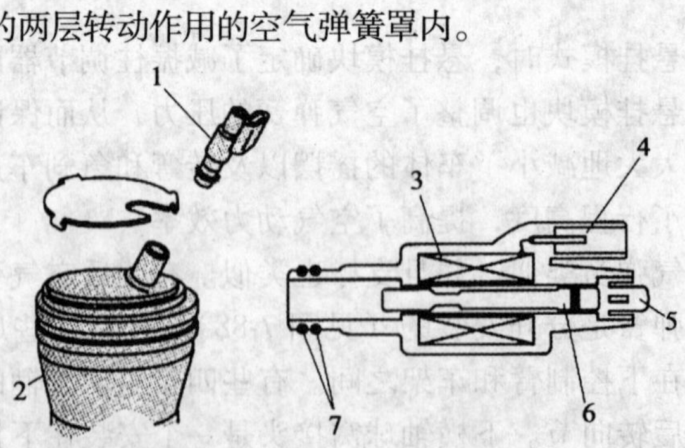

（a）连接图　　（b）空气弹簧阀

图 7-90　空气弹簧和空气弹簧阀

1—空气弹簧阀；2—空气弹簧；3—线圈；4—电插座；5—气道接头；6—阀体；7—O 形密封圈

3. 空气压缩机

空气压缩机的单活塞通过曲轴和连杆带动在缸体内上下运动（见图7-91）。电枢连接在曲轴上，因此，电枢转动就会使活塞上下运动。当压缩机的输入端接上12V电源时，电枢就开始转动了。在缸体的顶部有进气阀和排气阀。压缩机上安装的硅胶干燥器去除了进入系统的空气中的水分。

尼龙空气管连接在压缩机的出气口和空气弹簧阀之间。为了恢复车辆行程高度，当空气压缩机需要把空气压入一个或者更多空气弹簧时，压缩机就开始工作了。

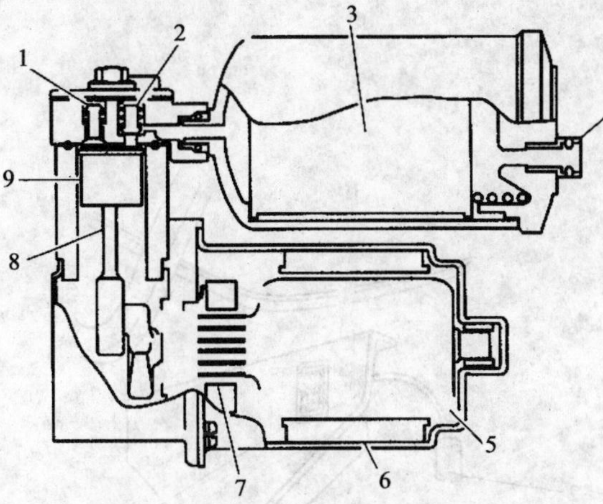

图7-91　空气压缩机

1—进气阀；2—排气阀；3—干燥器；4—气道接头；5—电枢；6—磁铁；7—整流器；8—连杆；9—活塞

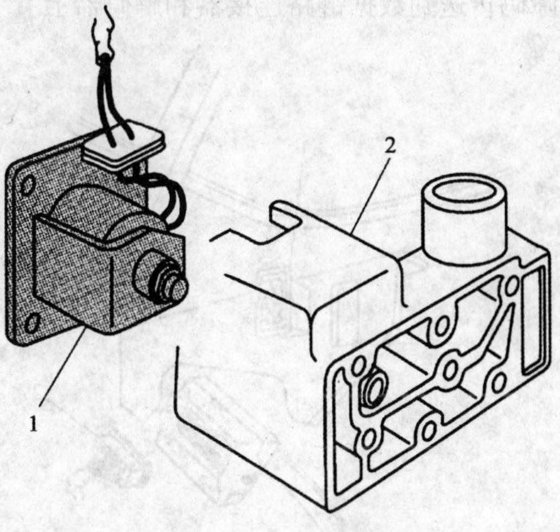

图7-92　放气阀

1—电磁放气阀；2—压缩机顶部

在缸体的顶部有一个放气阀（见图7-92）。这个常闭电磁阀允许空气从系统中排出。当需要从空气弹簧中放出空气时，空气弹簧阀和排气阀就必须通电，而同时切断压缩机的供电。如果车辆控制行程太高，就要进行放气。

4. 压缩机继电器

压缩机继电器使用连接在压缩机输入端的12V电源通电（见图7-93）。如果继电器被断电，继电器触点就会使压缩机回路断开。在有些空气悬挂系统中使用了电子继电器。

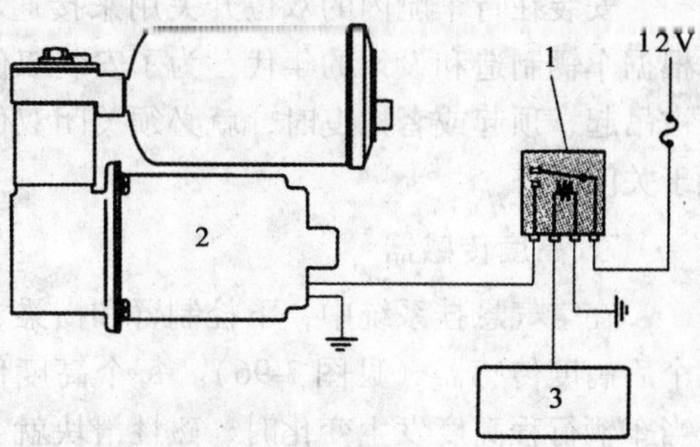

图7-93　压缩机继电器

1—压缩机继电器；2—空气压缩机；3—控制模块

5. 控制模块

控制模块是一个操控压缩机、排气阀以及空气弹簧阀的微处理器，从而保证了车辆的控制行程高度不变。在有些车辆上，控制模块位于行李舱内（见图7-94），而在有些车辆上，控制模块安装在仪表盘的下面、停车制动器的正上方。

当悬挂出现故障时，控制模块就会使车顶板或者仪表盘的悬挂装置指示灯发光，为驾驶员报警。有些车辆的悬挂模块被称为车辆动力学模块（VDM）。在悬挂模块中设计了诊断系统。在许多空气悬挂系统上，悬挂模块通过数据链路内连在车内的其他计算机和仪表盘下的数据链路连接器（DLC）上。连接在数据链路连接器上的解码器用来分析车辆上的空气悬挂和电子系统。数据链路使得数据在车载计算机和数据链路连接器之间传递。例如，车速传感器（VSS）信号通过连接线传输到动力传动控制模块（PCM），从而控制发动机。如果悬挂控制模块需要车速传感器信号，那么动力传动控制模块就会通过数据链路传送车速传感器信号。如果新式空气悬挂系统出现电子故障，那么故障码就会存储在悬挂模块芯片中。当把解码器连接在数据链路连接器上时，通过数据链路，悬挂模块就会把故障码传送到数据链路连接器和解码器上。

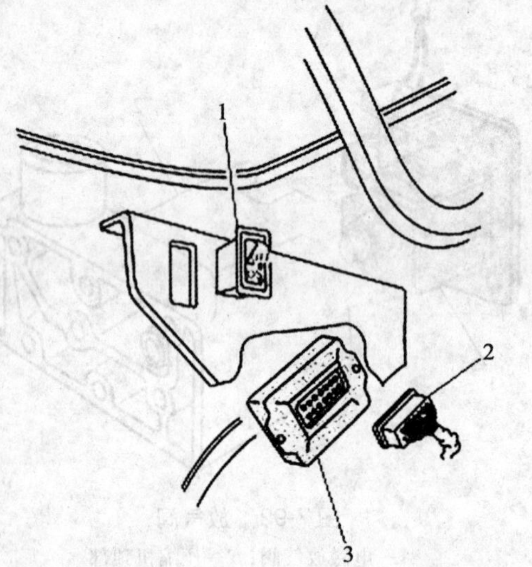

图 7-94　控制模块

1—双位开关；2—电线束；3—控制模块

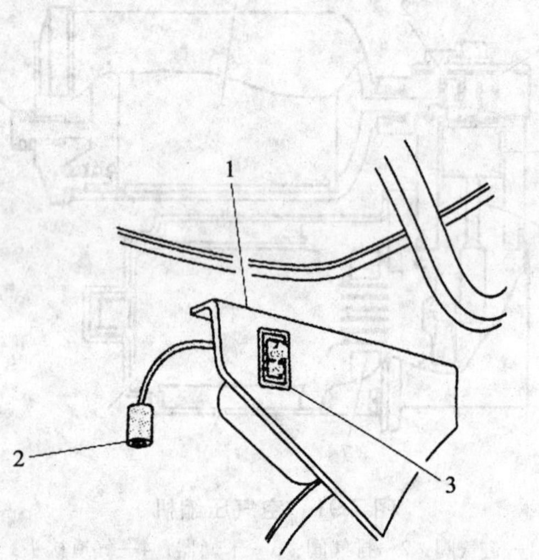

图 7-95　双位开关

1—左行李舱的铰接支撑；2—诊断引线；3—双位开关

6. 双位开关

安装在行李舱内的双位开关用来接通和断开回路到控制模块的 12V 电源（图 7-95）。根据车辆制造和设计的年代，为了安装双位开关就必须拆掉行李舱的一到两块板。在车辆被吊起、顶起或者拖曳时，就必须关闭双位开关。某些空气悬挂维护程序需要双位开关处于关闭状态。

7. 高度传感器

在空气悬挂系统中，下控制臂和横梁之间有 2 个前高度传感器，悬挂和车架之间有 1 个后高度传感器（见图 7-96）。每个高度传感器都有一个安装在传感器上端的磁性滑块。当车辆行程高度发生变化时，磁性滑块就会在传感器下壳内上下运动（见图 7-97）。传感器下壳上有 2 个通过电线束连接在控制模块上的电子继电器。

当车辆在某个控制行程高度时，电子继电器是闭合的，并且控制模块接收控制行程高度的信号。如果磁性滑块向上移动，那么上面的行程继电器就会打开，并且车辆下降的信号就会从高度传感器传送到控制模块。当控制模块收到这个信号时，它就会适度地打开空气弹簧阀和放气阀，空气就会从空气弹簧中放出，从而校正向上控制行程高度的状况。当磁性滑块向下移动，那么上面的行程继电器就会闭合，而下面的行程继电器就会打开，这时，高度传感器就会向控制模块传送车辆上升的信号。当控制模块收到这个信号时，就会将压缩机继电器通电，压缩机开始工作，并且适度地打开空气弹簧阀，使得空气进入空气弹簧，从而校正向下控制行程高度的状况。高度传感器是作为一个部件进行维护的。

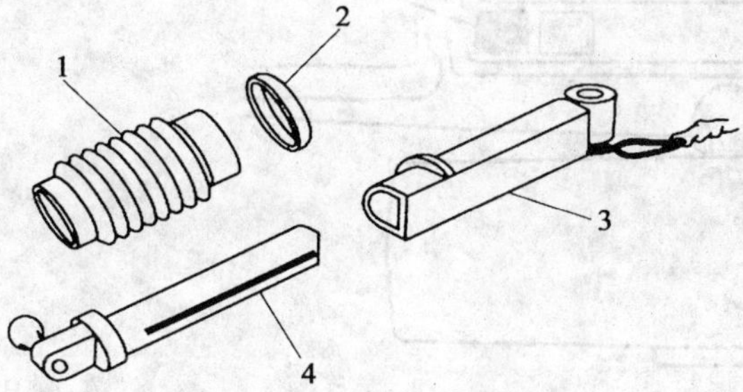

图 7-96　后高度传感器

1—防尘套；2—卡箍；
3—外壳和电子继电器；4—磁性滑块

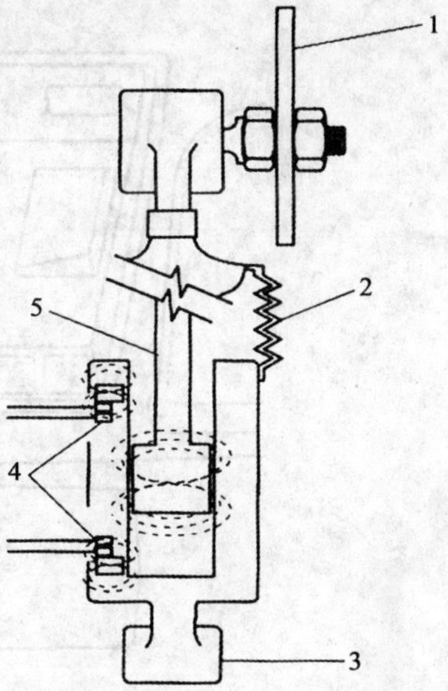

图 7-97　后高度传感器的支撑

1—车架支架；2—防尘套；3—控制臂支架；4—常闭电磁阀；5—磁性滑块

有些空气弹簧系统使用了电子旋转高度传感器。每个旋转高度传感器都有 1 个永磁体电枢和 1 个霍尔元件（见图 7-98）。高度传感器安装在底盘上，一个臂连接在电枢上，并且在传感器臂和悬挂之间连接了一个连杆（见图 7-99）。悬挂系统的运动使得永磁体电枢转动，从而改变了霍尔元件内的电压信号。旋转高度传感器的电压信号与控制行程高度、向上的控制行程高度和向下的控制行程高度都成比例。

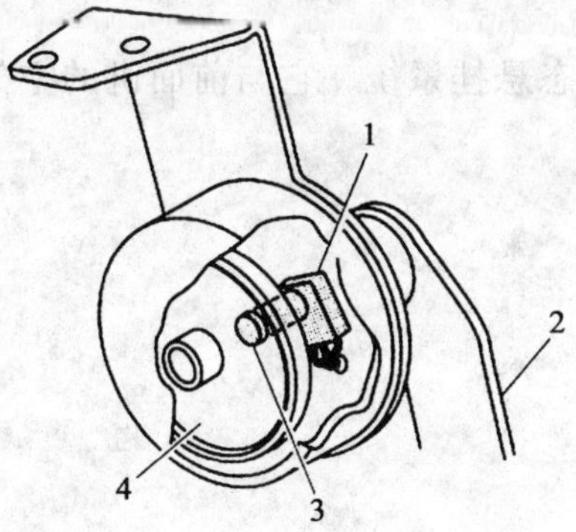

图 7-98　电子旋转高度传感器

1—霍尔元件；2—连杆；3—永磁体；4—电枢

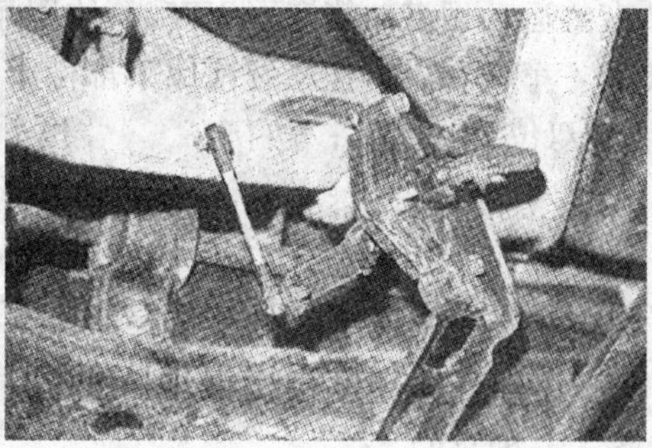

图 7-99　高度传感器的支撑

8. 警示灯

当控制模块监测到一个系统故障时，控制模块就会打开车顶仪表板或者仪表盘上的警示灯，告知驾驶员出现了一个故障（见图 7-100）。如果空气悬挂系统工作正常，那么当打开点火开关时，警示灯会亮 1s。此后，警示灯就会熄灭。警示灯在点火开关的起始位置是不工作的，只有在自我诊断过程和弹簧充气过程中才工作。

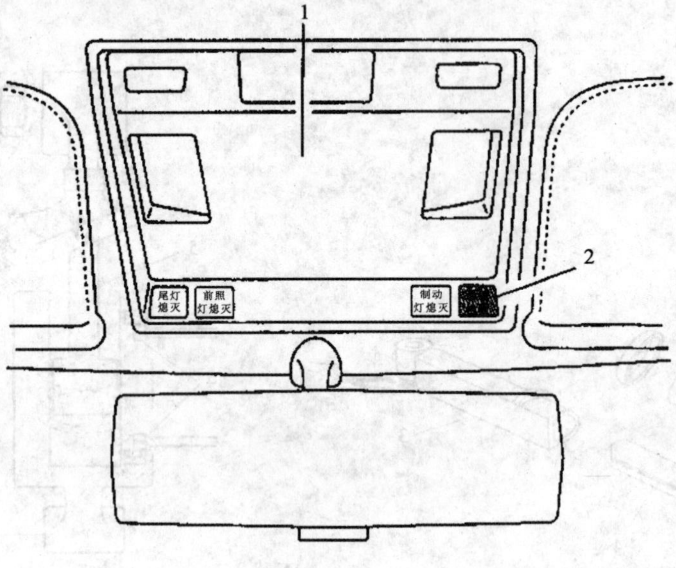

图 7-100　空气悬挂警示灯

1—头顶的仪表板；2—维护指示灯

在有些车辆上，仪表盘信息中心的悬挂检查信息代替了空气悬挂警示灯。如果在空气悬挂系统出现电子故障，那么悬挂模块就显示出“CHECK SUSPENSION”（悬挂检查）信息。如果空气悬挂开关处于关闭状态，那么在信息中心就会显示“AIR SUSPENSION SWITCHED OFF”（空气悬挂关闭）信息。

（二）车辆动态悬挂（VDS）系统

1. 车辆动态悬挂系统的组成

有些运动型多功能车（SUVs）使用了车辆动态悬挂系统，它与前面讲的空气悬挂系统类似。车辆动态悬挂系统由以下部件组成。

① 双位维护开关；

② 2 个前高度传感器；

③ 1 个后高度传感器；

④ 有内部电磁排气阀和空气干燥器的压缩机；

⑤ 控制模块；

⑥ 空气管路；

⑦ 前后混合空气弹簧和减振器；

⑧ 4 个空气弹簧电磁阀；

⑨ 压缩机继电器。

2. 车辆动态悬挂系统的工作模式

当空气弹簧需要增大空气压力时，控制模块使压缩机继电器闭合，压缩机开始工作，空气弹簧的电磁阀适度打开。为了从空气弹簧中排气，控制模块就必须为空气弹簧电磁阀和排气阀通电。车辆动态悬挂系统有以下3种工作模式。

① 当点火开关处于断开状态或者闭锁位置，并且所有的车门、举升门和举升门玻璃都是关闭的，悬挂系统就处于跪模式。在这种模式时，控制模块就会使排气阀和空气弹黄阀打开，并且悬挂高度会慢慢地降低到比规定控制行程高度低25.4mm的位置。这种模式提高了进出车辆的舒适性。

② 当点火开关处于闭合状态，并且开始时就挂了前进挡或者倒挡，所有的车门、举升门和举升门玻璃都是关闭的，悬挂系统就会从跪模式变为纵倾模式。它保证了正常的控制行程高度。如果控制模块监测到车速高于24km/h，车辆动态悬挂系统也会转为纵倾模式。模式之间的转换大约需要30～45s。

③ 在四轮驱动型车辆上，当驾驶员选择了四轮驱动低速模式，并且车速低于40km/h时，悬挂系统就处于越野路面高度模式。在这种模式下，控制模块使压缩机开始工作，并且打开空气弹簧阀，增加空气弹簧的压力，直到悬挂高度上升到比规定控制行程高度高25.4mm的位置。

学习任务8

制动系统结构与拆装

工作情境描述

某辆汽车行驶3万公里，车主反映近期出现制动拖滞现象。车主将车开到4S店，请分析故障原因并排除此故障。

学习目标

- 描述常见汽车制动系统的作用、类型和工作原理。
- 描述制动系统的基本组成和基本要求。
- 能根据维修手册正确地实施汽车制动系的拆装作业，操作过程中严格执行“5S”。
- 向客户解释拆装作业的结果。

一、知识准备

（一）制动系概述

驾驶员能根据道路和交通情况，利用装在汽车上的一系列专门装置，借助于外界（主要是路面）在汽车某些部分（主要是车轮）上施加一定的与汽车行驶方向相反的外力，对汽车进行一定程度的强制制动。这种可控制的对汽车进行制动的外力称为制动力，用于产生制动力的一系列专门装置称为制动系统。

1. 制动系作用

按照需要使汽车减速或在最短距离内停车；下坡行驶时限制车速；使汽车可靠地停在原地，保持不动。

2. 制动系的基本组成

汽车上设置有独立的制动系统，一般由以下四个部分组成。

供能装置：包括供给、调节制动所需能量以及改善传能介质状态的各种部件。如气压制动系中的空气压缩机等。

控制装置：包括产生制动动作和控制制动效果的各种部件，如制动踏板等。

传动装置：将驾驶员或其他动力源的作用力传到制动器，同时控制制动器的工作，从而获得所需的制动力矩。包括将制动能量传输到制动器的各个部件，如制动主缸、制动轮缸等。

制动器：产生阻碍车辆的运动或运动趋势的力的部件。

较为完善的制动系还包括制动力调节装置以及报警装置、压力保护装置等。

3. 制动系的分类

制动系统的分类如图 8-1 所示。

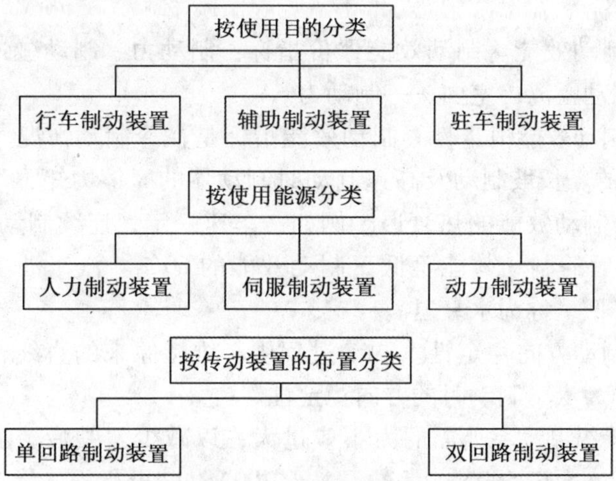

图 8-1 制动系统的分类

4. 制动系的工作原理

行车制动装置由车轮制动器和液压传动机构两部分组成，如图 8-2 所示。

车轮制动器的旋转部分是制动毂 8，它固定于轮毂上，与车轮一起旋转。固定部分是制动蹄 10 和制动底板 11 等。制动蹄上铆有摩擦片，其下端套在支撑销上，上端用复位弹簧拉紧压靠在轮缸 6 内的活塞上。支撑销和轮缸都固定在制动底板上，制动底板用螺钉与转向节凸缘（前桥）或桥壳凸缘（后桥）固定在一起。制动蹄靠液压轮缸使其张开。

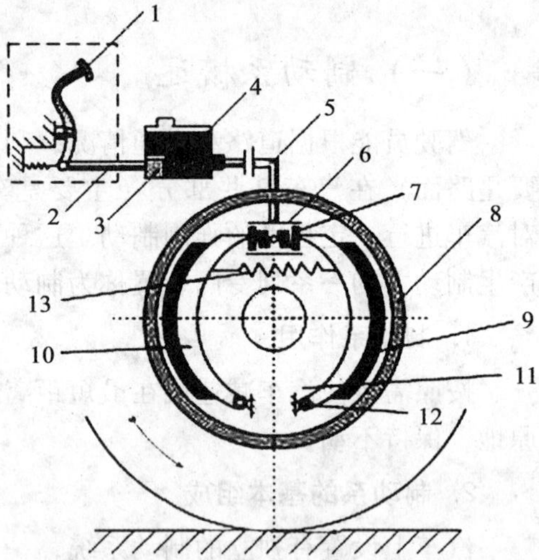

图 8-2　汽车制动系行车制动原理图

1—制动踏板；2—推杆；3—主缸活塞；4—制动主缸；5—油管；6—制动轮缸；7—轮缸活塞；8—制动毂；9—摩擦片；10—制动蹄；11—制动底板；12—支撑销；13—制动蹄回位弹簧

不制动时，制动毂的内圆柱面与摩擦片之间保留一定间隙，制动毂可以随车轮一起旋转。

制动时，驾驶员踩下制动踏板，推杆便推动制动主缸内的活塞 7 前移，迫使制动液经管路进入轮缸，推动轮缸的活塞向外移动，使制动蹄克服复位弹簧的拉力绕支撑销转动而张开，消除制动蹄与制动毂之间的间隙后压紧在制动毂上。此时，不旋转的制动蹄摩擦片对旋转的制动毂就产生一个摩擦矩，其方向与车轮的旋转方向相反。制动毂将此力矩传到车轮后，由于车轮与路面的附着作用，车轮即对路面施加一个向前的周缘力，与此相反，路面会给车轮一个向后的反作用力，这个力就是车轮受到的制动力。各车轮制动力的总和就是汽车受到的总的制动力。

放松制动踏板，在复位弹簧的作用下，制动蹄与制动毂的间隙又得以恢复，从而解除制动。

5. 制动系的要求

① 具有良好的制动效能。制动效能评价指标：制动力、制动减速度、制动距离和制动时间。路试——制动距离；室内——制动力。

② 具有良好的制动效能恒定性。制动效能指标是在冷制动情况（即制动器工作温度 100℃以下）下得出的。长坡制动及高速制动时制动器的摩擦力矩显著下降，汽车的制动效能显著降低，称为制动效能的热衰退。例如：车速一定，连续制动 15 次，每次制动的减速度为 3m/s^2，最后的制动效能不低于制动效能的 60%。汽车涉水后，制动器被水浸湿，制动效能也会降低，称为水衰退。

③ 具有良好的制动方向稳定性。制动过程中，维持原来的直线行驶的能力及按预定弯道行驶的能力，称为汽车制动时的方向稳定性。

④ 操纵轻便。操纵制动系所需的力不应过大，以减少驾驶疲劳程度，人力液压制动系最大踏板力：轿车不大于 500N，货车不大于 700N；踏板行程：货车不大于 150mm，轿车不大于 120mm。

⑤ 具有良好的制动平顺性。制动力矩能迅速而平稳地增加，亦能迅速而彻底地解除。

⑥ 对挂车的制动系还要求挂车的制动作用略早于主车；挂车自行脱挂时能自动进行应急制动。

（二）盘式车轮制动器

旋转元件固装在车轮或半轴上，将制动力矩直接分别作用于两侧车轮上的制动器称为车轮制动器。根据摩擦副中旋转元件的结构形式不同，汽车上所用的车轮制动器可分为鼓式和盘式两种。它们的区别在于前者的摩擦副中旋转元件为制动毂，其工作表面为圆柱面；后者的旋转元件为圆盘状的制动盘，以端面为工作表面。

1. 盘式车轮制动器的结构

盘式制动器的结构如图 8-3 所示，旋转元件是制动盘 1，它和车轮固装在一起旋转，以其端面为摩擦工作表面。其固定的摩擦元件是：制动块 3、导向支销和轮缸及活塞 2，它们均被安装于制动盘两侧的钳体 5 上，总称为制动钳。制动钳用螺栓与转向节或桥壳上的凸缘固装，并用调整垫片来调整钳与盘之间的相对位置。

2. 盘式制动器类型

盘式制动器根据其固定元件的结构形式可分为钳盘式制动器和全盘式制动器。

钳盘式制动器的固定元件为制动钳，制动钳中的制动块由工作面积不大的摩擦块与其金属背板组成，每个制动器中有 2 ~ 4 块。钳盘式制动器按制动钳固定在支架上的结构形式可分为浮钳盘式和定钳盘式，如图 8-4 和图 8-3 所示。

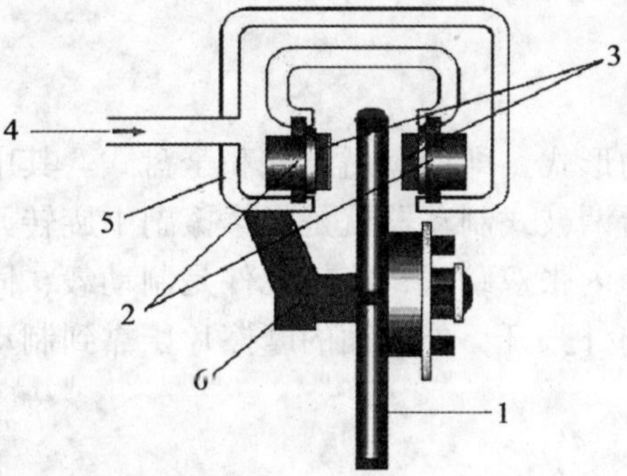

图 8-3　盘式制动器基本结构

1—制动盘；2—制动活塞；3—制动块；4—进油孔；5—制动钳体；6—车桥

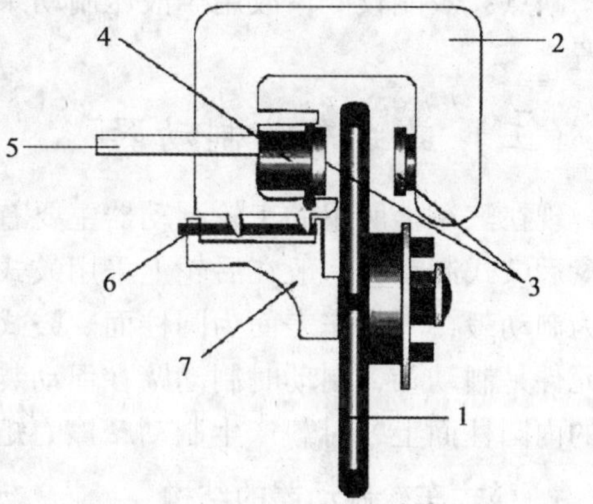

图 8-4　浮钳盘式制动器

1—制动盘；2—浮动钳；3—制动块；4—制动活塞；5—进油孔；6—导向销；7—车轿

全盘式制动器的固定元件的金属背板和摩擦片都做成圆盘形，因而其制动盘的全部工作面可同时与摩擦片接触。全盘式制动器由于制动钳的横向尺寸较大，主要应用在重型车上。

3. 盘式车轮制动器的工作原理

如图 8-3 所示，制动时，油液被压入内、外两轮缸中，经液压作用的活塞朝制动盘方向移动，推动制动块紧压制动盘，产生摩擦力矩而制动。在此过程中，轮缸槽内的矩形橡胶密封圈的刃边在摩擦力的作用下产生微量的弹性变形，如图 8-5（a）所示。

放松制动时，液压系统压力消除，密封圈恢复到其初始位置，活塞和制动块依靠密封圈的弹力和弹簧的弹力回位，如图 8-5（b）所示。由于矩形密封圈刃边的变形量很微小，在不制动时，摩擦片与盘之间的间隙每边只有 0.1mm 左右，足以保证解除制动。

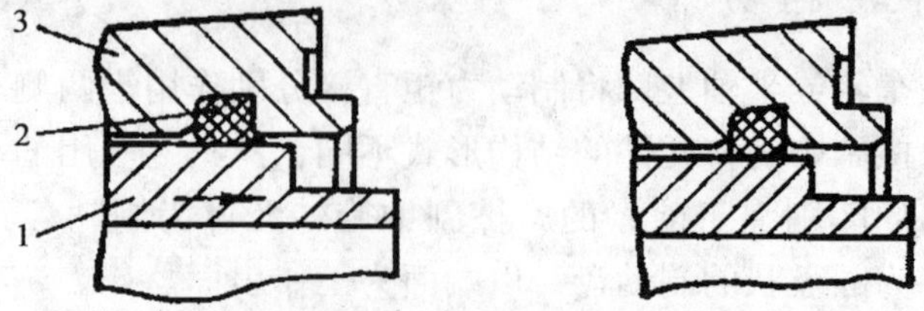

（a）制动时　（b）解除制动时

图 8-5　活塞密封圈的工作情况

1—活塞；2—矩形橡胶密封圈；3—轮缸

4. 盘式制动器的特点

盘式制动器与鼓式制动器相比，有以下优点。

① 一般无摩擦助势作用，因而制动力与行驶方向无关；

② 浸水后效能降低较少，而且只须经一两次制动即可恢复正常；

③ 在输出制动力矩相同的情况下，尺寸和质量一般较小；

④ 较容易实现间隙自动调整；

⑤ 散热良好、热稳定性好。

缺点：效能较低，故用于液压制动系统时所需制动促动管路压力较高，一般要用伺服装置。

（三）鼓式车轮制动器

现在汽车上所用的车轮制动器主要有两种不同的形式，即前盘后鼓式和全盘式。其中前盘后鼓式制动器一般在后轮上采用鼓式制动器，所谓鼓式制动器就是指摩擦副中旋转元件为制动毂，其工作表面为圆柱面。鼓式制动器多为内张双蹄式，旋转元件是制动毂，固定元件是制动蹄，制动时制动蹄在促动装置作用下向外张开，外表面的摩擦片压靠到制动毂的内圆柱面上，对毂产生制动摩擦力矩。

1. 鼓式车轮制动器的结构

简单的鼓式车轮制动器由旋转部分、固定部分、促动装置和定位调整机构组成。

（1）旋转部分

旋转部分多为制动毂。制动毂通常为浇铸件，对于受力小的制动毂也可用钢板冲压而成，如图 8-6 所示。

（2）固定部分

固定部分是制动底板和制动蹄。制动底板固装在车桥的凸缘盘上，通过支撑销与制动蹄相连。制动蹄常用钢板冲压后焊接而成或由铸铁或轻合金浇铸，采用 T 形截面，以增大刚度，摩擦片采用粘接或铆接的方式固定于制动蹄上，如图 8-6 所示。

（3）促动装置

促动装置的作用是对制动蹄加力使其向外张开。常用的促动装置有制动凸轮和制动轮缸，如图 8-7 所示。

(4) 定位调整装置

定位调整装置的作用是保持和调整制动蹄和制动毂间正确的相对位置。

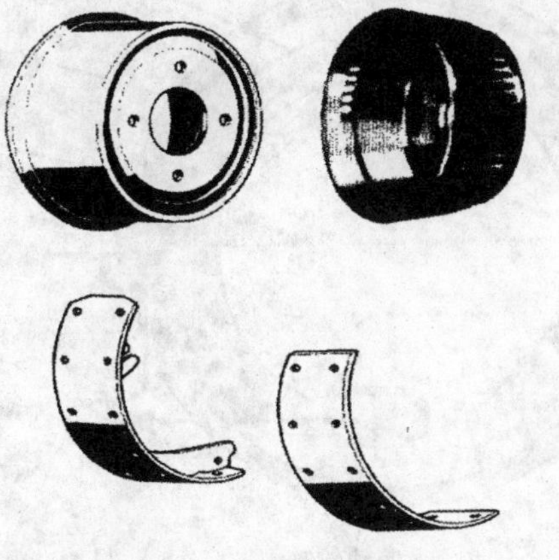

图 8-6　制动毂、制动蹄的外形

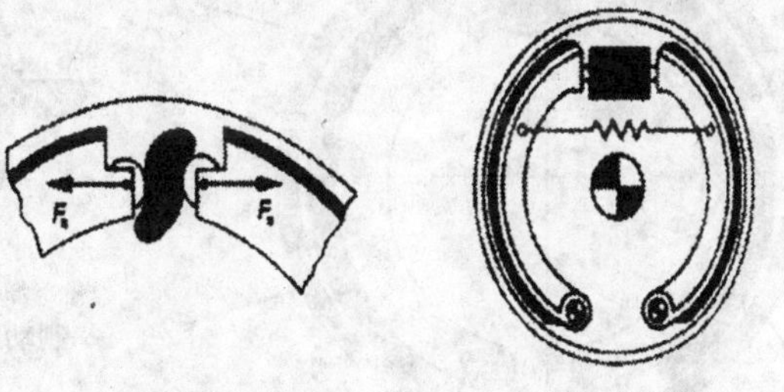

(a) 制动凸轮　(b) 制动轮缸

图 8-7　制动蹄的促动装置

2. 鼓式制动器的工作原理

汽车行驶中不需要制动时，制动踏板处于自由状态，制动主缸无制动液输出，制动蹄在复位弹簧的作用下压靠在轮缸活塞上，制动毂的内圆柱面与摩擦片之间保留一定间隙，制动毂可以随车轮一起旋转。

制动时，驾驶员踩下制动踏板，推杆便推动制动主缸内的活塞前移，迫使制动液经管路进入轮缸，推动轮缸的活塞向外移动，使制动蹄克服复位弹簧的拉力绕支撑销转动而张开，消除制动蹄与制动毂之间的间隙后压紧在制动毂上。此时，不旋转的制动蹄摩擦片对旋转的制动毂就产生一个摩擦矩，其方向与车轮的旋转方向相反。

放松制动踏板，在复位弹簧的作用下，制动蹄与制动毂的间隙又得以恢复，从而解除制动。

3. 制动蹄的增势和减势

两个制动蹄各有一个支点，一个蹄在轮缸促动力作用下张开时的旋转方向与制动毂的旋转方向一致，称为“领蹄”；另一个蹄张开时的旋转方向与制动毂的旋转方向相反，称为“从蹄”。在摩擦力的作用下，领蹄和毂之间的正压力较大，制动作用较强。在摩擦力的作用下，从蹄和鼓之间的正压力较小，制动作用较弱。

4. 鼓式车轮制动器类型

鼓式车轮制动器按其制动蹄促动装置的形式可分为轮缸式车轮制动器和凸轮式车轮制动器。根据制动时两制动蹄对制动毂作用的径向作用力之间的关系，鼓式制动器可分为简单非平衡式、平衡式和自增力式。

(1) 非平衡式制动器

制动毂受来自两制动蹄的法向力不能互相平衡的制动器称为非平衡式制动器。

非平衡式车轮制动器的工作过程如图 8-8 所示，其结构特点是：两制动蹄的支撑点都位于蹄的下端，而促动机构的作用点在蹄的上端，共用一个轮缸张开，且轮缸活塞直径是相等的；其性能特点是：汽车前进或倒车制动时，各有一个“领蹄” 和一个“从蹄”。领、从蹄对制动毂的法向作用力不相等，而这个不平衡的法向作用力只能由车轮的轮毂轴承来承担。

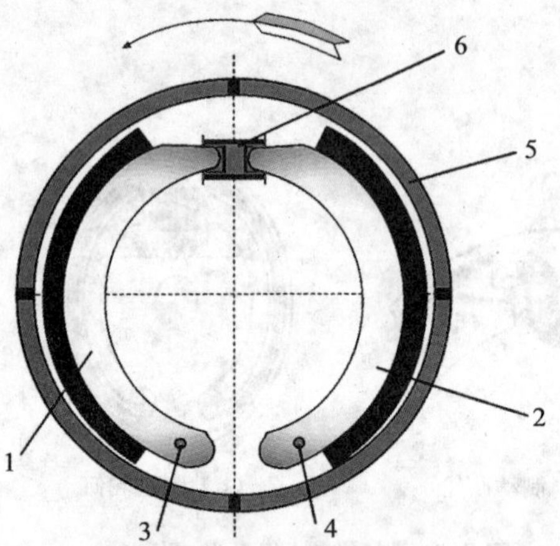

图 8-8　非平衡式制动器

1—领蹄；2—从蹄；3，4—支点；
5—制动毂；6—制动轮缸

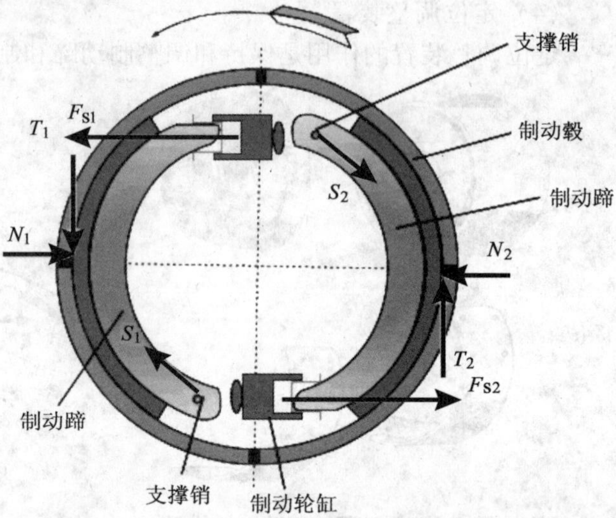

图 8-9　单向助势平衡式车轮制动器受力分析示意图

（2）平衡式制动器

制动毂受来自两蹄的法向力互相平衡的制动器称为平衡式制动器。

① 单向平衡式制动器。单向平衡式制动器的结构如图 8-9 所示，其结构特点是：两制动蹄各用一个单向活塞制动轮缸，且前后制动蹄与其轮缸、调整凸轮零件在制动底板上的布置是中心对称的，两轮缸用油管连接；其性能特点是：前进制动时两蹄均为“领蹄”，有较强的增力，倒车制动时两蹄均为“从蹄”，制动力较小。

② 双向平衡式制动器。双向平衡式制动器的结构如图 8-10 所示，其结构特点是：制动蹄、制动轮缸、复位弹簧均成对地对称布置，两制动蹄的两端采用浮式支撑，且支点在周向位置浮动，用复位弹簧拉紧；其性能特点是：汽车前进或倒车中制动时，两个制动蹄均为“领蹄”，均有较强的增力，制动效果好，蹄片磨损均匀。

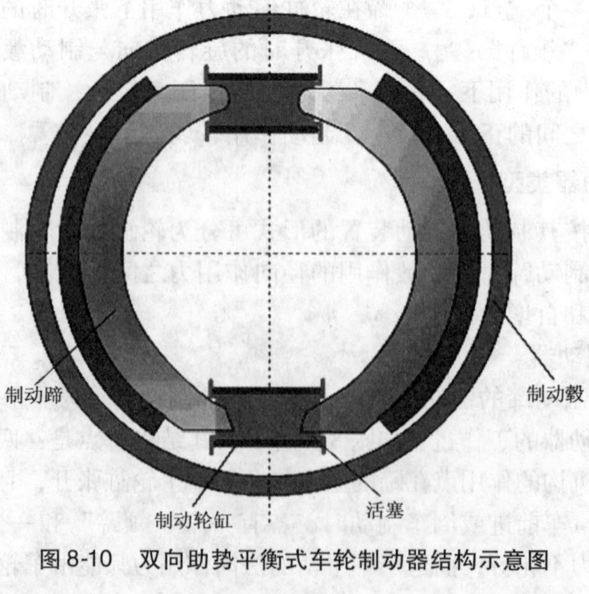

图 8-10　双向助势平衡式车轮制动器结构示意图

（3）自增力式制动器

① 单向自增力式制动器。单向自增力式制动器的结构如图 8-11 所示。制动蹄 1 和制动蹄 6 的下端分别浮支在浮动的顶杆两端。制动器只在上方有一个支撑销 4。不制动时，两蹄上端均靠各自的复位弹簧拉靠在支撑销上。

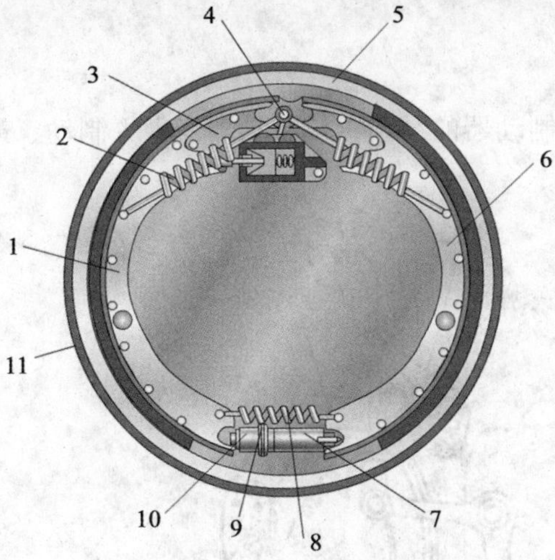

图 8-11　单向自增力式制动器示意图

1—第一制动蹄；2—制动蹄回位弹簧；3—夹板；4—支撑销；5—制动毂；6—第二制动蹄；7—可调顶杆体；8—拉紧弹簧；9—调整螺钉；10—顶杆套；11—制动轮

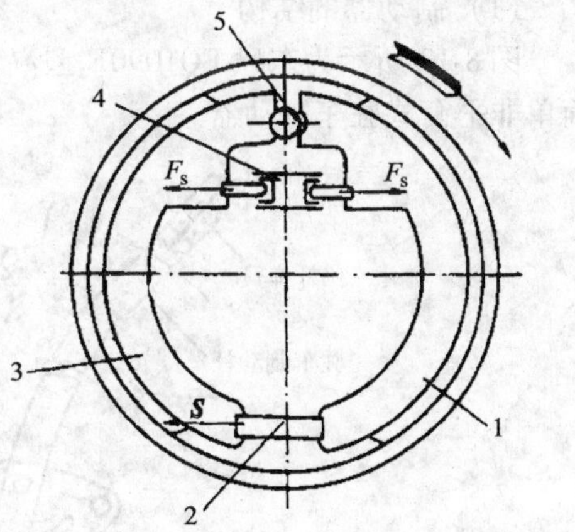

图 8-12　双向自增力式制动器示意图

1—前制动蹄；2—顶杆；3—后制动蹄；4—轮缸；5—支撑销

单向自增力式制动器的工作过程是：汽车前进制动时，单活塞式轮缸只将促动力 F_{S1} 加于第一制动蹄，使其上端离开支撑销，整个制动蹄绕顶杆左端支撑点旋转，并压靠在制动毂上。显然，第一制动蹄是“领蹄”，并且在促动力 F_{S1}、法向合力 N_1、切向（摩擦）合力 T_1 和沿顶杆轴线方向的 S_1 作用下处于平衡状态。由于顶杆是浮动的，自然成为第二制动蹄的促动装置，而将与力 S_1 大小相等、方向相反的促动力 F_{S2} 施于第二制动蹄的下端，故第二制动蹄也是“领蹄”。

② 双向自增力式制动器。双向自增力式制动器的结构如图 8-12 所示。前进制动时，两制动蹄在促动力 F_S 的作用下张开压力制动毂，此时两蹄的上端均离开支撑销，沿图中箭头方向旋转的制动毂对两蹄产生摩擦力矩，带动两蹄沿旋转方向转过一个不大的角度，直到后蹄又顶靠到支撑销上为止。此时，前蹄为“领蹄”，但其支撑为浮动的推杆。制动毂作用在前蹄的摩擦力和法向力的一部分对推杆形成一个推力 S，推杆又将此推力完全传到后蹄的下端。后蹄在推力 S 的作用下也形成为“领蹄”，并在轮缸液压促动力 F_S 的共同作用下进一步压紧制动毂。推力 S 比促动力 F_S 大得多，从而使后蹄产生的制动力矩比前蹄更大。

倒车制动时，作用过程与此相反，与前进制动时具有同等的自增力作用。

（四）驻车制动器

驻车制动器的功能包括：车辆停驶后防止滑溜；坡道上顺利起步；行车制动效能失效后临时使用或配合行车制动器进行紧急制动。

驻车制动器按其安装位置可分为中央制动式和车轮制动式两种。中央制动式通常安装在变速器的后面，其制动力矩作用在传动轴上；车轮制动式通常与车轮制动器共用一个制动器总成，只是传动机构是相互独立的。

驻车制动器按其结构形式可分为鼓式、盘式、带式和弹簧作用式。

1. 东风 EQ1090E 型汽车驻车制动器

（1）制动器的结构

图 8-13 所示为东风 EQ1090E 型汽车驻车制动器的结构，该制动器为中央制动、鼓式、简单非平衡式驻车制动器。

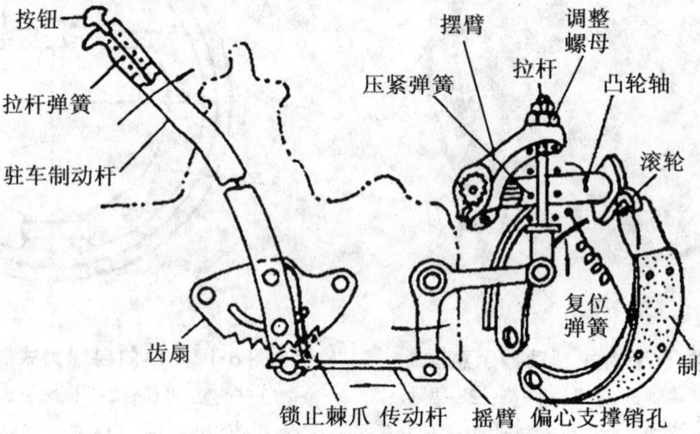

图 8-13　东风 EQ1090E 型汽车驻车制动器

制动毂通过螺栓与变速器输出轴的凸缘盘紧固在一起，制动底板固定在变速器输出轴轴承盖上，两制动蹄通过偏心支撑销支撑在制动底板上，其上端装有滚轮，在回位弹簧的作用下滚轮紧靠在凸轮的两侧，凸轮轴支撑在制动底板的上部，轴外端与摆臂连接，摆臂的另一端与穿过压紧弹簧的拉杆相连，拉杆再通过摇臂、传动杆与驻车制动杆相连。驻车制动杆上连有棘爪，驻车制动器工作时，棘爪嵌入齿扇上的棘齿内，起锁止作用。解除制动时，需按下驻车制动杆上的按钮使棘爪脱离棘齿才能扳动驻车制动杆。

（2）制动器的工作情况

制动时，将驻车制动杆上端向后拉动，则制动杆的下端向前摆动，传动杆带动摇臂顺时针转动，拉杆则带动摆臂顺时针转动，凸轮轴亦顺时针转动，凸轮则使两制动蹄以支撑销为支点向外张开，压靠到制动毂上，产生制动作用。当制动杆拉到制动位置时，棘爪嵌入齿扇上的棘齿内，起锁止作用。

解除制动时，向后拉动驻车操纵手柄的同时按下驻车制动杆上的按钮，使棘爪脱离棘齿，然后向前推动制动杆，则传动杆、拉杆、凸轮轴按逆时针方向转动，制动蹄在回位弹簧的作用下回位，制动蹄与制动毂间恢复制动间隙，制动解除。

2. 东风雪铁龙新爱丽舍轿车驻车制动装置

该制动装置由驻车制动器和操纵机构组成，是驻车制动器和车轮制动器的组合，如图 8-14 所示。驻车制动杠杆上端通过平头销与前制动蹄相连，中上部卡入驻车制动推杆左端的切槽中作为支点，下端与钢丝拉线相连。前后制动蹄的腹板卡在驻车制动推杆两端的切槽中，并用一根复位弹簧相连。操纵机构包括传动机构和锁止机构，传动机构由驻车制动操纵杆、调整拉杆及制动拉绳等组成。锁止机构由按钮、弹簧、限位块、棘爪压杆、棘爪及扇形齿等组成。

图 8-14 一汽奥迪 100 型轿车后轮制动器

1—制动调节装置；2—活塞回位弹簧；3—制动底板；4—摩擦片；5—限位弹簧及销钉；6—制动蹄腹板；7—驻车制动拉线；8—制动蹄回位弹簧；9—限位板；10—支撑板；11—驻车制动杠杆；12—驻车制动杠杆复位弹簧；13—驻车制动推杆；14—平头销；15—前制动蹄

（1）制动装置的工作情况

① 进行驻车制动时，驾驶员拉起驻车制动操纵杆后，操纵力便通过调整拉杆、拉绳传到车轮制动器内的驻车制动杠杆下端，使之绕上端支点逆时针转动，制动杠杆转动过程中，其中间支点推动驻车制动推杆右移，使后制动蹄压向制动毂。后制动蹄压向制动毂后，推杆停止运动，则驻车制动杠杆的中间支点变成其继续转动的新支点，驻车制动杠杆的上端左移使前制动蹄压靠到制动毂上，施以驻车制动。此时，驻车制动操纵杆上的棘爪与扇形齿啮合，驻车制动操纵杆处于锁止状态。

② 解除制动时，须先将驻车制动操纵杆向后扳动少许，再压下驻车制动操纵杆端头的按钮，通过棘爪压杆使棘爪与齿板脱开，然后将驻车制动操纵杆推到释放位置后松开按钮。与此同时，制动蹄在复位弹簧作用下回位。

（2）制动装置的拆卸

① 拆卸制动装置的操纵机构时，先松开驻车制动操纵杆，将车辆举起并支撑稳妥。拧松调整拉杆上调整螺母，消除来自驻车制动拉绳的拉力。

② 拆下平衡杠杆及前端拉绳。

③ 卸下车轮和制动毂，将拉绳从驻车制动杠杆上取下。

3. 东风 EQ1141G 汽车驻车制动器

图 8-15 所示为东风 EQ1141G 汽车驻车制动器的结构简图。该制动器为强力弹簧驻车制动器。

（1）制动器的结构

强力弹簧驻车制动器是一个双功能综合体。后制动气室和驻车制动气室借隔板隔开，推杆外端通过连接叉与制动器的制动臂相连，其球面则支靠在和大活塞连为一体的推杆座中。预压的强力弹簧6力图使小活塞保持在其气室的右端，因而通过推杆将后制动气室的大活塞回位弹簧压缩，使制动器产生制动作用。

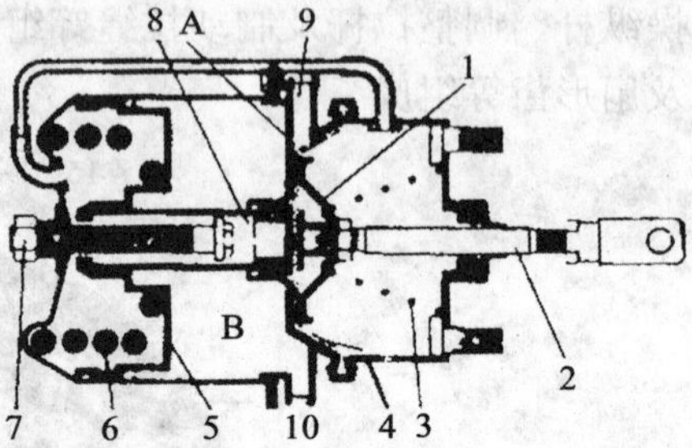

图8-15　东风EQ1141G汽车驻车制动器的结构简图

1—小活塞；2—推杆；3—锥弹簧；4—膜片；5—大活塞；6—弹簧；7—螺栓；8—推盘；9—接行车制动阀；10—接驻车制动阀；A—后制动气室；B—驻车制动气室

拧出螺栓7可使推杆2回到左端位置而放松制动。

后制动气室A由行车制动控制阀控制；驻车制动气室B由驻车制动操纵阀控制。

（2）工作情况

图8-16所示为强力弹簧驻车制动器的工作原理图。

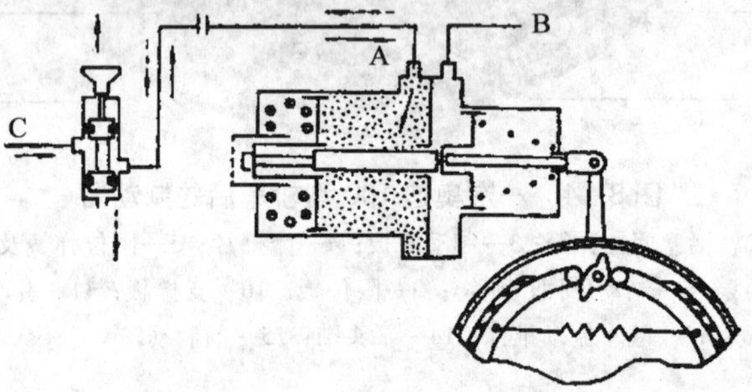

图8-16　强力弹簧驻车制动器工作原理（不制动位置）

A—通驻车制动操纵阀；B—通行车制动控制阀；C—通储气筒

① 单独进行驻车制动时：汽车停驶后将驻车制动操纵阀拉出，驻车制动气室右侧的压缩空气便被操纵阀从下端气孔放出，此时A孔和B孔与大气相通，强力弹簧伸张，其作用力依次经大活塞、螺栓7和推盘8将后制动气室的小活塞推到制动位置，并完全压缩锥形回位弹簧3。

② 正常行驶，不制动时：在汽车起步之前，应将驻车制动操纵阀推回到不制动位置，使压缩空气自储气筒经A口充入驻车制动气室右侧，压缩强力弹簧，将驻车制动大活塞推到左端不制动位置。同时，后制动气室小活塞也在其回位弹簧的作用下回到不制动的位置，汽车方可正常行驶。

③ 单独进行行车制动时：行车中踩下行车制动踏板，压缩空气便经行车制动阀自B孔充入后制动气室而制动。

④ 无压缩空气时：若汽车的气源或气路发生故障，不能对驻车制动气室充气，则弹簧将处于伸张状态，使汽车保持制动。此时，若需要开动或拖动汽车，必须将驻车制动气室中的螺栓旋出，卸除弹簧对推盘的推力，使后制动气室的小活塞在回位弹簧的作用下退回到不制动的位置，解除制动。

（3）制动器的拆卸

拆卸强力弹簧驻车制动器时，应结合后制动气室的拆卸进行。图8-17所示为后制动气室的分解图；图 8-18 所示为驻车制动气室的分解图。

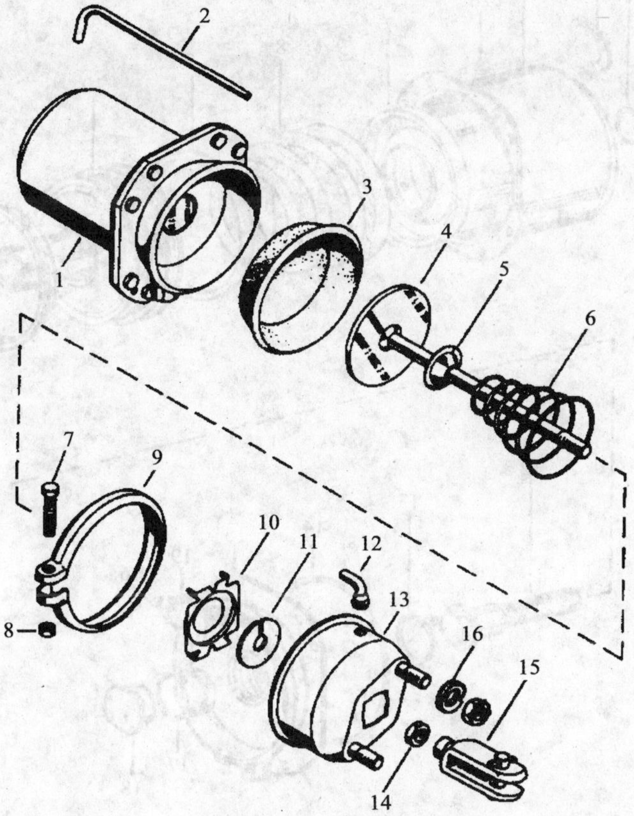

图 8-17　东风 EQ1141G 汽车后制动气室分解图

1—驻车制动腔；2—连通管；3—膜片；4—小活塞总成；5—弹簧座；6—锥弹簧；7—螺栓；8，14，17—螺母；9—锁箍；10—衬垫；11—垫圈；12—橡胶管接头；13—端盖；15—连杆叉；16—弹簧垫圈

拆卸步骤如下。

① 将总成置于平台上，在接口处装一个带有充气管的接头，将大约 600kPa 的压缩空气充入后制动气室，然后将连通管从橡皮管接头中拔出。

② 在充气状态下，松开卡箍上的六角螺母和螺栓，将卡箍取下。

③ 将后制动气室从驻车制动气室中取出。

④ 旋出推盘，取出 O 形密封圈。

⑤ 用一个 $\phi 5$ 的销钉将三角槽销从六角螺栓上铳出，取下止推环和 O 形密封圈。向驻车制动气室充入大约 600kPa 的压缩空气，用内六角套筒扳手从大活塞总成的导筒内旋出六角头螺栓，除去气源。

⑥ 将一长六角螺栓由活塞总成的导筒内旋入，再用内六角套筒扳手将螺栓旋至使强力弹簧压缩 15 ~ 20mm。

⑦ 用扳手松开六角螺母 20 和螺栓 19。

⑧ 用内六角套筒扳手将长六角螺栓从大活塞总成的导向筒管内旋出。从大活塞总成上取下 Y 形密封圈和导向环，再从缸体总成内取出弹簧和保护套。

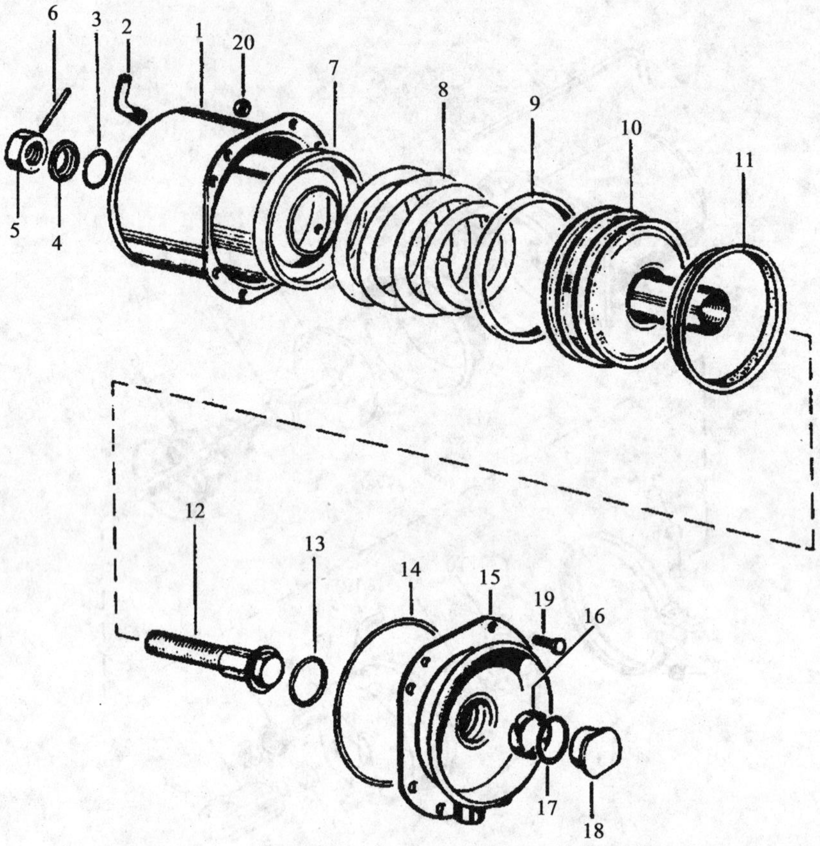

图 8-18 东风 EQ1141G 汽车驻车制动气室分解图

1—缸体总成；2—橡胶管接头；3，13，14，17—O 形密封圈；4—止推环；5—六角头螺母；6—三角槽销；7—保护套；8—弹簧；9，16—导向环；10—大活塞总成；11—Y 形密封圈；12—六角头螺栓；15—凸缘；18—推盘；19—螺栓；20—六角螺母

⑨ 从凸缘孔内取出 O 形密封圈、导向环等。

（五）制动传动装置

制动传动装置的作用是将驾驶员或其他动力源的作用传到制动器，同时控制制动器的工作，从而获得所需要的制动力矩。

制动传动装置按传力介质的不同可分为液压式、气压式和气-液综合式；按制动管路的套数可分为单管路和双管路制动传动装置。按照交通法规的要求，现代汽车的行车制动系须采用双管路制动传动装置，因而单管路制动传动装置已被淘汰。

1. 液压式制动传动装置

液压制动传动装置利用制动油液，将制动踏板力转换为油液的压力，通过管路传至车轮制动器，再将油液压力转变为制动蹄张开的机械推力。

（1）液压式制动传动装置的基本组成

如图 8-19 所示，液压式制动传动装置由制动踏板、推杆、制动主缸、储油罐、制动轮缸、油管、制动开关、指示灯、比例阀等组成。

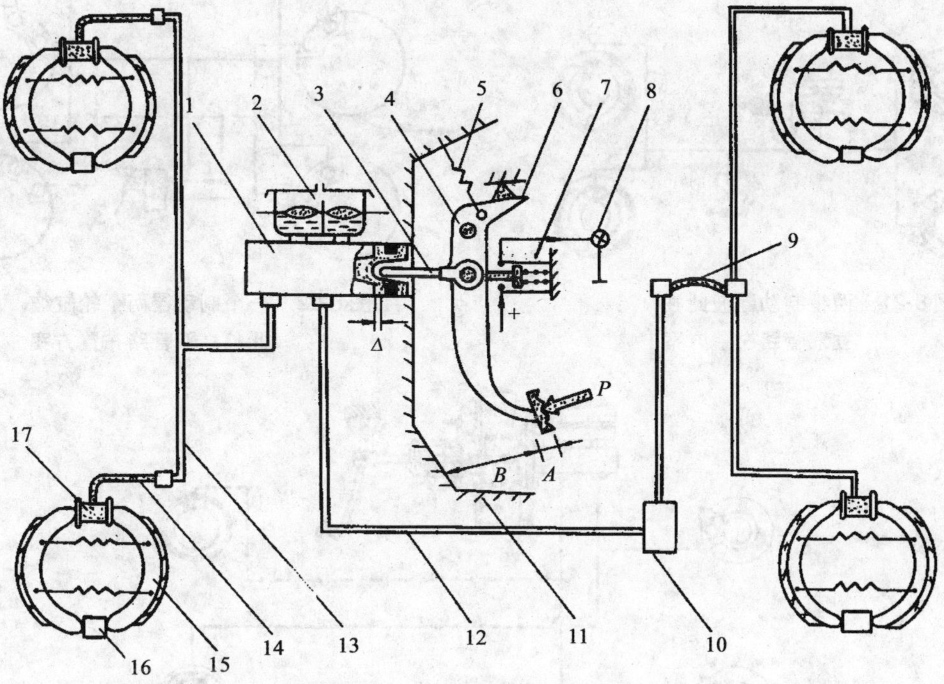

图 8-19　液压式制动传动装置组成

1—制动主缸；2—储油罐；3—推杆；4—支撑销；5—复位弹簧；6—制动踏板；7—制动灯开关；8—指示灯；9—软管；10—比例阀；11—地板；12—后桥油管；13—前桥油管；14—软管；15—制动蹄；16—支撑座；17—轮缸；Δ—自由间隙；A—自由行程；B—有效行程

（2）液压式制动传动装置的工作原理

如图 8-20 所示，液压制动传动装置以帕斯卡定律为基础，在传力过程中对驾驶员的踏板力进行了增大变换，使传递到制动轮缸及制动蹄上的制动力大于踏板力，以达到操纵轻便的目的。

（3）液压式制动传动装置的类型

目前广泛采用双管路液压制动传动装置，它是利用彼此独立的双腔制动主缸，通过两套独立管路，分别控制两桥或三桥的车轮制动器。其特点是若其中一套管路发生故障而失效时，另一套管路仍能继续起制动作用，从而提高了汽车制动的可靠性和行车的安全性。

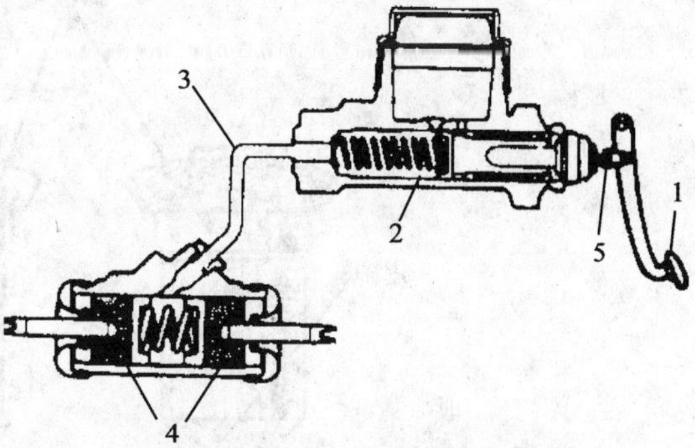

图 8-20　踏板力的增大及变换

1—踏板；2—主缸活塞；3—制动管路及制动液；4—轮缸活塞；5—制动蹄推杆

双管路的布置方案在各型汽车上各有不同，可归纳为以下几种。

① 两桥制动器彼此独立，如图 8-21 所示；

② 一个制动器两个轮缸彼此独立，如图 8-22 所示；

③ 前后轮制动器对角彼此独立，如图 8-23 所示。

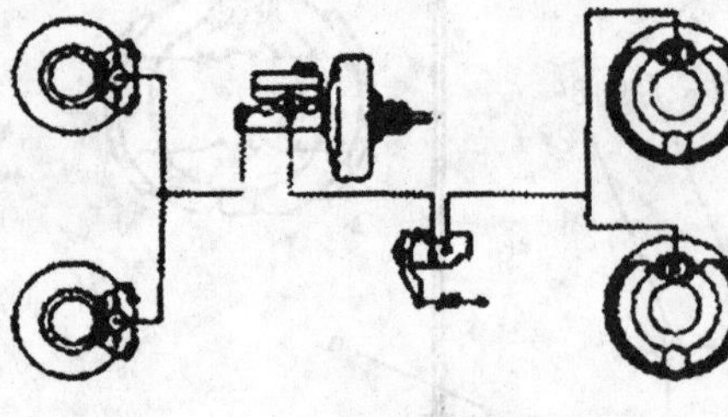

图 8-21　两桥制动器彼此独立双管路布置方案

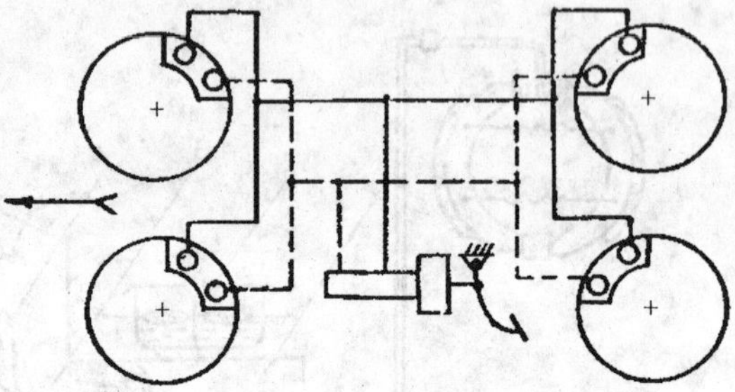

图 8-22　一个制动器两个轮缸彼此独立双管路布置方案

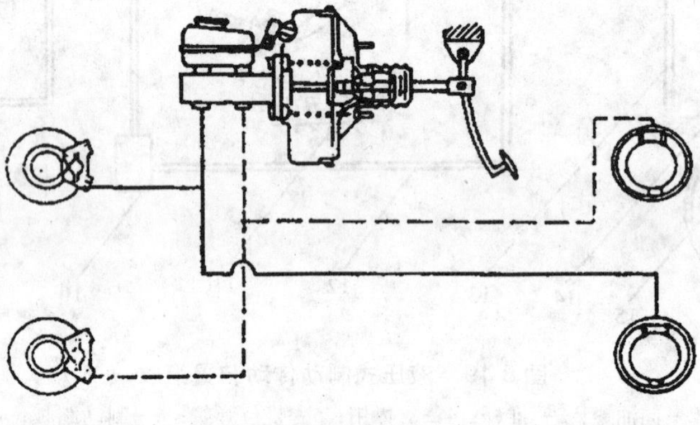

图 8-23　前后轮制动器对角彼此独立双管路布置方案

（4）液压式制动传动装置主要部件的结构

① 制动主缸。制动主缸的作用是将踏板输入的机械力转换成液压力。串联双腔制动主缸主要由储液罐、制动主缸外壳、前活塞、后活塞及前后活塞弹簧、推杆、皮碗等组成。

制动主缸的组成。如图 8-24 所示，主缸的壳体内装有前活塞、后活塞及回位弹簧，

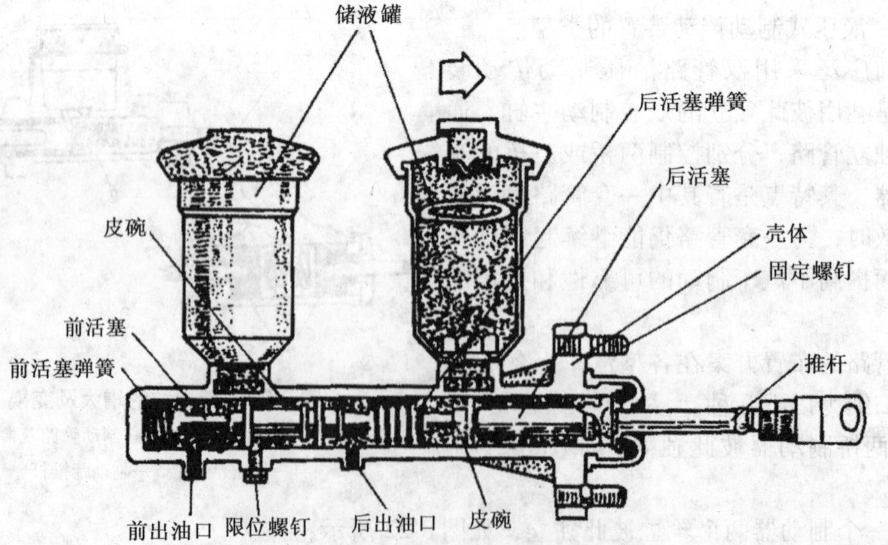

图 8-24　串联双腔制动主缸结构示意图

前后活塞分别用皮碗密封，前活塞用限位螺钉保证其正确位置。储油罐分别与主缸的前、后腔相通，前出油口、后出油口分别与轮缸相通，前活塞靠后活塞的液力推动，而后活塞直接由推杆推动。

工作情况分以下 5 种。

第一种，不制动时，两活塞前部皮碗均不遮盖旁通孔，制动液由储油罐进入主缸的内孔，如图 8-25 所示。

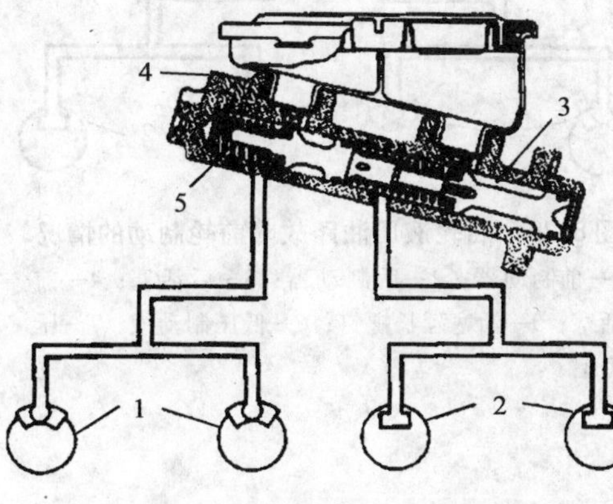

图 8-25　不制动时双活塞的位置

1—前制动器；2—后制动器；3—后活塞；4—主缸；5—前活塞

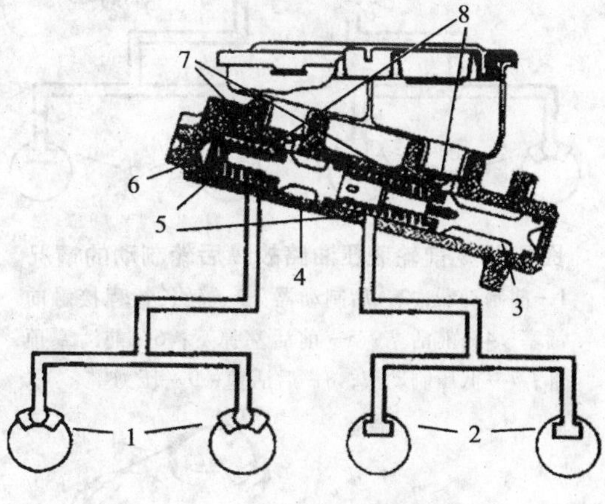

图 8-26　制动时双活塞的位置

1—前制动器；2—后制动器；3—后活塞；4—前活塞；5—压力室；6—主缸；7—前皮碗；8—旁通孔

第二种，正常状态下制动时，操纵制动踏板，经推杆推动后活塞左移，在皮碗遮盖住旁通孔之后，后工作腔油液压力升高，油液一方面经出油阀流入制动管路，另一方面推动前活塞左移。在后腔液压和弹簧弹力的作用下，前活塞向左移动，前腔油液压力也随之升高，油液推开出油阀流入管路，于是，两制动管路在等压下对汽车制动，如图 8-26 所示。

第三种，解除制动时，抬起制动踏板，活塞在弹簧作用下复位，高压油液自制动管路流回制动主缸。如活塞复位过快，工作腔容积迅速增大，而制动管路中的油液由于管路阻力的影响，来不及充分流回工作腔，使工作腔内油压快速下降，便形成一定的真空度，于是储油罐中的油液便经补偿孔和活塞上的轴向小孔推开垫片及皮碗进入工作腔。当活塞完全复位时，旁通孔开放，制动管路中流回工作腔的多余油液经补偿孔流回储油罐。

第四种，若与前腔连接的制动管路损坏漏油，则在踩下制动踏板时只有后腔中能建立液压，前腔中无压力。此时，在压力差的作用下，前活塞迅速移到其前端顶到主缸缸体上。此后，后工作腔中液压方能升高到制动所需的值，如图 8-27 所示。

第五种，若与后腔连接的制动管路损坏漏油，则在踩下制动踏板时，开始只是后活塞前移，而不能推动前活塞，因而后腔工作油液不能建立。但在后活塞直接顶触前活塞时，前活塞便前移，使前腔建立必要的工作油压而制动，如图 8-28 所示。

制动主缸的拆解。图 8-29 所示为串联式双腔制动主缸的分解图。拆解制动主缸的步骤如下。

第一步，放出制动液；

第二步，拆下制动开关等附件；

第三步，将主缸夹在台钳上，用螺丝刀顶住后活塞，拆下弹簧挡圈，然后慢慢放松螺丝刀，依次取出后活塞、皮碗及后活塞弹簧；

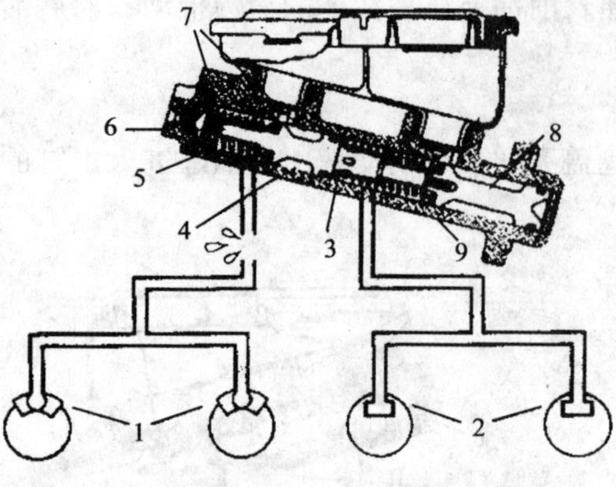

图 8-27　前轮液压油路故障后轮制动的情况

1—前制动器；2—后制动器；3—延长行程接触前活塞；4—前活塞；5—前活塞弹簧；6—前活塞顶部；7—低压制动液；8—后活塞；9—压力室

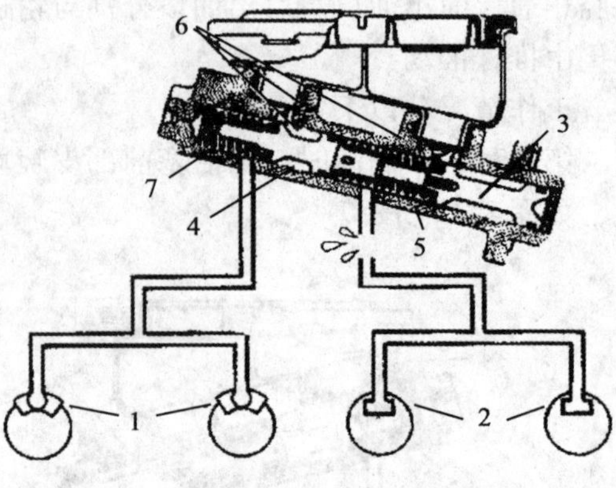

图 8-28　后轮液压油路故障前轮制动的情况

1—前制动器；2—后制动器；3—后活塞；4—前活塞；5—活塞延长螺钉；6—低压制动液；7—压力室

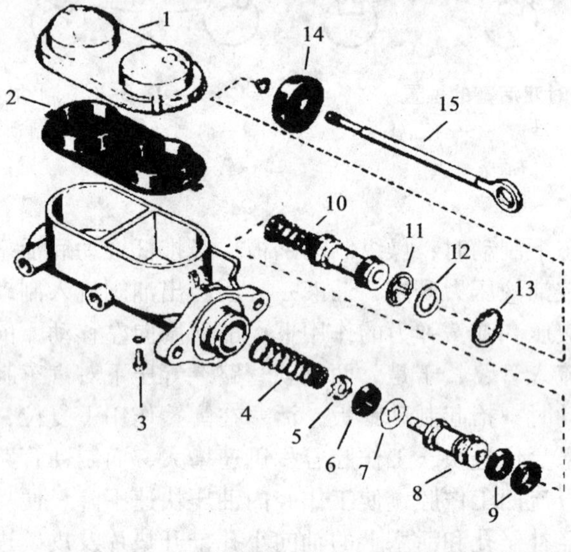

图 8-29　串联式双腔制动主缸的分解图

1—储液罐盖；2—膜片；3—活塞定位螺钉；4—弹簧；5—皮碗护圈；6，9—前皮碗；7—皮碗保护垫圈；8—前活塞；10—后活塞；11—推杆座；12—垫圈；13—锁圈；14—防尘套；15—推杆

第四步，旋下限位螺钉，用压缩空气吹出前活塞后，依次取出皮碗及弹簧；

第五步，用清洗液将解体后的制动主缸内孔及活塞等零件清洗干净。

制动主缸的装配。在制动主缸泵体内孔和活塞、密封圈及皮碗上涂上制动油液，使前腔活塞的回位弹簧小端朝向活塞，各皮碗的刃口方向向前，将前活塞装入制动主缸的内孔，并旋入限位螺钉。装入后活塞组件时，注意皮碗的刃口方向，最后装上止推垫圈、挡圈和防尘罩。

在将主缸安装到车上之前，要除去检修安装后主缸内部的空气，避免主缸内的空气进入车上的制动管路里。

② 制动轮缸。制动轮缸的作用是将制动主缸传来的液压力转变为使制动蹄张开的机械推力。

制动轮缸的组成和结构。如图 8-30 所示，制动轮缸主要由缸体、活塞、皮碗、弹簧和放气螺钉组成。

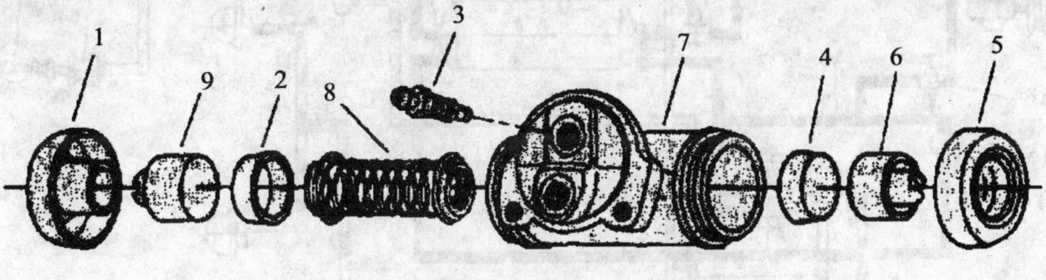

图 8-30　双活塞制动轮缸的分解图

1，5—防尘罩；2，4—皮碗；3—放气螺钉；6，9—活塞；7—轮缸体；8—回位弹簧总成

制动轮缸的缸体通常用螺钉固装在制动底板上，位于两制动蹄之间。内装铝合金活塞，密封皮碗的刃口方向朝内，并由弹簧压靠在活塞上与其同步运动。活塞外端压有顶块并与蹄的上端相抵紧。在缸体的另一端装有防护罩，可防止尘土及泥土的侵入。缸体上方装有放气螺塞，以便放出液压系统中的空气。

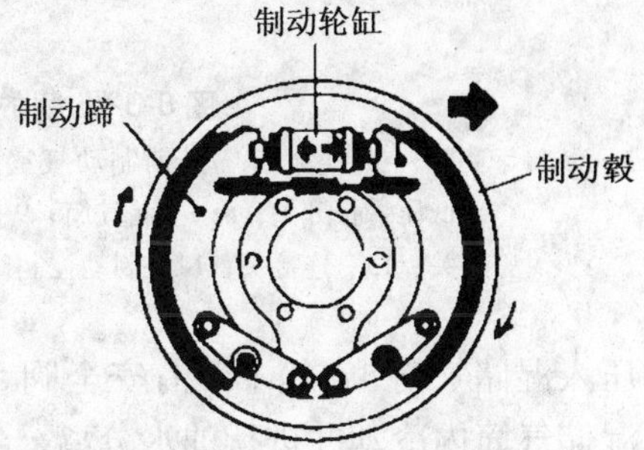

图 8-31　制动轮缸工作情况

制动轮缸的类型。常见的轮缸类型有：双活塞式、单活塞式、阶梯式等。

制动轮缸的工作情况。如图 8-31 所示，制动轮缸受到液压作用后，顶出活塞，使制动蹄扩张。松开制动踏板，液压力消失，靠制动蹄回位弹簧的力使活塞回位。

制动轮缸的拆装。从轮缸体上的固定槽中拉下轮缸防尘套，拆下活塞。然后从缸筒中拆下橡胶皮碗和弹簧。

重新安装轮缸元件时，先用干净的制动液润滑密封件和所有内部元件。将轮缸的放气螺钉拧入轮缸上，安装回位弹簧总成，将活塞放进缸筒内，安装好防尘套。

2. 气压式制动传动装置

气压式制动传动装置是利用压缩空气做动力源的动力制动装置。制动时，驾驶员通过控制制动踏板的行程控制制动气压的大小，得到不同的制动强度。其特点是：制动操纵省力、制动强度大、踏板行程小；需要消耗发动机的动力；制动粗暴而且结构比较复杂。因此，一般在重型和部分中型车上采用。

（1）气压制动传动装置的组成和管路布置

气压制动传动装置的组成与布置形式因车型而异，但总的工作原理相同。管路的布置形式也分为单管路和双管路两种。

图 8-32 所示为解放 CA1092 型汽车双管路制动系示意图。它由气源和控制装置两部分组成。气源部分包括空气压缩机、调压装置、双针气压表、储气筒、低压报警开关和安全阀等。控制装置包括制动踏板、制动控制阀等。

气压传动装置的工作情况是：发动机驱动的活塞式空气压缩机 1 将压缩空气经单向阀

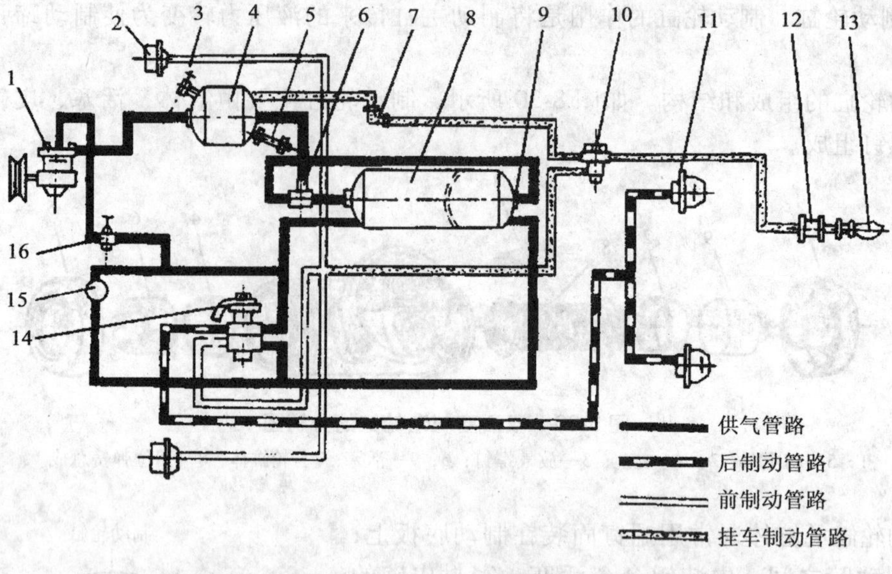

图 8-32　解放 CA1092 型汽车双管路制动系示意图

1—空气压缩机；2—前制动气室；3—放气阀；4—湿储气筒；5—安全阀；6—三通管；7—低压警报开关；8—主储气筒；9—单向阀；10—挂车制动阀；11—后制动气室；12—分离开关；13—连接头；14—制动控制阀；15—气压表；16—低压调节器

压入湿储气筒 4，筒上装有安全阀 5 和供其他系统使用的压缩空气放气阀 3。压缩空气在湿储气筒内冷却并进行油水分离，然后进入主储气筒 8 的前、后腔。主储气筒的前腔与制动控制阀 14 的上腔相连，以控制后轮制动，同时通过三通管与气压表 15 及气压调节器 16 相连；主储气筒后腔与制动控制阀 14 的下腔相连，以控制前轮制动，并通过三通管与气压表相连。气压表为双指针式，分别指示前、后储气筒的气压。

当驾驶员踩下制动踏板时，拉杆带动制动控制阀拉臂摆动，使阀 14 工作。储气筒前腔的压缩空气经阀 14 的上腔进入后制动气室 11，使后轮制动；同时储气筒后腔的压缩空气经阀 14 的下腔进入前制动气室 2，使前轮制动。当放松制动踏板时，制动控制阀使各制动气室通大气，以解除制动。

（2）气压式制动传动装置主要零部件

① 空气压缩机。空气压缩机的作用是产生压缩空气，是整个制动系统的动力源。按其缸数可分为单缸与双缸两种。

空气压缩机的结构。如图 8-33 所示，空气压缩机主要由缸体、曲轴箱、曲轴、活塞、连杆、汽缸盖总成、空气滤清器等组成。

汽缸体由铸铁制成，下端用螺栓与曲轴箱连接，缸筒外圆铸有散热片。汽缸盖用螺栓紧固于缸体的上端面，其间装有密封垫。缸盖上的进、排气室分别装有进、排气阀，排气阀经管路与储气筒相通，进气阀经进气道与小空气滤清器相通，其上方装有卸荷装置。

压缩机的曲轴用两盘球轴承支撑于曲轴箱前、后座孔内，前端与驱动皮带盘相连，由发动机的曲轴皮带盘通过三角带驱动。

空气压缩机的工作情况。如图 8-34 所示，当活塞自上止点下行时，吸开进气阀，外界空气即经空气滤清器、进气道、进气阀被吸入汽缸。活塞上行时，进气阀在弹簧的作用下关闭，缸内空气即被压缩，压力升高。当压力升高到足以克服排气阀弹簧的张力与排气

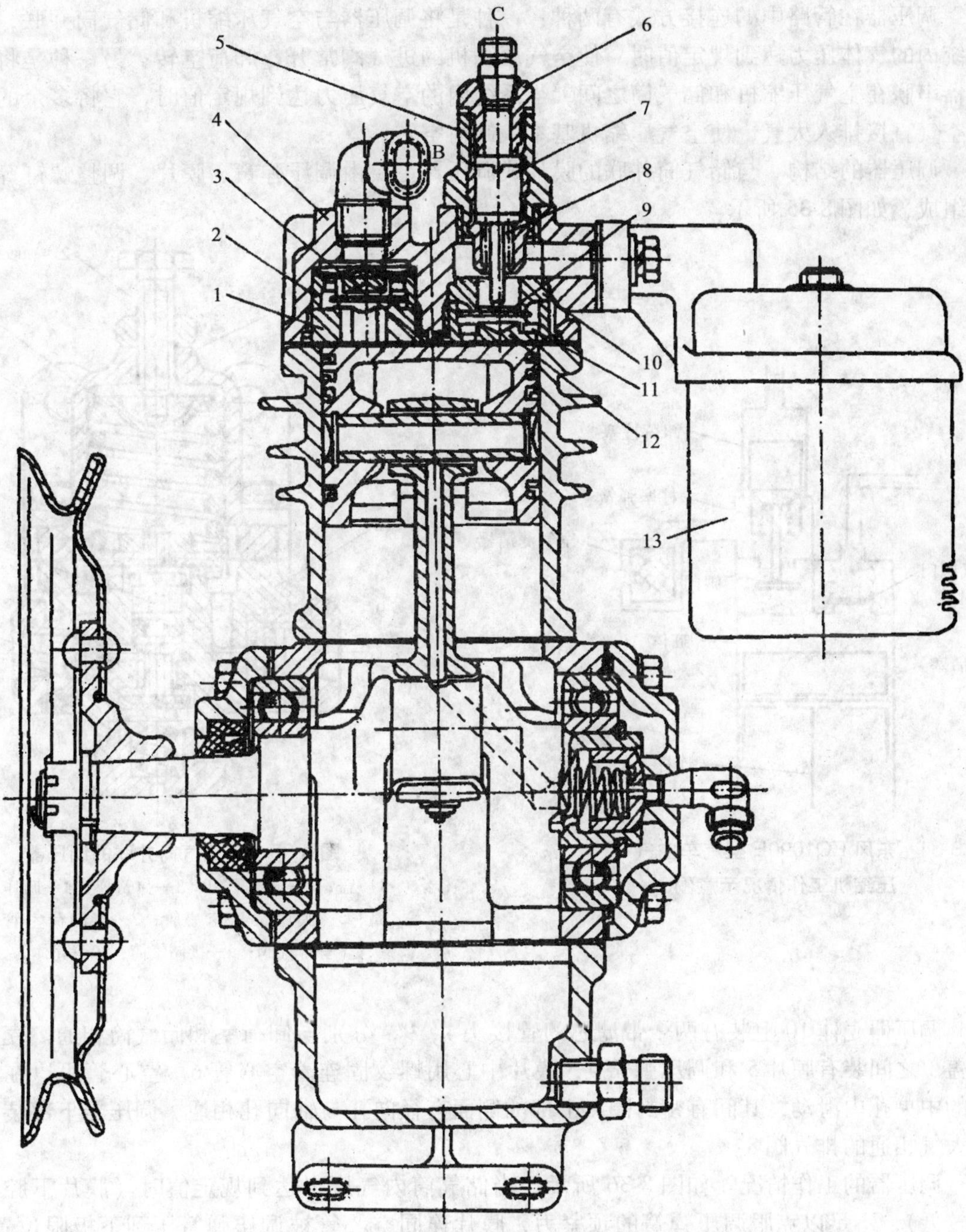

图 8-33　东风 EQ1090E 型汽车空气压缩机

1—出气阀座；2—出气阀门导向座；3—出气阀门；4—汽缸盖；5—卸荷装置壳体；6—定位塞；7—卸荷柱塞；8—柱塞弹簧；9—进气阀门；10—进气阀座；11—进气阀弹簧；12—进气阀门导向座；13—进气滤清器；A—进气口（图中未示出）；B—排气口；C—调压阀控制压力输入口

室内压缩空气的压力之和时，排气阀便开启，压缩空气经排气室和气管送至储气筒。

② 调压器。调压器的作用是使储气筒气压保持在规定的气压范围内，并在超过规定气压后实现空气压缩机的卸荷空转，以减小发动机的功率消耗。

调压器在管路中的连接方式有两种：一种是将调压器与空气压缩机和储气筒并联，当系统内的气体压力达到规定值时，使空气压缩机的进气阀常开，卸荷空转；另一种是将调压器串联在空气压缩机和储气筒之间，当系统内的空气压力达到规定值时，它将多余的压缩空气直接排入大气，使空气压缩机基本上卸荷空转。

调压器的结构。与储气筒并联的膜片式调压器主要由调压弹簧、膜片、调整螺钉等零件组成，如图 8-35 所示。

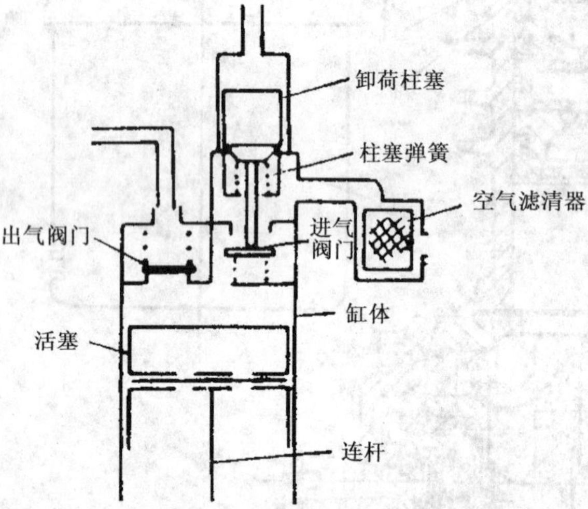

图 8-34　东风 EQ1090E 型汽车空气压缩机工作情况示意图

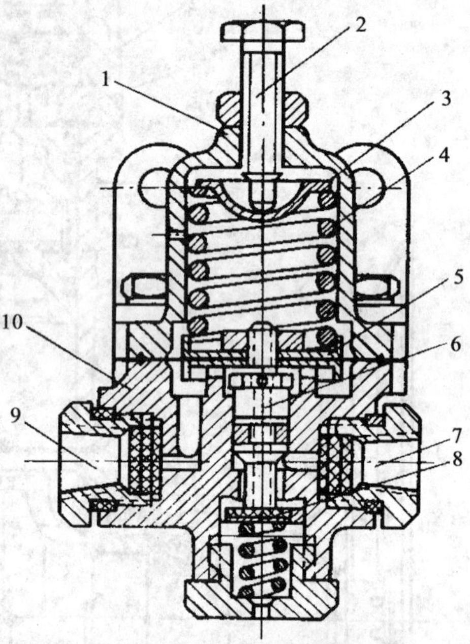

图 8-35　与储气筒并联的调压器

1—盖；2—调压螺钉；3—弹簧座；4—调压弹簧；5—膜片；6—空心管；7—接卸荷室管接头；8—排气阀；9—接储气筒；10—壳体

调压器壳体 10 上装有两个带滤芯的管接头 7，9，分别与卸荷室和储气筒相通。壳体和盖 1 之间装有膜片 5 和调压弹簧 4，膜片中心用螺纹固连着空心管 6。空心管可以在壳体的中央孔内滑动，其间有密封圈，上部的侧面有径向孔与轴向孔相通。调压器下部装有与大气相通的排气阀 8。

调压器的工作情况。如图 8-36 所示，当储气筒内气压未达到规定值时（膜片下腔气压较低），不足以克服调压弹簧的预紧力，膜片连同空心管被调压弹簧压到下极限位置，空心管下端面紧压着排气阀，并将它推离阀座。此时，由储气筒至卸荷室的通路被隔断，空气压缩机的卸荷室与大气相通，卸荷阀杆在最高位置，进气阀处于密封状态，空气压缩机对储气筒正常充气。

当储气筒气压达到规定值时（EQ1090E 汽车为 0.7 ~ 0.74MPa），膜片下方气压作用克服调压弹簧的预紧力而推动膜片向上拱曲，空心管和排气阀随之上移，直到排气阀压靠阀座而关闭，切断卸荷室与大气的通路，并且空心管下端也离开排气阀，而出现一相应的间隙。此时，卸荷室即与储气筒相通。压缩空气沿图 8-36 箭头所标明的路线充入空气压缩机的卸荷室，迫使卸荷柱塞下移，使进气阀开启。此时，汽缸与大气相通，空气压缩机卸荷空转，储气筒内气压不再升高。

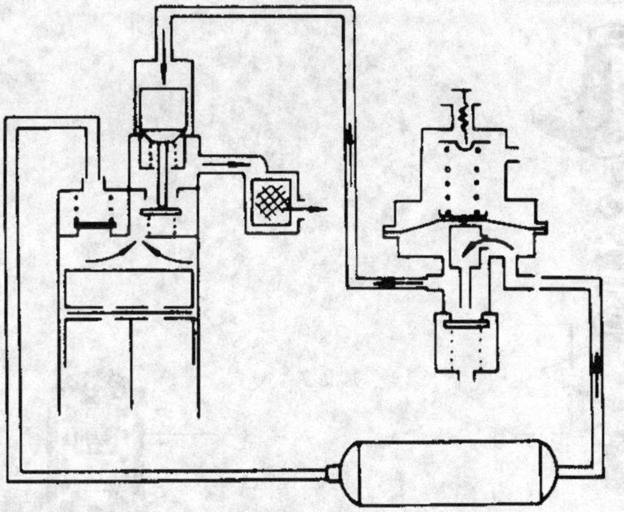

图8-36　空气压缩机卸荷装置与调压器工作原理图

随着制动器的不断使用，储气筒内的压缩空气逐渐消耗，调压膜片下面的气压降低，膜片和空心管即在调压弹簧的作用下相应下移。气压降至0.56～0.6MPa时，空心管下端将排气阀打开。卸荷室与储气筒的通路被切断，而与大气相通，卸荷室的压缩空气即排入大气，卸荷阀在其弹簧的作用下升高，进气阀又恢复正常工作，空气压缩机恢复对储气筒正常供气。

在使用过程中，调压器的性能参数会发生变化，应定期进行检查和调整。

调压器调节气压值可通过盖上的调压螺钉改变调压弹簧的预紧力来调整，如图8-37所示。旋入时，弹簧的预紧力增大，储气筒内的气压值相应增大；反之，压力下降。

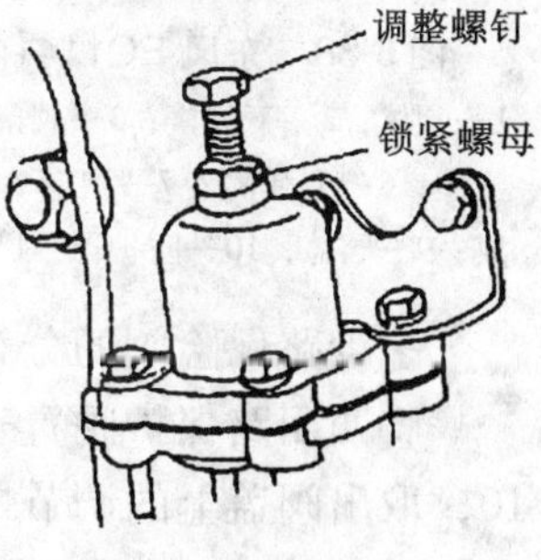

图8-37　气压调节阀的调整

③ 多管路保险阀。多管路保险阀的作用是当并联的多储气筒、多管路充气系统中某一管路损坏时，保持其他管路仍能继续充气，维持一定的气压，使汽车能长时间低速安全行驶。

多管路保险阀的结构。如图8-38所示，阀体中部的孔与充气管路相通，周围四孔分别通向前、后储气筒和驾驶室、挂车分离开关。阀门总成、膜片、上下弹簧、调节螺钉、阀盖等零件组成一个阀单元，而阀体上设有四个相同的阀单元。

多管路保险阀的工作情况。如图8-39所示，正常情况充气时，气压从阀体中部的A口进入，同时到1～4腔。当达到阀门开启压力时，阀门9～12被打开，压缩空气经17～20输出。

当某一回路失效时，例如出气口17回路失效，由于阀门10～12的单向作用，保证18～20回路的气压不至于经17口泄掉。同时18～20口的气压作用在膜片14～16的下部，使得来自A口的气压容易将阀门10～12打开，继续向18～20回路充气。当充气压力达到或超过阀门9的开启压力时，气压才从损坏的17回路中泄漏，而未失效的其他回路中的压力仍得到保证。

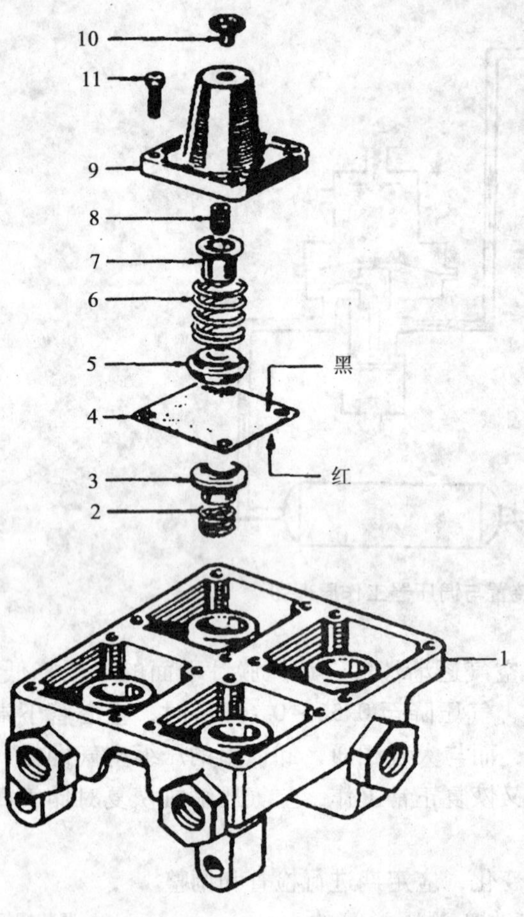

图 8-38 东风 EQ1141G 汽车四通保护阀

1—阀体；2—下弹簧；3—阀门总成；4—膜片；5—弹簧座；6—上弹簧；7—调节螺钉座；8—调节螺钉总成；9—阀盖；10—防护罩；11—螺钉

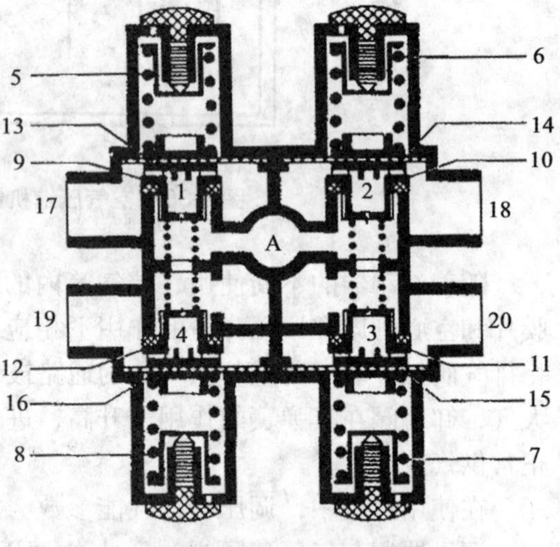

图 8-39 四通保护阀工作情况

1～4—下弹簧；5～8—上弹簧；9～12—阀门；13～16—膜片；17～20—出气口

多管路保险阀的分解。为便于装复，拆卸前应将各零件的相应位置作好标记。

将四回路保护阀置于垫有铜皮或铝制品保护的台钳上夹紧；拆卸阀盖 9 上的防护罩 10，取出阀盖上的调节螺钉总成 8；旋出阀盖 9 上的十字槽螺钉 11；依次取下阀体 1 上的零件：阀盖 9、调节螺钉座 7、上弹簧 6、弹簧座 5、膜片 4、阀门总成 3、下弹簧 2。

其余各腔的拆卸同上。

多管路保险阀的装配。装配时膜片 4 的红色面应向下放到阀体上。

将所有的加工表面和阀门总成 3、上弹簧 6、调节螺钉总成 8 涂上适量的润滑脂；按与拆卸时相反的顺序进行装配。

④ 制动控制阀。

制动控制阀的作用。制动控制阀的用来控制储气筒进入制动气室和挂车制动控制阀的压缩空气量，并有渐进变化的随动作用，以保证作用在制动器上的力与制动踏板的行程成正比。

制动控制阀的结构和工作情况。制动控制阀的类型有单管路单腔式、双管路双腔式和多管路三腔式，现在大多数车辆采用双管路双腔式。而双管路双腔式制动控制阀又有双腔串联式和双腔并联式。实践证明：双腔串联式控制阀工作的协调性和稳定性较双腔并联式可靠。

图8-40所示为解放CA1092型汽车双腔串联制动控制阀的结构。它由上盖6、上阀体7、中阀体10和下阀体13等组成，并用螺钉连接在一起。中阀体上的通气口A_1和B_1分别接后桥储气筒和后桥制动气室；下阀体上的通气口A_2和B_2分别接前桥储气筒和前桥制动气室。上阀体7中装有上腔活塞8，下阀体中装有下活塞，下活塞由大小两个套装在一起，小活塞12对大活塞2能进行单向分离。上腔阀门11滑动地套装在芯管上，其外圆有密封隔套。下腔阀门14滑动地套在有密封圈的下阀体13中心孔中，中空的芯管和小活塞12制成一体。

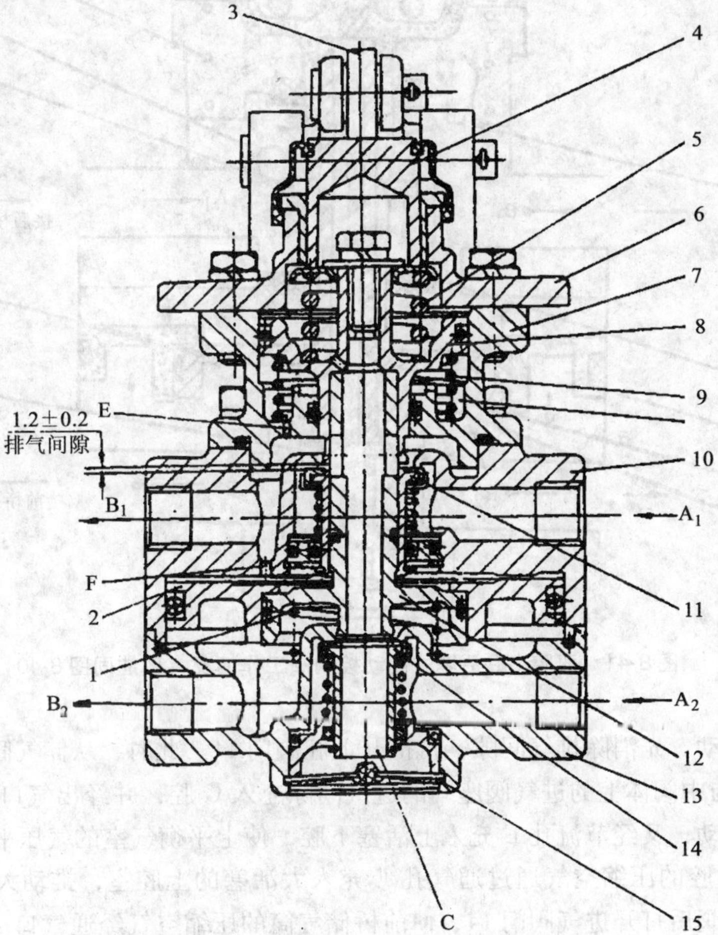

图8-40　解放CA1092型汽车制动控制阀

1—下腔小活塞复位弹簧；2—下腔大活塞；3—滚轮；4—推杆；5—平衡弹簧；6—上盖；7—上阀体；8—上腔活塞；9—上腔活塞复位弹簧；10—中阀体；11—上腔阀门；12—下腔小活塞；13—下阀体；14—下腔阀门；15—防尘片；A_1，A_2—进气口；B_1，B_2—出气口；C—排气口；E，F—通气孔

如图8-41所示，双腔串联制动控制阀的工作情况如下。

制动时：驾驶员将制动踏板踩下一定程度，通过滚轮3、推杆4使平衡弹簧5及上腔

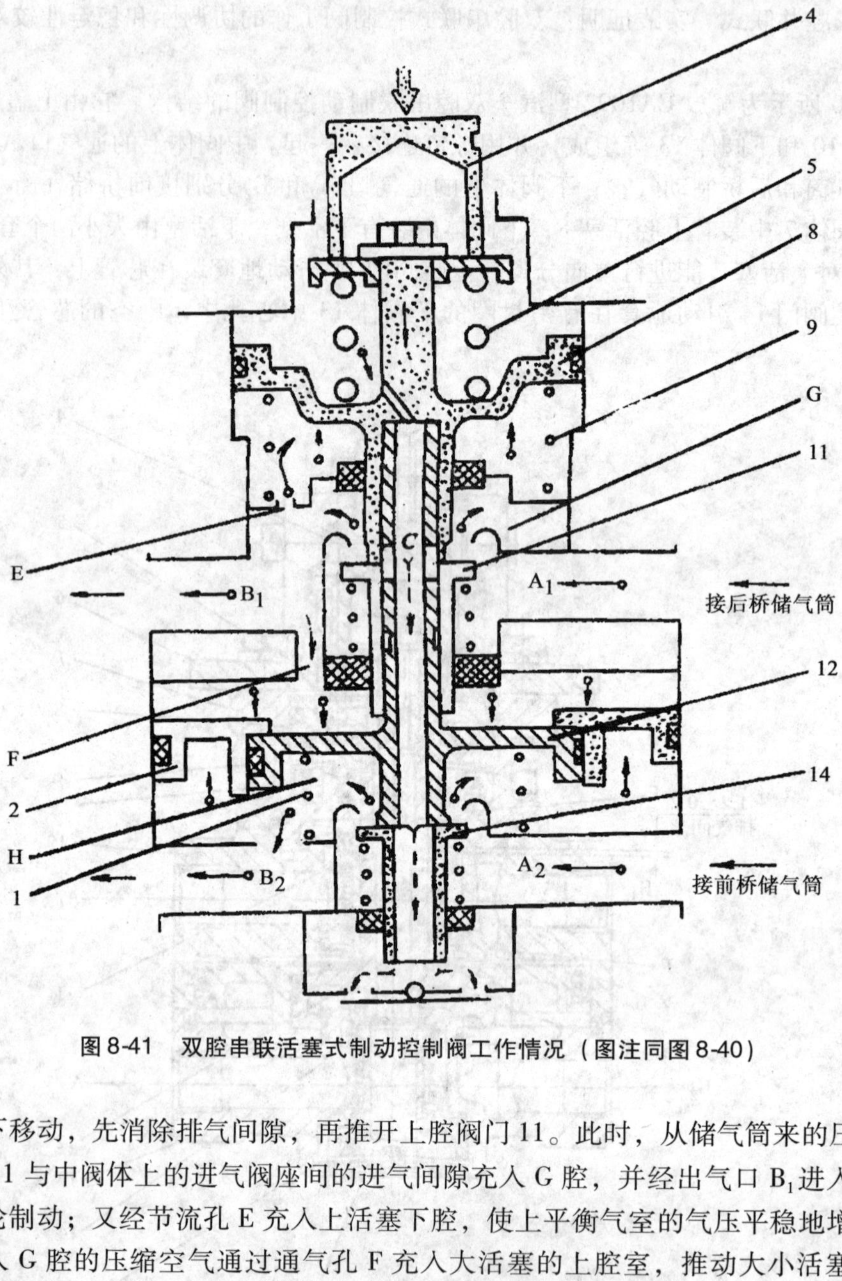

图 8-41　双腔串联活塞式制动控制阀工作情况（图注同图 8-40）

活塞 8 向下移动，先消除排气间隙，再推开上腔阀门 11。此时，从储气筒来的压缩空气经 A_1、阀门 11 与中阀体上的进气阀座间的进气间隙充入 G 腔，并经出气口 B_1 进入后制动气室，使后轮制动；又经节流孔 E 充入上活塞下腔，使上平衡气室的气压平稳地增长。与此同时，进入 G 腔的压缩空气通过通气孔 F 充入大活塞的上腔室，推动大小活塞和芯管下移，关闭排气阀后打开进气阀门 14，使前桥储气筒的压缩空气经通气口 A_2、进气阀 14 进入 H 腔，并经出气口 B_2 充入前制动气室，使前轮制动。

说明：因为后桥制动管路较长，且制动气室容积较大，因此，制动控制阀的下阀排气间隙较大，因而下进气阀开启比上阀晚。

维持制动时：制动踏板保持在某一位置不动，进入 G 腔的气压作用及复位弹簧 9 的张力之和与平衡弹簧 5 的压紧力相平衡时，上阀门 11 及排气阀处于“双阀关闭”状态。与此同时，因下腔大活塞上的控制气压与平衡气室的气压相等，待其下腔制动气压的作用力和其回位弹簧张力的合力稍大于其上腔控制气压对活塞的作用力时，其大小活塞即上移，进而使进气阀 14 及排气阀处于“双阀关闭”状态。

若驾驶员感到制动强度不足，可将制动踏板再踩下一些，此时上腔阀门 11 和下腔阀门 14 又重新开启，使 G 腔和 H 腔及制动气室进一步充气，直到 G 腔中的气压又一次达到与平衡弹簧 5 的压力平衡，H 腔的气压又一次达到与下腔活塞的上腔气压相平衡。在此新的平衡状态下，制动气室所保持的稳定压力较以前提高，同时，平衡弹簧 5 的压缩量和踏板力也较以前大。

放松制动踏板时：操纵摇臂复位，将平衡弹簧、上腔活塞和芯管的上压力解除，上腔活塞和芯管及平衡弹簧即在平衡气室内的气压和回位弹簧的作用下升起，排气阀即完全开启，形成排气间隙。后制动气室的压缩空气经 G 腔排气间隙和其下面的排气口 C 排入大气；与此同时，下腔大活塞及小活塞受复位弹簧 1 的张力作用而上移，下活塞带动芯管上移打开排气阀，前桥制动气室的压缩空气经排气间隙和排气口排入大气。

当某一管路失效时：若前桥管路失效，则阀的上腔室仍能按上述方式工作，因而后桥制动气室照常工作；若后桥管路失效时，由于下腔室下活塞上方建立不起控制气压而无法工作，平衡弹簧将通过上活塞、上阀门推动小活塞及其芯管与大活塞单向地分离而下移，推开下阀门使前桥控制管路建立制动气压。此时，由于下腔的排气间隙大，故踏板的自由行程加大。

⑤ 制动气室。常用的制动气室有膜片式和活塞式两种类型。

制动气室的结构与工作情况。图 8-42 所示为东风 EQ1090E 型汽车采用的膜片式制动气室。夹布层橡胶膜片 1 的周缘用卡箍 7 夹紧在壳体 3 和盖 2 的凸缘之间。盖与膜片之间为工作腔，借橡胶软管与制动控制阀接出的钢管相通，膜片的右方与大气相通。弹簧 4 通过焊接在推杆 5 上的支撑盘 10 将膜片推到左极限位置。推杆的外端借连接叉 6 与制动器的制动调整臂相连。

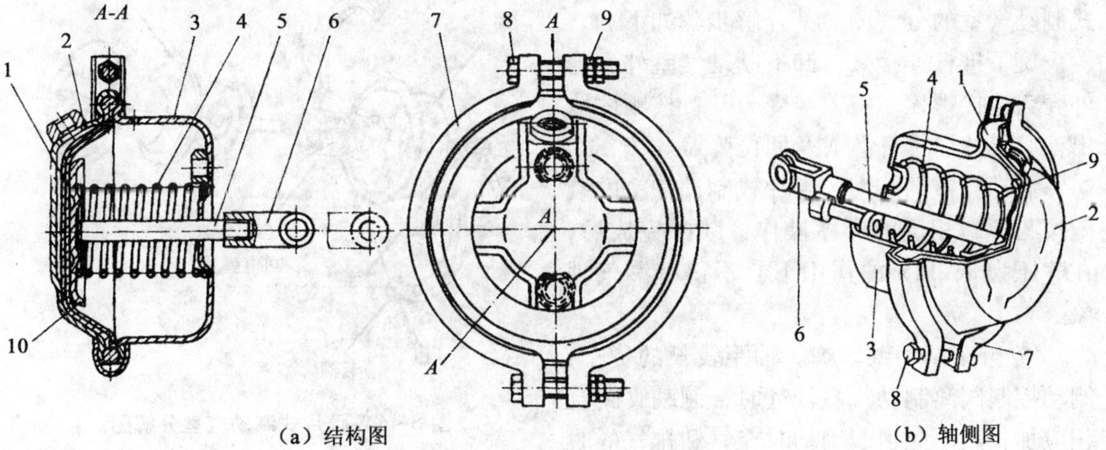

图 8-42　膜片式制动气室

1—橡胶膜片；2—盖；3—壳体；4—弹簧；5—推杆；6—连接叉；7—卡箍；8—螺栓；9—螺母；10—支撑盘

膜片式制动气室的工作情况如下：踩下制动踏板时，压缩空气自制动阀充入制动气室工作腔，使膜片向右拱，将推杆推出，使制动调整臂和制动凸轮转动而实现制动。放开制动踏板时，工作腔则经由制动阀的排气口通大气。膜片与推杆都在弹簧 4 的作用下回位而解除制动。

图 8-43 所示为 JN1181C13 型汽车前轮用的活塞式制动气室。冲压的壳体 1 和盖 8 用螺栓连接。活塞组件由活塞体 3、橡胶皮碗 2、密封圈 4、弹簧座 5 和导向套筒 13 等组成。推杆 11 与活塞体接触的一端做成球头，因此其在轴向移动的同时还可以摆动。其工作情况与膜片式相同。

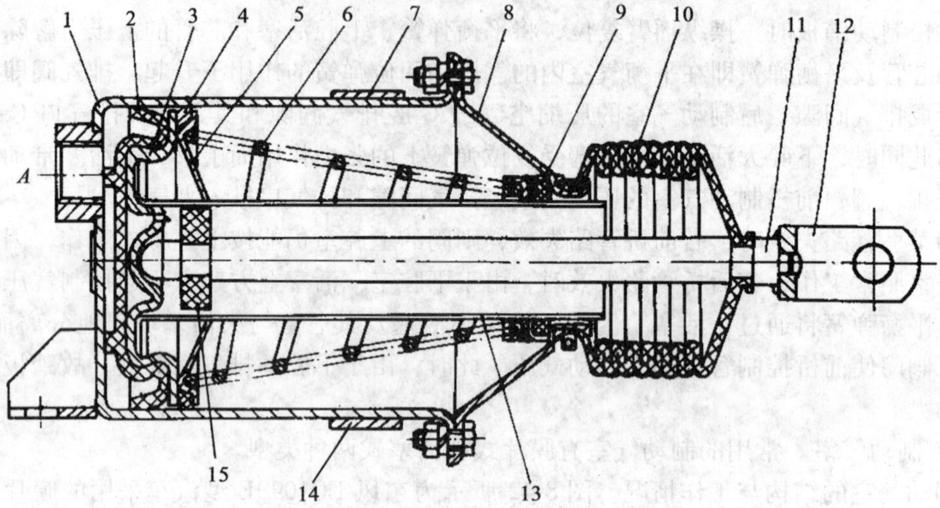

图 8-43 活塞式制动气室

1—壳体；2—橡胶皮碗；3—活塞体；4—密封圈；5—弹簧座；6—弹簧；7—气室固定卡箍；8—盖；9—毡垫；10—防护套；11—推杆；12—连接叉；13—导向套筒；14—气室固定板；15—密封垫

制动气室的拆卸。图 8-44 所示为膜片式制动气室的分解图。其分解步骤如下。

旋下推杆连接叉；卸下制动气室外壳与外壳盖连接螺栓，将盖与壳分开；按顺序取出橡胶膜片、推杆总成及回位弹簧。

制动气室的装配。膜片式制动气室的装配按与拆卸相反的顺序操作，装配完成后，在气压为 882kPa 的作用下，不得有漏气现象。

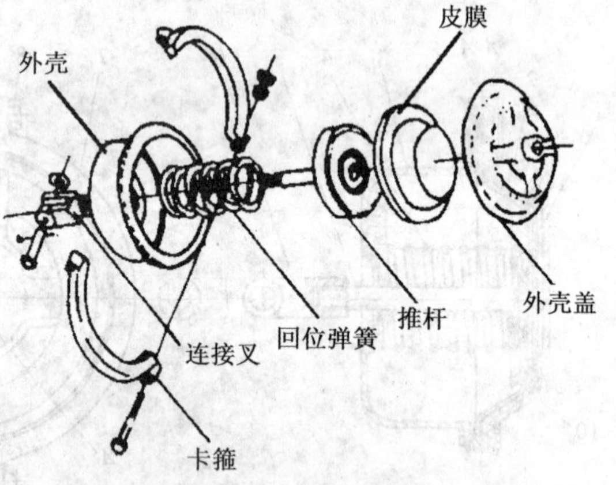

图 8-44 膜片式制动气室分解图

⑥ 行车制动继动阀。轴距较长的货车，制动控制阀离制动气室较远时，制动管路会相应加长。由此引起制动时充气和排气的时间延长，制动滞后和排气不畅通。

行车制动继动阀安装在制动控制阀与制动气室之间的管路中，其作用是迅速地就近充气和迅速地就近排气，提高汽车的使用性能。

结构。如图 8-45 所示，行车制动继动阀由壳体 1、控制活塞 2、进气阀 4、排气阀 3 和回位弹簧 5 等组成。壳体上有四个进、出气口：A 口为控制腔进口，接行车制动控制阀或驻车制动控制阀；B 口为充气腔进口，就近接后桥储气筒；C 口为输出腔口，接制动气室；D 口有橡胶护片与大气相通，是就近快放排气口。

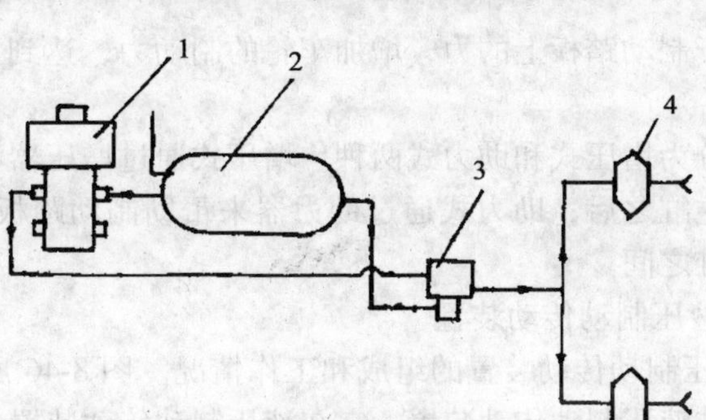

(a) 加速、快放管路

1—制动控制阀；2—后桥储气筒；3—继动阀；4—制动气室

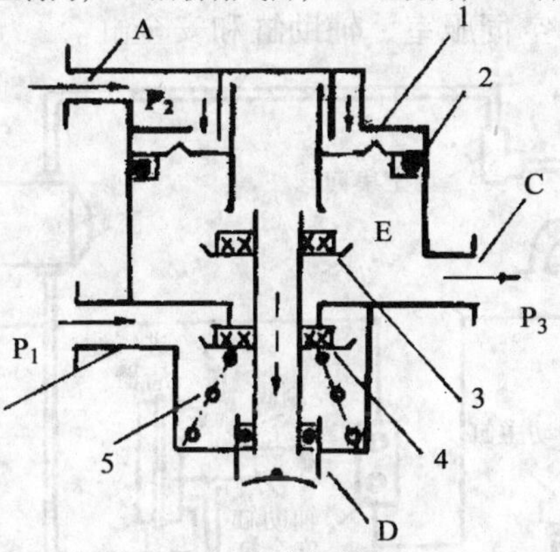

(b) 继动阀原理

图 8-45　行车制动继动阀

1—壳体；2—控制活塞；3—排气阀；4—进气阀；5—回位弹簧；

A—控制腔进口；B—充气腔进口；C—输出腔口；D—排气口；E—平衡气室

工作情况如下。

不制动时：控制腔 A 口通过制动控制阀的排气阀与大气相通。此时，控制活塞 2 处于上方极限位置，在回位弹簧 5 的作用下，进气阀 4 关闭，而排气阀 3 开放。后桥制动气室通过芯管和排气口 D 与大气相通，行车制动作用解除。

制动时：当行车制动控制阀或驻车制动控制阀的控制气压从 A 口充入时，控制活塞 2 迅速下移，其空心管先关闭排气阀，继而压开进气阀，使制动气室与储气筒相通而充气，产生制动作用。

维持制动时：制动控制阀进入维持制动的状态后，充入继动阀控制活塞上方的压缩空气不再增加。由于控制管路细小而具有节流作用，使得控制活塞上腔气压增长速度小于下腔气压的增长速度，因而，进气阀的开度一直增大，下腔的气压升高较快。当活塞下面的平衡气压加上回位弹簧的作用力大于控制气压时，控制活塞和进、排气阀上行，进气阀即关闭，则控制阀处于“双阀关闭”的平衡状态，制动作用即维持。

放松制动时：控制活塞上方的控制气压排出，活塞下腔的平衡气压将活塞快速地推到最高位置，排气阀开启，制动气室的压缩空气就近从芯管的 D 口排入大气，以缩短排气时间。

3. 真空液压制动传动装置

为了兼取气压制动和液压制动之长，在普通的液压制动系统中，加装真空加力装置，可以减轻驾驶员施加于制动踏板上的力，增加车轮的制动力，达到操纵轻便、制动可靠的目的。

真空加力装置可分为增压式和助力式两种。增压式通过增压器将制动主缸的液压进一步增加，增压器装在主缸之后；助力式通过助力器来帮助制动踏板对制动主缸产生推力，助力器装在踏板与主缸之间。

(1) 真空增压式液压制动传动装置

① 真空增压式液压制动传动装置的组成和工作情况。图 8-46 所示为跃进 NJ1061A 型汽车所用的真空增压式液压制动传动装置。它在液压制动传动装置中加装了一套真空增压系统，包括：由发动机进气歧管、真空单向阀、真空罐组成的供能装置；作为控制装置的控制阀；作为传动装置的真空伺服室、辅助缸和安全缸。

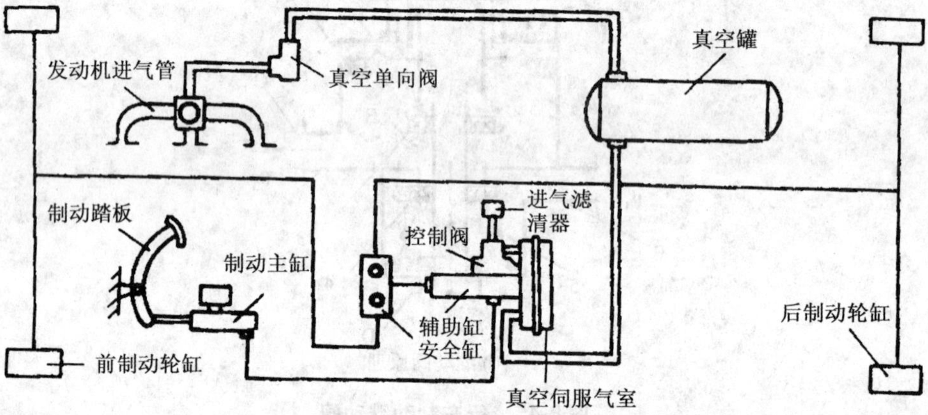

图 8-46　跃进 NJ1061A 型汽车的真空增压式液压制动传动装置

在发动机工作时，在进气歧管中的真空度作用下，真空罐中的空气通过真空单向阀被吸入发动机，因而罐中也产生并积累一定的真空度，作为制动加力的力源。

踩下制动踏板时，制动主缸输出的制动油液先进入辅助缸，由此一方面传入前后轮制动轮缸作为促动力，另一方面又作为控制压力输入控制阀，起动控制阀使真空伺服室产生的推力与来自制动主缸的液压力一起作用在辅助缸活塞上，从而使辅助缸输送到各制动轮缸的压力远高于制动主缸的压力。

安全缸的作用是当前后轮制动管路之一损坏漏油时，该管路上的安全缸即自动封堵，保证另一管路仍能保持其中的压力。

注意：柴油发动机进气管中的真空度不高，因而柴油车采用真空增压时必须装设由发动机驱动的真空泵。

② 真空增压器。真空增压器的作用是将发动机产生的真空度转变为机械推力，使从制动主缸输出的液力进行增压后再输入各轮缸，增大制动力。

真空增压器的结构。真空增压器的结构如图 8-47 所示。它由辅助缸、控制阀和伺服气室等组成。

辅助缸：辅助缸是将低压制动液变为高压的装置。装有皮圈的辅助缸活塞将辅助缸内腔分隔为两部分，左腔经出油管通向前后制动轮缸，右腔经进油接头与制动主缸相通。推杆后端与伺服气室膜片相连，前端嵌装着球阀，其球座在辅助缸活塞上。不制动时，推杆

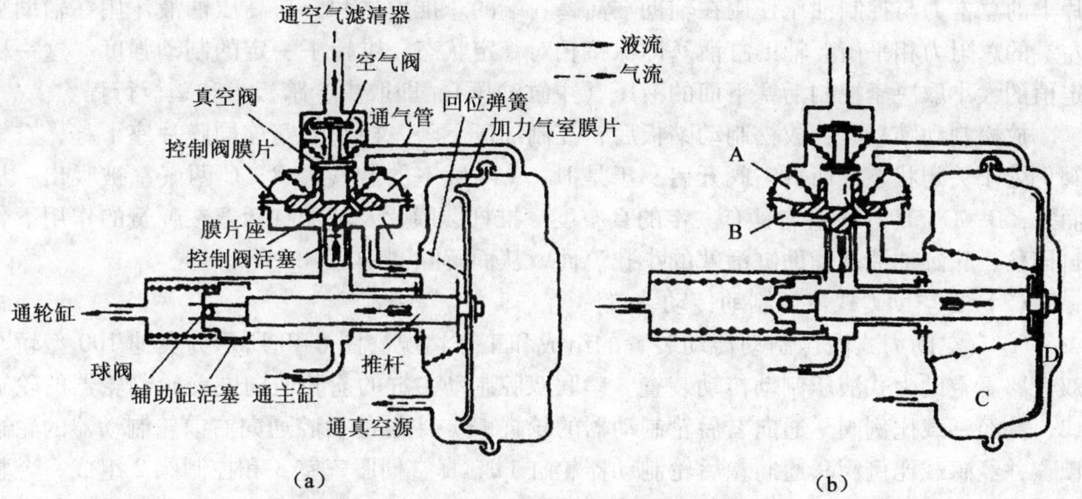

图8-47 真空增压器的工作情况

前部的球阀与阀座之间保持一定距离，保证辅助缸两腔相通。

控制阀：控制阀是控制伺服气室起作用的随动机构，由真空阀和空气阀组成双重阀门。不制动时，空气阀在弹簧的作用下处于关闭状态；真空阀在膜片回位弹簧的作用下处于开启状态。膜片座中央有孔道使气室A和气室B相通，因此不制动时四个气室A，B，C，D相通，且具有相等的真空度。

伺服气室：伺服气室是将进气歧管产生的真空度与大气压力的压力差转变为机械推力的总成。膜片将伺服气室分成前后两腔，前腔C经前壳体端面上的真空管接头通向真空源，后腔D与控制阀上腔A相通，并通过真空阀与前腔C、下腔B相通。

真空增压器的工作情况如下。

不制动时：空气阀关闭，真空阀开启。控制阀四个气室相通，且具有相等的真空度，推杆在回位弹簧的作用下处于最右端位置，推杆前部的球阀与阀座之间保持一定距离，辅助缸两腔相通。

制动时：踩下制动踏板，制动主缸的制动油液输入到辅助缸体中，一部分油液经活塞中间的小孔进入各制动轮缸，轮缸液压即等于主缸液压。与此同时，液压还作用在控制阀活塞上，当油压力升到一定值时，活塞连同膜片上移，首先关闭真空阀，同时关闭C，D腔通道，膜片座继续上移将空气阀打开，于是空气经空气阀进入A腔并到D腔。此时，气室B，C的真空度仍保持不变，这样D，C两腔产生压力差，推动膜片使推杆左移，球阀关闭辅助缸活塞中孔，制动主缸与辅助缸左腔隔绝。此时，在辅助缸活塞上作用着两个力：主缸液压作用力和伺服气室输出的推杆力。因此，辅助缸左腔及各轮缸的压力高于主缸压力。

维持制动时：制动踏板踩到某一位置不动，制动主缸不再向辅助缸输送制动油液，作用在辅助缸活塞和控制阀活塞上的力为一定值。但随着进入空气室空气量的增加，气室A，B的压力差加大，对控制阀膜片产生向下的作用力，因而使膜片座及活塞向下移动，空气阀、真空阀开度逐渐减小，直至落座关闭，此时处于“双阀关闭”状态。油压对控制活塞向上的压力与气室 A，B 压力差造成的向下压力相平衡。气室 D，C 压力差作用在膜片上的总推力与控制油压作用在辅助缸活塞右端的总推力之和，与高压油液作用在辅助缸左端的总阻力相平衡，辅助缸活塞即保持相对稳定状态，维持了一定的制动强度。这一稳定值的大小取决于控制活塞下面的液压（主缸油压），即取决于踏板力和踏板行程。

放松制动踏板时：放松制动踏板后，控制油压下降，控制活塞连同膜片座下移，空气阀仍处于关闭状态，而真空阀开启。于是 D，A 两气室的空气经 B，C 两气室被吸出，从而 A，B，C，D 各气室均具有一定的真空度。推杆、膜片及辅助缸活塞在弹簧的作用下各自回位，轮缸油液从辅助缸活塞的小孔流回，从而解除制动。

（2）真空助力式液压制动传动装置

① 真空助力式液压制动传动装置的组成和工作情况。图 8-48 所示为奥迪 100 型轿车双管路真空助力式液压制动传动装置。串联双腔制动主缸的前腔通向左前轮制轮器的轮缸 12，并经感载比例阀 9 通向右后轮制动器的轮缸 13。主缸的后腔通向右前轮制动器的轮缸 12，并经感载比例阀 9 通向左后轮制动器轮缸 11。真空伺服气室 3 和控制阀 2 组成一个整体部件，称为真空助力器。制动主缸直接装在真空伺服气室的前端，真空单向阀 7 装在伺服气室上。真空伺服气室工作时产生的推力也同踏板力一样直接作用在制动主缸 4 的活塞推杆上。

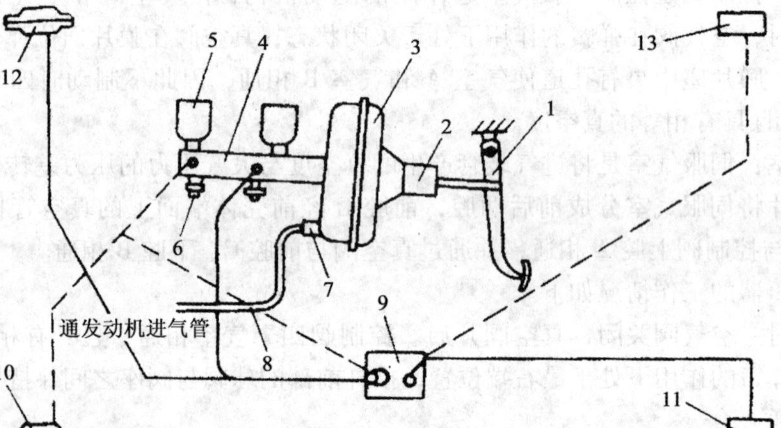

图 8-48　奥迪 100 型轿车真空助力式液压制动传动装置

1—制动踏板机构；2—控制阀；3—真空伺服气室；4—制动主缸；5—储液罐；6—制动信号灯液压开关；7—真空单向阀；8—真空供能管路；9—感载比例阀；10—左前轮缸；11—左后轮缸；12—右前轮缸；13—右后轮缸

② 真空助力器的结构。真空助力器主要有单膜片式和串联膜片式。

图 8-49（a）所示为桑塔纳轿车所用的单膜片真空助力器的实物图；图 8-49（b）所示为桑塔纳轿车所用的真空助力器的结构图。真空助力器和制动主缸用 4 个螺钉固定在车身前围上，借推杆与制动踏板连接。伺服气室由前、后壳体组成，其间夹装有膜片和座，它的前腔经单向阀通进气歧管或真空罐；后腔膜片座毂筒中装有控制阀，空气阀 2 与推杆 6 固接，橡胶阀门 8 与在膜片座上加工出来的阀座组成真空阀。

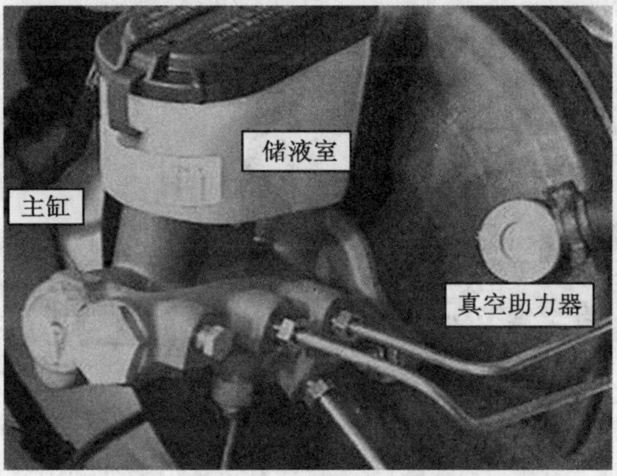

（a）实物图

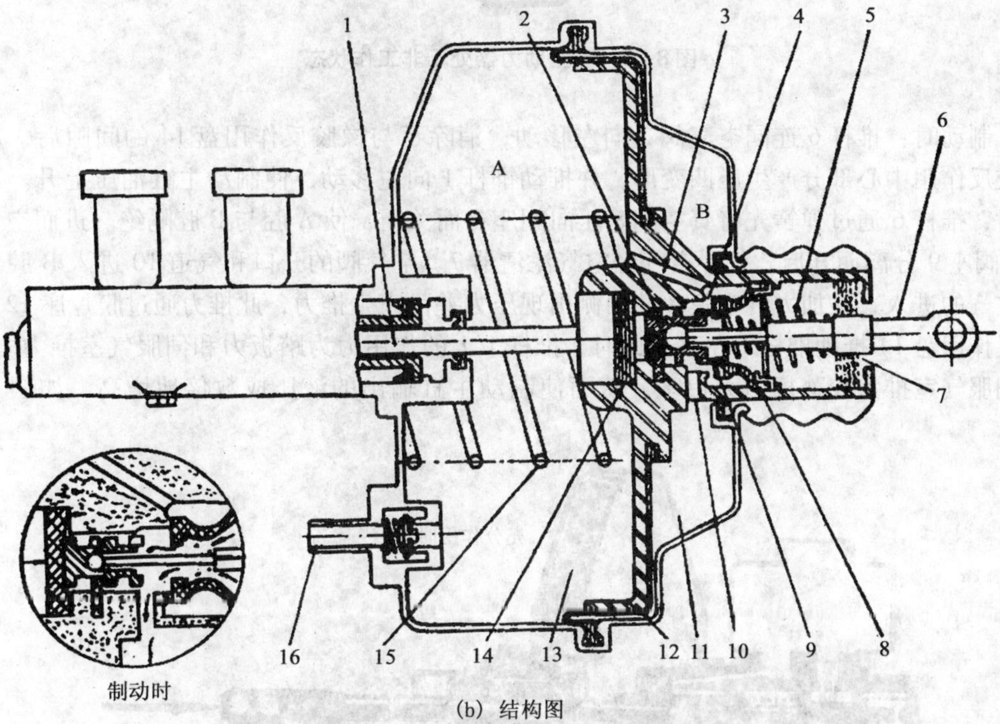

（b）结构图

图 8-49　真空助力器

1—推杆；2—空气阀；3—真空通道；4—真空阀座；5—回位弹簧；6—制动踏板推杆；7—空气滤清器；8—橡胶阀门；9—空气阀座；10—通气道；11—加力气室后腔；12—膜片座；13—加力气室前腔；14—橡胶反作用盘；15—膜片回位弹簧；16—真空口和单向阀

③ 真空助力器的工作情况。

不制动时：未踩下制动踏板时，控制阀处于非工作状态。回位弹簧 5 将推杆 6 连同空气阀 2 推至右极限位置，空气阀 2 紧压阀座 9 而关闭；橡胶阀门 8 被压缩离开阀座 4 而开启。真空通道 3 开启，伺服气室 A，B 两腔相通，并与大气隔绝。发动机运转后，真空单向阀被吸开，A，B 两腔内均具有一定的真空度，如图 8-50 所示。

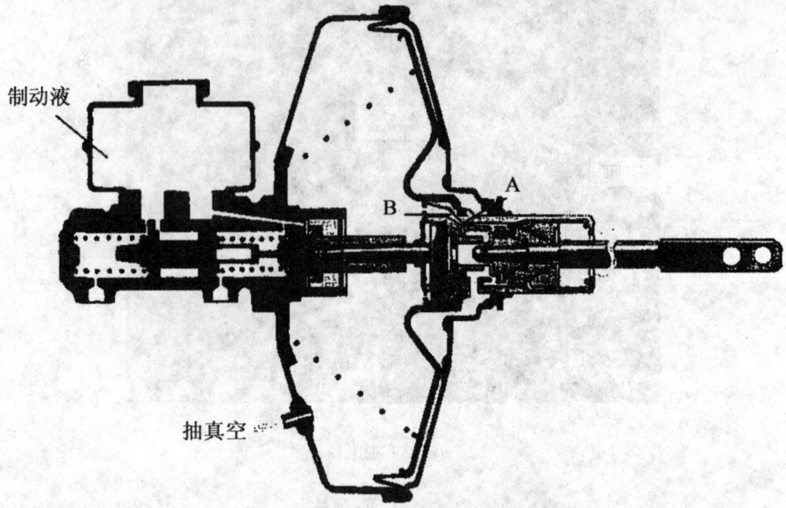

图 8-50　真空助力器处于非工作状态

制动时：推杆 6 连同空气阀 2 向左移动，消除了与橡胶反作用盘 14 的间隙后，压缩橡胶反作用中心部分产生压凹变形，并推动推杆 1 向左移动，使制动主缸油压上升。与此同时，推杆 6 通过弹簧先将真空阀 8 压向阀座 4 而关闭，使 A 腔与 B 腔隔绝。进而空气阀 2 与阀座 9 分离而开启，外界空气经空气滤清器 7、空气阀的开口和气道 10 进入 B 腔。随着空气的进入，在加力气室膜片的两侧出现压力差而产生推力，此推力通过膜片座 12、橡胶反作用盘 14 推动推杆 1 左移。此时，推杆 1 上的作用力为踏板力和伺服气室推力之和，但伺服气室推力较踏板力大得多，从而使制动主缸输出的液压成数倍地增高，如图 8-51 所示。

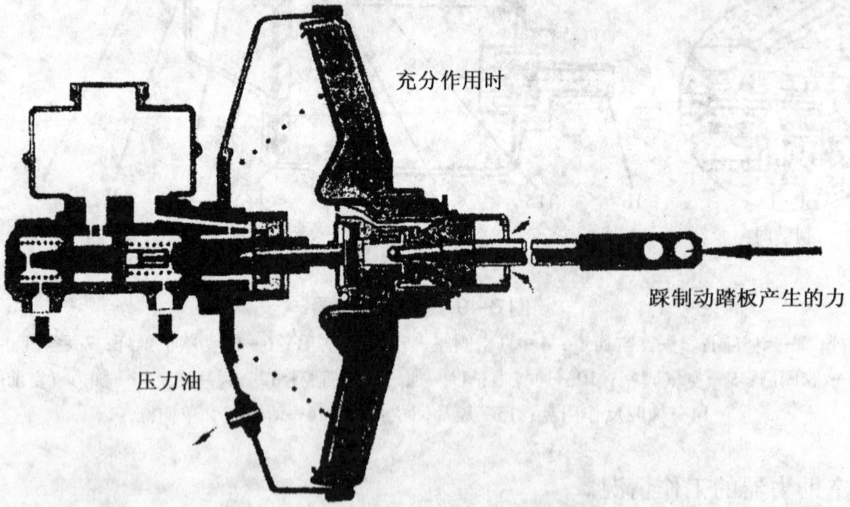

图 8-51　真空助力器处于工作状态

维持制动时：踏板踩下停止在某一位置时，推杆 6 和空气阀 2 推压橡胶反作盘 14 的推力不再增加，膜片两边压力差使橡胶反作用盘中心部分的凹下变形恢复，空气阀重新落座而关闭，出现“双阀关闭”的平衡状态。

放松制动时：回位弹簧5使推杆6和空气阀2后移，阀8离开阀座4，伺服气室A，B相通，成为真空状态。膜片和膜片座在回位弹簧15的作用下回位，主缸即解除制动。

真空助力器失效时，推杆6将通过空气阀2直接推动膜片座和推杆1移动，使主缸产生制动液压，但踏板力要大得多。

（六）制动力分配调节装置

汽车制动时，作用在车轮上的制动力随着踏板力的增加而增加，但最大制动力受到轮胎与路面附着力的限制，制动力不能超过附着力，否则，车轮将被抱死。无论前轮先抱死还是后轮先抱死，都会严重影响汽车行驶的安全性，并加剧轮胎的磨损。

要使汽车既能得到尽可能大的制动力，又能保持行驶方向的稳定性，就必须使汽车前后轮同时达到抱死的边缘。其条件是前后轮制动力之比等于前后轮对路面垂直载荷之比。但是，汽车装载量的不同和汽车制动时减速度的不同，引起了载荷的转移，汽车前后轮的实际垂直载荷比是变化的。因此，要满足最佳制动状态的条件，汽车前后轮制动力的比例也应是变化的。为使前后轮获得理想的制动力，现代汽车上采用了各种制动力调节装置，用以调节前后车轮制动管路的工作压力，常用的调节装置有限压阀、比例阀和感载比例阀等。

1. 限压阀

限压阀串联在制动主缸与后轮制动器的管路之间。其作用是当前、后制动管路压力 P_1 和 P_2 由零同步增长到一定值后，即自动将 P_2 限定在该值不变。

图8-52所示为限压阀。阀体上有两个孔口，A口与制动主缸连通，B口通两后轮轮缸。阀体内有滑阀3和有一定预紧力的弹簧2。滑阀被弹簧顶靠在阀体内左端。

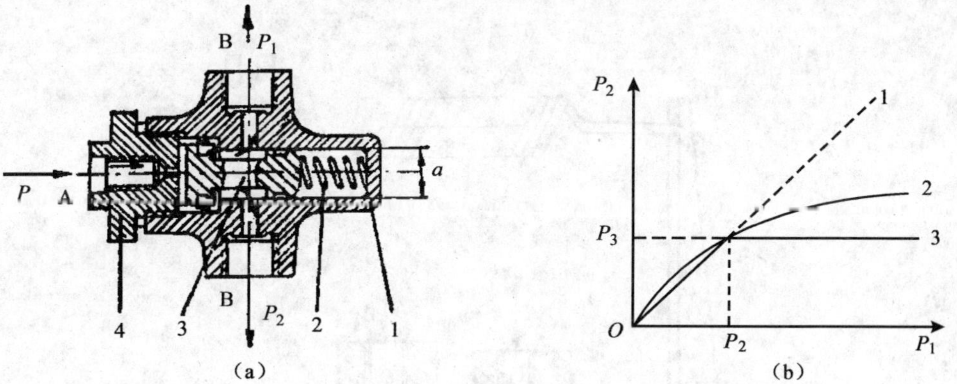

图8-52　液压式限压阀及特性曲线

1—阀体；2—弹簧；3—滑阀；4—接头；A—通制动主缸；B—通轮缸

它的工作情况是：当轻踩制动踏板时，制动主缸产生一定的液压力 P_1，滑阀左端面推力为 $P_1\times a$（a 为滑阀左端面有效面积），滑阀右端承受弹簧力 F。此时，由于 $F>P_1\times a$，滑阀不动，因而 $P_1=P_2$，限压阀尚不起限压作用。

当踏板压力增大时，P_1 与 P_2 同步增长到一定值 P_S（限压点）后，活塞左方压力便超过右方弹簧的预紧力，即 $P_S\times a>F$，于是滑阀向右移动，关闭A腔与B腔的通路。此后，P_1 增大时，P_2 不再增大。

2. 比例阀

比例阀也串联在制动主缸与后轮制动器的管路之间。其作用是当前、后制动管路压力 P_1 和 P_2 由零同步增长到一定值 P_S 后，即自动对 P_2 增长加以限制，使 P_2 的增量小于 P_1 的增量。

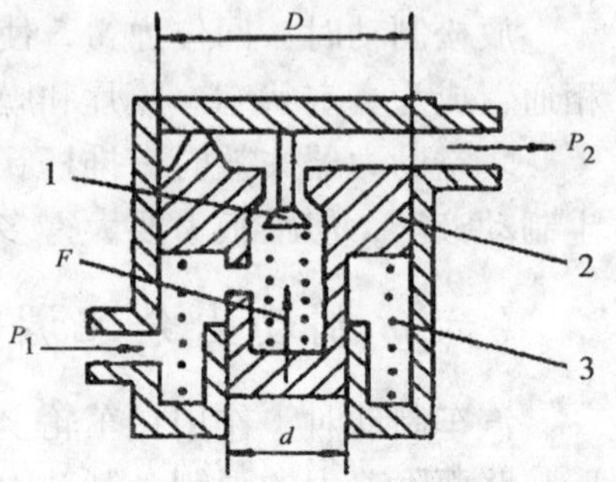

图 8-53　比例阀的结构原理

1—阀门；2—活塞；3—弹簧

图 8-53 所示为比例阀的结构原理，比例阀通常采用两端承压面积不等的异径活塞。不工作时，异径活塞 2 在弹簧 3 的作用下处于上极限位置。此时阀门 1 保持开启，因而在输入控制压力 P_1 与输出压力 P_2 从零同步增长的初始阶段，$P_1 = P_2$。但是压力 P_1 的作用面积小于压力 P_2 的作用面积，故活塞上方液压作用力大于活塞下方的液压作用力。在 P_1，P_2 同步增长的过程中，活塞上、下两端液压作用力之差超过弹簧 3 的预紧力时，活塞便开始下移。当 P_1 和 P_2 增长到一定值 P_S 时，活塞内腔中阀座与阀门接触，进油腔与出油腔被隔绝，此即比例阀的平衡状态。

若进一步提高 P_1，则活塞上升，阀门再度开启，油液继续流入出油腔，使 P_2 也升高，但由于活塞的下端面积小于其上端面积，因此 P_2 尚未增加到新的 P_1 值，活塞又下降到平衡位置。

3. 感载比例阀

图 8-54 所示为液压式感载比例阀及其感载控制机构。阀体 3 安装在车身上，其中活塞 4 为两端承压面积不等的差径结构，其右部空腔内有阀门 2。

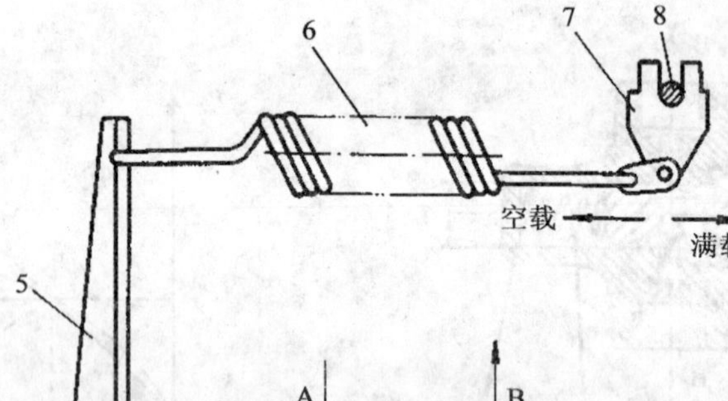

图 8-54　液压式感载比例阀及其感载控制机构

1—螺塞；2—阀门；3—阀体；4—活塞；5—杠杆；6—感载拉力弹簧；7—摇臂；8—后悬架横向稳定杆

不制动时，活塞在拉力弹簧6通过杠杆5施加的推力F作用下处于右极限位置。阀门2因其杆部顶触螺塞1而开启，使左、右阀腔连通。

轻微制动时，来自制动主缸的液压P_1由进油口A进入，并通过阀门2从出油口B输出至后轮缸，出油口B处液压$P_2=P_1$。此时，活塞右端面的推力为$P_2\times b$（b为活塞右端面圆形有效面积），小于左端的推力$P_1\times a$（a为活塞左端面圆形有效面积，$a<b$）与推力F之和。在此状态下，活塞不动，阀门2仍处于开启状态，$P_2=P_1$。

重踩制动踏板时，制动管路的液压P_2和P_1将同步增长，当增长至活塞左右两端面液压之差大于推力F时，活塞即左移一定距离。阀门2落座，将左右两腔隔绝。此时的液压为限压点的液压P_S，活塞处于平衡状态。若进一步提高P_1，则活塞将右移，阀门2再度开启，油液继续流入出油腔使P_2也升高。但由于$a<b$，P_2尚未升高到等于P_1时，阀门2又落座，将油道切断，活塞又处于平衡状态。这样，自动调节过程将随踏板力的变化反复不断地进行。在P_1超过P_S后，P_2虽随P_1成比例地增长，但总是小于P_1。

从上述过程得知，活塞处于平衡状态时，其两端的压力差和弹簧的推力F总维持着下述关系

$$P_2\times b=F+P_1\times a$$

由此式得知，P_2与弹簧推力F成正比关系，限压点液压P_S的大小也取决于弹簧推力F的大小。F增大，P_S增大；反之，则减小。只要使弹簧的预紧力能随实际轴载质量变化，便能实现感载调节。

当汽车的轴载变化时，车身和车桥间的距离发生变化，利用此变化来改变弹簧的预紧力，即能实现感载调节。如图8-54所示，拉力弹簧6右端经吊耳与摇臂7相连，而摇臂则夹紧在汽车后悬架的横向稳定杆8的中部。当汽车的轴载质量增加时，后桥向车身移近，后悬架的横向稳定杆便带动摇臂7逆时针转过一个角度，将弹簧6进一步拉伸，作用于活塞4上的推力F便增加；反之，轴载质量减小，弹簧6的拉伸量和推力F即减小。因而，调节作用点P_S随轴载质量而变化。

4. 惯性阀

汽车轴载质量的变化不仅与汽车总质量或实际装载质量有关，还与汽车制动时的减速度大小有关。

注意：当汽车制动减速度增加时，前轴的轴载质量增大，而后轴的轴载质量减小。

惯性阀的作用是使限压点液压值P_S取决于汽车制动时作用在汽车重心上的惯性力。即P_S不仅与汽车的实际质量有关，还与汽车制动减速度有关。

如图8-55所示，惯性限压阀内有一个惯性钢球2，惯性钢球的支撑面相对于水平面的仰角θ必须大于零，惯性阀方可起作用。汽车在水平路面上时，θ应为$10°\sim13°$。

通常惯性钢球在其本身重力作用下处于下极限位置，并将阀门4推到与阀盖5接触，使得阀门4与阀座3之间保持一定间隙，此时进油口A与出油口B相通。

当汽车在水平路面上施行制动时，来自主缸方面的压力由进油口A输入惯性阀，再从油口B进入后制动管路。输出压力P_2等于输入压力P_1。当路面对车轮的制动力使汽车产生减速度时，作为汽车零件的惯性钢球也具有相同的减速度。在控制压力P_1较低，减速度较小时，惯性钢球向前的惯性力沿支撑面的分力不足以平衡钢球的重力沿支撑面的分力，阀门仍保持开启状态，输出压力P_2仍等于输入压力P_1。当P_1上升到一定值P_S时，制动减速度增大到足以实现上述二力平衡时，阀门弹簧便通过阀门将钢球推向前方，使阀门得以

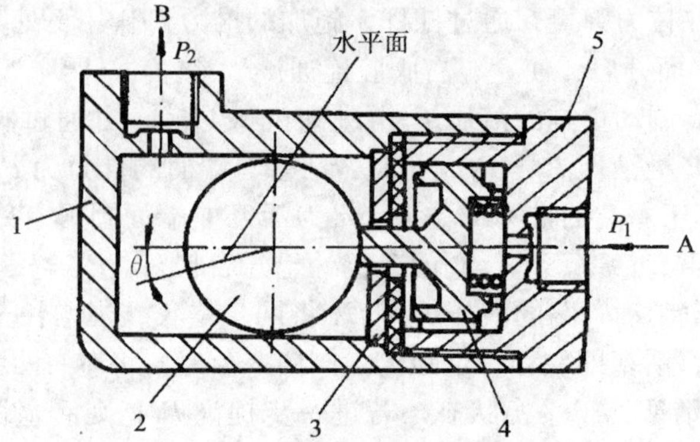

图 8-55 惯性限压阀

1—阀体；2—惯性钢球；3—阀座；4—阀门；5—阀盖

压靠阀座，切断液流通路。此后 P_1 继续升高，前轮制动力也即汽车总制动力继续增大，钢球的惯性力使钢球滚到前上极限位置不动。阀门对阀座的压紧力也因 P_1 的升高而加大，但 P_2 保持在 P_S 值不变。

当汽车在上坡路上施行制动时，由于支撑面仰角 θ 增大，惯性钢球重力沿支撑面的分力也增大，使得惯性阀开始起作用所需的控制压力值 P_S 也升高，即所限定的输出压力 P_2 值更高。这正与汽车上坡时后轮附着力加大相适应。相反，当汽车在下坡路上施行制动时，后轮附着力减小，惯性阀所限定的 P_S 也相应地降低。

（七）制动防抱死装置

为了提高汽车的制动性能，防止汽车制动时车轮抱死，现代轿车都加装了制动防抱死系统（Anti-lock Brake System，ABS）。ABS 的主要作用就是根据汽车的行驶状态和车轮的转动情况，在制动过程中自动调节各车轮的制动力，将车轮的滑移率控制在一个狭小的理想范围内，充分利用轮胎的纵向和侧向附着力，提高汽车抗侧滑的能力，改善汽车的操纵性和方向稳定性，缩短制动距离，提高行车安全性。现在，ABS 已成为乘用车的标准配置。

1. ABS 的基本组成

如图 8-56 所示，ABS 通常由车轮轮速传感器、制动压力调节器、电子控制单元（ECU）和 ABS 警示装置等组成。

每个车轮上安置一个转速传感器，它们将各车轮的转速信号及时地输入电子控制单元；电子控制单元是 ABS 系统的控制中心，它根据各个车轮转速传感器输入的信号对各个车轮的运动状态进行监测和判定，并形成相应的控制指令，再适时发出控制指令给制动压力调节器；制动压力调节器是 ABS 系统中的执行控制装置，它主要由调压电磁阀总成、电动泵总成和储液器等组成一个独立的整体，通过制动管路与制动主缸和各制动轮缸相连，制动压力调节器受电子控制单元的控制，对各制动轮缸的制动压力进行调节；警示装置包括仪表板上的制动警告灯和 ABS 警告灯。制动警告灯为红色，通常用“BRAKE”作标志，由制动液面开关、手制动开关及制动液压力开关并联控制；ABS 警告灯为黄色，由 ABS 电子控制器控制，通常用“ABS”、“ALB”或“ANTILOCK”作标志。ABS 系统具有失效

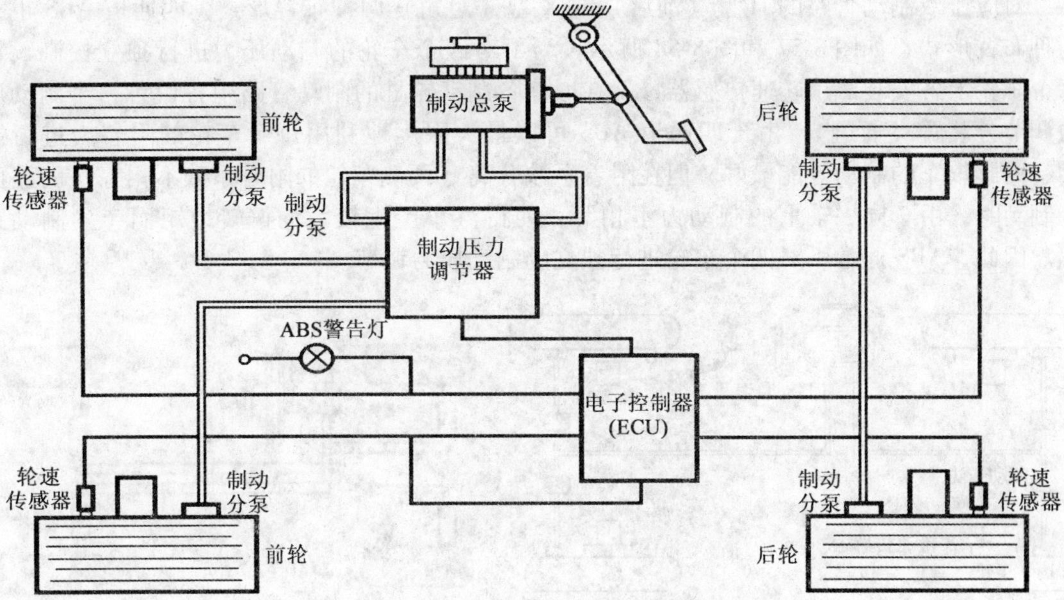

图 8-56　电子控制制动防抱死系统的组成

保护和自诊断功能，当电子控制单元监测到系统出现故障时，将自动关闭 ABS，恢复常规制动，存贮故障信息，并将 ABS 警告灯点亮，提示驾驶员尽快进行修理。

2. ABS 的优点

（1）增加了汽车制动时的稳定性

汽车在制动时，如果前轮先抱死，驾驶员将无法控制汽车的行驶方向，这是非常危险的；倘若后轮先抱死，则会出现侧滑、甩尾，甚至使汽车整个调头等严重事故。ABS 系统可以防止车轮制动时被完全抱死，提高了汽车行驶的稳定性。

（2）能缩短制动距离

在同样紧急制动的情况下，ABS 系统可以将滑移率控制在 20% 左右，从而可获得最大的纵向制动力。需要说明的是，当汽车在积雪路面上制动时，若车轮抱死，则车轮前的楔状积雪可阻止汽车的前进。在此条件下，装有 ABS 系统的汽车的制动距离可能更长。

（3）改善了轮胎的磨损状况

事实上，车轮抱死会加剧轮胎磨损，而且轮胎胎面磨耗不均匀，使轮胎磨损消耗增大。

（4）使用方便，工作可靠

ABS 系统的使用与普通制动系统的使用几乎没有区别，制动时只要把脚踏在制动踏板上，ABS 系统就会根据情况自动进入工作状态，如遇雨雪路滑，驾驶员也没有必要用一连串的点刹车方式进行制动，ABS 系统会使制动状态保持在最佳点。

3. ABS 的分类

按照控制通道数目的不同，ABS 系统分为四通道、三通道、双通道和单通道四种形式，而其布置形式更是多种多样。

（1）四通道 ABS

对应于双制动管路的 H 型（前后）或 X 型（对角）两种布置形式，四通道 ABS 也有两种布置形式，如图 8-57 和图 8-58 所示。为了对四个车轮的制动压力进行独立控制，在每个车轮上各安装一个转速传感器，并在通往各制动轮缸的制动管路中各设置一个制动压力调节分装置（通道）。由于四通道 ABS 可以最大限度地利用每个车轮的附着力进行制动，因此汽车的制动效能最好。但在附着系数分离（两侧车轮的附着系数不相等）的路面上制动时，由于同一轴上的制动力不相等，使得汽车产生较大的偏转力矩而产生制动跑偏。因此，ABS 通常不对四个车轮进行独立的制动压力调节。

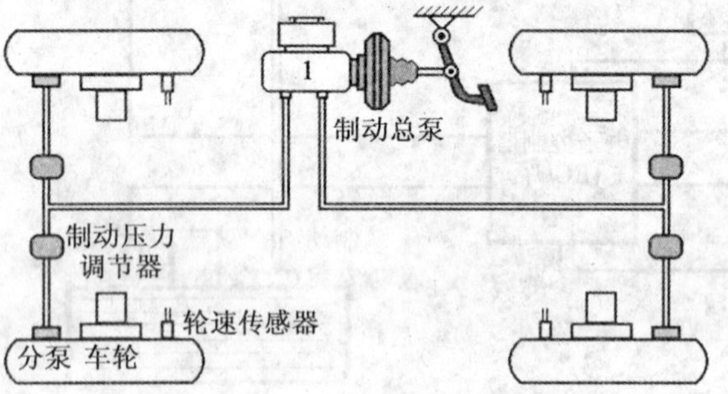

图 8-57　四传感器四通道控制 H 型 ABS

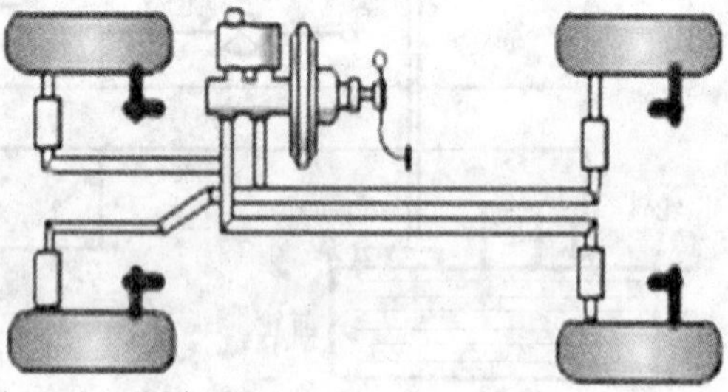

图 8-58　四传感器四通道控制 X 型 ABS

（2）三通道 ABS

四轮 ABS 大多为三通道系统。三通道系统对两前轮的制动压力进行单独控制，对两后轮的制动压力按低选原则一同控制，其布置形式如图 8-59 和图 8-60 所示。由于三通道 ABS 对两后轮进行一同控制，对于后轮驱动的汽车可以在变速器或主减速器中只设置一个转速传感器来检测两后轮的平均转速。

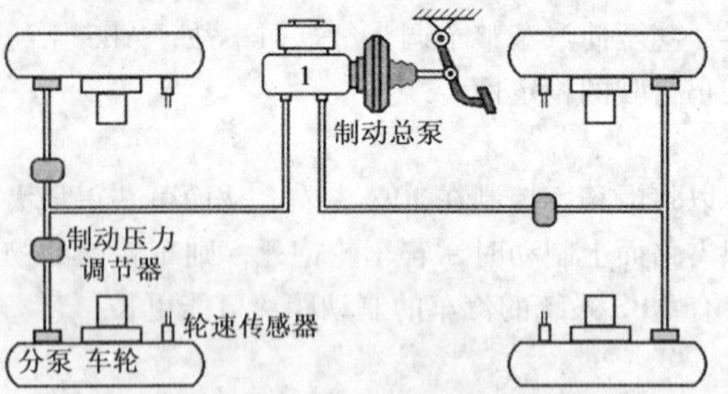

图 8-59　四传感器三通道控制 ABS

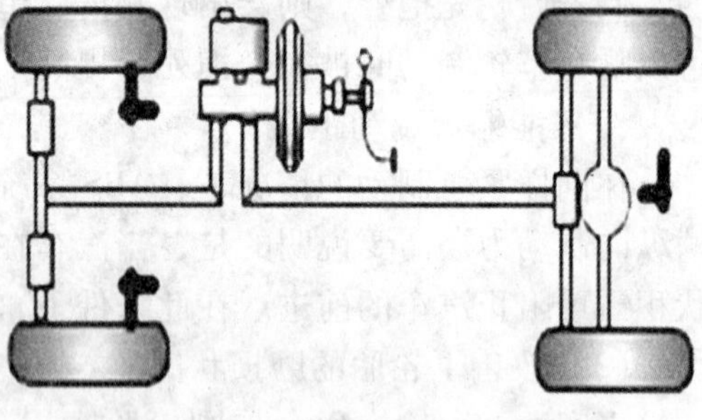

图 8-60　三传感器三通道控制 ABS

4. ABS 的工作过程

ABS 的工作过程可分为常规制动、制动压力保持、制动压力减小和制动压力增大等阶段。

（1）常规制动阶段

在常规制动阶段，ABS 系统不起作用，调压电磁阀总成中的进液电磁阀、出液电磁阀均不通电，进液电磁阀处于开启状态，出液电磁阀则处于关闭状态；制动主缸至各制动轮缸的制动管路均处于沟通状态；电动油泵也不通电运转，制动轮缸至储液器的制动管路均处于封闭状态，各制动轮缸的制动压力将随制动主缸的输出压力而变化，此时的制动过程与常规制动系统过程完全相同，如图8-61所示。

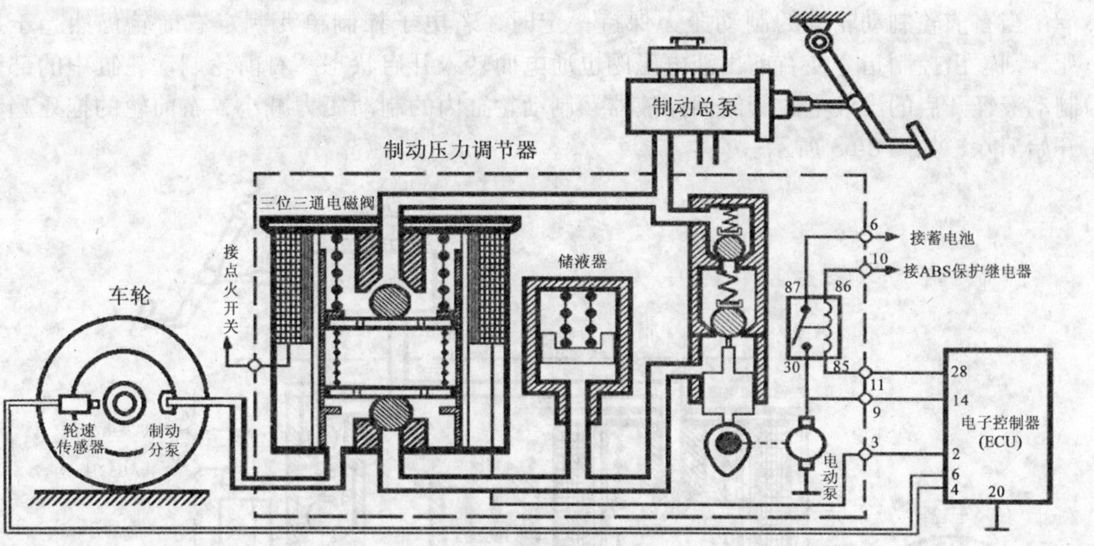

图8-61　ABS原理图（常规制动）

（2）制动压力保持阶段

在制动过程中，电子控制单元根据车轮转速传感器输入的车轮转速信号判定有车轮趋于抱死时，ABS就进入防抱死制动压力调节过程。如电子控制单元判定右前轮趋于抱死，电子控制单元就输出控制指令使右前轮的进液电磁阀通电而转入关闭状态，制动主缸中的制动油液不再进入右前轮的制动轮缸。而右前轮出液电磁阀仍不通电而处于关闭状态，则右前轮制动主缸中的制动液不会流出。此时，右前轮制动轮缸的制动压力就保持一定，而其他未趋于抱死的车轮制动轮缸内油液压力仍随制动主缸输出压力的增大而增大，如图8-62所示。

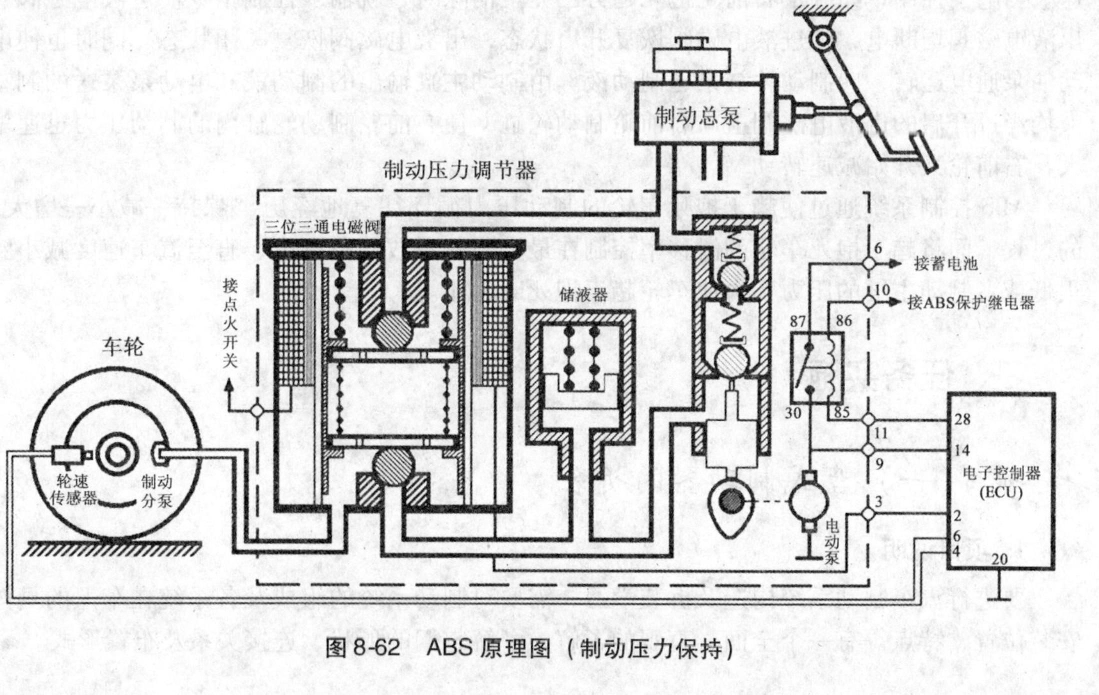

图8-62　ABS原理图（制动压力保持）

（3）制动压力减小阶段

当右前轮制动轮缸的制动压力保持一定时，若电子控制单元判定右前轮仍然趋于抱死，则输出控制指令使右前出液电磁阀也通电而转入开启状态。右前轮制动轮缸中的部分制动液经开启的出液电磁阀流回储液器，制动轮缸内的制动压力减小，右前轮的抱死趋势开始消除，如图 8-63 所示。

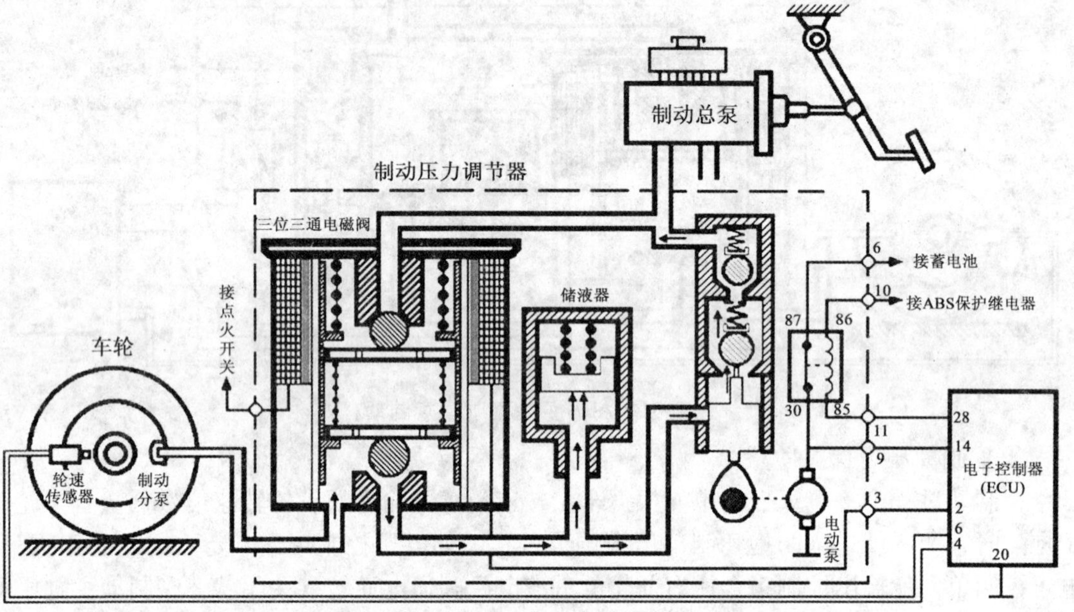

图 8-63 ABS 原理图（制动压力减小）

（4）制动压力增大阶段

随着右前轮制动轮缸内制动压力的迅速减小，右前轮会在汽车惯性力的作用下逐渐加速。当电子控制单元判定右前轮抱死趋势已完全消除时，就输入控制指令使进液电磁阀和出液电磁阀均断电，则进液电磁阀恢复开启状态，出液电磁阀恢复关闭状态。同时也使电动油泵通电运转，向制动轮缸泵送制动液。由制动主缸输出的制动液和电动泵泵送的制动液均经过开启的进液电磁阀进入右前轮制动轮缸，使右前轮制动轮缸内的制动压力迅速增大，右前轮又开始减速转动。

ABS 控制系统通过使趋于抱死车轮的制动压力循环往复地经历“保持—减小—增大”的过程，而将趋于抱死车轮的滑移率控制在最大附着系数的范围内，直至汽车速度减小到很低或者制动主缸的压力不再使车轮趋于抱死时为止。

二、任务实施

项目（一） 盘式制动器的拆装

1. 项目说明

要进行汽车制动系统构造及拆装学习，需要对制动系统的组成及各系统在车上的具体安装位置、特点等有一个全面、直观的了解，了解它们的形状、连接关系及布置形式。

2. 技术要求与标准

① 每组学员能在45分钟内完成此项目；
② 完成工单及学材要求项目；
③ 注意人身及设备安全；
④ 拧紧力矩见表8-1所示。

表8-1 部分螺栓拧紧力矩

紧固件名称	拧紧力矩/（N·m）
制动钳螺栓	70～100
制动钳导向销螺栓	22～32
车轮螺母	50～80

3. 设备器材

① 爱丽舍轿车；
② 常用工具一套；
③ 座椅套、地板垫、方向盘套、翼子板布及前格栅布一套；
④ 举升器。

4. 作业准备

① 检查举升机 □ 任务完成
② 车辆开进工位 □ 任务完成
③ 停车，打开发动机盖 □ 任务完成
④ 铺上护套 □ 任务完成
⑤ 顶好车位置 □ 任务完成
⑥ 稍微举升车辆 □ 任务完成
⑦ 检查车辆是否平稳 □ 任务完成

5. 操作步骤

（1）拆 卸

① 准备工具，如图8-64所示；

② 拆卸汽车前轮轮胎，在拆卸轮胎时使用扭力扳手，按照90N·m的力矩拆卸，如图8-65所示；

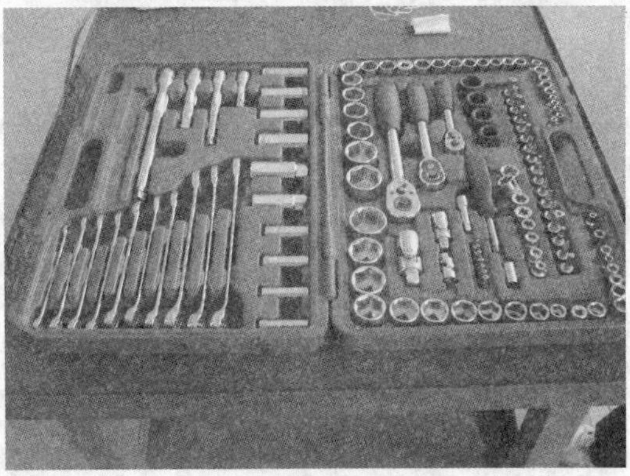

图8-64 工 具

图8-65 拆轮胎螺母

③ 取下汽车前轮轮胎，并按顺序放好，注意在取下轮胎前保护好制动管路，如图 8-66 所示；

④ 拆下制动钳体固定螺栓，如图 8-67 所示；

图 8-66　拆下车轮

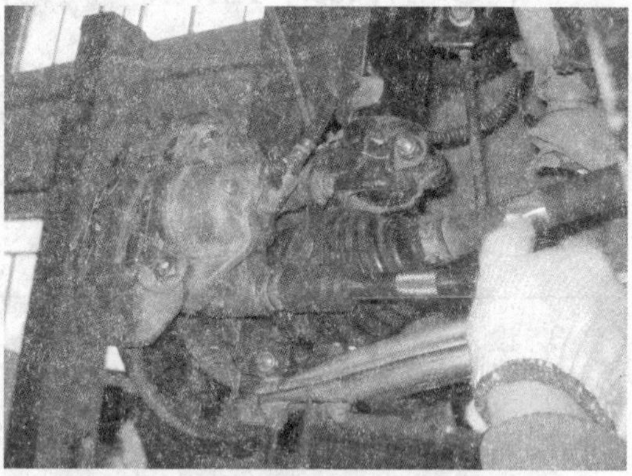

图 8-67　拆制动钳螺栓

⑤ 松开固定螺栓后，取下制动钳体，如图 8-68 所示；

⑥ 取出制动蹄片，并按相应的顺序摆放，如图 8-69 所示。

图 8-68　拆下制动卡钳

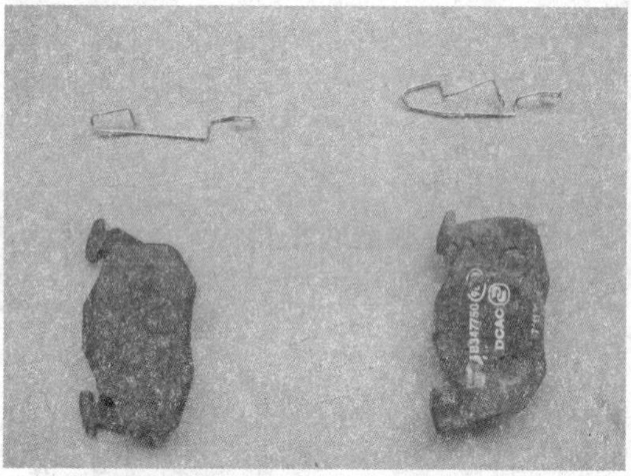

图 8-69　拆下制动蹄片

注意事项：在拆卸过程中不要损伤制动软管，也不要踩制动踏板。

（2）安　装

按照与拆卸相反的顺序重新安装前轮制动器，注意下列事项。

① 安装前用与制动主缸储液罐内相同的制动液清洁各个零件表面；

② 不要使用其他牌号的制动液和稀释剂；

③ 重新安装制动管路后，应给制动系统排气。

6. 记录与分析

<table>
<tr><td rowspan="2">基本信息</td><td>班级</td><td></td><td>姓名</td><td></td><td>日期</td><td></td></tr>
<tr><td>车型</td><td></td><td>设备名称</td><td></td><td>项目</td><td>盘式制动器的拆装</td></tr>
<tr><td rowspan="4">拆装记录与分析</td><td colspan="6">故障情境描述：</td></tr>
<tr><td colspan="6">初步检查分析：</td></tr>
<tr><td colspan="6">举升器的使用注意事项：</td></tr>
<tr><td colspan="6">拆装过程记录：</td></tr>
</table>

项目(二) 后轮鼓式制动器的拆装

1. 项目说明

要进行汽车后轮制动系统构造及拆装学习，则需要对制动系统的组成及各系统在车上的具体安装位置、特点等有一个全面、直观的了解，了解它们的形状、连接关系及布置形式。

2. 技术要求与标准

① 每组学员能在45分钟内完成此项目；

② 完成工单及学材要求项目；

③ 注意人身及设备安全。

3. 设备器材

① 爱丽舍轿车；

② 常用工具一套；

③ 座椅套、地板垫、方向盘套、翼子板布及前格栅布一套；

④ 举升器。

4. 作业准备

① 检查举升机　　□ 任务完成

② 车辆开进工位　　□ 任务完成

③ 停车，打开发动机盖　　□ 任务完成

④ 铺上护套　　□ 任务完成

⑤ 顶好车位置　　□ 任务完成

⑥ 稍微举升车辆　　□ 任务完成

⑦ 检查车辆是否平稳　　□ 任务完成

5. 操作步骤

（1）拆　卸

① 准备工具，如图 8-70 所示；

② 拆卸汽车后轮轮胎，在拆卸轮胎的时候使用扭力扳手，按照标准 90N · m 的力矩拆卸，如图 8-71 所示。

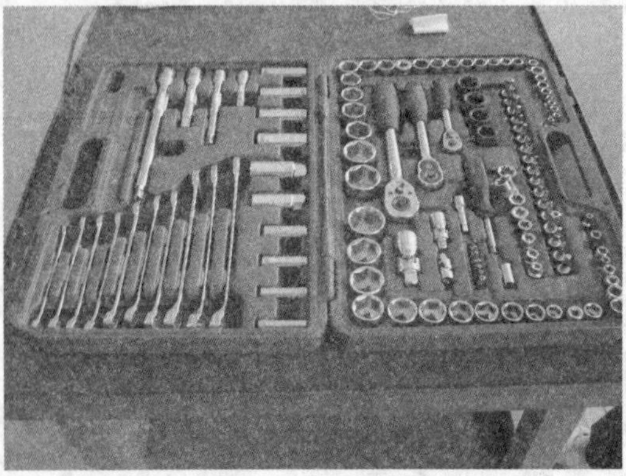

图 8-70　世达工具

图 8-71　拆车轮

③ 取下汽车后轮轮胎，如图 8-72 所示；

④ 按照规定力矩拆下后制动毂，如图 8-73 所示；

图 8-72　拆下后轮

图 8-73　拆卸后制动毂

⑤ 取下后制动毂，并按照顺序放好，如图 8-74 所示。

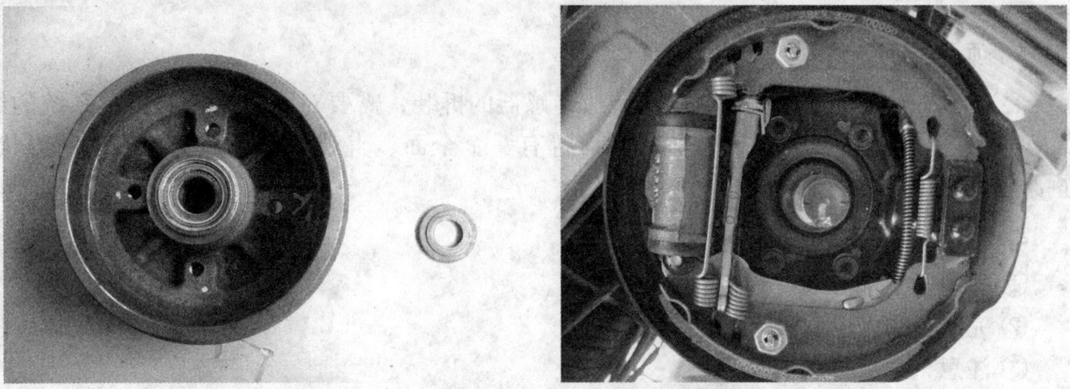

图 8-74　取下制动毂并按照顺序放好

（2）安　装

按与拆卸相反顺序及规定力矩装复。

注意：在制动毂和摩擦片上不得有任何油渍的痕迹。

6. 记录与分析

基本信息	班级		姓名		日期	
	车型		设备名称		项目	后轮鼓式制动器的拆装
拆装记录与分析	故障情境描述：					
	初步检查分析：					
	举升器的使用注意事项：					
	拆装过程记录：					

项目(三) 制动防抱死系统车轮转速传感器的拆装

1. 项目说明

要进行汽车制动防抱死系统车轮转速传感器的拆装，需要对汽车制动防抱死系统的组成及各系统在车上的具体安装位置、特点等有一个全面、直观的了解，了解它们的形状、连接关系及布置形式。

2. 技术要求与标准

① 每组学员能在45分钟内完成此项目。

② 完成工单及学材要求项目。

③ 注意人身及设备安全。

3. 设备器材

① 爱丽舍轿车；

② 常用工具一套；

③ 座椅套、地板垫、方向盘套、翼子板布及前格栅布一套；

④ 举升器。

4. 作业准备：

① 检查举升机 □ 任务完成

② 车辆开进工位 □ 任务完成

③ 停车，打开发动机盖 □ 任务完成

④ 铺上护套 □ 任务完成

⑤ 顶好车位置 □ 任务完成

⑥ 稍微举升车辆 □ 任务完成

⑦ 检查车辆是否平稳 □ 任务完成

5. 操作步骤：

(1) 拆　卸

① 准备工具，如图8-70所示；

② 拆卸汽车前轮轮胎，在拆卸轮胎的时候使用扭力扳手，按照标准90N · m的力矩拆卸，如图8-75所示；

③ 取下汽车前轮轮胎，并按顺序放好，如图8-76所示；

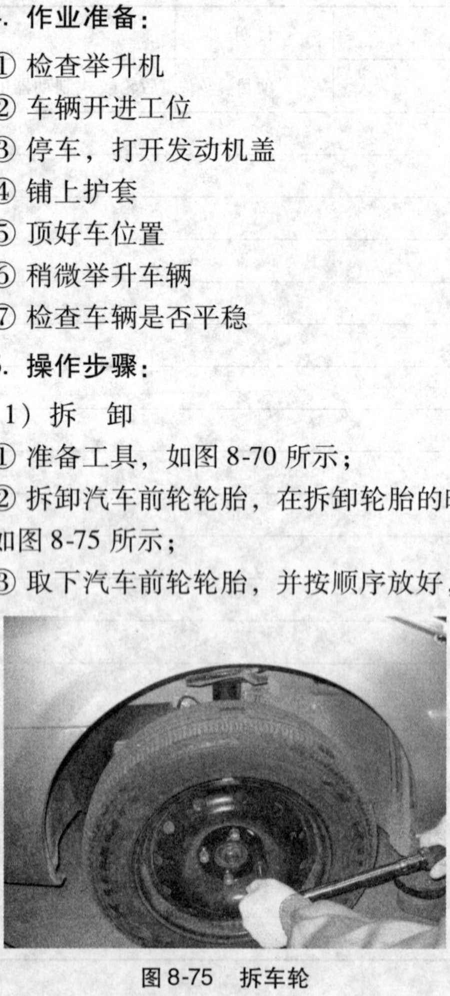

图8-75　拆车轮

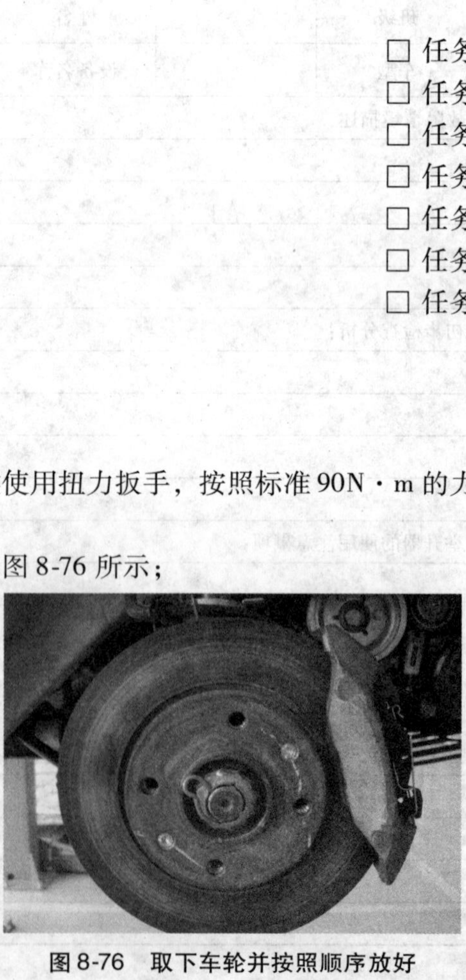

图8-76　取下车轮并按照顺序放好

④ 拆卸车轮转速传感器，在拆卸过程中按照规定的扭力进行拆卸，注意保护好传感器的头部，如图 8-77 所示。

图 8-77　拆卸轮速传感器

（2）安　装

按与拆卸相反顺序及规定扭矩装复，在安装的过程中应注意以下几点。

① 防止传感器头部受到碰撞；

② 螺栓的拧紧力矩为 6 ~ 10N · m；

③ 连接传感器的插接器，固定好传感器线束；

④ 放下车辆，进行路试，用诊断仪读取故障码。

6. 记录与分析

基本信息	班级		姓名		日期	
	车型		设备名称		项目	汽车制动防抱死车轮转速传感器的拆装
拆装记录与分析	故障情境描述：					
	初步检查分析：					
	举升器使用的注意事项：					
	拆装过程记录：					

三、学习评价

（一）理论考核

1. 填空题

① 任何制动系都由（　　）、（　　）、（　　）和（　　）等四个基本部分组成。

② 车轮制动器由（　　）、（　　）、（　　）和（　　）等四部分构成。

③ 汽车制动时，前、后轮同步滑移的条件是（　　）。

④ 制动器的领蹄具有（　　）作用，从蹄具有（　　）作用。

⑤ 鼓式车轮制动器按其制动蹄促动装置的形式可分为（　　）和（　　）。

⑥ 汽车制动防抱死系统简称（　　），它的作用是（　　）。

⑦ 汽车制动防抱死系统一般由（　　）、（　　）、（　　）和 ABS 警示装置四部分组成。

⑧ ABS 的工作过程可分为（　　）、（　　）、（　　）和（　　）四个阶段。

2. 选择题

① 在汽车制动过程中，如果只是前轮制动抱死滑移而后轮还在滚动，则汽车可能（　　）。

A. 失去转向性能　　B. 甩尾　　C. 正常转向　　D. 调头

② 制动控制阀的排气阀门开度的大小，影响（　　）。

A. 制动效能　　B. 制动强度　　C. 制动状态　　D. 制动解除时间

③ 安装车速传感器时应保证其传感器头与齿圈间留有一定的空气隙，约为（　　）。

A. 5mm　　B. 1mm　　C. 0. 01mm　　D. 1μm

④ 汽车后轮上的车速传感器一般固定在后车轴支架上，转子安装于（　　）。

A. 车架　　B. 轮毂　　C. 驱动轴　　D. 车轮转向架

⑤ 下列叙述不正确的是（　　）。

A. 制动时，转动方向盘，会感到转向盘有轻微的振动

B. 制动时，制动踏板会有轻微下沉

C. 制动时，ABS 继电器不断地动作，这也是 ABS 正常起作用的正常现象

D. 装有 ABS 的汽车，在制动后期，不会出现车轮抱死现象

⑥ 当滑移率为 100% 时，横向附着系数降为（　　）。

A. 100%　　B. 50%　　C. 0　　D. 都不正确

⑦ 为了避免灰尘与飞溅的水、泥等对传感器工作的影响，在安装前需对车速传感器加注（　　）。

A. 机油　　B. 工作液　　C. 润滑脂　　D. AT 油

⑧ 循环式制动压力调节器是在制动总缸与轮缸之间（　　）一个电磁阀，直接控制轮缸的制动压力。

A. 串联　　B. 并联
C. 都可以　　D. 以上答案均不正确

⑨ 在汽车制动过程中，当车轮抱死滑移时，路面对车轮的侧向力（　　）。
A. 大于零　　B. 小于零　　C. 等于零　　D. 不一定

⑩ 领从蹄式制动器一定是（　　）。
A. 等促动力制动器　　B. 不等促动力制动器
C. 非平衡式制动器　　D. 以上三个都不对

3. 判断题

① 每套制动装置都由制动器和制动传动装置组成。（　　）
② 按结构不同，制动器可分为鼓式制动器和盘式制动器。（　　）
③ 按结构不同，制动器可分为车轮制动器和中央制动器。（　　）
④ 鼓式制动器的旋转元件是制动毂，其工作表面为制动毂的内圆柱面。（　　）
⑤ 盘式制动器的旋转元件是制动盘，其工作表面是制动盘的两端面。（　　）
⑥ 一般轿车上前轮采用盘式制动器而后轮采用鼓式制动器。（　　）
⑦ 一般轿车上前轮采用鼓式制动器而后轮采用盘式制动器。（　　）

4. 简答题

① 汽车制动系的功能是什么？对制动系有哪些要求？
② 指出图 8-78 中 1，4，6，8，9，10 的名称，并分析制动系统的工作过程。

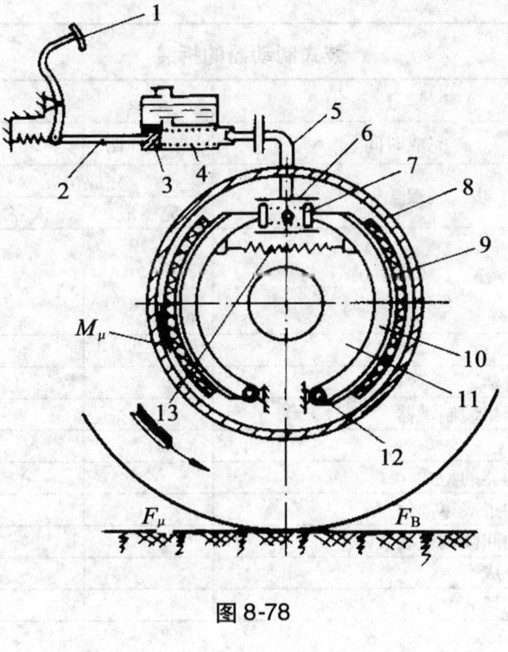

图 8-78

③ ABS 系统如何按控制通道和传感器进行分类？

（二）技能考核

项目1　盘式制动器的拆装

<table>
<tr><td rowspan="2">基本信息</td><td colspan="2">姓名</td><td></td><td>学号</td><td></td><td>班级</td><td></td><td>组别</td><td></td></tr>
<tr><td colspan="2">规定时间</td><td></td><td>完成时间</td><td></td><td>考核日期</td><td></td><td>总评成绩</td><td></td></tr>
<tr><td rowspan="12">任务工单</td><td rowspan="2">序号</td><td colspan="4" rowspan="2">步　骤</td><td colspan="2">完成情况</td><td rowspan="2">标准分</td><td rowspan="2">评　分</td></tr>
<tr><td>完　成</td><td>未完成</td></tr>
<tr><td>1</td><td colspan="4">考核准备：
设备：
工具：</td><td></td><td></td><td>5</td><td></td></tr>
<tr><td>2</td><td colspan="4">工具清洁、使用</td><td></td><td></td><td>5</td><td></td></tr>
<tr><td>3</td><td colspan="4">车轮制动器外观清洁</td><td></td><td></td><td>5</td><td></td></tr>
<tr><td>4</td><td colspan="4">按正确顺序分解、组装制动器</td><td></td><td></td><td>10</td><td></td></tr>
<tr><td>5</td><td colspan="4">零件摆放整齐</td><td></td><td></td><td>5</td><td></td></tr>
<tr><td>6</td><td colspan="4">正确说出所拆制动器的型式</td><td></td><td></td><td>5</td><td></td></tr>
<tr><td>7</td><td colspan="4">正确说出制动器的组成零部件</td><td></td><td></td><td>10</td><td></td></tr>
<tr><td>8</td><td colspan="4">正确指出制动器的间隙调整装置</td><td></td><td></td><td>5</td><td></td></tr>
<tr><td>9</td><td colspan="4">正确组装制动器总成</td><td></td><td></td><td>10</td><td></td></tr>
<tr><td>10</td><td colspan="4">整理工具，清理现场</td><td></td><td></td><td>5</td><td></td></tr>
<tr><td colspan="2">安全</td><td colspan="6"></td><td>5</td><td></td></tr>
<tr><td colspan="2">5S</td><td colspan="6"></td><td>5</td><td></td></tr>
<tr><td colspan="2">团队协作</td><td colspan="6"></td><td>5</td><td></td></tr>
<tr><td colspan="2">沟通表达</td><td colspan="6"></td><td>10</td><td></td></tr>
<tr><td colspan="2">工单填写</td><td colspan="6"></td><td>10</td><td></td></tr>
</table>

项目2　鼓式制动器的拆装

<table>
<tr><td rowspan="2">基本信息</td><td colspan="2">姓名</td><td></td><td>学号</td><td></td><td>班级</td><td></td><td>组别</td><td></td></tr>
<tr><td colspan="2">规定时间</td><td></td><td>完成时间</td><td></td><td>考核日期</td><td></td><td>总评成绩</td><td></td></tr>
<tr><td rowspan="12">任务工单</td><td rowspan="2">序号</td><td colspan="4" rowspan="2">步　骤</td><td colspan="2">完成情况</td><td rowspan="2">标准分</td><td rowspan="2">评　分</td></tr>
<tr><td>完　成</td><td>未完成</td></tr>
<tr><td>1</td><td colspan="4">考核准备：
设备：
工具：</td><td></td><td></td><td>5</td><td></td></tr>
<tr><td>2</td><td colspan="4">工具清洁、使用</td><td></td><td></td><td>5</td><td></td></tr>
<tr><td>3</td><td colspan="4">车轮制动器外观清洁</td><td></td><td></td><td>5</td><td></td></tr>
<tr><td>4</td><td colspan="4">按正确顺序分解、组装制动器</td><td></td><td></td><td>10</td><td></td></tr>
<tr><td>5</td><td colspan="4">零件摆放整齐</td><td></td><td></td><td>5</td><td></td></tr>
<tr><td>6</td><td colspan="4">正确说出所拆制动器的型式</td><td></td><td></td><td>5</td><td></td></tr>
<tr><td>7</td><td colspan="4">正确说出制动器的组成零部件</td><td></td><td></td><td>10</td><td></td></tr>
<tr><td>8</td><td colspan="4">正确指出制动器的间隙调整装置</td><td></td><td></td><td>5</td><td></td></tr>
<tr><td>9</td><td colspan="4">正确组装制动器总成</td><td></td><td></td><td>10</td><td></td></tr>
<tr><td>10</td><td colspan="4">整理工具，清理现场</td><td></td><td></td><td>5</td><td></td></tr>
<tr><td colspan="2">安全</td><td colspan="6"></td><td>5</td><td></td></tr>
<tr><td colspan="2">5S</td><td colspan="6"></td><td>10</td><td></td></tr>
<tr><td colspan="2">团队协作</td><td colspan="6"></td><td>5</td><td></td></tr>
<tr><td colspan="2">沟通表达</td><td colspan="6"></td><td>10</td><td></td></tr>
<tr><td colspan="2">工单填写</td><td colspan="6"></td><td>10</td><td></td></tr>
</table>

项目3 ABS防抱死车轮转速传感器的拆装

基本信息	姓名		学号		班级		组别	
	规定时间		完成时间		考核日期		总评成绩	

	序号	步骤	完成情况：完成	完成情况：未完成	标准分	评分
任务工单	1	考核准备： 设备： 工具：			5	
	2	工具清洁、使用			5	
	3	车轮转速传感器外观清洁			5	
	4	按正确顺序分解、组装传感器			10	
	5	零件摆放整齐			5	
	6	正确说出所拆传感器的型式			5	
	7	正确说出ABS的组成零部件			10	
	8	正确指出ABS各个零部件位置			5	
	9	正确组装ABS车轮转速传感器			10	
	10	整理工具，清理现场			5	
安全					5	
5S					10	
团队协作					5	
沟通表达					10	
工单填写					10	

四、拓展学习

前面主要介绍了在汽车上广泛应用的制动防抱死系统，下面介绍汽车制动系统的相关知识以及汽车上广泛应用的ASR系统。

当对行驶中车辆进行适当制动时，如果制动力左右对称产生，车辆能够在行驶方向上停止下来。但当左右制动力不对称时，就会发生车辆绕重心旋转的力矩。此时，如果轮胎与地面的侧向反力能阻止旋转力矩的作用，则车辆仍能保持直线行驶，如果轮胎与地面的侧向反力很小，车辆就会像图8-79所示一样形成不规则的运动。

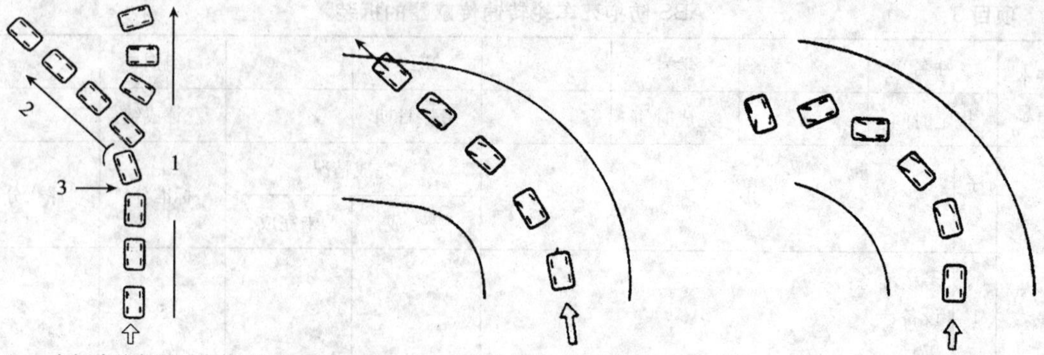

（a）车辆直线行驶，车轮抱死时的姿势　（b）只有前轮抱死时的车辆姿势　（c）只有后轮抱死时的车辆姿势

图 8-79　车轮抱死时车辆的姿势

1—车轮抱死；2—制动力解除时；3—外部干扰

（一）制动时车轮的受力分析

1. 地面制动力（F_B）

图 8-80 所示是汽车在良好的路面上制动时，车轮的受力情况。图中忽略了滚动阻力矩和减速时的惯性力、惯性力矩。

当汽车使用制动器制动时，由于制动毂（盘）与制动蹄摩擦片之间的摩擦作用，形成了摩擦力 M_μ，此力矩与车轮转动方向相反。车轮在 M_μ 的作用下给地面一个向前的作用力，与此同时，地面给车轮一个与行驶方向相反的切向反作用力 F_B，这个力就是地面制动力，它是迫使汽车减速或停车的外力。

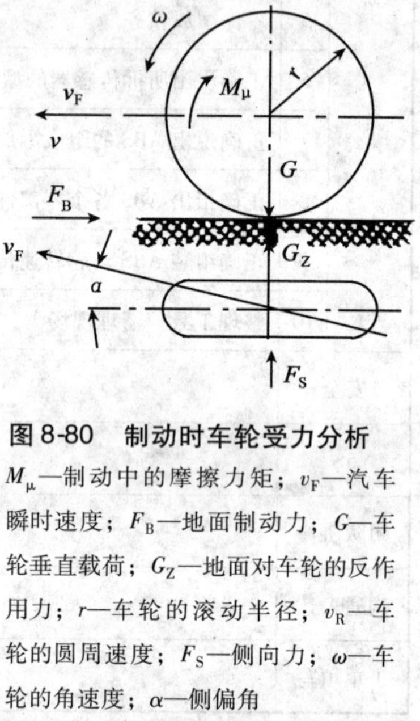

图 8-80　制动时车轮受力分析

M_μ—制动中的摩擦力矩；v_F—汽车瞬时速度；F_B—地面制动力；G—车轮垂直载荷；G_Z—地面对车轮的反作用力；r—车轮的滚动半径；v_R—车轮的圆周速度；F_S—侧向力；ω—车轮的角速度；α—侧偏角

2. 制动器制动力

由于地面制动力是由地面提供的外力，若将汽车架离地面，地面制动力就不存在了。这时阻止车轮转动的是制动器摩擦力矩 M_μ。将制动器的摩擦力矩 M_μ 转化为车轮周缘的一个切向力，并将其称为制动器制动力 F_μ。

3. 地面制动力、制动器制动力和轮胎与道路附着力的关系

图 8-81 所示为不考虑制动过程中附着系数值变化的地面制动力、制动器制动力以及轮胎与道路附着力（F_φ）三者的关系。在制动过程中，车轮的运动只有减速滚动和抱死滑移两种状态。当驾驶员踩制动踏板的力较小，制动摩擦力矩较小时，车轮只作减速滚动，并且随着摩擦力矩的增加，制动器制动力和地面制动力也增加，且在车轮未抱死前地面制动力始终等于制动器制动力。此时，制动器的制动力可全部转化为地面制动力。但地面制动力不可能超过轮胎与道路的附着力。

当制动系压力（制动踏板力）增大到某一值，地面制动力达到轮胎与道路的附着力值，即地面制动力达到最大值。此时，车轮即开始抱死不转而出现拖滑的现象。当再加大制动系压力时，制动器制动力随着制动器摩擦力矩的增长仍按直线关系继续上升，但是，

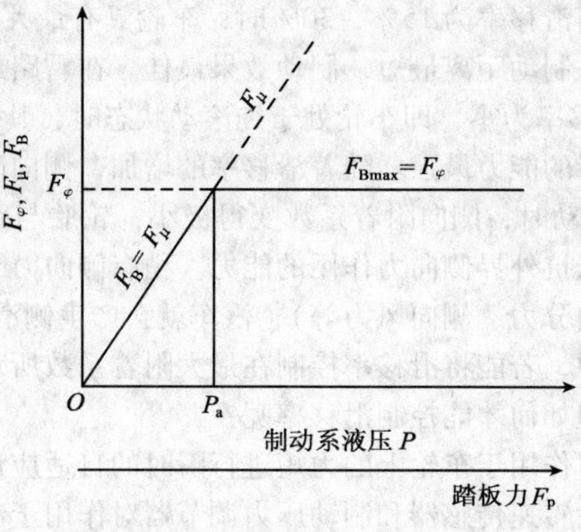

图 8-81 制动过程中地面制动力、制动器制动力和轮胎与道路附着力的关系

地面制动力已达到轮胎与地面的附着力值，因此地面制动力不再随制动器制动力的增加而增加。

要想获得好的制动效果，必须同时具备两个条件，即汽车具有足够的制动器制动力，同时又要有附着系数较高的路面提供足够的地面制动力。

(二) 滑移率

1. 滑移率的定义

汽车匀速行驶时，汽车的实际车速与车轮滚动的圆周速度（也称车轮速度）是相同的。在驾驶员踩制动踏板使车轮的轮速降低时，车轮滚动的圆周速度（轮胎胎面在路面上移动的速度）也随之降低了，但由于汽车自身的惯性，汽车的实际车速与车轮的速度不再相等，使车速与轮速产生一个速度差。此时，轮胎与路面产生相对滑移现象，其滑移程度用滑移率表示。

滑移率是指车轮在制动过程中滑移在车轮纵向运动中所占的比例，用“S_B”表示。其定义表达式为

$$S_B = \frac{v - r\omega}{v} \times 100\%$$

式中：S_B——车轮的滑移率；

r——车轮的自由滚动半径；

ω——车轮的转动角速度；

v——车轮中心的纵向速度。

由上式可知：当汽车的实际车速等于车轮滚动时的圆周速度时，滑移率为零，车轮为纯滚动；但是，汽车制动过程中，在汽车停止前车轮处于抱死状态时，车身具有一定的速度，而车轮的滚动圆周速度为零，则滑移率为100%；当滑移率为0～100%时，车轮既滚动又滑动。

2. 滑移率与附着系数的关系

大量的实验证明，在汽车的制动过程中，附着系数的大小随着滑移率的变化而变化。

在干路面或湿路面上，当滑移率为 15% ~30% 时，车轮具有最大的纵向附着系数，此时可产生的地面制动力最大，制动距离最短，制动效果最佳。在雪路或冰路面上时，最佳滑移率为 20% ~50%；当滑移率为零，即车轮处于纯滚动状态时，其侧向附着系数最大，此时汽车保持转向和防止侧滑的能力最强。随着滑移率的增加，侧向附着系数下降，当滑移率为 100%，即车轮抱死滑动时，侧向附着系数变得极小，轮胎与路面之间的侧向附着力接近零，车轮将完全丧失抵抗外界侧向力作用的能力。稍有侧向力干扰（如路面不平产生的侧向力、汽车重力的侧向分力、侧向风力等），汽车就会产生侧滑而失去稳定性。

在汽车的制动过程中，若能将滑移率控制在最大附着系数所对应的滑移率范围，汽车将处于最佳制动状态。但如何才能控制滑移率呢？

要控制滑移率就要对作用于车轮上的力矩进行瞬时的自适应调节。制动防抱死系统就是通过电子控制器、车轮转速传感器和制动压力调节器对作用于制动轮缸内的制动液压力进行瞬时的自动控制（每秒约 10 次），从而控制制动车轮上的制动器压力，使制动车轮尽可能在最佳的滑移率范围内运动，从而使汽车的实际制动过程接近于最佳制动状态成为可能。

（三）驱动防滑（ASR）系统

1. 驱动防滑系统的作用

驱动防滑系统能在车轮开始滑转时，降低发动机的输出扭矩，同时控制制动系统，以降低传递给驱动车轮的扭矩，使之达到合适的驱动力，使汽车的起步和加速达到快速而稳定的状态。

2. 滑转率及其与路面附着系数的关系

汽车在驱动过程中，驱动车轮可能相对于路面发生滑转。滑转在车轮纵向运动中所占的比例称为驱动车轮的滑转率，通常用“S_A”表示。

$$S_A = \frac{r\omega - v}{r\omega} \times 100\%$$

式中：S_A——车轮的滑转率；

r——车轮的自由滚动半径；

ω——车轮的转动角速度；

v——车轮中心的纵向速度。

当车轮在路面上自由滚动时，车轮中心的纵向速度完全是由车轮滚动产生的。此时 $v = r\omega$，其滑转率 $S_A = 0$；当车轮在路面上完全滑转（即汽车原地不动，而驱动轮的圆周速度不为 0）时，车轮中心的纵向速度 $v = 0$，其滑动率 $S_A = 100\%$；当车轮在路面上一边滚动一边滑转时，$0 < S_A < 100\%$。

与汽车在制动过程中的滑移率相同，在汽车的驱动过程中，车轮与路面间的附着系数的大小随着滑转率的变化而变化。在干路面或湿路面上，当滑转率为 15% ~30% 时，车轮具有最大的纵向附着系数，此时可产生的地面驱动力最大。在雪路或冰路面上，最佳滑移率为 20% ~50%；当滑转率为零，即车轮处于纯滚动状态时，其侧向附着系数也最大，此时汽车保持转向和防止侧滑的能力最强。随着滑转率的增加，侧向附着系数下降，当滑转率为 100%，侧向附着系数变得极小，轮胎与路面之间的侧向附着力接近零，车轮将完全丧失抵抗外界侧向力作用的能力。

3. 驱动防滑系统的基本组成和工作过程

（1）驱动防滑系统的基本原理

驱动防滑系统可以通过调节作用于驱动轮的上驱动力矩和制动力矩，在驱动过程中防止驱动车轮发生滑转。

调节作用于驱动轮上的驱动力矩可通过控制发动机节气门的开度和点火提前角的大小实现；调节作用于驱动轮上的制动力矩可借助ABS控制系统中的车轮转速传感器及制动压力调节器对驱动车轮施加一定的制动力矩来实现。

① 发动机动作。一旦电子控制单元检测到一个或两个驱动车轮有空转的情况发生，立即将发动机的副节气门关闭，减小发动机的输出扭矩。随着发动机扭矩的减小，车轮的车速下降，其滑转率降低，车轮与地面的附着系数增大。

② 制动动作。如图8-82所示，当汽车在附着系数不均匀的路面上行驶时，处于低附着系数路面的车轮可能会空转，出现一个车轮打滑的情况。此时，电子控制单元将使滑转车轮的制动压力上升，对该轮施加一定的制动力，同时对另一个驱动车轮施加一个与制动力矩相同的发动机扭矩，如图8-83所示。

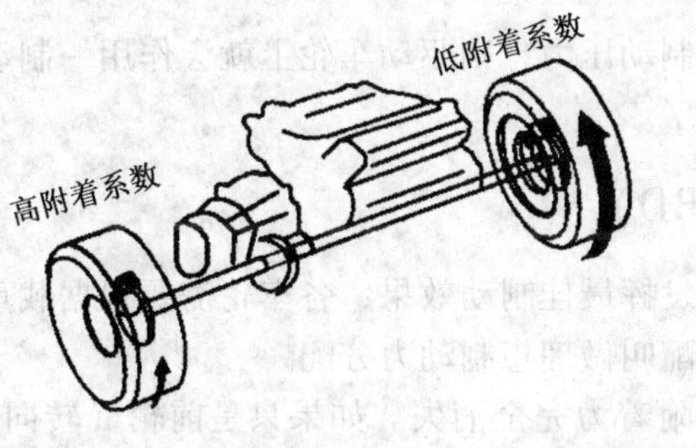

图8-82　路面附着系数不均匀，一个车轮空转

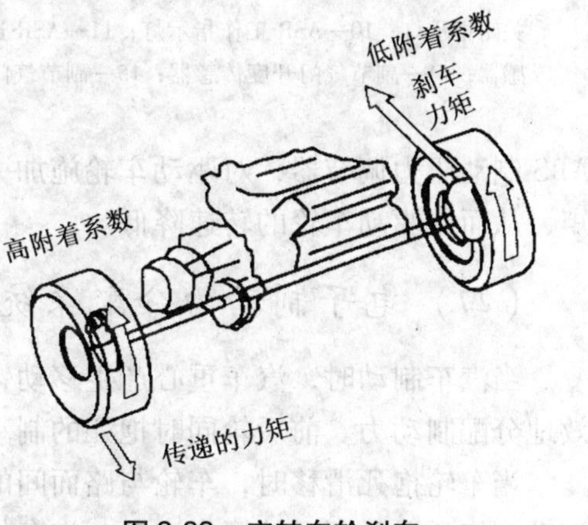

图8-83　空转车轮刹车

这一作用的结果是使空转车轮转速降低，另一车轮驱动力矩增加，两车轮向前运动速度趋于一致。

（2）驱动防滑系统的基本组成

图8-84所示为一典型的具有制动防抱死和驱动防滑转功能的系统。其中防滑转系统与ABS控制系统共用车轮转速传感器和电子控制单元，只是在通往驱动车轮制动轮缸的制动管路中增设了一个防滑转制动压力调节器，在由加速踏板控制的主气门上方增设了一个由步进电机控制的副节气门，并在主、副节气门处各设置一个了气门开度传感器。

（3）驱动防滑系统的工作情况

当驱动防滑系统处于工作状态时，电子控制单元根据各车轮转速传感器检测到的转速信号，确定驱动车轮的滑转率和汽车的参考速度。当电子控制单元判定驱动车轮的滑转率超过设定的限值时，就使驱动副节气门的步进电机转动，减小副节气门的开度。此时，即使主节气门的开度不变，发动机的进气量也会因副节气门开度的关小而减少。如果驱动车轮的滑转率仍未降低到设定的控制范围内，电子控制单元又会控制防滑制动压力调节器和

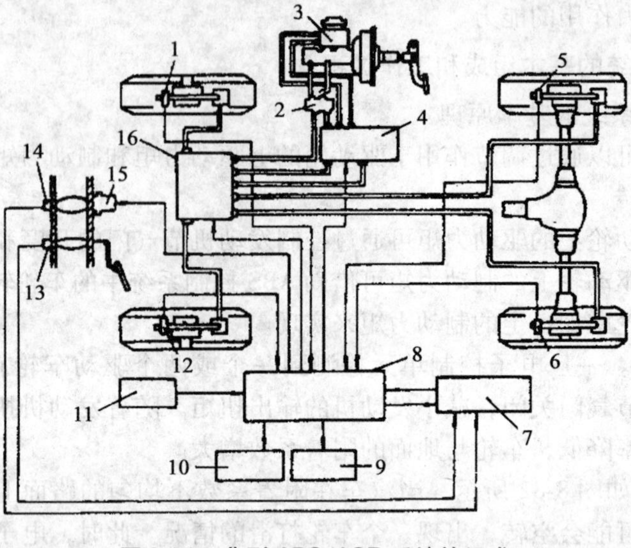

图 8-84　典型 ABS/ASR 系统的组成

1—右前车轮转速传感器；2—比例阀和差压阀；3—制动主缸；4—ASR 制动压力调节器；5—右后车轮转速传感器；6—左后车轮转速传感器；7—发动机/变速器电子控制单元；8—ABS/ASR 电子控制单元；9—ASR 关闭指示灯；10—ASR 工作指示灯；11—ASR 选择开关；12—左前车轮转速传感器；13—主节气门开度传感器；14—副节气门开度传感器；15—副节气门驱动步进电机；16—ABS 制动压力调节器

ABS 制动压力调节器，对驱动车轮施加一定的制动压力，则驱动车轮上就会作用一制动力矩，从而使驱动车轮的转速降低。

（四）电子制动力分配系统（EBD）

当汽车制动时，汽车重心产生移动，为了发挥最佳制动效果，各车轮需要根据载重有效地分配制动力。前后轮同时抱死的制动力分配叫做理想制动力分配。

当车轮抱死滑移时，车轮与路面间的侧向附着力完全消失。如果只是前轮（转向轮）制动到抱死滑移而后轮还在滚动，汽车将失去转向能力；如果只是后轮制动到抱死滑移而前轮还在滚动，即使受到侧向干扰力，汽车也将产生侧滑（甩尾）现象。这些都极易造成严重的交通事故。

为了避免此类现象的发生，根据重心的移动需要自动分配每个轮的制动力。在一些车型中采用机械式分配阀（又叫 P 阀）来实现这个功能。P 阀可以在紧急制动时提高前后轮的制动均衡力，在发生高压时，降低后轮制动油压上升速度。但机械式分配阀不能实现理想的制动力分配，它在轻微制动时不起作用。

1. EBD 系统作用

电子制动力分配系统的主要作用如下。

① 紧急制动时，防止因后轮先被抱死造成汽车滑动及甩尾；

② 取代 P 阀的功能，与机械式分配阀相比提高后轮制动力、缩短制动距离；

③ 可分别控制四轮的制动；

④ 确保 ABS 工作时的制动安全性；

⑤ 实现后轮制动压力左右独立控制，确保转向制动时的安全性；

⑥ 提高后轮的制动效果，减少前轮制动摩擦片的磨损量及温度的上升，一般轿车的前、后轮制动力分配比为30:70。

2. 制动力分配

(1) 前后轮制动力分配

前后轮荷重不同，所需的制动力也不同。在车辆后部无负荷时，可以适当增大车辆前轮的制动力；车辆后部的负荷增加时，要加大后轮的制动力，如图8-85所示。

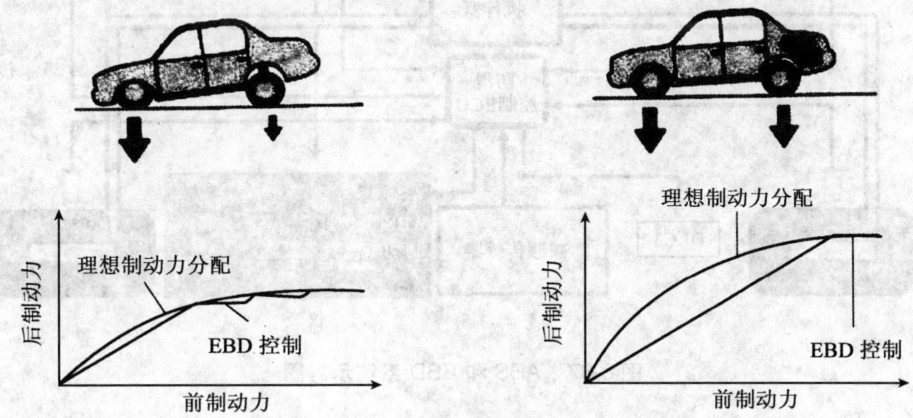

(a) 后轮无负荷　　(b) 后轮有负荷

图8-85　前后轮制动力分配

(2) 左右轮制动力分配

转弯时车辆重心外移，为减少外侧车轮的侧滑，制动时外侧车轮要施加较大的制动力，如图8-86所示。

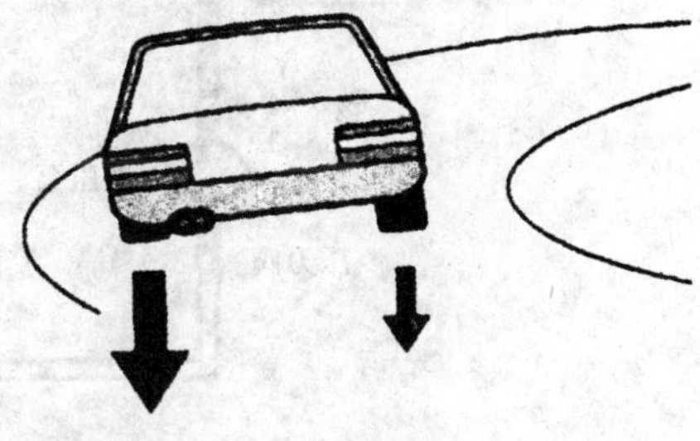

图8-86　车辆转弯时的制动力分配

3. 组　成

EBD是在ABS系统基础上工作的。电子制动力分配系统并没有增加新的元件，而是通过软件（即升级或改变电脑的程序）实现了制动力的合理分配，降低了成本。ABS和EBD系统示意图如图8-87所示。

制动时，根据各轮速传感器的信号运算滑移率，通过控制后轮制动压力，使后轮滑移始终保持小于或等于前轮滑移率，取代机械式分配阀对后轮的控制，实现接近于理想制动力分配曲线的制动效果。

4. 工作过程

在车轮部分制动时，电子制动力分配功能开始起作用，转弯时尤其如此，速度传感器发出四个车轮的转速信号，电子控制单元根据这些信号计算车轮的转速及滑移率。

如果后轮滑移率大于某个设定值，则由液压控制单元调节后轮制动压力，使后轮制动力降低，以保证后轮不会先于前轮抱死。

同传统的制动力分配方式（如比例阀）相比，电子制动力分配功能保证了较高的车轮附着力以及合理的制动力分配。当ABS起作用时，电子制动力分配即停止工作。EBD降压工作过程如图 8-88 所示。

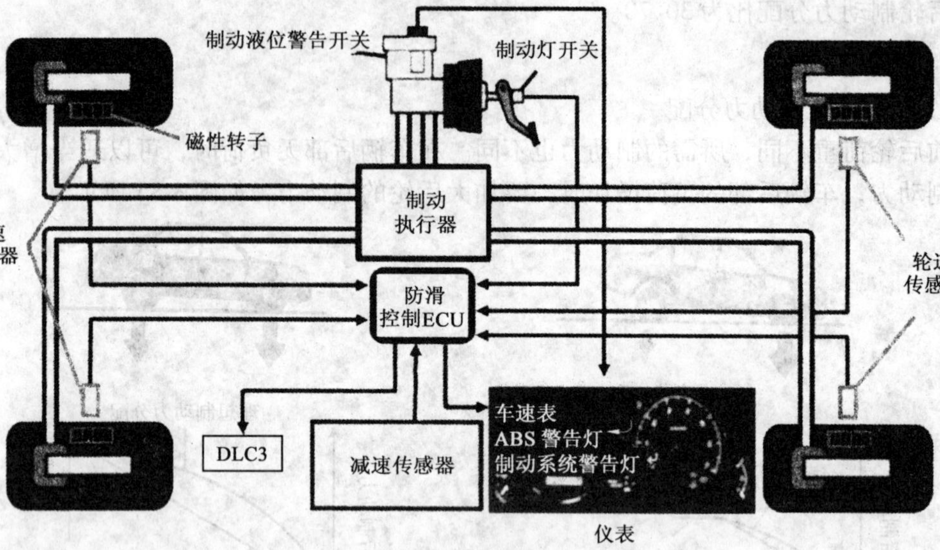

图 8-87　ABS 和 EBD 系统示意图

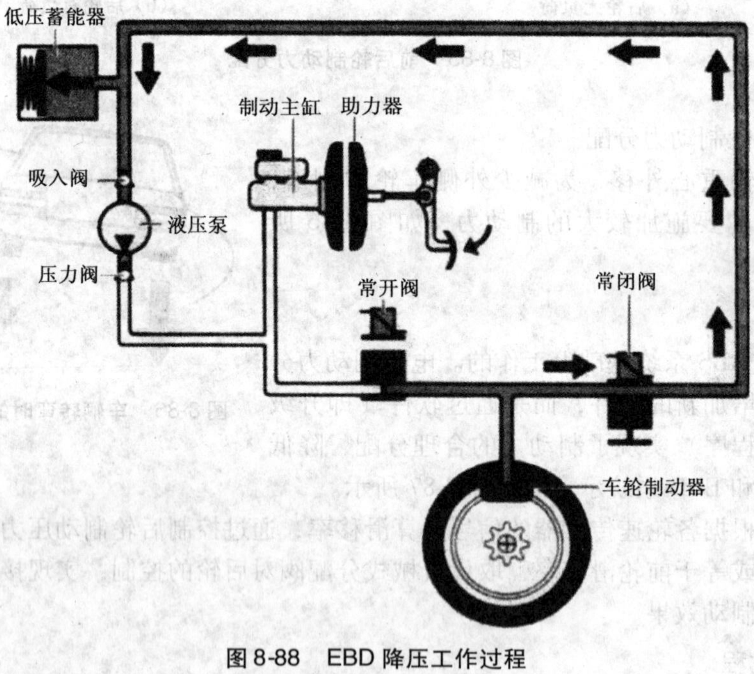

图 8-88　EBD 降压工作过程

参考文献

[1] 冯晋祥,陈德阳,王林超. 汽车构造[M]. 北京:人民交通出版社,2007.
[2] 周林福. 汽车底盘构造与维修[M]. 北京:人民交通出版社,2002.
[3] 陈家瑞,马天飞. 汽车构造[M]. 北京:人民交通出版社,2006.
[4] 张红伟,王国林,张宏坤. 汽车底盘构造与维修[M]. 北京:高等教育出版社,2005.
[5] 屠卫星. 汽车底盘构造与维修[M]. 北京:人民交通出版社,2001.
[6] 孔令来. 汽车底盘构造与维修[M]. 北京:机械工业出版社,2005.